뇌연집

이 책은 2020년도 정부(교육부)의 재원으로 한국고전번역원의 지원을 받아
수행된 '권역별거점연구소협동번역사업'의 결과물임.

This work was supported by Institute for the Translation of Korean Classics - Grant funded by the Korean Government.

한국고전번역원 한국문집번역총서/이화여자대학교 한국문화연구원

뇌연집 1

雷淵集

남유용 지음
南有容

이은영 옮김
이주해
홍학희

일러두기

1. 이 책의 번역 대본은 한국고전번역원에서 간행한 한국문집총간 제217~218집 소재 《뇌연집(雷淵集)》으로 하였다. 번역 대본의 원문 텍스트와 원문 이미지는 한국고전종합DB(http://db.itkc.or.kr)에서 확인할 수 있다.
2. 내용이 간단한 역주는 간주(間註)로, 긴 역주는 각주(脚註)로 처리하였다.
3. 한자는 필요한 경우 이해를 돕기 위하여 넣었으며, 운문(韻文)은 원문을 병기하였다.
4. 맞춤법과 띄어쓰기는 한글 맞춤법과 표준어 규정을 따랐다.
5. 이 책에서 사용한 부호는 다음과 같다.
   ( ) : 번역문과 음이 같은 한자를 묶는다.
   〔 〕 : 번역문과 뜻은 같으나 음이 다른 한자를 묶는다.
   " " : 대화 등의 인용문을 묶는다.
   ' ' : " " 안의 재인용 또는 강조 문구를 묶는다.
   「 」 : ' ' 안의 재인용을 묶는다.
   『 』 : 「 」 안의 재인용을 묶는다.
   《 》 : 책명 및 각주의 전거(典據)를 묶는다.
   〈 〉 : 책의 편명 및 운문·산문의 제목을 묶는다.

차례

시詩

뇌연집 제2권

시詩

뇌연(雷淵) 남유용(南有容)의 삶과 그의 문집 《뇌연집(雷淵集)》

김동준 | 이화여자대학교 국어국문학과 교수

이 책은 영조 대의 문인이자 정치가였던 뇌연(雷淵) 남유용(南有容: 1698~1773)의 문집 《뇌연집(雷淵集)》을 역주한 것이다. 《한국문집총간》 제 217~218책에 수록된 교서관 활자본 《뇌연집》을 저본으로 삼았다. 이화여자대학교의 번역팀은 2011년부터 번역 사업에 착수하여 2014년 황경원의 《강한집(江漢集)》을 시작으로 오원의 《월곡집(月谷集)》, 이천보의 《진암집(晉菴集)》을 차례로 완역해왔는데 2021년 올해부터는 30권 15책 분량의 《뇌연집》을 연차에 맞추어 번역 출판할 예정이다. 영조 대의 사가(四家)로 일컬어지는 이 네 분의 문집을 모두 역주하게 되면, 2011년 시작된 우리 번역팀의 숙원을 이루게 됨은 물론이요, 사가와 그들의 후손들 그리고 향후의 연구자 및 독자들에게 매우 의미 있는 성사가 될 수 있으리라 믿는다.

1. 뇌연 남유용의 생애

남유용은 본관이 의령(宜寧)이며 자는 덕재(德哉) 시호는 문청(文淸)이다. 젊은 시절에는 소화산인(少華山人) 만년에는 뇌연(雷淵)이라는 호를 사용했다. 1698년 11월 23일 외가의 사직동(社稷洞) 저택에서 부친 남한기(南漢紀)와 모친 청송 심씨(青松沈氏) 사이에서 둘째 아들로 태어났다. 시명이 높았던 남유상(南有常)이 두 살 많은 그의 형이다.

사가에 속한 문인들이 명가의 후손이었던 것처럼 남유용의 의령 남씨 가문 역시 문벌 좋은 경화 세족이었다. 부친 남한기는 오위도총부(五衛都摠府) 도총관(都摠管)을 조부 남정중(南正重)은 충청도 관찰사를 지냈으며, 증조부인 남용익(南龍翼)은 형조 판서와 대사성을 지냈을 뿐만 아니라 문인으로서의 조예가 높아 시선집인 《기아(箕雅)》와 문집인 《호곡집(壺谷集)》을 남겼다. 남유용의 아들인 남공철(南公轍)이 순조 대에 영의정을 지내며 문장가로서 명성을 날렸음을 참조하면, 남용익·남유용·남공철로 이어지는 이 시기야말로 이들 가문의 절정기였다고 할 수 있다.

유년 시절의 남유용은 문리가 늦은 편이었던 것 같다. 두 살 위의 형님 남유상이 총명함을 발하며 공부하면 그 곁에서 청강하는 정도였다고 하는데 8세가 되어서는 문득 벽에 그려진 호랑이 그림을 보고 시를 지을 수 있었다고 한다. 본격적인 수업을 받게 되면서 14~15세에는 사서(四書)를 통달하게 되었고 사마천의 《사기(史記)》를 자주 습작하면서 문장가의 소양을 쌓았다. 이후에 용인에 있는 도암(陶菴) 이재(李縡)의 한천서사(寒泉書社)에 나아가 배움으로써 노론의 학맥에 속하게 되었다. 16세에는 유명홍(兪命弘)의 딸 기계 유씨(杞溪兪氏)와 혼례를 올렸다.

남유용의 생애를 알려주는 자료로는 아들 남공철이 《영옹속고(潁翁續藁)》에 정리해둔 〈선부군언행록(先府君言行錄)〉, 남유용 스스로 자신의 삶을 간명하게 술회한 〈자지(自誌)〉와 〈자서(自叙)〉 및 《뇌연집》에 부록된 〈연보(年譜)〉가 주목된다. 이외에 왕조실록의 기록과 주변인의 증언 등도 응당 남유용의 삶을 파악하는 데 도움을 주는바 이를 바탕으로 그의 삶을 개괄하면 다음과 같다.

24세(1721년)에 진사시에 급제한 그는 이외로 출사가 늦었다. 이해에 아들 남공보(南公輔)를 낳았고 다음 해에는 부친의 영평(永平) 부임지에 다녀왔다. 부친 남한기는 빈번하게 외직을 맡았는데 그때마다 남유용이 부친의 임소를 찾았고 기행의 과정에서 많은 시문을 남겼다. 31세(1728년)에는 우애 깊던 형님 남유상이 세상을 떠났고 34세에는 부인 유씨의 상을 당했다. 익년인 1732년에 비로소 강릉(康陵) 참봉(參奉)이 되어 미관말직이나마 관계에 발을 디뎠다. 36세(1733년)에는 최당(崔禟)의 따님과 재혼하여 훗날 63세(1760년)에 아들 남공철을 얻게 된다.

37세(1734년)에 종묘서(宗廟署) 부봉사(副奉事)를 지낸 이후부터 관직 이력이 실질적으로 시작되었다. 한가한 틈에 부친의 청풍(淸風) 임소를 다녀오다가 휴가 기한을 넘겨 체직되는 곡절을 겪기도 하였지만 1736년 1월에 세자익위사(世子翊衛司)의 시직(侍直)이 되었다. 41세에 형조 좌랑, 42세에 영춘(永春) 현감을 역임하고, 43세(1740년) 8월에 드디어 문묘 친시(親試)의 과장에서 급제하여 12월에 사간원 정언(正言)에 임명되었다. 진사 급제 후 20년이 흘러서 마침내 문과의 관문을 넘은 셈이다.

관료가 아닌 문인으로서의 남유용에 초점을 맞추어보면 이 시기는 도리어 영롱한 빛이 발현되었다. 긴 수련의 기간에 그는 즐거이 다종다양한 시문을 지어 자신의 체험과 감동을 표현하였다. 출세에 대한 집념을 보이기보다는 부지런히 책을 읽고 글을 쓰고 술을 즐기는 삶을 향유

했기에 자연스럽게 관료보다는 문인으로서의 입지가 그에게 어울리는 것이 되었다. 젊은 나이에 고관을 역임하다 41세에 사망한 오원(吳瑗: 1700~1740), 문과 급제 후 10년 만에 판서의 반열에 오르고 만년에 영의정을 맡다 노심초사했던 이천보(李天輔, 1698~1761)와 비교하면, 그는 차근차근 승진하면서 자신에게 주어진 시간과 문인으로서의 소양 그리고 하늘이 허락한 76년의 수명을 넉넉하게 누린 인물이었다.

담담한 향유의 태도는 이 무렵의 교유에서도 일정하게 반영되어 있다. 넘치게 교유를 확장하지 않았던 까닭에 그의 성장기에는 지기로 여겼던 형님 남유상을 비롯하여 외종형 이여교(李汝喬)와 족숙(族叔) 남한종(南漢宗) 등 친인척 몇 사람만이 친근한 인사로 소개되어 있고, 고시언(高時彦)과 정래교(鄭來僑) 등의 몇몇 중인들이 가외의 교분 대상으로 포착된 정도이다. 그런데 이 시기의 교우에서 그는 무엇보다 소중한 인적 자산을 얻게 되는데 사가와의 친분이 그것이다. 1716년 무렵에 백형 남유상을 통해 알게 된 이천보, 1724년경부터 친교를 시작하여 지기의 관계를 맺는 오원, 다소 뒤늦은 1732년부터 교분을 쌓게 된 후배 황경원(1709~1787)을 빼놓고서 남유용의 삶을 완전하게 설명하기는 어렵기 때문이다. 1737년 동대문 바깥 종암동에 위치한 오원의 저택에서 펼쳐진 종암문회(鐘巖文會)는 당시 사가의 유대감과 정신적 풍경을 아낌없이 보여준다. 함께 한강을 여행하거나 고향 가는 길에 동행하거나 잠시 떨어진 사이에 편지를 왕래하면서 이들은 문인과 시인의 자질을 마음껏 표현할 수 있었다. 아쉽게도 사가의 모임은 1740년에 오원이 사망함으로써 막을 내리게 되지만, 이때의 인연이 사가 모두를 대제학의 영예로운 자리로 오르게 하는 발판이 되지 않았을까 짐작된다.

문과 급제를 거쳐 사간원 정언에 임명된 그는 1741년 10월에 당쟁을 금하고 탕평을 취하려는 영조의 대훈(大訓)을 비판하다가 해남에 유배되었다. 하지만 이듬해 1월에 석방되었고 1743년에는 청요직의 상징인 홍문록(弘文錄)에 이름을 올렸고 이어 세자시강원의 문학이 되었다. 47세인 1744년의 이조 좌랑과 이조 정랑 제수 및 체차, 1745년의 부수찬, 사간 등의 제수와 체차, 1746년 홍문관 부응교, 의정부 사인, 1747년의 응교, 보덕, 충주 목사 등의 잦은 교체와 역임, 1748년 숙종의 어진 제작을 위한 도감(都監)에서 도청(都廳) 임무를 마치고 통정대부로 승진, 이어 동부승지를 거쳐 우부승지에 임명되었다가 황해도 곡산부사로 나갔던 일련의 과정을 보면, 환로가 안정적인 탄탄대로였던 것은 아니다. 동갑의 이천보가 1741년에 이조 정랑 1744년에 성균관 대사성 1746년에 황해도 관찰사 1750년에 병조 판서가 되었던 것과 비교하면 그 차이가 더욱 확연해진다. 남유용의 40대는 중앙 관서에 주로 근무하되 잦은 이직을 경험한 시기였다고 할 수 있다.

51세가 되는 1748년은 사도세자의 대리청정이 시작된 해였거니와 이해 12월에 그는 아버지를 잃었다. 삼년상을 마치고 54세(1751년)에 형조 참의에 제수되었다가 이내 체차되었으며, 이듬해 3월에 의소세손(懿昭世孫)의 애책문(哀冊文)을 필사하여 올린 공을 인정받아 가선대부(嘉善大夫) 계단에 올랐고 드디어 대사성을 직임을 맡았다. 12월에 영조가 세자에게 선위할 뜻을 비치자 당시 좌의정이었던 이천보 등과 함께 반대하는 상소를 올렸다. 1753년에는 예조 참판, 예문관 제학, 홍문관 제학 등을 거쳤고, 1754년에는 예조 참판과 병조 참판을 지냈다. 그 사이 5월에는 영의정이었던 이천보가 추천하여 원손(元孫)의 보양관이 되었던바, 당시 3세였던 정조와의 특별한 만남은 훗날 남유용의 인생에 매우 귀중한 행운으로 작용한다. 나주괘서사건이 발생한 1755년에는 《천의소감(闡義昭鑑)》 찬수청의 당상관으로 근무했고 12월에는 비변사의 제조에 올랐다.

59세인 1756년에는 병조 참판, 대사헌, 대사성을 역임했고, 60세에는 원손의 사부(師傅)가 됨으로써 다시 정조와의 인연을 다졌다. 이해에도 예문관 제학과 호조 참판 등의 직책을 수행하였는데, 정국은 점차 파란의 시국으로 접어들고 있었다. 영조의 조급증과 사도세자의 질환이 상호 악순환을 거듭하며 1762년 윤 5월의 임오화변(壬午禍變), 즉 세자가 뒤주에서 사망하는 비극을 향해 치닫는 중이었다. 관료로서의 대처가 심히 어렵던 시절인지라 1757년부터 영의정 이천보는 사직 상소를 올리며 물러가기를 청했으나 사망하는 날까지도 그 뜻을 이루지 못했다. 그 사이 남유용은 1758년 양관 대제학, 원손 사부, 공조 참판 등을 지내다가 잠시 영조의 뜻에 거슬려 11월에는 울산 부사로 나갔다. 하지만 다음해 1월에 예문관 제학으로 복귀하였고 3월에는 식년(式年) 회시(會試)의 시관(試官)을 맡다가 영조의 명을 따르지 않은 탓에 철원(鐵原)에 유배되었다가 곧 풀려났고 11월에는 다시 세자의 우부빈객이 되었다. 3년 동안 거르지 않고 스승과 제자의 관계로 훗날 정조가 되는 원손을 모셨던 셈이다.

1760년 63세가 된 남유용은 이해 1월에 안변 부사로 나갔으며 4월에는 금강산 유람을 통해 유람의 꿈을 다소 해소할 수 있었다. 외직 체험과 금강산 유람은 남유용의 문인 감각을 활성화시키는 통로가 되어주었다. 더욱이 이해 11월에 그는 고대하던 아들 남공철을 얻었다. 첫째 아들 남공보를 이미 잃었던 차인지라 가문의 대를 이을 수 있게 된 이때의 즐거움은 이루 말할 수 없었을 것이다. 이듬해인 1761년 1월에는 동지이자 후원자였던 이천보가 갑자기 사망했고 1762년 5월에는 임오화변의 참상을 지켜보아야 했다. 그러한 와중에서 1762년 동지성균관사, 1763년 예조 판서와 성천 부사, 1765년 세손의 좌부빈객과 형조 판서, 1769년 대사헌, 1767년 기로소 선정의 영광 직후 치사(致仕)를 허락받았다. 세손을 잘 이끌었다 하여 1년 전인 1766년에는 정헌대부(正憲大夫) 자급을 받았다. 그리고 70세인 1767년에 은퇴를 달성함으로써 30여 년의 긴 관직 생활을 순조롭게 마무리할 수 있었던 것이다.

아들 남공철의 증언에 따르면, 이 시기 그는 문을 닫아걸고 수양에 힘쓰며 정신을 깨끗하게 하는 삶을 누리고 있었는데 문하에 배우러 오는 자가 무척 많았다고 한다. 술과 풍류, 문학과 보양으로 배합된 만족스러운 생활 조건이었음에도 대화가 왕실에 관계되면 간절하고 걱정스러운 심정으로 되돌아갔다고 한다. 담담한 삶을 선호했던 그일지라도 영조 만년의 비극적 정치 상황에서 자유로울 수 없었을 터이다.

치사 이후에 쓴 〈자서〉에서 그는 자신의 삶을 간추리며, 입조(入朝) 28년 동안 오로지 선직(選職)을 거치며 청귀(清貴)한 보임을 수행했다고 자부하였다. 사사로움이 없이 올바름을 추구하면서 윗사람에게 아첨하지 않고 아랫사람에게 뻐기지 않았다고 했으며, 유자(儒者)의 임무를 지켜 담담하게 살았노라고 술회하였다. 물러가기를 청해 허락을 받자 이를 기념해 편액도 일부러 '영로(榮老)'라 하였고, 이제는 두문불출 세상사를 묻지 않고 문장으로 자오(自娛)하겠노라 다짐했다. 관료가 아닌 문인으로서의 삶을 자신의 최종적 지향처으로 삼았던 것이다. 그리고 6년여 세월 동안 흔쾌히 시문을 짓고 시고를 다듬는 한편으로 제자 양성에 힘쓰다가 1773년 7월 13일에 지금의 을지로와 충무로 즈음의 초동(草洞) 자택에서 숨을 거두었다. 이해 1월에는 신료 최고 품계인 숭록대부(崇祿大夫)를 하사받았으니, '영로(榮老)'의 편액에 딱 알맞게 생의 마지막이 영광스러웠다고 하겠다. 실록의 졸기에서는 그의 사람됨에 대해 평안〔坦夷〕하고 순실(純實)하여 세상사에 담담했던 사람이라고 요약하였다.

2. 《뇌연집(雷淵集)》의 간행과 구성

남유용이 사망하고 10년이 흐른 1783년(정조 7년), 30권에 이르는 거질 《뇌연집》이 교서관 활자를 얻어 세상에 나왔다. 게다가 문집의 간행에 결정적 역할을 한 사람은 원손 시절부터 인연이 깊었던 국왕 정조였다. 한국고전번역원에서 《뇌연집》의 해제를 작성한 김경희(金炅希)가 이 문집의 편찬과 간행 과정을 적절하게 설명한 적이 있으므로 여기서는 그 내용을 간추려 요약한다.

읽고 쓰기를 매우 좋아했던 남유용은 노년기에 손수 자신의 시문을 편집하여 간행에 대비하고 있었다. 60세 즈음부터 동생 남유정(南有定, 1722～1775)과 조카 남공필(南公弼, 1715～1763)의 도움을 받아 자편고의 선사(繕寫) 작업을 진행하고 있었던 것이다. 하지만 1763년 남공필의 사망 1773년 남유용 사망 이후에는 남유정이 최종적으로 유고의 정리 작업을 맡았으리라 짐작된다. 1772년경에는 남유용의 부탁으로 제자인 이민보(李敏輔)가 시고(詩稿) 분야의 산정과 교감을 진행하였던바 현전 규장각 소장본 《뇌연시고(雷淵詩稿)》가 이에 해당하는 것으로 추정된다. 남유정이 정리한 유고는 글씨 잘 쓰는 장도순(張道

純)에게 넘겨져 필사본으로 정비되어 있었던 것 같다.

그러던 중 1778년 9월에 즉위 2년 차의 정조가 남공철을 특별히 불러 소견하다가 가장(家藏) 중인 장도순 사본(寫本) 문집을 보게 되었고 각별한 은혜를 베풀어 운각(芸閣)에서 문집을 인행하라는 명을 내렸다. 스승에 대한 예우와 보은을 입어 남유용의 문집이 세상에 활자화되는 행운을 얻었던 것이다. 하지만 문집의 편집 및 원고의 교감 등 여러 난제를 거치며 인간이 자꾸 늦어지자 1783년 2월에 어제서문(御製序文)을 내리면서까지 정조가 문집의 간행을 독촉했고 마침내 5월에 30권 15책 분량의 문집이 완간될 수 있었다. 편집과 교감 과정에는 이민보, 유한준(兪漢雋), 김순택(金純澤) 등이 간여하였고 교서관의 감인(監印) 책임은 서정수(徐鼎修)가 맡았다. 특기할 사항은 문집 인간에 사용한 재주(再鑄) 한구자(韓構字)의 첫 번째 책자가 바로 이 《뇌연집》이었다는 것이다. 재주 한구자는 1782년에 평안 감사인 서호수(徐浩修)가 왕명을 받아 8만여 글자의 한구자를 다시 주조하여 운각에 보관했던 활자이다.

이제 전체 30권 15책으로 편성된 《뇌연집》의 권별 구성을 소개하면 다음과 같다. 정조의 〈어제서 뇌연자고(御製叙雷淵子稿)〉가 지제교 심념조(沈念祖)의 글씨를 빌어 첫머리에 놓인 다음에 총목(總目)이 뒤따르고 이어 권별로 목차가 배치되어 있다. 정조의 서문에는 문사가 아름답고 기운은 순후하며 법도가 정연하고 조화롭다는 평가와 더불어 의론이 정도(正道)를 따랐다는 취지의 칭찬이 드러나 있다.

권1~8은 사부(辭賦)와 시(詩)로 편성된 부분이다. 먼저 권1에는 사부 8편이 전반부에 배치되어 있다. 〈닭 울음소리를 듣고 지은 사(聞鷄

鳴辭)〉(1721년), 〈경부(鏡賦)〉(1722년), 〈복초부(復初賦)〉(1727년), 〈산지중사(山之中辭)〉, 〈생질의 돌에 운명을 점치는 글(雲甥晬日卜命文)〉, 〈옥계사(玉溪辭)〉(1731년), 〈애장성부(哀長城賦)〉(1731년), 〈단구사(丹丘辭)〉(1736년)이다. 출사 이전 40세까지의 작품들로 그가 이 시기에 사부 작품도 연마했음을 알려준다. 앞의 네 작품은 삶에 대한 태도를 주제화하고 있는데, 〈닭 울음소리를 듣고 지은 사〉는 선하게 살고자 하는 다짐을, 〈산지중사〉에서는 벼슬하지 않고 독서를 즐긴 증점(曾點)처럼 살고 싶은 희망을 담았다. 25세작 〈경부(鏡賦)〉는 그 무렵 익히던 《문선(文選)》의 부를 습작한 것으로서, 거울과의 대화를 제재 삼아 용사와 수사의 솜씨를 마음껏 발휘한 장편 대부(大賦)이다. 남유용 20대의 필력을 단숨에 확인시켜주는 대표작이라 할 만하다. 뒤의 〈애장성부(哀長城賦)〉는 서장관 윤득화(尹得和)의 연행을 전송하며 써준 것인데 청나라에 대한 비분을 토로하고 있다. 당시 노론계 지식인들의 지적 풍경을 대변한다.

이어 권1의 시에는 18세작 〈용호도를 보고(觀龍虎圖)〉부터 29세작 〈집의에 추증된 신사원의 만사(贈執義申公思遠輓)〉(1726)까지가 수록되어 있다. 〈목천자가 서왕모에게 연회를 베푸는 옛 그림을 보고(觀古畫穆天子宴王母)〉, 〈이징이 소략하게 그린 산수화에 제하다(題李澄散畫山水) 등을 통해 그림 감상과 제화시 쓰기를 즐겼던 자취를 엿볼 수 있고, 〈백씨의 감회 시에 화답하다(和伯氏感懷)〉에서는 호사청등회(壺社淸燈會)라는 시사를 만들어 남유상·이여교·남한종 등과 수창했던 상황을 짐작할 수 있다. 〈무검기행(舞劍器行), 〈어부가(漁父歌), 〈목동사(牧童詞)〉 등의 가행(歌行)을 비롯하여 〈서종숙 남한륜에게 드리다(贈庶從叔漢綸子游)〉 등의 고시도 더러 짓고 있는바 근체시는 물론이요 각체의 시부를 익혔던 정황이 드러나 있다.

권2는 1727년작 〈큰형님께서 과거에 막 급제하여 선산에 영소하고…(伯氏新擢第 榮掃先壟 奉酬其韻)〉부터 1736년작 〈유문·공필과 함께 밤에 연초재에 모여서…(與孺文公弼燕超齋夜集 出道德經豪士賦讀之有述)〉까지의 시가 선발되어 있다. 화순에 유배당한 남유상에게 보낸 시를 비롯하여 형제간 수창한 정다운 시편들이 주목되며, 한편으로는 〈이의숙 천보 의 가릉 산거에 편지삼아 보내다(簡李宜叔 天輔 嘉陵山居)〉(1731년), 〈꿈을 기록한 시를 이의숙과 오백옥 원 에게 편지삼아 부치다(錄夢詩 簡李宜叔吳伯玉)〉(1731년), 〈오백옥의 종암동 정자에 모였는데 이의숙·홍양지 자·황대경 경원 이 함께하였다(集吳伯玉巖亭 李宜叔洪養之 梓 黃大卿 景源 俱)〉(1732년) 등을 기점 삼아 오원·이천보·황경원·홍자 등과 수창한 다수의 시편들이 눈에 띈다. 오원·황경원 등과 단양의 구담(龜潭)과 도담(島潭) 등을 유람한 1732년의 분운(分韻) 시편에서는 일행의 감홍과 친근감을 감촉할 수 있다. 이 무렵 남유용은 김순택(金純澤), 김윤겸(金允謙) 등 노론 명가의 자제들과 교우 관계를 맺고 있다.

권3은 1736년작 〈한식날 세자익위사의 근무 중에 우연히 옛날 종이를 점검하다가…(寒食率府直中 偶檢故紙 得前度人唱詶一軸 有和)〉부터 1739년(?)작 〈김순택이 죽간 열다섯 개를 보내주었기에 푸른 붓으로 사례하다(孺文惠貺竹簡十五 用綠管爲謝)〉까지, 권4에는 1739년작 〈서정에서 달을 바라보며 노래를 짓다(西亭望月作歌)〉에서부터 1742년작 〈미음의 처사 이정엽이 나를 위해 거문고를 타며…(薇陰李處士君重鼎燁爲余彈琴 作古調二三弄 能使病者忘臥 其意良厚 不可無謝也 處士爲誦閔士元遇洙詩以求和 聊應之)〉까지가 수록되어 있다. 말하자면 권3

은 세자익위사 시직을 거쳐 형조 좌랑을 지낸 초기 입사 기간의 시편들인데 가장 주목되는 것은 교유 활동을 바탕 삼은 일련의 작품들이다. 1737년의 종암문회(鐘巖文會)에서 극성함을 보인 수창시를 위시하여, 이병연(李秉淵), 원경하(元景夏), 오찬(吳瓚), 안중관(安重觀) 등과 나눈 시들도 주목된다. 바야흐로 동지를 결성하고 동당의 인물들과 교분을 맺어가고 있는 형국이다. 1739년부터 1742년까지의 시를 모은 권4는 영춘 현감, 문과 급제, 정언 임명과 파직 등을 겪었던 시기의 시편들이다. 부친의 임소를 찾아 단양을 유람한 시편들이 보이고, 단양 유람 중에 오원 등과 더불어 김창흡의 시에 차운하는 장면도 보인다. 김창흡이 그들 사이에 이미 한시의 대가로 인식되었음을 알 수 있다.

권5와 권6은 1743년부터 1758년까지의 시를 모아두고 있다. 먼저 권5에는 1743년작 〈함경도 관찰사 심성희 형이 길을 떠나면서 시를 구하기에 절구 한 수를 받들어 올렸다(北伯沈兄伊天聖希 臨行索詩 奉贈一絶)〉부터 1751년작 〈김이건이 술을 가지고 와 대접하면서…(金剛伯履健 携酒來餉 正欲邀稚明 而稚明自至 醉後同賦)〉까지가 대상이다. 이조 좌랑, 부수찬, 충주 목사, 동부승지, 곡산 부사, 형조 참의 등을 역임한 약 7년간의 기간에 이루어진 시편들이다. 권6은 1751년작 〈도헌 정형복이 술을 가지고 맞이하여…(鄭都憲陽來亨復 置酒相邀 季章亦至 醉後又次前韻)〉부터 1758년작 〈영호루에서 현판에 적힌 증조부 문헌공의 시를 차운하다(暎湖樓 謹次曾王考文憲公板上韻)까지를 수록하고 있다. 성균관 대사성, 예조 참판, 원손 보양관, 병조 참판, 원손 사부, 양관 대제학, 울산 부사를 역임한 약 7년간의 시편들이다. 약 7년 단위로 1권 분량의 시들이 선발된 셈인데, 관직 생활에서 경험한 대소사와 이따금의 외유 유람이 시 생산의 배경이 되고 있다. 동료

및 지인들과의 수창 그리고 송별시와 만시 등이 주류를 이룬다. 다만 1757년에 지은 〈도연명의 음주 시에 창화하다(和陶靖節飮酒)〉 20수 연작 등에는 벼슬에 대한 회의와 귀거래의 소망이 피력되어 있는데 이는 아마도 영조와 세자의 갈등으로 인해 당시의 정국이 몹시 위태로웠기 때문일 것이다.

권7과 권8은 1757년 울산 부사로의 좌천 시기부터 1773년 사망 직전까지를 대상으로 한 시편들이다. 권7은 1757년작 〈임 충민공의 사당에서 졸옹의 시에 차운하다(林忠愍廟 次拙翁韻)〉에서부터 1767년작 〈영로당의 여덟 가지 경치(榮老堂八景)〉까지가 수록되어 있다. 울산 부사 출보(出補), 예문과 제학, 철원부 유배, 우부빈객, 안변 부사와 금강산 유람, 남공철 득남, 성천 부사, 형조 판서, 대사헌 등을 경험하던 시절이다. 울산 부사 좌천 기간의 작품이 기행시처럼 이어지다가 일곱 명의 벗을 애도한 〈칠애(七哀)〉 시를 통해 삶에 대한 약간의 회의를 토로하고 있다. 약 2개월의 좌천 시기에 지은 작품이 수십 수에 달한 만큼 많다. 철원 유배와 성천 부사 시기에도 많은 시가 지어졌다. 농부와의 대화, 저잣거리의 떠들썩함이 그의 시세계에 등장했으며, 철원 일대의 명승과 사찰 그리고 금강산 유람이 다채롭게 수를 놓고 있다.

권8은 1767년작 〈부학 김치명에 대한 만사(金副學稚明輓)〉부터 1773년작 〈절필(絶筆)〉까지를 전반부에 수록하고, 후반부에는 잡시(雜詩)라는 별도의 범주를 두어 그 아래에 악부(樂府), 사령(詞令), 잡체(雜體), 연구(聯句), 사언(四言), 육언(六言)을 모아두었다. 전반부의 〈절필〉은 사망 이틀 전에 지은 작품으로, 자신의 생애가 관료도 아니요 그렇다고 은자도 아닌 삶이었노라고 회상하였다. 그 이전의 시는 관료 생활에서 발생한 공적·사적인 일을 소재로 한 시편들, 만시

나 축하시 등의 응수문자가 높은 비중을 차지하고 있다. 시로 포착된 관각의 풍정을 비교적 상세히 알려주는 자료군이다.

한편 권8 후반부의 잡시(雜詩)는 근체와 고풍을 벗어나 통상적 시형이 아니라는 판단을 전제하고 있으나, 오히려 남유용 한시의 영역을 확장시켜 가늠케 해주는 부분이기도 하다. 1715년에 의고악부제(擬古樂府題)를 따라 지은 악부 21수, 1727년에 남유상 및 오원과 회합하며 지은 사패 18수, 1754년에 장난삼아 지은 희작 잡체시, 《시경》의 4언체를 구사하며 1726·1733·1742·1745·1748·1759·1769년 등에 지었던 사언시들, 다소 특수한 조건을 따라 1738·1741·1759·1770년 등에 지은 육언시 등은 남유용이 얼마만큼 능란하게 여러 시형을 활용했는지를 알려준다. 이와 더불어 1726·1734·1737·1751년 등에 지은 연구(聯句)는 대부분이 절친한 이들과 합작한 것인데, 이는 30대에서 50대에 이르기까지 그가 오랜 동안 교분의 용도로 연구를 활용했음을 뜻한다. 특히 1751년 종암에서 사가가 합심한 연구는 850자에 이르는 무게감까지 보유하고 있다.

권9~11은 소차(疏箚) 55편, 계사(啓辭) 2편, 응제문(應製文) 19편이 선정되어 있다. 소차에는 관직을 사양하는 상소가 높은 비중을 이루며 이외에 소명(召命)을 어겨 대죄(待罪)하는 상소도 보인다. 무엇보다 1741년의 〈시사를 논한 상소(論時事疏)〉는 탕평을 주도하려는 영조의 대훈(大訓)에 대해 부당한 조처라고 하였다가 결국 해남 유배의 조처를 불렀으며, 1772년의 〈역사에 대해 상언한 상소(上言史事疏)〉는 자신이 저술한 역사서 《명사정강(明書正綱)》이 왜 숭정제 이후까지를 명나라 역사의 대상으로 삼게 되었는지를 해명한 것이다. 응제문으로는 기우제, 왕실 제사, 왕후 존호 옥책문, 《천의소감(闡義昭鑑)》의 발문 등을 눈여겨볼 만하다.

권11의 말미부터 권14까지는 서(序) 33편, 제발(題跋) 31편, 기(記) 25편이 각 장르 내에서 연대순으로 편차되어 있다. 서문에는 송서(送序)와 증서(贈序)를 비롯하여 책서(冊序)가 함께 섞여 있다. 책자의 서문으로 유명홍(兪命弘)의 《계악집(溪嶽集)》, 고시언(高時彦)의 《성재고(省齋稿)》, 남유상의 《태화낭중집(太華閬中集)》, 이영보(李英輔)의 《동계집(東溪集)》, 이천보의 《진암집(晉菴集)》, 자신이 지은 《명서정강(明書正綱)》의 서문 등이 있다. 제발(題跋)은 1721년작 〈추수도의 발문(秋水圖跋)〉과 1724년작 〈오원의 '유종암시권' 뒤에 쓰다(題吳伯玉瑗遊鐘巖詩卷後)〉을 필두로 삼아 그림, 시고, 시축, 첩자, 시선집 등에 쓴 글이다. 먼저 죽은 아들 남공보의 유고에 적은 발문, 형님 남유상이 남긴 시축에 쓴 발문, 부친이 만든 시선집 《동률가선(東律家選)》에 부친 글 등이 눈에 띈다. 제발은 비교적 단소한 편폭을 가진 산문인데, 174년에 조카 남공필이 소장한 《임계백시(臨溪百詩)》에 써준 발문 등을 보면 소품의 필치가 완연하다. 기문으로는 1715년에 수락산 옥류동(玉流洞)을 기행한 〈유옥류동기(遊玉流洞記)〉를 시작 삼아, 정원의 두 그루 소나무를 기록한 〈이송원기(二松園記)〉, 한강의 서호를 구경한 〈유서호기(遊西湖記)〉, 송나라 휘종(徽宗)의 그림에 대한 화기(畫記)와 기타 재실(齋室) 기문, 그리고 영평(永平)의 화악산(華嶽山)과 단양의 구담(龜潭) 등을 여행하고 쓴 유람기 등이 있다.

권15부터 권17까지는 편지글인 서(書) 93편이 실려 있다. 아버지인 남한기에게 올린 편지 〈아버님께(上親庭)〉 2편을 위시하여 형님에게 올린 〈백형께(上伯氏)〉 류의 편지 5편이 먼저 배열되어 있다. 이후 장인인 유명홍(兪命弘), 스승 이재(李縡), 상위 관료인 이병상(李秉

常), 김재로(金在魯), 유척기(兪拓基), 교우와 제자 범위의 오원, 이천보, 민우수(閔遇洙), 윤심형(尹心衡), 송명흠(宋明欽), 김원행(金元行), 황경원(黃景源), 김양택(金陽澤), 홍봉한(洪鳳漢), 김순택(金純澤), 오재순(吳載純), 이윤영(李胤永), 친인척 또는 제자 범위의 남공필, 서명응, 유한준 등에게 보낸 편지가 확인된다.

권17의 말미부터 권18은 제문(祭文) 48편과 애사(哀辭) 8편이 연대순으로 수록되어 있다. 남유상, 유명홍, 망실(亡室) 유씨(兪氏), 오원, 망자(亡子) 남공보, 조카 남공필 외에 고모, 질녀 등의 제문이 잇따른 다음, 이강(李堈), 유묵기(兪默基), 이헌보(李獻輔), 숙인 김씨(淑人金氏: 이천보의 어머니), 이사중(李思重), 서명현(徐命顯), 민익수(閔翼洙) 등의 애사가 이어지고 있다.

권19~권26은 비명(碑銘) 10편, 묘지(墓誌) 46편, 묘갈(墓碣) 26편, 묘표(墓表) 14편, 행장(行狀) 11편, 시장(諡狀) 5편, 유사(遺事) 2편이 모여 있다. 남세주(南世周)의 신도비명을 시작으로 권응수(權應銖), 심성희(沈聖希), 서명구(徐命九), 한현모(韓顯謩) 등의 신도비명, 창녕 용흥사(龍興寺)의 비명, 단양 우화교(羽化橋)의 비명, 표충사의 비명 등이 있고, 이어 가족과 지인들의 묘지가 배열되어 있다. 조몰한 아들 남영록(南寧祿), 망실 유씨(兪氏), 장인 유명홍, 벗 오원, 조부 남정중(南正重), 조카 남공필 등의 묘지, 저자 자신의 자지(自誌)와 자서(自敍), 그리고 남득기(南得箕), 윤심형(尹心衡), 김시찬(金時粲) 등의 묘갈, 민익수, 남용익, 남한기, 김재노, 이정보 등의 묘표, 망실 유씨, 모친 심씨, 유명홍 부부, 이우신(李雨臣) 부부 등의 행장, 남선(南銑), 김진규(金鎭圭) 등의 시장, 남유상과 남한기의 유사가 그 개략이다.

권27에는 원(原), 논(論), 설(說), 전(傳), 잠(箴), 명(銘), 전(箋), 찬(贊) 등을 선발한 잡저(雜著) 41편이 편차되어 있다. 운명과 가르침을 탐구한 〈원명(原命)〉과 〈원교(原敎)〉에 대해서는 아들 남공철이 고학(古學) 흥기를 자임한 남유용 초기의 저작이라 하였다. 이어 주나라 평왕(平王)의 잘못된 처신을 논한 〈주평왕논(周平王論)〉, 우리나라의 묘제를 논한 〈논묘제(論廟制)〉가 나오고, 뒤이어 난초, 고양이, 서재에 대한 설 3편이 있다. 전(傳) 8편은 의령 남씨의 조상인 부풍자(扶風子)를 필두로 효자 박문랑(朴文娘), 화가 김명국(金鳴國), 음악가 김성기(金聖基), 여항인 임준원(林俊元), 가전(假傳) 대상으로서의 말과 붓을 입전하였다. 이외에 학질을 타이르는 〈유학신문(諭瘧神文)〉, 장기에 대한 설명을 담은 〈광상희지(廣象戲志)〉 등이 흥미를 끌며, 자신의 서재인 택재(擇齋)에 부친 잠언, 술에 대한 잠언, 지팡이·술병·벼루·서실·주머니·서산·집·옷을 소재로 한 명(銘), 동궁 책봉을 축하하는 전(箋) 및 동궁(東宮)에게 바친 8조목의 잠언 등이 포함되어 있다. 남유용 산문의 폭넓은 분포를 시사하는 자료군이다.

권28에는 〈경연강의(經筵講義)〉, 〈서연강의(書筵講義)〉, 〈존현각진대(尊賢閣進對)〉 3종이 실려 있다. 국왕의 경연과 세자의 서연 등에 참여하여 강의한 내용이므로 남유용에게는 영광스러운 자료였을 것이다. 〈경연강의〉에는 1746년의 《주례(周禮)》 강의, 1747년과 1748년의 소대(召對) 강의 외에 1752년 영조의 선위(禪位) 의사에 반대했던 일을 적고 있다. 이어 〈서연강의〉에는 1745년과 1746년에 사도세자에게 행한 《소학(小學)》 강의, 〈존현각진대〉에는 1767년 1월에 치사(致仕) 은퇴를 허락받고 동궁에 입대(入對)했던 일을 기술하였다.

권29~권30은 《시경》의 각 편명을 해설한 아언(雅言) 57항이 수록되어 있다. 권29의 28항은 〈대아(大雅)〉에 대해 황경원과 나눈 의견을, 권30에는 〈소아(小雅)〉에 대해 황경원・김순택과 나눈 의견을 담고 있다. 권30의 끝에는 연보(年譜)와 치제문(致祭文)이 부록되어 있다. 연보는 출생에서부터 1783년 5월의 문집 간행까지의 기간을 포괄하였다. 끝의 치제문은 문집 간행을 기념하면서 규장각 신료들이 올린 제문이다.

이상 30권 분량의 은성한 문집의 규모와 내용을 개괄하였다. 일찍이 이정보가 《진암집(晉菴集)》의 발문에서 '오원의 글은 화창(華暢)하고 남유용의 글은 연박(淵博)하고 황경원의 글은 전아(典雅)하다'고 평했던 것처럼, 남유용의 시문은 풍부함과 깊이를 겸비한 '연박(淵博)'의 양상을 보인다. 풍성한 분량, 다양한 소재, 다채로운 형식, 문학적 단련에서 우러나오는 내용상의 질감을 골고루 보유한 것이다.

3. 《뇌연집》의 가치와 의의

월곡 오원, 진암 이천보, 강한 황경원과 더불어 사가로 지칭되는 남유용은 4인 중에서도 문인의 면모가 가장 두드러진 인물이다. 우선은 문집의 규모부터가 풍성하다. 한국문집총간본을 예로 들자면 6권의 《진암집》, 14권의 《월곡집》에 비해 훨씬 수량이 많고 32권의 《강한집(江漢集)》과 비슷하다. 《강한집》의 경우 《명배신전(明陪臣傳)》 6권을 합한 수치이다. 만약 남유용의 《명서찬요정강(明書纂要正綱)》 21권 9책(한국학중앙연구원 소장 원고본)을 합한다면 약 53권의 압도적 분량이 된다. 남유용 스스로가 〈자지(自誌)〉에서 '독서를 좋아했다(好

讀書)', 치사 직후 쓴 〈자서(自叙)〉에서 '문을 걸어 잠그고 세상사를 묻지 않으며 문장으로써 자오하며 살겠다(杜門不問世事 以文章自娛)'고 했던 것처럼, 그는 분명히 읽고 쓰기를 무척 좋아했던 사람이다. 그래서 30여 년이나 관직에 몸을 담았지만 두툼한 저술을 남길 수 있었던 것이며, 또 그러한 면모 때문에 관료로서보다는 문인으로서의 인상이 강한 것이다.

양적인 바탕도 중요하지만 문장가로서의 기질과 역량도 높이 평가되어야 할 부분이다. 활자본 《뇌연집》이 국왕 정조의 후원을 입었다는 점은 그것대로 주목될 만한 현상이지만, 어제 서문에서 말했듯이 정조도 '불후의 업적이 될 만한' 싹을 보았던 것이다. 남공철은 이를 두고 '뇌연의 문장은 응당 본조의 한 대가(雷淵文章 當爲本朝之一大家)'라고 교시했던 정조의 평가를 특기하고 있다. 이정보가 내린 '연박(淵博)'하다는 평가도 그러한 맥락에서 이해될 수 있다. 남공철은 이를 더 구체화시켜, '아버지의 문장은 육경을 근본 삼고 제자백가를 참고하였는데 수사는 간결하고 옛스러웠으며(辭簡而古) 기질은 순수하고 두터웠다(氣醇而厚)'고 한 뒤에 '서사(敍事)의 문체에 더욱 빼어났다'고 하였다. 시에 대해서도 '무성하고 연박하다(蒼茂淵博)'는 요약하면서 고체시를 쓸 때면 더욱 천성적 자질을 거침없이 펼쳐내었다고 적었다.

그에게 호의적이었던 인물들의 후한 평가가 그저 의례적인 상찬 정도에 그치지 않음은 현전 《뇌연집》이 증명해준다. 물론, 문학에 초점을 맞추지 않아도 《뇌연집》은 여러 가지로 활용의 가치를 지닐 수 있다. 미술사가가 보자면 제화와 제발을 눈여겨 볼 수 있고, 풍속사 연구의 관점에서 보면 18세기 관각의 풍정을 구체화할 수 있는 자료가 많다. 정치적 난국에 임하여 관료가 취할 수 있었던 처신의 문제도 주목

될 수 있으며, 18세기 중반 노론계 관료 집단의 유대와 세계 인식을 진단하기에도 적절한 자료가 많다.

하지만 《뇌연집》은 문인으로서의 남유용에 초점을 맞추어야 더 진진하게 제대로 된 의의를 획득할 수 있을 것 같다. 20~30대에 저술된 시문들은 장르의 다양함과 수사의 다채로움을 시현하고 있으며, 그 이후 평생에 걸쳐 남긴 저작들도 자료와 정보의 차원을 넘어 수준 높은 작품으로서의 의미를 내포하고 있기 때문이다. 그는 문학으로 자신의 삶과 시대를 관통한 문인형 관료의 전형이었다.

뇌연집서 雷淵集叙

《뇌연자고(雷淵子稿)》 어제 서 정조

御製叙雷淵子稿 正祖

《주역》〈몽괘(蒙卦) 단사(彖辭)〉에 "어릴 때에 바름을 기르는 것이 성인(聖人)이 되는 공부이다."라는 말이 있다. 성인과 어린 아이는 그 거리가 멀지만 어린 아이로부터 성인으로 들어가는 것은 기르는 것에 달려있고 그를 바르게 기르는 것은 스승에게 달려있다. 그러므로 가 태부(賈太傅)가 "태자가 훌륭하게 되는 것은 가르침을 일찍 시작하는 것과 좌우(左右)를 잘 선발하는데 달려있다."라고 말한 것이다.[1] 양 문공(楊文公)의 가훈(家訓)에도 또한 "양지(良知)·양능(良能)을 기름에 있어서 마땅히 어릴 때 먼저 들어가는 말로 주장을 삼아야 한다."라는 말이 있는데 자양자(紫陽子)가 그 말을 채록하여 《소학》에 엮어 넣었다.[2] 그러한즉 어린 아이를 교육하는 스승이야말로 그 선발

1 가 태부(賈太傅)가……것이다 : 가 태부(賈太傅)는 전한(前漢) 때 장사 태부(長沙太傅)를 지낸 가의(賈誼)를 일컫는다. 그가 "천하의 운명은 태자에게 달려 있고, 태자가 훌륭하게 되는 것은 가르침을 일찍 시작하는 것과 좌우를 선발하는 데에 달려 있다.〔天下之命, 縣于太子, 太子之善, 在于早諭教與選左右.〕"라는 말을 한 바 있다.《漢書 卷48 賈誼傳》

이 어려운 것이 아니겠는가?

내가 세 살 때에 황조(皇祖 영조)께서 여러 신하 중에서 남공(南公) 유용(有容)을 보양관(輔養官)으로 선발하여 글을 가르치게 하셨는데,[3] 그 해가 끝나기 전에 《효경(孝經)》을 가르쳐 주고 《소학(小學)》까지 가르쳐 주었으니 이는 내가 영민해서가 아니라 가르침이 근실하였기 때문이다. 공은 매번 공복(公服)을 갖추어 입고 강석(講席)에 들어와 나를 무릎 위에 앉히고는 입으로 가르치고 손가락으로 그려 보이며 음과 뜻을 비유로 깨우쳐 주었는데 말이 지치지 않고 정성스러웠으니 그때의 일이 아직도 어렴풋하게 기억에 남아있다.

이로부터 6, 7년 동안 나는 더욱더 많이 배웠다. 그러나 공은 그때 해직되어 떠나갔고, 내가 세자가 되었을 때 공은 다시 빈객(賓客)이 되었으나[4] 더욱 연로하였는지라, 그 직에 오래 있을 수 없었다. 그런데도 오히려 〈팔잠(八箴)〉을 올려 내가 덕에 나아가도록 권면하였으니[5]

2 양 문공(楊文公)의……넣었다 : 양 문공(楊文公)은 북송의 문장가로 한림학사(翰林學士)를 지낸 양억(楊億)을 말하고, 자양자(紫陽子)는 주희(朱熹)를 일컫는다. 주희가 양문공의 이 말을 《소학》 〈가언(嘉言) 제5 광입교(廣立教)〉에 실었다.

3 남공……하셨는데 : 남유용은 57세 되던 1754년(영조30)에 원손보양관(元孫輔養官)이 되어 세손을 가르쳤다.

4 공은……되었으나 : 빈객(賓客)은 세자시강원 소속의 정2품 관직으로, 좌・우빈객 각 1인이 있으며 겸관(兼官)이었다. 남유용은 68세 되던 1765년(영조41)에 우빈객(右賓客)이 되었다.

5 팔잠(八箴)을……권면하였으니 : 남유용의 나이 69세인 1766년(영조42) 10월에 〈진덕팔잠(進德八箴)〉을 왕세손에게 올렸다. 그 내용은 '할아버지의 말씀을 공경할 것〔敬祖訓〕', '제자의 직분에 근실할 것〔謹子職〕', '강독을 부지런히 할 것〔勤講讀〕', '잠규를 받아들일 것〔納箴規〕', '언동을 신중히 할 것〔愼言動〕', '지기를 기를 것〔養志

대개 공이 나에게 가르쳐준 것은 바름에서 나오지 않은 것이 없었다. 내가 몽매한 탓에 능히 성학의 반열에 낄 수는 없었으나 의리(義利)의 분별과 치란(治亂)의 연고를 대략이나마 알 수 있게 된 것은 대부분 어릴 때 먼저 배웠던 말들 덕분이었으니 그 공(功)을 어찌 없다 할 수 있으랴?

내가 듣건대 공은 어릴 적부터 문장을 잘 하여 명성을 얻었고, 출사를 하고 나서는 청현직(淸顯職)을 두루 역임하면서 사원(詞垣)의 맹주[6]가 되는데 이르렀다. 그러나 공은 담담하고 검약하며 지조가 있어서 명리(名利) 사이에서 좇으려 하지 않았다. 공은 물러나서는 늘 문을 닫아걸고 책을 보았고, 간혹 잔에 술을 가득 채워 취하도록 마시기도 하였으나, 취하면 시를 읊조리며 자락하였을 뿐 담담히 영화와 복록에 마음을 얽매이지 않았다. 비록 이 때문에 시속과 맞지 않았으나 그것으로 곧 공이 기르던 바를 알 수 있다. 대저 스스로를 기르고 나서야 능히 남을 기를 수 있는 법. 그가 황조께서 가려 뽑으신 뜻을 저버리지 않고 나에게 공을 끼쳐주실 수 있었던 것이 어찌 근본이 없다 할 것인가?

지금 공이 세상을 떠난 지도 십수 년이 되었다. 그 분을 그리워해도 볼 수 없기에 그 집에서 유고(遺稿)를 찾았더니 시문 약간 편을 얻을

氣]', '완희를 물리칠 것[去玩戲]', '아첨하는 이를 멀리할 것[遠柔佞]' 등이다. 자세한 내용은 《뇌연집》 권27에 〈진동궁진덕팔잠(進東宮進德八箴)〉이란 제목으로 수록되어 있다.

6 사원(詞垣)의 맹주 : 사원(詞垣)은 홍문관이나 예문관 등 문학하는 신하가 봉직하는 부서를 이른다. 문학하는 신하를 사신(詞臣)이라 칭하는 데에서 유래한 것이다. 남유용이 양관 대제학의 자리에 올라 문풍을 주도하는 역할을 했기 때문에 이른 말이다.

수 있었다. 읽어 보니 문사는 아름답고 기운은 순후하였으며 법도는 정연하면서 조화로웠다. 논의(議論)은 항상 경(經)에 의거하였고 도(道)에 어긋남이 없었으며 온화하고 화락한 의취는 섬세하고 공교롭게 만들거나 겉만 화려하게 꾸민 말이 없었는지라, 그 글을 읽고 그 사람됨을 족히 알 수 있었다. 참으로 불후의 업적이 될 만한데 그 집안이 몹시 가난하여 판각할 능력이 되지 않기로 이에 운각(芸閣)[7]에 맡기어 간행하도록 하였다. 아. 이 어찌 그의 공에 보답하는데 충분하겠는가? 애오라지 내가 옛날 배웠던 것을 잊지 못하는 마음을 표하려는 것일 뿐이다. 그리하여 이렇게 써서 책머리에 붙인다. 내가 등극한 지 7년째 되는 임인년(壬寅年) 초여름 12일이다.

통정대부 이조참의 · 겸 규장각 직제학 · 춘추관 수찬관 · 지제교(通政大夫吏曹參議兼奎章閣直提學春秋館修撰官知製教) 신(臣) 심염조(沈念祖)[8]가 교지를 받들어 삼가 글씨를 쓰다.

7 운각(芸閣) : 교서관(校書館)으로, 경서(經書)의 인쇄나 교정, 향축(香祝), 인전(印篆) 따위를 맡아보던 관아이다.

8 심염조(沈念祖) : 1734~1783. 본관은 청송(青松). 자는 백수(伯修), 호는 함재(涵齋)이다. 홍문관 교리 · 규장각 직제학 · 이조 참의 등을 거쳤고, 황해도 관찰사로 있다가 임지에서 죽었다.

뇌연집

제1권

사부 辭賦

시 詩

사부 辭賦

닭 울음소리를 듣고 지은 사(辭) 신축년(1721년, 경종1)

聞鷄鳴辭 辛丑

의양자(宜陽子)[1]가 닭 울음소리를 듣고 맹자가 순(舜)임금과 도척(盜跖)에 관해 한 말[2]에 느낀 바가 있어 한밤중에 일어나 아무렇게나 짓다.[3]

남쪽 창에 누워 내 팔뚝을 베고 있자니	臥南牕兮枕余肱
잠은 달게 오고 천지의 기운 엉기었네[4]	睡淸美兮氣絪縕

1 의양자 : 남유용의 호이다. 남공철의 《금릉집》에 〈의양 남씨 보도(宜陽南氏譜圖)〉가 있는데 남공철 또한 의양자라는 호를 사용하였다.

2 맹자가……말 : "새벽에 닭이 울자마자 일어나서 부지런히 선행을 힘쓰는 자는 순 임금의 무리요, 새벽에 닭이 울자마자 일어나서 부지런히 이익을 구하는 자는 도척의 무리이다. 순 임금과 도척의 구분을 알고자 한다면 다름이 아니라 단지 이익을 탐하고 선행을 좋아하는 그 사이에 있을 뿐이다.〔雞鳴而起, 孶孶爲善者, 舜之徒也, 雞鳴而起, 孶孶爲利者, 跖之徒也. 欲知舜與跖之分, 無他, 利與善之間也.〕"라는 말이 《맹자》〈진심 상(盡心上)〉에 나온다.

3 아무렇게나 짓다 : 원문의 '佔畢'은 천박한 공부를 말한다. 《예기(禮記)》〈학기(學記)〉에 "지금에 가르치는 사람은 책을 보고 읊기만 할 뿐 깊은 뜻은 모른다.〔今人敎者, 呻其佔畢.〕"라고 한 데서 유래한 말이다.

4 천지의 기운 엉기었네 : 원문의 '絪縕'은 천지의 기운이 합하여 어린 모양이다. 《주역》〈계사전 하(繫辭傳下)〉에 "하늘과 땅은 음양의 두 기운을 합하여 만물을 생성한

천지의 기운 엉기었는데 잠을 막 깨니　氣絪縕兮睡新回
온갖 소리 고요하여 귀에 들리는 것 없구나　衆籟闃兮耳希聞
귀로 들리는 것 없고 눈에 보이는 것 없으니　耳希聞兮目希覯
태평하게 혼돈이 처음 나눠어지는 것 같네　皞皞乎若混沌之初分
닭이 한번 울어 신명이 이르니　鷄一叫兮神明來
온몸이 건강하고 내 마음 기쁘네　百體康兮余心欣
선단[5]이 싹트나 실낱같이 미약하니　善端萌兮一縷微
희미하게 향로에서 향기가 막 피어오르는 것 같구나
曖曖乎若爐香之方熏
닭이 두 번 울고 마음이 자꾸 옮겨가니　鷄二鳴兮情屢遷
생각을 타고 생각이 생겨 근심이 분분하네　因念生念兮紛其殷
어제는 잘못 되었으니 회한만 많고　旣昨非兮多悔懊
내일을 염려하노라면 또 마음이 어지러워지려 하는구나
來日慮兮又來棼
닭이 세 번 울고 동방이 밝아오니　鷄三呼兮東方高
거리엔 먼지 일고 저자는 시끄러워지네　衢塵市囂兮[illegible]磯
어지러이 놀거리들이 내 마음을 유혹하니　紛衆娛之誘余內兮
당나라에 노기[6] 한나라에 전분[7]이 있는 것 같구나

다.〔天地絪縕, 萬物化醇.〕"는 말이 나온다.

5 선단(善端) : 인간이 태어나면서부터 소유했다고 하는 인(仁)·의(義)·예(禮)·지(智)의 네 가지 단서이다. 《맹자(孟子)》〈공손추 상(公孫丑上)〉에 "측은한 마음은 인의 단서요, 부끄러워하고 미워하는 마음은 의의 단서요, 사양하는 마음은 예의 단서요, 시비를 분간하는 마음은 지의 단서이다.〔惻隱之心, 仁之端也, 羞惡之心, 義之端也, 辭讓之心, 禮之端也, 是非之心, 知之端也.〕"라고 하였다.

若唐之有杞兮漢之有蚡

또 온갖 사특한 것이 나를 밖에서 공격하니 又群邪之攻余外兮

마치 구천이 오나라 대하듯 태왕이 훈육을 대하듯 하네[8]

若句踐之吳兮太王之獯

잡고 있으면 있는 것 같으나 놓으면 홀연 없어지니

操若存而舍忽亡兮

사좌[9]가 신하답지 못하고 심장이 군주답지 못하구나[10]

6 노기(盧杞) : 당나라 덕종(德宗) 때의 간신이다. 당시 노기의 간사함을 세상 사람들은 모두 알고 있었으나 덕종은 노기의 재주를 높이 사 문하시랑(門下侍郎)으로 발탁하고 이후 동중서 문하평장사(同中書門下平章事)로 삼았고, 노기는 중용된 후 권력을 함부로 휘둘러 어진 신하들을 모함하여 무수히 죽였다. 《舊唐書 卷135 盧杞傳》

7 전분(田蚡) : 한 경제(漢景帝)의 황후의 친동생으로 무제(武帝) 때에 무안후(武安侯)에 봉해지고 승상에 올라 권력을 남용하였으며 매우 교만하고 방자하였다. 뒤에 저택을 넓히기 위하여 국가의 공물(工物) 제작소인 고공(考工)의 부지(敷地)를 하사해 줄 것을 청하다가 거절당하고 권좌에서 물러났다. 《漢書 卷52 田蚡傳》

8 구천이……하네 : 두려워 한다는 의미이다. 제나라 선왕(宣王)이 이웃 나라와 사귀는 방법을 묻자, 맹자가 대답하기를 "오직 인자(仁者)만이 대국을 가지고 소국을 섬길 수 있습니다. 그러므로 탕왕(湯王)이 갈(葛)나라를 섬기시고, 문왕(文王)이 곤이(昆夷)를 섬기신 것입니다. 오직 지자(智者)만이 소국을 가지고 대국을 섬길 수 있습니다. 그러므로 태왕(太王)이 훈육(獯鬻)을 섬기고, 구천(句踐)이 오나라를 섬긴 것입니다. 대국을 가지고 소국을 섬기는 자는 천리(天理)를 즐거워하는 자요, 소국을 가지고 대국을 섬기는 자는 천리를 두려워하는 자이니, 천리를 즐거워하는 자는 온 천하를 보전하고, 천리를 두려워하는 자는 자기 나라를 보전합니다." 하였다. 《孟子 梁惠王下》

9 사좌(四佐) : 심장을 돕는 네 장기. 즉 비(脾)·신(腎)·간(肝)·폐(肺)를 말한다.

10 심장이……못하구나 : 심장은 흔히 군주로 비유된다. 《순자(荀子)》 〈천론(天論)〉에 "마음이 가운데 텅 빈 곳에 거하면서 다섯 가지 감각 기관을 다스리기 때문에 하늘의 임금님이라고 이른다.〔心居中虛, 以治五官, 夫是之謂天君.〕"는 말이 나온다.

	四佐不臣兮心不君
내 마음을 가라앉히고 앉아 강하게 이기려	余欲靜坐而剛克兮
아침나절[11]부터 해질녘까지 그렇게 하네	自崇朝兮徂黃曛
이는 오패[12]가 강한 동맹을 맺되	玆猶五伯之强盟兮
끝까지 읍양의 온화함은 없이 해듯 해야 하는 것	終無揖讓之誾誾
아 털끝을 뽑지 않으면	羌毫末之不扎兮
도끼로 힘을 들여야 한다네[13]	乃用力於斧斤
옛날에 맹자께서 야기[14]의 훈계로	昔孟氏有夜氣之訓兮
몽매한 나를 부지런히 깨우쳐 주셨지	詔余蒙兮勤勤
크게 빛나는 좋은 가르침을 앙모하며	景嘉謨之孔彰兮

11 아침나절 : 원문의 '崇朝'는 날이 샐 때부터 아침밥을 먹을 때까지의 시간을 말한다. 《시경》《체동(蝃蝀)》에 "아침에 서쪽에서 무지개 떠오르니, 아침에만 비가 내리네.〔朝隮于西, 崇朝其雨.〕"라고 하였는데, 그 주(注)에 "숭(崇)은 마침〔終〕이니, 날이 샐 때부터 아침밥을 먹을 때까지를 종조(終朝)라고 한다."라고 나온다.

12 오패(五伯) : 중국 춘추 시대에 가장 강성하여 한때의 패업(霸業)을 이룬 다섯 명의 임금으로, 《맹자(孟子)》〈고자 하(告子下)〉주에는 "제 환공(齊桓公)·진 문공(晉文公)·진 목공(秦穆公)·송 양공(宋襄公)·초 장왕(楚莊王)이다."라고 하였고, 《순자(荀子)》는 제 환공(齊桓公)·진 문공(晉文公)·초 장왕(楚莊王)·오(吳)나라 합려(闔閭)·월(越)나라 구천(勾踐)이라 하였다.

13 털끝을……한다네 : 《일주서(逸周書)》〈화오(和寤)〉에 "호리를 베지 않으면 장차 도끼를 사용하게 된다.〔毫釐不伐, 將用斧柯.〕"라는 말이 있다.

14 야기(夜氣) : 밤사이에 생겨나는 천지의 맑은 기운을 말하는데, 유가(儒家)에서는 이 기운을 흔히 사람의 양심(良心)에 비겨서 중하게 여긴다. 다만 외물을 접하기 이전의 청명한 새벽에는 이런 마음이 남아 있다가 낮에 불선(不善)한 행위를 함으로 말미암아 점점 사라지게 되는데 이것을 제(齊)나라 우산(牛山)의 나무에 비유해서 자세히 설명한 내용이 《맹자》〈고자 상(告子上)〉에 나온다.

깊은 근심을 이 글에 부치노라 寓深惕於斯文

경부 임인년(1722년, 경종2)

鏡賦 壬寅

의양자에게 거울이 있는데	宜陽子有鏡焉
일남[15]의 공물이요	日南錫貢
등원의 공교로운 작품[16]이라	藤原巧作
둥근 나전 장식에 모난 자루	圜鈿方柄
건곤이 조화롭게 운행함이요[17]	乾坤時若
가운데는 단단하고 밖은 비었으니	剛中虛外
음양이 어그러지지 않음이라	陰陽靡錯
앞은 번쩍이면서 숫돌같이 평평하니	前炳耀其砥平
가을 달이 높이 떠 비추는 것을 본뜬 것이요	象秋月之高逴
뒤는 조각이 정교하고 기이하니	背雕鏤之精奇
소나무와 난초 거북이와 학 많기도 하다	繽松蘭與龜鶴
귀신이 지혜를 내어 사람에게 빌려주니	鬼出智而假人

15 일남(日南) : 보통은 월남(越南)·태국(泰國) 등의 나라를 가리키는데, 여기서는 문맥상 일본으로 보아야 할 듯하다.

16 등원(藤原)의……작품 : '藤原'은 일본 성씨이다. 일본에서 만든 화훼경(花卉鏡)으로 등원광장(藤原光長)이라는 것이 있는 것으로 보아 일본에서 만든 거울로 이해된다.

17 조화롭게 운행함이요 : 원문의 '時若'은 맑고 흐린 날이 때에 맞아서 기후가 조화된다는 뜻의 우양시약(雨暘時若)의 준말로, 《서경》 〈홍범(洪範)〉에 "임금이 정숙하면 제때에 비가 내리고, 민첩하면 제때에 볕이 비친다.〔曰肅時雨若, 曰乂時暘若.〕"라는 말에서 나온 것이다.

공수반[18]이 솜씨를 잃고 도리어 놀라는데	般失藝而顧愕
의양자는 그것을 앵의 구슬만큼 사랑하고[19]	宜陽子愛之匹罃珠
변화의 박옥보다 귀하게 여기는도다[20]	貴之上和璞
푸른 비단을 말라 옷을 만들고	製綠錦而爲衣
박달나무에 문양 새겨 상자를 만들어	攻文檀以爲匣
때때로 간직했던 것을 내어 높이 거니	時出藏而高揭
분분히 온갖 것들이 와서 모이는구나	紛萬類其來集
그 가운데 한 사내가 있는데	盖中有一夫焉
그 사람 모습이	其爲人也
드문드문 눈썹 어긋어긋 치아에	希眉齬齒
긴 눈과 펴진 뺨	脩睅敷頰
의양자의 모습을 여기에 부쳤고	惟宜陽子之貌是侂
검은 두건에 흰색 옷	烏巾素衣

18 공수반(公輸般) : 춘추 시대 노(魯) 나라 사람이다. 교공(巧工)으로 유명하였다.

19 앵(罃)의……사랑하고 : 전국 시대 양혜왕(梁惠王)의 이름이 罃(앵)이다. 혜왕이 제위왕(齊威王)과 평륙(平陸)에서 회합했을 적에 "우리나라가 작기는 하지만 그래도 직경 한 치 되는 구슬로 12채의 수레를 앞뒤로 비출 수 있는 구슬이 10개나 된다."고 자랑하자, 위왕이 "내가 보배로 삼는 것은 왕과 다르다."라고 하고는, 단자(檀子)와 반자(肦子)와 검부(黔夫)와 종수(種首) 등 네 명의 신하를 차례로 거론하며 "장차 이들로 천리를 비출 것이니, 어찌 다만 12채의 수레에 그치겠는가."라고 하였다. 그러자 양혜왕이 풀이 죽어서 떠나갔다는 고사가 전한다. 《史記 卷46 田敬仲完世家》

20 변화(卞和)의……여기는도다 : 옥을 잘 알아보았던 초나라 변화(卞和)가 진귀한 옥돌을 형산(荊山)에서 얻어 초왕(楚王)에게 바쳤다가 임금을 속인다는 누명을 쓰고 억울하게 두 차례나 발이 잘려 통곡하였으나, 나중에 왕에게 진가(眞價)를 인정받고서 천하제일의 보배인 화씨벽(和氏璧)을 만들었다는 고사가 있다. 《韓非子 和氏》

넓은 띠와 긴 옷자락　博帶長袘
의양자의 복장이 이 복장이라　惟宜陽子之服是服
의양자가 할 말 있어 입을 열면　宜陽子有言自吻
사내가 벌써 중얼중얼 말을 하고　夫已爲之啑啑
의양자가 웃으려고 이를 드러내면　宜陽子有笑發齒
사내가 벌써 후후 숨을 들이쉬네　夫已爲之噏噏
의양자가 눈으로 보는 것이 있으면　宜陽子有視在目
사내가 물끄러미 바라보고　夫乃爲之脉脉
의양자가 귀로 듣는 것이 있으면　宜陽子有聽在耳
사내가 진지하게 귀를 기울이네　夫乃爲之屬屬
의양자가 마음에 기쁜 일이 있으면　宜陽子有喜在心
사내 또한 팔짝팔짝 뛰고　夫亦趯趯
의양자가 미간에 근심이 보이면　宜陽子有憂在眉
사내 역시 속 태우며 근심을 하네　夫亦戚戚
의양자가 편히 앉아 조용히 있으면　宜陽子燕坐用靜
사내도 고요히 있고　夫乃穆穆
의양자가 공직에서 일을 하면　宜陽子服事用作
사내는 아슬아슬 여기는구나　夫乃圾圾
그 기색의 변화와 정신의 움직임　越夫氣色之變精神之運
오직 의양자만 접하는지라　惟宜陽子是接
의양자는 좋아하지 않으면서　宜陽子不悅
사내에게 고하였다　乃諗于夫曰
"조물주가 형태를 만드신 것을 살펴보건대　粤稽化宰之成形也
긴 것도 있고 짧은 것도 있으며　有脩有短

아름다운 것도 있고 미운 것도 있소	有美有惡
어떤 것은 모나고 어떤 것은 둥글고	或方或圓
어떤 것은 두텁고 어떤 것은 얇고	或豐或薄
어떤 것은 견고하고 어떤 것은 약하고	或堅或脆
어떤 것은 살찌고 어떤 것은 여위고	或肥或瘠
어떤 것은 마르고 어떤 것은 윤택하고	或槁或澤
어떤 것은 컴컴하고 어떤 것은 밝다오	或黝或晳
순임금은 눈동자가 둘이었고[21]	帝舜重瞳
창힐은 눈이 네 개였으며[22]	而蒼頡四目
공자는 정수리가 우묵하였고[23]	仲尼圩頂
묵자는 콧잔등을 찡그렸소[24]	而墨子𪑚頞
항창은 귀로 보았고[25]	亢倉耳視

21 순(舜)임금은……둘이었고 : 원문의 '重瞳'은 눈 속에 동자가 둘이 있다는 말로, 《사기(史記)》〈항우본기(項羽本紀)에 "내가 주생에게 들어보니, 순 임금의 눈이 중동이었는데 또 항우가 중동이라고 하니 항우는 혹 순 임금의 후예인가?〔吾聞之周生曰, 舜目蓋重瞳子, 又聞項羽亦重瞳子, 羽豈其苗裔邪?〕"라는 말이 있다.

22 창힐(蒼頡)은……네 개였으며 : 장회관(張懷瓘)의 《서판(書斷)》 열전 권1에 창힐이 문자를 만들었다고 하면서 "창힐은 눈이 네 개가 있어 신명과 통하였으니 위로는 규성의 둥글고 굽은 형세를 보고 아래로는 거북등 무늬와 새 발자국의 모습을 관찰했다.〔頡首有四目, 通於神明, 仰觀奎星圜曲之勢, 俯察龜文鳥迹之象〕"는 말이 나온다.

23 공자는……우묵하였고 : 《사기(史記)》 공자세가(孔子世家)에서 "공자가 태어나면서 정수리가 우묵하였다.〔生而首上圩頂〕"라는 말이 나온다.

24 묵자는……찡그렸소 : 《태평어람(太平御覽)》에 《묵자오행서(墨子五行書)》의 말을 빌어 "묵자는 모습을 잘 바꾸어서 얼굴을 찌푸리면 노인을 말들고 미소를 머금으면 여자를 만들었으며 땅에 웅크리면 어린 아이를 만들 수 있었다."라고 하였다. 《太平御覽卷 第八百八十八 妖異部四》

이교는 귀로 숨을 쉬었으며[26] 李嶠耳息
구천은 긴 부리를 가졌고[27] 句踐長喙
공손룡은 혀가 말려 올라갔소[28] 公孫祛舌

25 항창(亢倉)은……보았고 : 항창(亢倉)은 춘추 시대 도가(道家)의 인물로, 경상자(庚桑子) 또는 항상자(亢桑子)라고도 한다. 《열자(列子)》 〈중니(仲尼)〉에 "노담의 제자로 항창자가 있는데 노담의 도를 얻어 귀로 보고 눈으로 들을 수 있었다.〔老聃之弟子有亢倉子者, 得聃之道, 能以耳視而目听.〕"라는 말이 나온다.

26 이교(李嶠)는……쉬었으며 : 이교(李嶠)는 중국 초당(初唐)의 시인·재상(宰相)이다. 측천무후 때에 정치·문화 양면으로 중용되었으나 측천무후가 죽은 후에는 실각하였다. 수명과 관련하여 다음과 같은 이야기가 전해진다. 이교의 형제가 다섯 있었는데 모두 모두 30살이 되기 전에 세상을 떠났다. 그 어머니가 이교 또한 장수하지 못할까 봐 관상쟁이인 원천강(袁天罡)을 불러 이교의 상을 보아달라고 하였다. 원천강이 상을 본 다음 이교도 30세를 넘기지 못할 것이라고 하자 어머니는 크게 두려워하면서 원천강에게 다시 누워있는 상〔臥相〕을 보아달라고 하였다. 그날 밤 원천강은 이교와 한 침대에서 자면서 이교가 자는 모습을 보았는데 자고 깰 때 숨을 쉬는 소리가 들리지 않았다. 손을 대어 시험을 해보니 콧속으로는 기가 소통하지 않았는데 자세히 한참 살펴보니 귀로 호흡을 하고 있었다. 원천강은 어머니에게 마음을 놓으라며 "당신의 아들은 거북의 호흡을 하니 크게 귀하고 장수하게 될 것입니다"라고 말하였다. 《芝田錄》

27 구천(句踐)은……가졌고 : 구천(句踐)은 월(越)나라의 임금으로, 춘추오패(春秋五霸) 중의 한 사람이다. 춘추 시대 월나라의 대부로 구천을 도와 오(吳)나라를 멸망시킨 범려라는 사람이 있었는데, 오나라가 멸망한 뒤 상장군(上將軍)이 된 범려는 대명(大名) 아래에는 오래 머물 수 없다고 생각하고 떠날 것을 결심한 뒤 친구인 대부 문종(文種)에게 편지를 보냈다. 그 안에 "월왕은 목이 길고 새의 부리와 같은 입을 가졌으니 환난은 함께 할 수 있지만 즐거움은 함께할 수 없는 사람이다.〔越王爲人, 長頸鳥喙, 可與共患難, 不可與共樂.〕"라는 내용이 있다.

28 공손룡(公孫龍)은……올라갔소 : 공손룡(公孫龍)은 전국 시대 조(趙)나라 사람으로, 자는 자병(子秉)이다. 백마비마론(白馬非馬論)과 견백동이(堅白同異)의 궤변으로 알려져 있다. 공손룡과 관련해서는 《장자》 〈추수〉에 장자의 선배인 위모(魏牟)와의 문답이 나와 있다. 위모가 공손룡에게 "또한 그대는 걷는 법을 배우러 수릉(壽陵)의

월초는 시랑의 목소리를 가졌고[29]	越椒狼聲
중이는 통뼈로 된 갈빗대를 가졌으며[30]	重耳駢脇
이하는 팔이 길었고[31]	李賀通臂
누공은 다리가 짧았지요[32]	婁公短脚

젊은이가 한단(邯鄲)으로 갔다는 이야기를 듣지 못하였는가? 아직 그 나라의 걸음걸이에 능하지 못하였는데 제 나라의 걸음걸이마저 잃어, 곧 엎드려 기어서 제 나라로 돌아갔을 뿐일세. 당장 그대가 가지 않는다면 장차 그대의 방법을 잃고 그대의 본분을 잃어버릴 것일세." 하는 말을 해 주었다. 그러자 공손룡은 "입이 벌어져 닫히지 않고 혀가 들려 내려가지 않아〔口呿而不合, 舌擧而不下.〕곧 달려서 도망쳐 갔다."라고 하였다. 선천적으로 타고난 특이한 모습을 언급하는 문맥이라 이 내용은 다소 무리가 있다.

29 월초(越椒)는……가졌고 : 월초(越椒)는 춘추 시대의 초(楚) 나라 사람으로, 출생(出生)할 때 영윤 자문(令尹子文)이 그의 아버지 양(良)에게 "이 자식이 곰과 호랑이의 상이고 시랑(豺狼)의 목소리이니 죽여야 합니다. 죽이지 않으면 반드시 약오씨(若敖氏)를 멸망시킬 것입니다." 하였는데 그 후에 드디어 약오씨를 멸망시켰다는 고사가 있다. 《左傳 宣公 2年》

30 중이(重耳)는……가졌으며 : 중이(重耳)는 춘추 시대 오패 중의 한 사람인 진 문공(晉文公)의 이름이다. 진 문공(晉文公)이 갈비뼈가 붙은 몸이었다고 한다. 《춘추좌씨전》 희공(僖公) 23년 조에 "진 공자의 통뼈 갈빗대를 보려 하여 그가 옷 벗고 목욕할 때에 바싹 다가가서 보았다.〔晉公子駢脅欲觀, 其裸浴, 薄而觀之.〕"라는 언급이 있다.

31 이하(李賀)는……길었고 : 이하에 대해서는 이상은(李商隱)이 지은 《이장길소전(李長吉小傳)》에 "장길은 체형이 말랐고 일자 눈썹에 손톱이 길었다.〔細瘦, 通眉, 長指爪〕"라는 말이 있다. 한편, 한 무제(漢武帝) 때 우북평 태수(右北平太守)로 있으면서 음산(陰山) 지역에 출몰하는 흉노를 무찔러 흉노로부터 비장군(飛將軍)이란 호칭을 얻은 이광(李廣)에 대해 《사기》 권109 〈이장군열전(李將軍列傳)〉에서 "이광(李廣)은 키가 크고 원숭이처럼 팔이 길었는데, 활을 잘 쏘는 것은 또한 천성이었다.〔廣爲人長, 猿臂, 其善射亦天性也.〕"라고 했는데 아마도 남유용이 두 인물에 대한 정보를 혼동한 것으로 보인다.

32 누공(婁公)은……짧았지요 : 누공(婁公)은 당(唐)나라 측천무후(則天武后) 때의

공공은 붉은 수염을 가졌고[33] 共工朱髥

화원은 배가 불룩 나왔으며[34] 華元皤腹

공손여는 얼굴의 넓이가 세 치였고[35] 公孫呂面廣三寸

오자서는 미간이 한 자였소[36] 伍子胥眉間一尺

평원군은 머리가 뾰족했고[37] 平原銳首

명재상 누사덕(婁師德)을 가리킨다. 평소에 포용력이 커서 남이 자신을 범하여도 그대로 받아들일 뿐 응수하지 않았던 것으로 유명한데, 비만한 체형에 다리 병을 앓았다고 한다. 《朝野僉載·卷5》

33 공공(共工)은……가졌고 : 공공(共工)은 전욱(顓頊)과 싸우다 성이 나서 머리를 부주산(不周山)에 부딪치자 천주(天柱)가 꺾였다고 하는 전설 속의 천신(天神)이다. 그 생김새에 관해서는 "사람의 몸에 뱀의 몸을 하고 머리털이 빨갛다.〔共工人面蛇身朱髮.〕"는 이야기가 전한다. 《淮南子 覽冥訓》《歸藏·啓筮》

34 화원(華元)은……나왔으며 : 화원(華元)은 춘추 시대 송(宋)나라의 총사령관이다. 정(鄭)나라와 전투를 벌이던 중에 포로로 잡혔다가 도망쳐 돌아와서 축성 작업을 지휘하자, 성을 쌓는 사람들이 "눈은 불거져 툭 튀어나오고 배는 불룩 솟았는데 갑옷을 버리고 돌아왔다네.〔睅其目, 皤其腹, 棄甲而復.〕"라고 노래 부르면서 빈정거렸다는 기록이 전한다. 《春秋左傳 宣公2年》

35 공손여(公孫呂)……세 치였고 : 공손여는 위(衛)나라 영공(靈公)의 신하로 "신장이 7척, 얼굴의 길이가 3척, 넓이가 세 치였다.〔有臣曰公孫呂, 身長七尺, 面長三尺, 而廣三寸〕"고 알려져 있다. 《荀子 第5 非相》

36 오자서(伍子胥)는……한 자였소 : 오자서는 오(吳)나라 대부(大夫)인 오원(吳員)을 가리킨다. 자서는 그의 자이다. 《오월춘추(吳越春秋)》〈왕료사공자광전(王僚使公子光傳)〉 주에 "오원의 신장은 열 자이고 미간이 한 자이다.〔伍員長十尺, 眉間一尺.〕"라는 말이 나온다.

37 평원군(平原君)은……뾰족했고 : 평원(平原)은 전국시대 때 조(趙)나라 공자(公子) 평원군(平原君)을 말한다. 의리를 숭상하고 선비를 존중하여 식객이 3천이나 되었다고 하는 인물이다. 《춘추후어(春秋後語)》에 보면 평원군이 조왕을 만나 "면지의 회합에서 무안군의 사람됨을 관찰해보니 작은 머리에 뾰족하고 눈동자는 흑백이 선명하였습

이고는 솥발 같은 뿔이 있었으며[38] 而李固鼎角

노기는 얼굴이 푸르스름하였고[39] 盧杞藍面

마주는 얼굴이 불과 같이 벌겠소[40] 而馬周火色

하랑은 아름다워 분단장한 것 같았고[41] 何郎美如傅粉

왕상은 얼굴이 검어 먹물을 끼얹은 듯하였소[42] 而王相黧若潑墨

니다. 머리가 작고 뾰족하면 과단성 있게 행동하고 눈동자가 흑백이 분명하면 일 보기를 분명히 합니다.〔沔池之會, 臣察武安君之爲人也, 小頭而銳, 瞳子白黑分明. 小頭而銳, 斷敢行也, 瞳子白黑分明者, 視事明也.〕라고 말한 고사가 있다. 즉 평원군의 머리가 뾰족한 것이 아니라 평원군이 뾰족한 머리를 가진 무안군을 평하는 과정에서 나온 말인데 아마도 뇌연이 착오를 일으킨 게 아닌가 싶다.

38 이고(李固)는……있었고 : 이고(李固)는 후한 사람이다. 곧은 말로 조정을 숙연하게 한 바도 있으나, 환관들의 미움을 사서, 뒤에 무고를 받고 하옥되어 살해되었다. 《후한서(後漢書)》〈이고 열전(李固列傳)〉에 "이고는 모습이 특이하여 무소를 숨긴 듯 정각(鼎角)이 있었다.〔固貌狀有奇表, 鼎角匿犀〕라고 하였는데 이현(李賢)의 주에 "정각(鼎角)이라는 것은 정수리에 마리 솥발 같은 뼈가 있는 것이다.〔鼎角者, 頂有骨如鼎足也.〕"라고 하였다.

39 노기(盧杞)는……푸르스름하였고 : 당(唐)나라 때 사람인 노기(盧杞)는 못생긴데다가 얼굴이 푸르스름〔貌醜色如藍〕하여 남면(藍面)이라는 별명이 있었다고 한다. 《舊唐書 盧杞傳》

40 마주(馬周)는……벌겠소 : 마주는 당 태종(唐太宗)의 문신이다. 천성이 광달하여 신중한 데가 없었으므로 사람들이 그것을 비천하게 여겼는데, 일찍이 잠문본(岑文本)이 자기 친지에게 말하기를 "마군은……솔개의 어깨에 얼굴이 화색(火色)이니, 올라가는 데는 반드시 신속하지만 오래 지탱하지 못할 듯하다.〔馬君……鳶肩火色, 騰上必速, 恐不能久.〕"라고 한 고사가 있다. 《新唐書 卷98 馬周列傳》 화색(火色)은 얼굴빛이 붉은 것을 의미한다.

41 하랑(何郎)은……같았고 : 하랑은 삼국 시대 위나라 사람인 하안(何晏)을 가리키는데, 그는 용모가 아름답고 얼굴이 희어 사람들이 "분을 바른 하랑〔傅粉何郎〕"이라고 불렀다. 《世說新語 卷下之上 容止》

이것이 그 대별이오. 玆其大別也

하늘에서 받은 사람의 품성은 비록 같지만 人之稟性于天也雖同

기질에 구애받게 되면 슬기롭고 어리석으며 순수하고 박잡하고 통하고 막히고 맑고 탁한 것이 있게 되는 것

及其拘於氣質則有智有愚有粹有駁有通有塞有淸有濁

혹은 부드럽고 혹은 강하고 혹은 용감하고 혹은 비겁하고 혹은 관대하고 혹은 사납고 혹은 비고 혹은 차있고 혹은 청렴하고 혹은 탐욕스럽고 혹은 교묘하고 혹은 졸렬하고 혹은 검소하고 혹은 사치스럽고 혹은 성글고 혹은 주밀하고 혹은 부지런하고 혹은 게으르고 혹은 관대하고 혹은 난폭하고 혹은 날카롭고 혹은 둔하고 혹은 말을 잘하고 혹은 어눌하오

或柔或剛或勇或怯或寬或猛或虛或實或廉或貪或巧或拙或儉或奢或踈或密或勤或惰或緩或暴或銳或鈍或辯或吃

그 때문에 공자는 인의를 높였고 是以孔方尊乎仁義

노자는 적멸을 귀히 여겼으며 老乃貴其寂滅

양주는 터럭 하나도 오히려 아꼈고[43] 楊一髮而猶悋

묵적은 정수리부터 갈아도 두려워하지 않았소[44] 墨磨頂而不惕

42 왕상(王相)은……듯하였소 : 왕상은 송나라 때의 사람 왕덕용(王德用)을 말한다. 그는 얼굴이 검고 목 이하는 희었으므로 당시에 흑왕상공(黑王相公)으로 칭해졌다. 《宋史 王德用傳》

43 양주(楊朱)는……아꼈고 : 맹자가 "양주(楊朱)는 자신의 터럭 하나를 뽑아서 천하를 이롭게 할 수 있다 하더라도 그렇게 하지 않으리라〔楊子取爲我, 拔一毛而利天下, 不爲也.〕"고 하여 자기 본위로 나의 이익만을 따질 뿐 타인은 고려하지 않는 전국 시대 양주(楊朱)의 학설을 비판한 바 있다. 《孟子 盡心上》

44 묵적(墨翟)은……않았소 : 춘추 시대 노(魯)나라 사람인 묵적(墨翟)은 모든 사람

허유는 선양한다는 말을 듣고 영수가에서 귀를 씻었고[45] 許聞禪而洗潁

굴원은 참소에 슬퍼하며 돌을 품었으며[46] 屈傷讒而懷石

영은 육국을 병합하고도[47] 외려 만족해 하지 않았고 嬴併六猶不慊

영계기는 새끼줄로 띠를 매고 살아도 자족하였소[48] 期帶索而自足

맹자는 온 세상을 다니며 의를 밝혔고[49] 孟環轍而明義

을 평등히 사랑해야 한다는 겸애설(兼愛說)을 주장하였으므로, 맹자는 이를 두고 "정수리를 갈아서 발끝에 이른다 하더라도 천하를 이롭게 하는 일이라면 한다.〔摩頂放踵, 利天下, 爲之.〕"라고 하였다《孟子 盡心上》

45 허유(許由)는……씻었고 : 허유는 요(堯) 임금 때의 은사(隱士)이다. 영수(潁水) 부근에 살았는데, 요 임금이 천하를 물려주려 하자, 추악한 소리를 들었다 하여 영수에서 귀를 씻었다 한다.《莊子 逍遙遊》《高士傳》

46 굴원(屈原)은……품었으며 : 굴원이 참소를 받고 멱라수(汨羅水)에 빠져 죽으면서《회사(懷沙)》를 지어 자신이 모래와 자갈을 품고 강물에 몸을 던지게 된 사연을 남겼는데 뒷사람들이 사(沙) 자를 석(石) 자로 바꾸어 '회석'이라는 용어가 생겼다.《史記 卷84 屈原賈生列傳》

47 영(嬴)은……병합하고도 : 영(嬴)은 진 시황(秦始皇)의 성이다. 육국(六國)을 병합하고 천하를 통일하여 봉건(封建) 제도를 혁파하고 군현(郡縣) 제도를 실시한 다음, 자칭 시황제(始皇帝)라 하였다.

48 영계기(榮啓期)는……자족하였소 : 영계기(榮啓期)는 춘추 시대의 은사로서 가난 속에서 도(道)를 즐긴 사람이다. 공자가 태산을 유람하다가 영계기를 만났는데, 가죽옷을 입고 새끼줄을 띠로 매고〔鹿裘帶索〕 거문고를 타면서 노래하고 있었다. 이에 공자가 "선생께서는 무엇이 그리 즐겁습니까?" 하고 묻자, 영계기가 "하늘이 만물을 냄에 있어서 사람이 가장 귀한데, 나는 이미 사람으로 태어났으니 이것이 첫 번째 즐거움이요. 남자와 여자의 구별에 있어서 남자가 높고 여자가 낮은데, 나는 이미 남자로 태어났으니 이것이 두 번째 즐거움이요. 사람이 태어나서는 해와 달을 보지 못하고 강보에 싸인 채 죽는 자도 있는데, 나는 이미 나이가 90세이니 이것이 세 번째 즐거움이요."라고 대답하였다.《列子 天瑞》

관중은 정벌을 잘하였으나 권모술수를 썼던 것이었으며[50] 管顯伐而上譎

백이는 가리라 차탄하며 은미한 마음을 드러냈고[51] 夷嗟殂而表微

소진은 합종에 힘쓰며 나그네 신세를 감내하였소[52] 蘇鶩從而甘族

하물며 탕왕의 후손에 신이 있고[53] 矧乃湯孫有辛

유하혜의 아우가 도척임에랴[54] 柳季爲跖

49 맹자는……밝혔고 : 당(唐)나라 한유(韓愈)가 〈진학해(進學解)〉에서 "옛적에 맹자는 변론을 좋아하여 공자의 도를 밝히고자 수레를 타고 온 세상을 돌아다니다가 마침내 길에서 늙게 되었다.〔昔者孟軻好辯, 孔道以明, 轍環天下, 卒老於行.〕"라고 말을 하였다.

50 관중(管仲)은……것이었으며 : 관중(管仲)은 제 환공(齊桓公)의 재상으로, 이름은 이오(夷吾). 환공(桓公)을 도와 패업(霸業)을 이루었다. 《염철론(鹽鐵論)》 〈역경(力耕)〉 "옛날에 관중은 권모술수로 패업을 이루었다.〔昔管仲以權譎霸.〕라는 말이 나온다.

51 백이(伯夷)는 ……드러냈고 : 백이가 굶주리다가 죽게 되자 노래를 지어 이르기를, "저 서산에 올라 고사리를 캐네. 힘으로 힘을 바꾼 것인데도 그 잘못을 깨닫지 못하네. 신농씨와 우순씨가 홀연 사라졌으니 나는 어디로 돌아갈까나. 아아 가리라, 운명이 기울었도다.〔登彼西山兮, 採其薇矣. 以暴易暴兮, 不知其非矣. 神農虞夏忽焉沒兮, 我安適歸矣? 吁嗟殂兮, 命之衰矣.〕"라고 하였다.

52 소진은……감내하였소 : 원문의 '族'은 '旅'의 오자인 것으로 보인다. 참고로 두보(杜甫)의 시에 "중니는 나그네 신세도 달갑게 여겼고, 상자는 손괘와 익괘의 뜻을 알았다.〔仲尼甘旅人, 向子識損益.〕"라는 비슷한 용례가 있다. 《杜少陵詩集 卷8 兩當縣吳十侍御江上宅》

53 탕왕(湯王)의……있고 : 신(辛)은 중국 은나라의 주(紂)이다. 포악한 정치를 하여 나라를 어지럽게 하고 최후에는 주(周)나라 무왕(武王)에 의해 살해되었다.

54 유하혜(柳下惠)의……도척(盜跖)임에랴 : 도척은 춘추 시대 노(魯)나라 유하혜(柳下惠)의 아우인 유척(柳跖)이다. 9000명의 무리를 거느리고 남의 우마(牛馬)와 부녀를 마음대로 탈취하기도 하고 제후에게 횡포를 부렸던 천하의 큰 도적이다.

이 또한 그 대별이오. 玆又其大別也
칠정을 똑같이 품부받았으나 七情均賦
감정에 따라 달리 표출되니 因感異出
그래서 갑은 노하는데 을은 기뻐하고 是以甲者怒而乙者喜
을은 슬퍼하는데 갑은 즐거워하오 乙者哀而甲者樂
남이 그 자식을 사랑하는 것을 보았다고 해서 나 또한 그를 사랑하거나
未有見人之愛厥子而吾亦愛之
남이 그 원수를 미워하는 것을 보았다고 해서 나 또한 그를 미워하거나
見人之惡其仇而吾亦惡之
목마른 자가 물을 마시려 한다고 해서 나 또한 물을 찾거나
見渴者之欲飮而吾亦求飮
배고픈 자가 먹으려고 한다 해서 나 또한 먹을 것을 찾지는 않은 법
見飢者之欲食而吾亦求食者也
그러므로 이 많은 사람들의 무리에서 是故兆人之聚
모습이 같은 이를 찾는다면 求其貌之同
하나도 얻을 수 없고 不獲一焉
만인이 사는 고을에서 萬人之邑
마음이 같은 이를 찾는다면 求其心之同
하나도 얻을 수 없으며 不獲一焉
천인이 사는 저자에서 千人之市
뜻이 같은 이를 찾는다면 求其情之同
하나도 얻지 못할 것이오 不獲一焉
이에 형체로 드러나는 것에는 於是乎著乎形者
예쁜 것고 있고 추한 것도 있고 有好有醜

마음을 주재하는 것에는 主乎心者
흉한 것도 있고 길한 것도 있으며 有凶有吉
일에 드러나는 것에는 發乎事者
얻는 것도 있고 잃는 것도 있으니 有得有失
이것은 조물주의 묘용이자 玆非化宰玅用
백성들이 이로 말미암아 서는 바가 아니겠소 烝生所由立歟
내가 그대를 얻은 이후로 自余得子
내 곁에서 늘 함께하니 左右余側
하루 중에 一日之中
말하고 행동하는 動靜云爲
온갖 변화들 萬變之積

위로 온몸의 온갖 모습 수염 얼굴의 광택 머리의 기름 손톱의 때 손금 팔 근육 上而百體衆態髭莖顏澤頭膩甲垢手理臂絡

아래로 갓끈 옷깃 옷단의 꿰매고 짜고 줄인 것과 흰 옷 검은 의대의 터지고 빈 데를 깁고 메운 것

下而紘纓領裔縫線緯縮純素褵緇補綻彌缺

작게는 보고 듣고 바라보고 똑바로 보고 멀리 보고 소상히 살피고 엿보고 곁눈질하고 읊조리고 호통치고 트림하고 재채기하고 찌푸리고 냄새 맡고 빙그레 웃고 깔깔 웃고 크게 말하고 말없이 있고 중얼중얼 글을 읽고 숨을 내쉬고 들이쉬고 수군거리는 것

微而聆矚瞻瞠眺眪覵眣嘯咤噫嚔嚬嗅哂噱呷啞唔咿呼嘘嚅囁

미세하게는 미소 짓고 웃고 놀라고 두려워하고 근심하고 성내고 발끈하고 시무룩하고 슬퍼하고 우울해하고 탄식하고 한탄하고 마음에 차지 않아 하고 만족해하고 근심하고 놀라고 몸을 눕히고 얼굴을 쳐들고

기지개를 켜고 기대고 비스듬히 앉고 우두커니 있고 한발로 서고 가리키고 돋우고 붙잡고 어루만지고 마시고 삼키고 씹는 것까지

細而莞逌瞿惴愁恚勃咈悵憶嗟唉慊滿忡愕偃仰欠伸倚偏佇蹕指挑攀拊飲餟嚥嚼

그대는 오직 나만을 곁눈질해 보고 子乃惟余是睨

나만을 따라 배우오 惟余是學

누가 먼저랄 것도 뒤에랄 것도 없이 匪先匪後

댓가지처럼 응하고 메아리처럼 대답하니 筳應響答

희롱하는 것 같기도 하고 비웃는 것 같기도 하고 猶謔猶嘲

크게는 슬기로운 듯 작게는 약삭빠른 듯하기도 하오 大慧小黠

부열의 초상화가 실물과 닮았으나[55] 傅說之厥象惟肖

모습을 제치고 보면 무염과 서시[56]는 같지 않은 것이요

辟玆則塩施之不同

안회는 공자의 말씀을 어기지 않음이 어리석은 자 같았으나[57]

55 부열(傅說)의……닮았으나 : 부열은 은(殷)나라의 명재상이다. 은나라의 고종(高宗)이 꿈에 어진 보필을 보고 그 형상을 그려 널리 찾게 하여, 부암(傅岩) 들판에서 담 쌓는 역사를 하던 어진 자를 불러와서 승상으로 삼았다. 《史記 殷本紀》《書經 說命上》

56 무염(無鹽)과 서시(西施) : 서시는 월(越)나라의 절세의 미인이며, 무염은 전국시대 제(齊)나라 무염 땅의 유명한 추녀(醜女) 종리춘(鍾離春)의 별칭이다. 각각 미녀와 추녀의 전형이다. 《晉書 卷69 周顗列傳》

57 안회(顏回)는……같았으나 : 《논어》〈위정(爲政)〉에서 공자가 제자 안연(顏淵)을 칭찬하여 "내가 안회(顏回)와 함께 온종일 이야기하는 동안 내 말에 이의를 제기하지 않아 어리석은 것 같았다. 물러간 뒤 그가 집에서 생활하는 것을 살펴보았는데, 그의 언행이 모두 내 말의 의미를 깨우쳐 실천하는 것이더구나. 회는 어리석지 않다.〔吾與回

顔回之不違如愚

모습을 제치고 보면 요와 걸은 화합하기 어려운 것이오

辟玆則堯桀之難合

이런 경우　　于是時也

이루도 피아를 구별치 못할 것이고[58]　　離婁不能辨彼我

나 또한 멍하니 어쩔 줄 모를 터　　余亦惝乎其自失

그런즉 순임금과 창힐이 어떻게 다르다고 할 것이며[59]

然則舜頡奚以異

공자와 묵자를 무엇으로 구별하겠소[60]　　孔墨奚以別

여희와 모모[61]를 어떻게 분별하며　　驪姬嫫母奚以辨

言終日, 不違如愚. 退而省其私, 亦足以發. 回也不愚.〕"라 하였다.

58 이루(離婁)도……것이고 : 이루(離婁)는 중국 황제(黃帝) 때에 눈이 아주 밝았다고 전해지는 전설상의 인물이다. 《신자(愼子)》 내편(內篇)에, '이루(離婁)는 눈이 밝아서 백 보 밖에서도 능히 털끝을 살핀다.'고 하였다.

59 순임금과……것이며 : 순임금은 눈동자가 둘이고 창힐은 눈이 네 개가 있다고 하여 이른 말이다. 59쪽 주21 참조.

60 공자와……구별하겠소 : 공자와 묵자는 다 천하를 주유하며 세상을 구제하기 위해 노심초사했다는 점에서는 공통점이 있으나 바탕 사상이 다른 인물이기 때문에 이른 말이다. 동한(東漢) 반고(班固)의 〈답빈희(答賓戲)〉에 "공자가 앉은 자리는 따스해질 틈이 없었고, 묵자의 집 굴뚝은 검어질 틈이 없었다.〔孔席不暖, 墨突不黔.〕"라는 말이 나온다. 《文選 卷45》

61 여희(驪姬)와 모모(嫫母) : 여희(驪姬)는 진 헌공(晉獻公)의 총희로 미인이다. 헌공이 여희를 총애한 나머지 태자 신생(申生)을 폐하고 여희의 소생인 해제(奚齊)를 세우려고 하였는데, 여희가 신생을 모함한 결과 신생이 끝내 자결하고 말았으며, 이로 인해 진나라가 어지러워졌다. 《史記 卷39 晉世家》 모모(嫫母)는 황제(黃帝)의 넷째 비(妃)의 이름이다. 어진 덕의 소유자였으나 단지 모습이 추했다는 이유로 춘추 전국

고요와 환도[62]를 어떻게 가리겠소	皐陶驩兜奚以擇
누가 짧고 누가 길며	孰爲短而孰爲長
누가 하얗고 누가 검으오	孰爲白而孰爲黑
이는 그대가 위로는 천기[63]를 어지럽히고	是子上亂天機
아래로는 민극[64]을 어지럽혀서요	下撓民極也
또 그대는 장차 나에게 아부도 하고 나에게 순종도 하고 나를 어리석게 도 하고 나를 희롱하여	且子將諛余順余愚余弄余
나를 크게 간특한 데로 밀어넣을 자인가	納余于大慝者歟
장차 나에게 충성을 하기도 하고 나를 사랑하기도 하고 나를 본받기도 하고 나를 사모하기도 하여	將忠余愛余師余慕余
나에게서 법도를 취할 자인가	於余乎取式者歟
나에게 아부를 한다 해도	其諛余也
내 그대를 섬길 일 없고	余無所事子

시대 제(齊)나라의 왕비인 무염(無鹽)과 더불어 세인들의 비난과 조롱을 당했다.

62 고요(皐陶)와 환도(驩兜) : 고요(皐陶)는 순 임금 때의 현신이자 사사(士師)이다. 법리(法理)에 뛰어나 법을 세워 형벌을 제정하고 또 옥을 만들었다. 《史記 卷1 五帝本紀, 大戴禮 五帝德》환도(驩兜)는 요(堯) 임금 때의 대표적 악인(惡人)이다. 《서경》 〈순전(舜典)〉에, "공공을 유주에 유배하고 환두를 숭산으로 추방하며 삼묘를 삼위에 귀양보내고 곤을 우산에서 죽여 사흉을 벌하자 천하가 모두 복종하였다.〔流共工於幽州, 放驩兜於崇山, 竄三苗於三危, 殛鯀於羽山, 四罪而天下咸服.〕"라는 내용이 보인다.

63 천기(天機) : 만물 속에 내재(內在)한 하늘의 기틀, 즉 자연의 이법(理法)을 뜻한다.

64 민극(民極) : 백성들의 표준, 법도를 말한다. 《주례》 〈천관총재(天官冢宰)〉에, "제왕이 국도를 건설할 때에 방위를 분별하여 바르게 하며, 도성과 교외의 경계를 구획하며, 관직을 설치하고 구분하여 백성의 표준이 되게 한다.〔惟王建國, 辨方正位, 體國經野, 設官分職, 以爲民極.〕"라고 하였다.

나에게 충성을 한다 해도	其忠余也
내 어찌 그대를 잘 복종하게 하겠소	吾何善服子
말씀 좀 들어 봅시다”	請聞其說
사내는 기뻐하지 않으면서	夫乃不悅
나에게 대답하였다	對言于余曰
“아아 심하도다	噫嘻甚矣
호언[65]의 잘못됨이여	胡言之錯
그대가 기왕 나를 힐난하였으니	子旣難余
대답을 하오리다	請有以復
우선 그대는 같다는 동(同)만 알고	且子知同之同
다르다는 이(異)는 모릅니다	不知異之異
그대는 내가 같다고 하는 것을 의심하고	子惟余之同是疑
나는 그대가 다르다는 것을 의혹을 갖지요	余惟子之異是惑
그대가 나의 말을 들으시겠다면	子其余聽
내 그대에게 고해 드리겠습니다	余乃子告
음양이 조화를 부리고	陰陽費化
건곤이 축을 돌려	乾坤軋軸
성대하고 충만하게 빚어서	陶蒸磅礴
이에 만물을 내었습니다.	乃出庶物
비록 나에게 형체가 있지만	雖台有形
상제께서 크게 내려주신 것이니	惟帝丕錫
그 부여해주심이 균등하여	厥賦惟均

65 호언(胡言) : 이치에 맞지 않는 말. 또는 남의 의론(議論)을 낮잡아 부르는 말이다.

풍부하지도 인색하지도 않습니다　不豐不嗇
옛날 복희씨는 사람의 머리를 가졌고[66]　昔者伏羲人首
지금 그대도 사람의 머리를 가졌으며　今子人首
요순도 두 눈 있었고　堯舜兩目
그대 또한 두 눈이 있습니다.　子亦兩目
우임금과 후직도 입은 하나였고　禹稷一口
그대 또한 입이 하나이며　子亦一口
탕임금과 문왕도 두 귀가 있었고　湯文兩耳
지금 그대도 두 귀가 있습니다　今子兩耳
이윤과 주공 공자와 안자도　伊周孔顏
상체에는 손 있고 하체에 발이 있지 않음이 없었는데　莫不上手而下足
지금 그대도 상체에 손 있고 하체에 발이 있습니다　今子上手而下足
옛날 성인은 눈으로 보고 입으로 말을 했고　昔者聖人以目視以口言
지금 그대도 눈으로 보고 입으로 말을 하며　今子以目視以口言
옛날 성인은 귀로 듣고 손발로 움직였고　昔者聖人以耳聽以手足動
지금 그대도 귀로 듣고 손발로 움직입니다　今子亦以耳聽以手足動
저 검은 모발이 머리에 붙어 있는 것과　越夫鬒髮之傅於頭
살쩍이 빰에 붙어 있는 것과　鬢鬍之傅於頰
입술과 이가 입에 붙어 있는 것과　唇齒之傅於口
눈썹과 속눈썹이 눈에 붙어 있는 것과　眉睫之傅於目
수염이 턱에 붙어 있는 것과　鬚髭之傅於頤

66 복희씨는……가졌고 : 복희씨(伏羲氏)는 비늘 달린 몸에 사람 머리였다 한다.《史記 三皇本紀》

손발톱이 손발에 붙어 있는 것과 爪甲之傅於手足
젖이 가슴에, 배꼽이 배에 붙어 있는 것도 乳之傅胸臍之傅腹
일체 하늘에서 부여받아 一受之天
성인과 얻은 것이 같습니다 暨聖同得
성인과 서로 같은데 暨聖胥若
복희씨 요임금 순임금 우임금 후직 탕왕 문왕 이윤 주공 공자 안연은
모두 성인이 되었건만 而伏羲堯舜禹稷湯文伊周孔顔皆爲聖人
그대는 성인이 되지 않았으니 어떻게 된 것입니까
子弗爲聖人而奚若
옛날 성인은 위에는 웃옷을 입고 아래는 치마를 입고 머리에는 쓰개를
쓰고 발에는 버선을 신었고 古者聖人上衣下裳首幘而足襪
지금 그대 또한 위에는 웃옷을 입고 아래는 치마를 입고 머리에는 쓰개
를 쓰고 발에는 버선을 신으니 今子亦上衣下裳首幘而足襪
성인과 제도가 같습니다. 暨聖同制
성인과 서로 같은데 暨聖胥若
저분들은 성인이 되었거만 彼爲聖人
그대는 성인이 되지 않았으니 어떻게 된 것입니까 子弗爲聖人而奚若
무릇 그대가 성품으로 타고난 것은 凡子之得於性者
하늘에 있어서는 음양오행의 이치가 되고 在天爲陰陽五行之理
사람에 있어서는 건순오상[67]의 덕이 되어 在人爲健順五常之德

67 건순오상(健順五常) : 건순은 곧 음양(陰陽)을 가리키고 오상은 바로 인의예지신(仁義禮智信)을 가리킨다. 《중용장구》 경 1장에 "하늘이 명한 것을 성(性)이라 이른다."라고 한 데 대한 주희의 주에 "사람과 물이 태어나매 각기 부여받은 리를 얻음으로

인의예지신이라 하니 曰仁曰義曰禮曰智曰信
성인과 부여받은 것이 같습니다 暨聖同賦
성인과 서로 같은데 暨聖胥若
그대는 부족해서 넷만 가진 것도 아니고 子匪不足而四
저분들은 남아서 여섯을 가진 것도 아니건만 彼匪有餘而六
저분들만이 성인이 되고 彼獨爲聖人
그대는 성인이 되지 않았으니 어떻게 된 것입니까 而子弗爲聖人而奚若
성이 이미 갖추어진지라 性旣具矣
발하여 칠정이 되나니 發而爲七情
희노애락애오욕이라고 하고 曰喜曰怒曰哀曰樂曰愛曰惡曰慾
성인과 품부받은 것이 같습니다 暨聖同禀
성인과 서로 같은데 暨聖胥若
저분들은 덜지 않았는데도 여섯을 갖고 彼匪加少而六
그대는 더하지 않았는데도 여덟을 가져 子匪加多而八
저분들은 성인이 되고 彼則爲聖人
그대는 성인이 되지 못하였으니 어떻게 된 것입니까
而子弗爲聖人而奚若
이것은 하늘이 주고 玆非天之所與
사람이 받은 바라 人之所受
같기를 기필하지 않아도 대체로 같은 것이 아닙니까 不期同而大同者乎
그런데 그대가 같지 않음이 있는 것은 또 어떻게 된 것입니까

인하여 건순(健順)·오상(五常)의 덕을 삼으니, 이른바 성(性)이라는 것이다.〔人物之生, 因各得其所賦之理, 以爲健順五常之德, 所謂性也.〕"라는 설명이 있다.

	而子之有不同又奚若
그대가 어리석어 알지 못하니	子惛不知
내 그대를 위해 말해 주리다	余將爲子說
옛날 성인들은	古者聖人
눈의 모습은 반드시 단정하게 하고	目容必端
입의 모습은 반드시 듬직하게 하며	口容必止
소리의 모습은 반드시 조용하게 하고	聲容必靜
머리의 모습은 반드시 곧게 하며	頭容必直
손의 모습은 반드시 공손하게 하고	手容必恭
발의 모습은 반드시 무겁게 하며	足容必重
서 있는 모습은 반드시 덕스럽게 하고	立容必德
숨 쉴 때의 모습은 반드시 엄숙히 하였습니다[68]	氣容必肅
그러므로 보는 것은 밝게 보면서 널리 볼 수 있었고	故其視也明而能徧
듣는 것은 밝게 들으면서 멀리 들을 수 있었으며	其聽也聰而能達
말하는 것은 때에 맞으면서 조리가 있었고	其言也時而有章
행동하는 것은 올바르면서도 규범이 있었습니다	其動也正而有則
의복은 법도에 맞고	以至衣服象度
위의는 매우 공손한 것에 이르기까지	威儀甚恪
이러한 것이 성인의 체모가 갖추어진 것인데	此聖人之體之備
지금 그대는 혹 빠트린 것이 있는 것이 아닙니까	而今子無乃或有闕歟
옛날 성인은	古者聖人
간교한 소리와 어지러운 색이	姦聲亂色

68 옛날……하였습니다 : 이 말은 《사자소학》에 나온다.

보고 듣는 사이에 머물지 않게 하고 不留聰明
사특한 정감과 속이는 뜻이 慝情詭志
마음과 접하지 못하게 하였습니다[69] 不接心術
밖으로는 유혹을 끊고 안으로는 의혹을 끊어 外絶誘內絶惑
성은 치우침이 없이 그 중을 극진히 하고 性無偏倚而極其中
정은 함부로 부리는 것 없이 절도에 맞게 하여 情無妄肆而合其節
천지가 자리 잡히고 만물이 화육되는 경지에 이르렀으니[70]
以至天地位萬物育
이렇게 해야 성인의 덕이 온전한 것인데 此聖人之德之全
지금 그대는 혹여 모자란 점이 있는 것이 아닙니까
而今子無乃或有缺歟
또 그대는 어려서부터 학문을 알았고 且子髫年知學
커가면서 더욱 독실해져 長大彌篤

69 성인은……하였습니다 : 《예기》〈악기(樂記)〉에 "그러므로 군자는 정욕을 바로잡아 뜻을 여기에 맞추고, 다른 비슷한 일들도 여기에 준해서 행동을 완성시킨다. 그러기 위해서는 우선 간교한 소리나 어지러운 색채가 보고 듣는 사이에 머물러 있지 않게 하고, 음란한 음악이나 잘못된 의례가 사람의 마음에 가까이하지 못하게 하고, 게으르고 오만하고 삿되고 편벽된 기운이 몸에 배는 일이 없게 해야 한다.〔是故君子反情以和其志, 比類以成其行. 姦聲亂色, 不留聰明, 淫樂慝禮, 不接心術, 惰慢邪辟之氣不設於身體.〕"라는 말이 나온다.

70 성은……이르렀으니 : 《중용장구(中庸章句)》 제1장에 "희로애락의 감정이 아직 일어나지 않은 것을 중이라 하고, 일단 일어나서 모두 절도에 맞게 되는 것을 화라고 하니, 중이라는 것은 천하의 큰 근본이요, 화라는 것은 천하의 공통된 도이다. 중과 화를 극진하게 하면 천지가 제대로 자리 잡히고, 만물이 제대로 육성될 것이다.〔喜怒哀樂之未發謂之中, 發而皆中節謂之和, 中也者, 天下之大本也, 和也者, 天下之達道也. 致中和, 天地位焉 萬物育焉.〕"라고 하였다.

아침 일찍 일어나고 밤늦게 자면서　夙興夜寢
부지런히 부지런히　孳孳矻矻
성인들의 말씀을 외고　惟群聖之言是誦
선왕의 도에 열복하였습니다.　惟先王之道是悅
천지의 영허와　天地之盈虛
음양의 소식은　陰陽之消息
유계에서는 귀신이 되고　幽而爲鬼神
명계에서는 예악이 되는 것[71]　明而爲禮樂
왕자와 패자가 그것을 써서 정치를 하였고[72]　王霸之所爲用
유자와 묵자는 그것으로 구별을 하였습니다[73]　儒墨之所由別
저 산하의 초목이 산하의 초목이 되는 것과　與夫山河草木之爲山河草木
나는 새, 달리는 짐승, 비늘 달린 물고기, 껍질 있는 파충류가 제 각각이 된 것은　飛走鱗甲之爲飛走鱗甲
일월이 덮어주고　日月之所覆

71 천지의……되는 것 : 《주역》 〈풍괘(豐卦) 단(彖)〉에 "해는 중천에 오면 기울고, 달은 차면 먹히나니, 천지의 차고 빔도 때에 따라 사라지고 자라나고 하는데, 더구나 사람에 있어서이며 귀신에 있어서이랴.〔日中則昃, 月盈則食, 天地盈虛, 與時消息, 而況於人乎? 況於鬼神乎?〕"라는 말이 있고, 《예기(禮記)》 〈악기(樂記)〉에 "명계에는 예악이 있고, 유계에는 귀신이 있다.〔明則有禮樂, 幽則有鬼神.〕"라는 말이 있다.

72 왕자(王者)와……하였고 : 왕자(王者)는 예악(禮樂)으로 정치를 하고 패자(霸者)는 형정(刑政)으로 정치를 했기 때문에 이른 말이다.

73 유자와……하였습니다 : 묵자는 귀신을 옹호하였고 귀신을 믿지 않으면서 제사를 강조하는 공자를 향해 비판하였다. 귀신이 없다면서 제사를 배우라고 하는 것은 손님이 없는데 손님을 접대하는 것과 같다는 것이다. 유가에서 예악(禮樂)을 군자의 교양, 혹은 인격 수양의 기본으로 강조하는 것과 구별된다.

조물주가 운행해 주는 덕분이라 造化之所斡
온축하여 심오해지고 蘊之以湛深
발산하여 변화무쌍해지니[74] 發之以闔闢
그 쌓인 것이 무성하고 其畜芾矣
그 문채가 성대합니다 其文蔚矣
그런데 남이 갖추고 있는 바를 而人之所備
그대는 갖추지 못하였고 子則闕焉
남이 온전히 가지고 있는 바를 人之所全
그대는 모자라게 가지고 있으니 子則缺焉
지식은 등급을 뛰어넘어 멀리 가려다[75] 가까운 것을 생략하고
將無乃知躐乎遠而畧諸近
뜻은 박한한데로만 치닫다가 단속하는 것을 놓아두어
意騖乎博而遺諸約
밖의 것에 감응하는 것은 늘 번다하고 感於外者恒煩

74 발산하여 변화무쌍해지니 : 원문의 '闔闢'은 닫히고 열린다는 말로, 천지의 조화를 의미한다. 《주역》 〈계사전 상(繫辭傳上)〉에 "문을 닫는 것을 곤이라 하고, 문을 여는 것을 건이라 하고, 한번 닫고 한번 여는 것을 변화라 하고, 끝없이 왕래하는 것을 통이라 한다.〔闔戶謂之坤, 闢戶謂之乾, 一闔一闢謂變, 往來不窮謂之通.〕"라고 하였다.

75 지식은……가려다 : 《논어》 〈위정(爲政)〉의 "나는 15세에 학문에 뜻을 두고……70세에는 하고 싶은 대로 해도 법도에 어긋나지 않았다.〔吾十有五而志于學……七十而從心所欲, 不踰矩.〕"에서 집주(集註)에 인용한 호씨(胡氏)의 말에 "첫째, 배우는 사람이 충분히 침잠하고 음미해야지 등급을 뛰어넘어 나아가서는 안 됨을 보이고, 둘째, 배우는 사람이 나날이 나아가고 다달이 진보해야지 중도에 그만두어서는 안 됨을 보인 것이다.〔一以示學者當優游涵泳, 不可躐等而進, 二以示學者當日就月將, 不可半途而廢也.〕"라는 내용이 나온다.

속에서 잡고 있는 것은 늘 빼앗겨　而操於中者恒奪
정은 방탕해지기 쉽고 성은 뚫어지기 쉽지 않겠습니까[76]　情之易蕩而性則易鑿歟
그대는 나에게 그대가 보이는 것을 본뜬 것이라 말하지만　子謂余子之顯是象
나는 그대가 감춘 것을 비춘 것이라고 생각합니다　余惟子之隱是燭
그대는 나에게 그대의 모습이 닮았다고 말하지만　子謂余子之相是肖
나는 그대의 마음을 헤아려야 한다고 생각합니다　余惟子之心是惾
그대는 나를 부끄러워 마십시오　子毋余恧
내 그대에게 따져 묻겠습니다.　余將子詰
내가 그대를 섬김으로　自余事子
매우 가까이서 모실 수 있었습니다.　獲侍于密
비록 좁은 곳에 갇혀있는 것을 병통으로 여겼지만　雖自病於狹中
그러니 어찌 속진이 발자취를 더럽혔겠습니까　豈塵垢之累跡
그대는 자주 돌아보며　子乃屢顧
나를 무릎에 앉혔으니　加余于膝
참으로 부끄럽게도 청려한 분께　寔慚淸厲
털어주고 닦아주는 은총을 과하게 입었습니다　過蒙拂拭

76 정은……않겠습니까 : 《논어》 〈옹야〉의 집주에 "감정이 이미 성해져 더욱 방탕해지면 그 본성을 잃게 된다.〔情旣熾而益蕩, 其性鑿矣〕."라는 말이 있고, 또 퇴계는 "마음이 성을 통어하지 못하면 미발의 중(中)을 이룰 수 없어서 성이 천착되기 쉽고, 마음이 정을 통어하지 못하면 절도에 맞는 화(和)를 이룰 수 없어서 정이 방탕하기 쉽다.〔心不統性, 則無以致其未發之中, 而性易鑿, 心不統情, 則無以致其中節之和, 而情易蕩.〕"라고 말한 바 있다. 《退溪集 卷7 進聖學十圖箚》

나는 터럭 하나도 숨김이 없었고 余無隱乎毫髮

그대 또한 나를 위해 단장을 해주었습니다. 子亦爲之修餙

그 당시에는 當其時也

눈을 깜박일 때도 법도에 맞게 하고, 귀로 들을 때도 기울여 듣지 않으면서[77] 瞬有度聽不側

행동거지를 근엄하게 하고 儼乎其止

얼굴 모습은 과묵하게 하며 容乎其嘿

온 몸을 바르게 하여 百體惟貞

모든 거동이 예에 어긋나지 않았습니다 衆儀靡忒

시선은 위엄 있게 두고 瞻視可畏

옷과 관은 바르게 하였으며[78] 衣冠幷飭

엄숙히 스스로를 다스려 肅然自將

법도에 어긋남이 없었습니다 莫違繩尺

그러나 저 형체와 기를 가지고 있는 만물에 이르러서는 至夫萬物之有形有氣者

접하는 것마다 갈등이 생기고[79] 與接爲構

77 귀로……않으면서 : 《예기》 〈곡례〉에 "기울여 듣지 말라.〔毋側聽〕"라는 말이 있는데 집설(集說)에서 "귀를 한쪽으로 기울이고 듣는 것은 공손한 태도가 아니다.〔側耳以聽, 非恭也〕"라고 하였다. 《소학》 〈입교(立敎)〉에도 《곡례》를 인용하여 "어린아이에게는 항상 속이지 않음을 보여 주며, 설 때에는 반드시 방향을 바르게 하며, 귀를 기울여 듣지 않도록 한다.' 하였다.〔幼子常視毋誑, 立必正方, 不傾聽.〕"라고 하였다.

78 시선은……하였으며 : 주자(朱子)의 〈경재잠(敬齋箴)〉에 "그 의관을 바르게 하고 그 시선을 존엄하게 하며 마음을 고요히 가라앉혀 거처하고 상제를 대하는 듯 경건한 자세를 가져라.〔正其衣冠, 尊其瞻視, 潛心以居, 對越上帝.〕"라는 말이 있다.

어지럽게 가득 둘러싸이게 되니	絪紛匝沓
귀로 얻으면 소리가 되고	耳得之以爲聲
눈으로 얻으면 색이 되며	目得之以爲色
입으로 얻으면 맛이 되고	口得之以爲味
코로 얻으면 냄새가 되었습니다	鼻得之以成臭
빽빽하고 총총하여	林林忽忽
오고 가며 서로 부딪치는데	往來交薄
내 이 때에	則吾於是時
그대의 모습을 엿볼라치면	覰子之貌
앞서 강직했던 모습이	向之侃侃者
금세 초조해지고	今而惄惄
앞서 공경스럽던 모습이	向之翼翼者
금세 불안해졌습니다.	今而踖踖
기상은 꺾인 듯	氣若詘焉
감정은 녹아버린 듯	情若鑠焉
행동거지는 잃은 듯 성급하다가	動止亟若失焉
말은 성내 듯 빠르다가	語言疾若咈焉
고함치듯 하다가 조용한 듯 하다가	若喝焉若惙焉
중얼중얼 횡설수설하다가	咄焉咀焉

79 접하는……생기고 : 《장자(莊子)》 〈제물론(齊物論)〉에서 세속적인 인간을 두고 "잠들어도 꿈을 꾸어 마음이 쉴 사이가 없고, 깨어나서는 신체가 외계의 욕망을 받아들여, 접촉하는 사물마다 갈등을 일으켜 날마다 마음속에서 싸운다.〔其寐也魂交, 其覺也形開, 與接爲構, 日以心鬪.〕"라고 하였다.

끝내는 어우러지게 되었지요.	終而翕合焉
이는 환경이 바뀌고 정신이 달라짐에	玆豈非境嬗神變
오관[80]이 제 역할을 못해서가 아니겠습니까	五官失職者歟
이에 성이 길러지지 못하게 되니	於是性違其養
기린이 묶여 있는지라	麟在梏兮
정이 장수를 잃고	情失其帥
원숭이가 울타리를 넘는지라	猿透柵兮
악의 기미가 싹틉니다	惡幾之萌
큰 파도가 이는지라	洪波汨
선한 단서가 가려지고	善端之斁
움트던 싹이 꺾이는지라	甴蘖札兮
온통 외물만을 좇게 되지요.	一切循外
온갖 이치가 다 펼쳐지지 못하는 것을	百理皆縮
다른 사람은 이미 아는데	佗人已知
오직 그대만 깨닫지 못합니다	惟子不覺
그대가 부끄러운 줄을 알지 못하니	子不知愧
내가 대신 부끄러워하고	余則代忸
그대가 숨기려고 하니	子之欲廋
내가 먼저 살피지만	余則已察
나는 그대를 바로잡지 못하고	余不規子
그대는 나를 맘에 들어 하지 않습니다.	子不我㥦

80 오관(五官) : 사람의 다섯 가지 감각 기관인 이(耳)·목(目)·비(鼻)·구(口)·심(心)을 이른다.

그러나 내가 또렷한 말로 그대를 반박하고자 하면 雖然余欲明言以駁子
그대는 장차 나를 말 많다고 싫어할 것이고 子將苦余謰
내가 은미한 말로 그대를 경계하고자 하면 余欲微言以儆子
그대는 장차 내가 숨긴다고 의심할 것이니 子將疑余匿
나는 그대 하는 짓을 따라서 余故從子之爲
그대와 함께 행동할 수 밖에요 與子偕作
그래서 그대가 선을 행하면 子能爲善
나도 따라서 선을 하고 余從而善
그대가 악을 행하면 子之爲惡
나도 따라서 악을 행하였습니다 余隨而惡
내가 그대를 따라한 것들을 凡余之效子者
이루 다 들 수 없으나 莫可畢擧
그 대략을 말씀드리지요 請陳其畧
그대가 일찍이 홀로 있을 때에는 子嘗處獨
태연히 거만하고 방자하게 厭然踞肆
하지 못하는 짓이 없으면서 無所不爲
도리어 나를 돌아보았습니다 反以顧余
나는 그대가 하는 짓을 따라하면서도 余方效子之爲
그대의 마음에 부끄럽고 그대의 눈에 놀라웠습니다 而愧子心駭子目
그대는 나의 얼굴에 침을 뱉었고 子則唾余之面
나 또한 그대의 얼굴에 침을 뱉었지요 余亦唾子之面
그러자 그대가 놀라 웃어 子乃瞿然笑
목덜미가 빨갛게 되었고 其項發赤
나 또한 놀라 웃어 余亦瞿然笑

목덜미가 빨갛게 되었습니다 其項發赤

그대는 사람을 대할 때에는 옷깃을 여미고 무릎을 가지런히 하였고 子方對人斂其袵整其膝

나 또한 옷깃을 여미고 무릎을 가지런히 하였습니다 余亦斂余袵整余膝

그러자 그대가 돌아보며 子乃反顧

어이없어 비웃으며 啞然哂曰

'저 사람이 홀로 있을 때는 방자하더니 彼處於獨則肆

사람을 대할 때는 행동을 삼가니 對乎人則飭

그 마음이 비루하도다.'라고 하며 其心鄙之

살짝 그 치아를 내보였습니다 微發其齒

나 또한 놀라 웃으며 余亦啞然哂

살짝 치아를 보였지요 微發其齒

그대가 또 자신을 반성하며 부끄러워하고 子又反躬而慙

고개를 숙이고 근심을 하기에 俯首而惕

나 또한 자신을 반성하며 부끄러워하고 余亦反躬而慙

고개를 숙이고 근심했습니다 俯首而惕

내가 그대를 바로잡는 것이 余之規子

대개 이와 같으니 盖皆類此

덕으로 나아가고 사특한 것을 제거하는 것에 其於進德去忒

어찌 보탬이 없겠습니까 詎無益歟

그대가 어지시다면 子之賢歟

나는 그대와 영광을 함께 할 것이고 余與榮焉

그대가 불초하다면 子之不肖

나는 그대와 치욕을 함께 할 것입니다. 余與辱焉

아첨하는 사람을 가까이 하여도 雖其近佞
그대가 배우는 것이요 惟子之學
바른말하는 사람을 가까이 하여도 雖其似讜
그대가 본받는 것이니 惟子之則
오직 그대가 스스로 반성해야 하지 子惟自省
나에게 어찌 꾸짖습니까"라고 하였다. 于余奚謫
이에 於是
의양자가 손을 맞잡고 일어나서 宜陽子拱手以作
멍하니 넋 놓고 있다가 惝乎自失
한참있다 사례하여 말하기를 久而後謝曰
"그대가 좋은 잠언을 주시니 子有良箴
감히 스스로 힘쓰지 않겠습니까 敢不自勖
늘 실추하여 恒恐失墜
명철함에 누가 될까 두려워하겠습니다 有累明哲
절차탁마 할 것이니 旣琢旣磨
내가 뜻을 이루는데 그대가 도와주십시오. 余達子弼
형체와 그림자가 서로 돕는 것 같이 若形影之相隨
내 생이 끝나도록 싫증내지 맙시다."라고 하였다. 終吾生而毋斁

임인년(壬寅年) 내가 이 부를 지었다. 그때 막 《선부(選賦)》[81]를 읽고 있었

81 선부(選賦) : 남조(南朝) 양(梁)나라의 문학가인 소통(蕭統)의 《문선(文選)》에서 부(賦)를 뽑아 만든 책이다. 반고(班固)의 《양도부(兩都賦)》부터 조식(曹植)의 《낙신부(洛神賦)》까지 약 32인 59편의 작품이 수록되어 있다. 혹, 편자 미상의 목판본 《선부(選賦)》를 의미할 수도 있다. 2권 2책으로, 조선 전기에 편찬된 것으로추정된다. 중국과 우리나라의 부(賦) 50편이 수록되어 있다.

는데 옛 것에 뜻을 두고는 있었으나 글로 잘 이루지는 못할 때였다. 문사는 대체로 순정(醇正)하지 못하지만 이따금 한 두 마디 말이 근사한 것이 있고 뜻을 의탁한 것 또한 자못 고를 것이 있는지라 버리자니 아까움이 없을 수 없어 우선 놔둔다.

복초부 정미년(1727년, 영조3년)

復初賦 丁未

의양자(宜陽子)는 어려서는 배우지 못하고 자라서는 들은 것이 없었기에, 건장할 때 한번도 힘을 기울이지 못하다가 늙어서는 뜻이 더욱 쇠해져 끝내 뉘우칠 일도 없는 지경이 될까봐 남몰래 걱정하면서 한밤중에도 옷깃을 여미고 앉아 잠들지 못하였다. 한번은 《주역》에서 "머지않아 되돌아오니 후회하는 일이 없을 것이요, 크게 좋을 것이다."[82]는 말을 읽었는데 전(傳)에 "잃은 뒤에 돌아옴이 있는 것이니, 잃지 않았다면 무슨 돌아옴이 있겠는가. 오직 잃기를 멀리 하지 않고 돌아오면 뉘우침에 이르지 않으리니, 길(吉)한 것이다."라고 하였다. 또 병산(屛山)이 주자에게 고해준 말[83]에 감복하여 붓을 가져다 부(賦)를 지어 맹서하는 말로 대신한다. 때는 정미년(丁未年) 11월 10일 애동지[84]이다.

처음에 내가 밤에 멍에를 매고 달릴 제　　俶余宵駕而言馳兮

82 머지않아……것이다 : 《주역》 〈복괘(復卦) 초구(初九)〉에 나오는 말이다.

83 병산(屛山)이……말 : 병산(屛山)은 유자휘(劉子翬)로, 남송(南宋) 때 사람이다. 주자의 아버지인 주송(朱松)과 친구 사이로, 주송이 죽은 뒤에 주자를 가르쳤다. 주희가 초년 시절 스승인 유자휘에게 도(道)에 들어가는 차제(次第)를 묻자, 유자휘가 "내가 《주역》에서 덕(德)에 들어가는 문을 얻었다. 이른바 '멀리 가지 않고 돌아온다.'라는 것은 나의 석 자의 부절이니, 이를 패복하여 힘써서 감히 실추함이 없도록 하였다.〔吾於易得入德之門焉, 所謂不遠復者, 則吾之三字符也. 佩服周旋, 罔敢失墜.〕"라고 하였다. 《朱子大全 권90 屛山先生劉公墓表》 불선한 행동이 있는 초기에 그 잘못을 깨닫고 곧바로 선으로 돌아온다는 뜻이다.

84 11월……애동지 : 원문의 '黃鐘'은 12율의 하나로서 육률(六律), 육려(六呂)의 기본이 되는 음인데 음력 11월을 황종에 배정하기 때문에 11월의 이칭(異稱)으로 사용되기도 한다. 애동지는 음력 11월 10일 이전에 드는 동지를 일컫는 말이다.

아득하여 그 가는 방향을 몰랐네　惚焉不知其所趨
가시나무 무성하고 덤불이 덮어　荊棘翳然而榛蔽兮
미로에서 걷기가 힘들었지　乃窘步於迷塗
홀연 돌아보고 오래 탄식하며　忽反顧以永歎兮
내 말을 잡고 머뭇거렸네　攬余馬而踟躕
숫돌 같은 큰길[85]을 바라볼 것이지　瞻康莊之若砥兮
또 어찌 이 도성을 그리워하였나[86]　又何懷乎此都
아 하늘이 만물을 낼 제　粤皇天之賦物兮
유독 나에게만 풍부하게 주셨으니　羌獨豐其予吾
나는 두 날개와 네 발을 달지 않고　余不兩翼而四足兮
정수를 얻어 사람이 되었네　得精秀以爲人
또 여자가 아니라 장부가 되었고　又不女子而爲丈夫兮
게다가 귀머거리나 장님, 절뚝발이나 광증도 걸리지 않았도다
重不聾瞍而蹇瘨
바야흐로 오랑캐가 중화를 어지럽힐 때　方狄人之亂華兮

85 숫돌……큰길 : 본문의 '康莊'은 번화한 거리로 사통팔달의 큰길을 의미한다. 《시경》〈대동(大東)〉에 "큰길이 숫돌처럼 평평하니, 곧기가 화살과 같도다. 군자가 밟는 바요, 소인이 보는 바로다.〔周道如砥, 其直如矢, 君子所履, 小人所視.〕"라고 하였으니, 군자의 길을 뜻한다.

86 어찌……그리워하였나 : 한나라 때 가의가 조정에서 쫓겨나 장사왕(長沙王)의 태부(太傅)가 되어 나가다가 상수(湘水)를 건널 적에 굴원(屈原)이 원통하게 죽은 것을 슬퍼하여 〈조굴원부(弔屈原賦)〉를 지었는데, 그 내용은 대개 자신의 처지를 굴원에 빗댄 것이었다. 그 한 대목에 "구주를 두루 돌아 섬길 만한 임금을 섬겼어야지, 하필 이 도성만을 그리워하셨나요.〔歷九州而相其君兮, 何必懷此都也?〕"라는 표현이 보인다.

또 나를 기자의 나라에 태어나게 해주시니　又降余乎箕子之邦
내 좌임도 피발도 하지 않고[87]　余不左衽而被髮兮
동방에서 예악을 물려받았도다　襲禮樂於東方
세덕[88]을 끌어 펼쳤으니　援世德而陳之兮
실로 대대로 빛나는 가문이라　實奕世之華宗
"내 먼저 왕업을 보좌할 것이요　曰余先之佐王兮
문장 잘 짓는 것으로 무슨 공을 이루랴" 하였고　何勳庸文章之豐崇
효성과 근실함 유자다운 행실은　然孝謹與儒素兮
고가[89]의 유풍이었도다　乃故家之流風
분분하게 뭇 아름다움이 나에게 모였으니　紛衆美之集余兮
어찌면 하늘이 나를 온전하게 해 주셨는가　何皇天畀余之全
선인이 공열 이룬 것을 상고해보면　稽前人之成烈兮
그 한둘을 얻어 현인이 될 것이라　得其一二而爲賢

이를테면 임사(妊姒)가 부인이 되고[90] 자하(子夏)와 좌구명(左丘明)에게

87 좌임도……않고 : 좌임과 피발 모두 미개한 오랑캐의 풍속을 가리키는 말이다. 《논어》〈헌문(憲問)〉에 "관중이 없었다면 우리는 머리를 풀고 옷섶을 왼편으로 여미게 되었을 것이다.〔微管仲, 吾其被髮左衽矣.〕"라는 말이 나온다.

88 세덕(世德) : 대대로 이어져 온 덕망을 말한다.

89 고가(故家) : 교목고가(喬木故家)의 준말로 여러 대에 걸쳐 중요한 지위에 있으면서 나라를 다스려온 집안을 말한다. 《맹자》〈양혜왕 하(梁惠王下)〉의 "이른바 고국이란 대대로 커서 높이 치솟은 나무가 있다는 말이 아니요, 대대로 신하를 배출한 오래된 집안이 있다는 것을 의미한다.〔所謂故國者, 非謂有喬木之謂也, 有世臣之謂也.〕"라는 말이 있다.

90 임사(妊姒)가……되고 : 임사는 주(周)나라 문왕(文王)의 모후(母后)인 태임(太妊)과 문왕의 비(妃)인 태사(太姒)를 병칭한 것이다. 모두 성덕(聖德)이 있는 훌륭한

남모르는 병이 있고,[91] 김일제(金日磾)와 허노재(許魯齋)가 오랑캐 땅에서 태어나고[92] 이윤(伊尹)과 백리혜(百里傒)와 영척(寧戚)이 낮고 천한 지위에서 곤액을 당한 것 같은 것이다.[93] 모두들 온전함을 얻지 못하였으나 혹은 덕행으로 혹은 문장과 훈업으로 후세에 칭해졌다.

내 이미 홀로 이 아름다운 것들을 가지고 있는데 余旣獨有此衆美兮
어찌 평범한 무리에서 벗어나지 않을 수 있으랴 何不超離乎凡倫
성인의 법 양양하니[94] 聖謨之洋洋兮

왕비의 전형으로 꼽힌다.

91 자하(子夏)와……있고 : 공자의 제자 자하(子夏)는 아들이 죽자 너무 슬퍼한 나머지 실명(失明)하였다고 하고 좌구명(左丘明)은 《춘추좌씨전》을 짓고 실명(失明)하였다고 알려져 있다.

92 김일제(金日磾)와……태어나고 : 김일제는 한대(漢代) 사람으로, 본래 흉노(匈奴) 휴도왕(休屠王)의 태자이다. 휴도왕이 저항하다 살해된 뒤 잡혀서 한나라로 가게 되었는데, 그의 예절이 바르고 용모가 엄숙한 것을 보고 무제(武帝)가 벼슬을 주어, 구경(九卿)의 지위에 올랐다. 허노재(許魯齋)는 허형(許衡)으로, 호가 '노재'이다. 금(金)나라에서 태어났고 원나라가 들어서자 집현전 대학사 등의 벼슬을 하였다.

93 이윤(伊尹)과……것이다 : 세 사람 모두 모두 비천한 처지에 있다가 등용되어 큰 일을 한 사람들이다. 이윤(伊尹)은 상(商)나라 사람으로 유신국(有莘國)의 들에서 농사지으며 살다가 탕왕(湯王)이 세 차례 정중하게 초빙하자 세상에 나와 상(商)나라를 일으켰다. 백리혜는 전국 시대 초나라 사람으로, 우(虞)나라 대부가 된 사람이다. 진(晉)나라에 의해 우나라가 멸망되자, 초나라로 도망쳐 노예가 되어 누더기를 걸치고 소를 쳤는데 그의 역량을 알아본 진 목공(秦穆公)이 다섯 마리 양가죽을 주고 그를 샀다. 영척(寧戚)은 춘추시대 사람으로 제(齊)나라 환공(桓公)에게 벼슬을 요구하고자 했으나 곤궁하여 스스로 목적을 달성할 수가 없자 미리 성문 밖에서 제 환공이 지나가기를 기다리며 소에게 꼴을 먹이고 있다가 상가(商歌)를 노래하여, 환공이 이 노랫소리를 듣고 보통 사람이 아니라고 여겨 대부를 삼았다. 《孟子 萬章上》《史記 卷5 秦本紀·卷68 商君列傳》《淮南子 道應訓》

94 성인의……양양하니 : 《서경》〈이훈(伊訓)〉에 "성인의 법이 양양하여 아름다운

군자가 대대로 지켜 나에게 물려 주신 것이라　君子世守以遺余
성인들께서 처음에 넓은 집의 터를 잡아　群聖肇卜其廣宅兮
나를 머무르게 하여 함께 거하셨고　遲余以共居
현인들께서 그 문을 활짝 열어　衆賢丕開其門戶兮
나를 불러 들어와 살게 하셨도다　招余以入處
내가 뒤로 물러나 그곳을 말미암지 않고　余乃郤步而弗由兮
홀로 방황하며 갈 곳을 잃으니　獨彷徨而迷所
초목을 따서 양식으로 삼았을 뿐　擷草木以爲粮兮
일찍이 곡식을 먹을 줄 알지 못했구나　曾弗知食夫稻黍
깨진 옹기 구멍으로 세상을 보았으니[95]　穴瓮牖以爲觀兮
천지가 광대한 것을 어찌 알았을 것이며　豈知天地之廣大
반딧불을 쫓아다니며 빛을 보았으니　逐螢爝以爲光兮
일월이 밝디 밝은 것을 어찌 알았으랴　豈知日月之昭晣
비록 내 문사를 좋아한다 하지만　雖文詞之自好兮
이 또한 말 잘하는 성성이[96]와 무엇이 다를 것이며　亦何異能言之猩猩
진실로 물이나 마실 줄 알고 먹을 거나 구하였으니　苟能飮水而求食兮

말씀이 매우 드러나신다.〔聖謨洋洋, 嘉言孔彰.〕"라는 구절이 있다.

95 깨진……보았으니 : 원문의 '瓮牖'는 깨진 항아리를 벽 사이에 넣어 창문을 낸 것을 말한다. 본래 빈한(貧寒)한 집안의 모습을 형용한 말인데 여기서는 좁은 눈으로 세상을 본다는 의미로 썼다.

96 말……성성이 : 《예기(禮記)》 〈곡례(曲禮)〉에 "앵무새가 말을 잘하나 나는 새를 벗어나지 못하고, 성성(猩猩)이가 말을 잘하나 금수(禽獸)를 벗어나지 못하니, 지금 사람으로서 예가 없다면 비록 말을 잘하나 금수의 마음이 아니겠는가.〔鸚鵡能言, 不離飛鳥; 猩猩能言, 不離禽獸, 今人而無禮, 雖能言, 不亦禽獸之心乎?〕"라는 말이 나온다.

저 말이나 양과 어찌 다르다 하리오	豈云異夫馬羊
일찍이 괴이쩍게 여긴 것은 고인이 발분하면서	嘗怪古人之發憤兮
문장에 마음을 많이 쓴 것이라	多用心乎文章
대개 곤액을 당하여 뜻을 표현하였기에	蓋惟阨窮而言志兮
한결같이 준형을 이탈하였네[97]	一以離夫準衡
위무공은 〈억〉 시를 지었으니	衛武公之賦抑兮
나이 많아질수록 덕은 빛났고[98]	年彌高而德彰
거원은 잘못된 것을 알았으니	蘧瑗之知非兮
그 수양하는 것이 날로 선해졌네[99]	所厥修之日臧

97 일찍이……이탈하였네 : 곤액을 당한 특별한 상황에서 위대한 저술을 남긴 사람들에 대해 설명한 구절이다. 사마천의 〈보임소경서〉에 "대개 문왕(文王)은 구금되어 《주역(周易)》을 풀었고, 공자는 액운을 당해 《춘추(春秋)》를 지었고, 굴원(屈原)은 쫓겨나서 〈이소(離騷)〉를 읊었고, 좌구(左丘)는 실명하여 《국어(國語)》를 지었고, 손자는 슬형(膝刑)을 당해 병법을 정리했다. …… 그야말로 좌구명이 눈이 없고 손빈이 다리를 잘린 것처럼 끝내 쓸모없는 몸이 되었으므로, 물러나 서책이나 논하면서 통분한 그 심정을 풀고, 부질없이 글이나 지으면서 나의 뜻을 드러내게 되었다."라는 말이 나온다. 《文選 卷41》

98 위무공은……빛났고 : 춘추 시대 위 무공이 95세의 나이에도 늙었다고 자처하지 않고 경계하는 잠(箴)을 지어 자신의 잘못을 바로잡으려고 노력하면서, 신하들에게 "내가 늙었다고 하여 버리지 말고 반드시 아침저녁으로 공경히 하는 마음으로 서로들 나를 경계하라.〔無謂我老耄而舍我, 必恭恪於朝夕, 以交戒我.〕"고 하였는데, 《시경》 대아(大雅) 〈억(抑)〉의 시가 바로 그것이다. 《國語 楚語上》

99 거원은……선해졌네 : 거원(蘧瑗)은 춘추 시대 위(衛)나라의 어진 대부로, 거백옥(蘧伯玉)으로 더 잘 알려져 있다. "나이 50에 지난 49년의 잘못됨을 알았다.〔年五十而知四十九年非.〕"라고 자탄하였고 그가 나이 60세에 60번 변화하였다고 한다. 《淮南子 原道訓》

저 안씨의 아들은 夫惟顔氏之子兮
밝고 굳건한 지덕을 가지고 있어 盖有至德之明剛
멀지 않아 반드시 돌아왔고 羌不遠而必復兮
또 길을 잃는 일을 반복하지 않아 又迷塗之不復
거의 후회가 없는 데 이르렀으니 卽是用庶幾乎無悔兮
공자께서도 그를 두고 감탄하셨네[100] 夫子亦爲之歎息
내 진실로 이러한 경지에 가지는 못했으나 余固不足以適玆兮
이를 버리고 어디로 가랴 亦云舍此而奚之
세월은 하염없이 흘러 머물지 않으니 日月悠悠以不淹兮
홀연 늙고 나면 어찌 되돌릴 수 있으랴 忽焉老其何追
내 수레를 돌려 길을 바꾸리니 旋余轅以改路兮
누가 능히 어둠 속을 지팡이 더듬어 가랴[101] 誰能冥行而擿埴
밝은 해가 아직 저물지 않은 것을 보며 視白日之猶未暝兮
머뭇머뭇 집으로 돌아가는데 尙容與而歸宅
내 말이 넘어지거나 절까봐 걱정하며 恐余馬之顚蹇兮
마부에게 빨리 몰지 말라고 당부하네 戒僕夫使勿亟

100 저……감탄하였네 : 《주역》 〈복괘(復卦) 초구(初九)〉에 "멀리 가지 않고 돌아오기 때문에 후회함에 이르지 않으니, 크게 선하고 길하다.〔不遠復, 无祇悔, 元吉.〕"라는 말이 있는데 공자가 이를 설명하면서 안씨(顔氏)의 아들 즉 안회(顔回)를 언급하며 "불선이 있으면 알아채지 못한 적이 없고, 일단 알고 나면 다시 행한 적이 없었다.〔有不善, 未嘗不知, 知之, 未嘗復行也.〕"라고 칭찬한 내용이 《주역》 〈계사전 하(繫辭傳下)〉에 나온다.

101 어둠……가랴 : 원문의 '擿埴'은 맹인(盲人)이 지팡이로 땅을 짚으면서 어렵게 길을 찾는 것을 말하는데, 사람이 도리를 알지 못하고 억측(臆測)으로 생각하여 행동함을 비유한다. 《法言 修身》

맹서의 말이 미덥지 못할까 염려되어 恐矢言之弗信兮
문장을 빌어 스스로 해명하노니 憑文章而自釋
지나간 것은 뒤쫓을 수 없으나 往者之不可追兮
오늘은 되돌릴 수 있으리 庶今日之可復

산지중사

山之中辭

산 속 계수나무	山之中兮桂樹
애오라지 한가한 날 가지를 부여잡으며[102]	聊暇日兮攀援
내 말을 남쪽 물가에서 쉬게 하고	休余馬於南渚兮
내 옷을 높은 울타리에서 터네	振余衣兮崇樊
큰 나무 그늘아래 향기로운 풀에 앉아	蔭喬木而坐芳草兮
내 벗을 산 언덕에서 기다리노라니	須我友兮山之阿
샘물은 차고 맑게 졸졸 흐르고	泉泠泠而細流兮
나무는 파릇파릇 꽃을 피웠구나	樹澹澹兮生花
꾀고리는 오르락내리락	黃鳥之頡頏兮
맑은 햇빛 속에서 날개치며 서로 지저귀고	翼清暉而相鳴
하늘 바람은 산들산들 온화하게 불어	天風之習穆兮
향초들의 향기를 일으키네	起芳芷之群馨
내 마음이 기쁘고 즐거우니	余心之悅豫兮
가슴 속 밝디 밝게 빛을 머금어	內瑩瑩其含光
푸른 산 바라보며 소리 높여 노래부르고	眄青岑而高歌兮

102 계수나무……부여잡으며 : 벼슬을 떠나 전원으로 돌아가고픈 마음을 읊은 것이다. 《초사(楚辭)》 회남소산(淮南小山)의 〈초은사(招隱士)〉에 "그윽한 산속에 떨기로 무성한 계수나무〔桂樹叢生兮山之幽〕"라는 구절과 "계수나무 가지 부여안고 애오라지 머무노라.〔攀援桂枝兮聊淹留.〕"라는 구절이 나온다.

흰구름 부르며 술잔을 날리네　招白雲而飛觴
봄 구름 모여들고 마을 들녘 저물어가니　春陰集而村坰晩兮
내 지팡이를 끌고 천천히 돌아오는데　負余杖而徐歸
증점이 홀연 가버렸는지라　曾點之忽焉沒兮
나의 즐거움을 알 사람 아마도 드물리[103]　知余樂者蓋希

103 증점이……드물리 : 공자가 제자들에게 "너희들을 알아준다면 어찌하겠느냐?"라고 물었을 때에 증점(曾點)이 "늦봄에 봄옷이 만들어지면 어른 5, 6명과 어린아이 6, 7명과 함께 기수에서 목욕하고 무우에서 바람 쐬고서 노래하고 돌아오겠습니다."라고 답하자, 공자가 감탄하면서 허여한 이야기가 《논어》 〈선진(先進)〉에 나온다. 자신의 일상에서 도를 즐기는 것을 가리킨다.

생질[104]의 돌에 운명을 점치는 글

雲甥晬日卜命文

동지달 정축일	黃鐘丁丑
날이 길하고 때도 좋은데	日吉辰佳
예쁜 우리 생질[105]의	婉玆阿雲
돌이 돌아왔구나.	晬日載回
돌상[106]은 풍성하고 화려하여	晬盤豐華
보배를 늘어놓았는데	有珍其排
아름다운 곡식과 문채 나는 구슬	嘉禾文璣
호시[107]와 뿔송곳[108]이요	孤矢珮觿

104 생질 : 원문의 '雲甥'은 남자에게 姊妹의 아들을 가리키는 말이다. 남유용의 누이와 그 매서인 이덕홍 사이에서 태어난 아들로 추정된다.

105 우리 생질 : 아(阿)가 입성일 경우에는 발음이 '옥'인데, 남을 부를 때 친근함을 나타내기 위해서 앞에 붙이는 글자이다.

106 돌상 : 옛날 풍속에 아이가 태어난 지 한 해가 되면 소반에다가 지필묵이나 칼, 활 등을 놓아둔 다음 아이가 어느 것을 잡는가를 보아 앞날을 점쳤는데, 이때 쓰는 소반을 수반(晬盤)이라고 하였다.

107 호시 : 상호봉시(桑弧蓬矢)의 준말로 뽕나무 활과 쑥대화살인데, 옛날에 사내아이가 태어나면 뽕나무로 활을 만들고 쑥대로 화살을 만들어서 사방에 쏘는 시늉을 하며 장차 이처럼 웅비(雄飛)할 것을 기대했던 풍습이 있었다.《禮記 內則》

108 뿔송곳 : 매듭을 푸는 데 사용하는 도구로, 남자가 성년이 된 뒤에 차고 다니는 패물 중 하나이다. 이익(李瀷)은 뿔송곳을 차는 이유에 대해 "모든 물리(物理)를 구해(究解)하여 깨닫도록 한 것"이라고 그 의미를 풀이하였다.《星湖僿說 卷20 經史門 佩觿佩韘》

붉은 붓[109]과 수놓은 책	彤管繡卷
금거북으로 눌러놓았네	鎭以金龜
아이는 그 사이에서 좋아라 하니	兒嬉其間
다팔머리에 옥 같은 피부라	髧毛玉肌
알록달록 색동옷 입혀	斑爛維服
할머니는 응석을 받아주고	婆和其晛
식구들은 둘러서서 웃으며	家人環笑
예쁜 아기라 칭찬이 자자하니	嘖嘖佳孩
아버지 얼굴엔 웃음기 있고	父顔逌逌
어머니 얼굴엔 즐거움 가득	母顔怡怡
그 어머니 말하기를 "중씨[110]시여	母曰仲氏
얘는 내 예쁜 아들이요	諟余佳兒
담지[111]에게는 생질인데	湛之之甥
꼭 담지와 닮았으니	酷似湛之
중씨가 노래를 지어	子盍爲歌
그 아이의 복을 빌어주지 않겠소?"라고 하였다.	比厥祝禧
나는 관을 바로하고 앞으로 가서	余乃正弁以前
윗옷을 무릎까지 덮고 단정히 앉아	爰膝其衣

109 붉은 붓 : 원문의 '彤管'은 사필(史筆), 즉 사관(史官)의 붓을 가리킨다. 여사(女史)가 황후에 대해 기록하면서 적심(赤心)을 상징하는 뜻으로 대롱이 붉은 붓인 동관(彤管)을 썼던 데서 생긴 말이다.《詩經 靜女》 여기서는 큰 의미 없이 진열된 물건 중 붓의 뜻으로 쓰인 듯하다.

110 중씨(仲氏) : 전체 형제 자매 중에 남유용이 둘째이기 때문에 이른 말이다.

111 담지(湛之) : 미상이다. 문맥으로 보아서 남유용의 자(字)로 추정된다.

“여러분은 조용히 하시고 眾人無譁
내 축사를 들어주시오” 하였다. 聽我有詞
축사는 다음과 같다. 詞曰

네 가문의 영화로움은 汝宗之華
연원이 선계에서 왔고[112] 璿系自來
우리 가문의 혁혁함은 我宗之赫
나라사람이 모두 알고 있지 邦人具知
네가 여기에서 태어나고 汝生于是
기왕에 남자가 되었으니 亦旣男斯
남자는 책임이 커 男子責鉅
할 일이 하나가 아니란다 弗一其爲
고인은 가르치기를 古人之教
반드시 어릴 적부터 하였으니 必自孩提
아이를 가르치는 데는[113] 근본이 있어 蒙養有本
대추와 배를 양보하게 하였다[114] 推棗讓梨

112 선계(璿系) : 왕실의 세계(世系)를 일컫는 말이다. 아이의 아버지 이덕홍(李德弘)의 본관이 전주이기 때문에 이른 말이다.

113 아이를 가르치는 데는 : 원문의 ‘蒙養’은 어린아이를 가르친다는 말이다. 《주역》 〈몽괘(蒙卦) 단(彖)〉에 “어렸을 때에 올바름으로 기르는 것이 성인의 공부이다.〔蒙養以正, 聖功也.〕”라고 한 데서 나왔다.

114 대추와……하였다 : 형제간 우애를 의미한다. 《남사(南史)》 〈왕태전(王泰傳)〉에는 할머니가 손질을 모아놓고 대추와 밤을 상에 흩어 놓으면 서로 다투는 다는 아이들과 달리 가져가지 않았던 왕태의 이야기가 실려 있고, 《후한서(後漢書)》 〈공융전(孔融

그 다음 숫자를 배우게 하고 방위를 알게 하고[115]	學數辨方
춤을 가르치고 시를 외우게 하였으니[116]	舞象誦詩
모두 순서가 있어	咸有次第
감히 어길 수 없는 것이라	罔敢有違
들어와서 효도하고 나가서 공경하는 것은	入孝出悌
인도의 기초가 되는 바라	人道所基
남은 힘으로 글을 배우며[117]	餘力學文
벗을 신중히 사귀고 스승을 존경하도록 하였다	愼友尊師
인이란 사람을 사랑하는 것이고	仁曰愛人
의란 옳은 일을 실천하는 것이며	義曰行宜
지란 이치에 통달하는 것이고	智曰通理
예란 절도에 맞게 하는 행동하는 것	禮曰節儀

傳)〉에는 형제들과 배를 나누어 먹을 때 7형제 중 여섯 번째였던 공융이 "어리니까 작은 것을 먹어야 한다"며 작은 것을 골라서 먹던 이야기가 실려 있다.

115 숫자를……하고 : 《예기》 〈내칙(內則)〉에 "6세에 수와 방소의 이름을 가르친다.〔六年, 敎之數與方名.〕"라고 하였다.

116 춤을……하였으니 : 《예기》 〈내칙(內則)〉에 "나이가 열셋이 되면 음악을 배우고 시를 외며 작에 맞추어 춤을 춘다. 성동에는 상에 맞추어 춤을 춘다.〔十有三年, 學樂誦詩, 舞勺, 成童舞象.〕"라고 하였고, 정현(鄭玄)은 주에서 "성동은 15세 이상이다."라고 하였다.

117 들어와서……배우며 : 《논어》 〈학이〉에서 공자가 "제자(弟子)가 들어가서는 효성스럽고 나와서는 공손하며, 행실을 삼가고 말을 성실하게 하며, 널리 사람들을 사랑하되 어진 이를 친히 해야 하니, 이것을 행하고 나서도 여력이 있을 경우에는 학문을 하라.〔弟子入則孝, 出則弟, 謹而信, 汎愛衆, 而親仁, 行有餘力 則以學文.〕"라고 하였다.

네 가지를 지키는 것을 신이라 하고[118]	守四曰信
이것을 일컬어 병이[119]라고 한다	是謂秉彝
마음을 잡으면 명철해지고	操心則明
뜻을 놓아버리면 어그러지니	縱情則乖
공경스레 행동하고 욕망을 절제하는 것이	行敬節欲
도에 들어가는 계단이니라	入道之堦
태극의 현묘함과	太極之玄
주역의 은미함	大易之微
성인의 가르침 양양하여	聖謨洋洋
도설도 있고 계사도 있도다[120]	有圖有辭
고상하고 오묘하여 말로 하기 어려우나	高妙難言
네가 깊이 사색을 한다면[121]	侍汝繹思
내면의 덕이 전일하고 아름다워지고	內德純茂

118 인이란……하고 : 《근사록(近思錄)》 권1에 "사랑하는 것을 인이라고 하고, 올바르게 행하는 것을 의라고 하고, 조리 있게 행하는 것을 예라고 하고, 사물의 이치에 통달하는 것을 지라고 하고, 확고하게 지키는 것을 신이라고 한다.〔愛曰仁, 宜曰義, 理曰禮, 通曰智, 守曰信.〕"라는 말이 있다.

119 병이(秉彝) : 양심을 지닌다는 뜻으로, 《시경》 〈증민(蒸民)〉의 "하늘이 사람을 이 세상에 내실 적에, 누구나 하늘의 원리가 그 속에 깃들게 하였다. 그래서 사람들이 양심을 지니게 되어, 이 아름다운 덕을 좋아하게 된 것이다.〔天生蒸民, 有物有則. 民之秉彝, 好是懿德.〕"라는 구절에서 나온 것이다.

120 도설도……있도다 : 원문의 '圖'는 도서(圖書)나 도서(圖說), 즉 역에 대해 그림으로 풀어 놓은 서적을 의미하고 '辭'는 계사(繫辭). 즉 역(易)의 괘(卦)를 설명(說明)하여 상세(詳細)하게 풀어 놓은 주석(註釋)을 말한다.

121 네가……한다면 : 원문의 '侍'는 '待'의 오자인 듯하다.

온갖 법도가 조화롭게 되면　　百度維諧
하늘이 너를 도우시어　　天乃相汝
복을 풍성히 내리실 것이라　　錫福其祁
군자의 상은　　君子之象
온화하기가 옥과 같으니[122]　　溫如玉兮
너는 부디 여기에서　　爾尚在茲
문채 나는 옥을 잡을지어다　　秉厥文珪
우리네 사람의 입신양명은　　我人立身
과거를 통해 이루어지는 것　　科目是媒
부귀와 복택이　　富貴福澤
진실로 여기에 달려 있다　　寔係于茲
밤에는 방울을 베고[123]　　宵言枕鈴
낮에는 휘장을 내려[124]　　晝言下帷
사서와 육경을　　四書六經
껍질을 벗기고 기름까지 빨아먹으며[125]　　剝皮吮脂

122 군자의……같으니 : 《시경(詩經)》〈소융(小戎)〉에 "군자를 생각하니, 온화함이 옥 같도다.〔言念君子, 溫其如玉.〕"라는 말이 있다.

123 밤에는……베고 : 오월(吳越) 왕 전류(錢鏐)는 젊어서부터 군중에 있으면서 밤에 잠을 잔 적이 없었다. 매우 피곤하면 둥근 나무의 작은 베개를 베거나 혹 큰 방울〔大鈴〕을 베고 자, 깊이 잠들면 곧 기울어져 깨었으니, 이것을 '경계하는 베개'라고 하였다. 《資治通鑑 권270 后梁均王》

124 낮에는……내려 : 한(漢)나라 때의 대유(大儒)인 동중서는 일찍이 박사(博士)가 되어 학문에 전념하느라 장막을 내리고서 강의하였는데, 그가 일찍이 휘장을 깊이 내려치고 방 안에 들어앉아 글을 강독하면서〔下帷講誦〕제자들을 가르칠 적에 3년 동안이나 밖을 나가지 않고 학문에 정진하였다고 한다. 《漢書 卷56 董仲舒傳》

제자백가로	諸子百家
아름다운 것을 머금고 기이한 것을 먹어[126]	咀華啜奇
문장을 지어	作爲文章
유사에게 선발되면	選于有司
위로는 명군에게 지우를 받고	上遇明君
아래로는 백성들을 위무할 터	下撫烝黎
헌거가 매우 빛나고	軒車甚煒
장복[127]을 입을 것이요	章服是維
벼슬은 영화롭고 녹은 후하여	官榮祿厚
기운이 화평하고 정신이 편안하리니	氣和神夷
부모를 크게 드날리고	父母孔顯
향당에 광휘가 있을 것이라	鄕黨有輝
이 모든 문공은	凡此文功
간책으로 계고할 수 있으리니	簡冊是稽

125 껍질을……빨아먹으며 : 철저하게 학습하고 소화한다는 의미이다. 주희(朱熹)는 《주자독서법(朱子讀書法)》에서 "박피(剝皮), 거육(去肉), 견수(見髓)"의 방법을 말하였다. 책의 정화(精華)는 여러 겹으로 싸여 있어서 한 겹 한 겹 벗겨내는 과정이 필요하다는 것이다. 껍질을 벗겨내면 살이 보이고 살을 제거하면 뼈가 보이며 뼈를 제거하면 그 골수가 보이는데 그 정수(精髓)를 취하는 것을 목표로 해야 한다.

126 아름다운……먹어 : 한유(韓愈)의 〈진학해(進學解)〉에 "농욱한 글에 푹 젖어들고, 그 묘미를 머금고 씹어서 문장을 지어내니, 그 글이 집에 가득하다.〔沈浸醲郁, 含英咀華, 作爲文章, 其書滿家.〕"라고 한 구절이 나오는데, '머금어 씹는다'라는 것은 깊이 음미(吟味)하는 것을 뜻한다.

127 장복(章服) : 벼슬아치의 공복으로 품계와 작록에 따라 해, 달, 별 등의 도안을 수놓는다.

너는 부디 이것을 잡아서　　爾尙執此
보불[128]을 돕도록 하여라　　黼黻是裨
고인은 재주를 배울 때　　古人學藝
각각 그 자품을 보았나니　　各視禀姿
수하와 육가 주발과 관영은[129]　　隨陸絳灌
모두 공을 베풀었고　　並有功施
손무와 오기의 병법[130]은　　孫吳韜畧
빠짐없이 널리 통달하여　　博通靡遺
충성과 신의로 군대를 훈련시켜　　忠信鞠旅
신묘한 기략을 크게 운용하였다　　大運神機
사법과 검술　　射法劒術
수레를 정비하고 말을 달리는 것도　　車攻騎馳
오직 적을 무찌르기 위한 것　　惟敵是求
크게 무위를 떨쳐　　誕宣武威
배반하여 도망간 사람을 베고　　誅斬叛亡

128 보불(黼黻) : 옛날에 임금의 대례복(大禮服)인 곤복(袞服)에 수놓았던 화려한 문양으로 임금을 상징한다. 보(黼)는 흰색과 검은색으로 자루 없는 도끼 모양을, 불(黻)은 검은색과 푸른색으로 '아(亞)' 자 모양을 수놓았다.

129 수하……관영은 : 《진서(晉書)》 〈유원해재기(劉元海載記)〉에 "수하(隨何)와 육가(陸賈)는 무재(武才)가 없고, 강후(絳侯) 주발(周勃)과 관영(灌嬰)에게는 문재(文才)가 없다.〔隨陸無武, 絳灌無文.〕"라는 말이 있다. 앞의 두 사람은 문학으로, 뒤의 두 사람은 무공으로 명성을 떨쳤다. 《晉書 卷101 劉元海載記》

130 손무와……병법 : '孫吳'는 춘추 시대 제(齊)나라 손무(孫武)와 전국 시대 위(衛)나라 오기(吳起)의 병칭으로, 병법가(兵法家)를 대표적으로 일컫는 말이고 '韜略'은 병법서인 《육도(六韜)》와 《삼략(三略)》을 합칭한 말로, 병법을 의미한다.

공을 천지의 신께 아뢰면　奏功神祇
왕실이 영원히 힘입고　王室永賴
만복이 돌아올 것이라　百福來歸
오직 이 무열은　惟玆武烈
활과 화살에 힘입는 것이니　弓矢實資
너는 부디 이것을 잡아서　爾尙執此
사직을 돕도록 하여라　社稷是毗
때에는 비태[131]가 있고　時有否泰
운에는 영휴[132]가 있는 법　運有盈虧
옛 성현은 뜻이 있어　先民有志
더러 더운 여름 밭에서 일을 하면서　或在夏畦
몸소 농사를 힘써 지어　服力躬耕
우리 천시를 받들었나니　奉我天時
곡식들 잘 익어　嘉穀穰穰
곳간에 넘치고 도장방[133]을 채우면　溢廩充闈

131 비태(否泰) : 본래《주역》의 괘 이름으로, 비(否)는 하늘과 땅이 사귀지 못함을 보이는 괘이고, 태(泰)는 하늘과 땅이 서로 사귐을 나타내는데, 시운의 좋고 나쁨과 사정의 순탄, 역경을 가리키는 말로 사용된다.

132 영휴(盈虧) :《주역(周易)》〈겸괘(謙卦) 단사(彖辭)〉에 "천도는 가득 차면 허물어뜨리고 겸허하면 더해 주며, 지도는 가득 차면 변화시키고 겸허하면 계속 흘러가게 하며, 귀신은 가득 차면 재앙을 내리고 겸허하면 복을 주며, 인도는 가득 차면 싫어하고 겸허하면 좋아한다.〔天道虧盈而益謙, 地道變盈而流謙, 鬼神害盈而福謙, 人道惡盈而好謙.〕"라고 한 데서 나온 말이다.

133 도장방 : 여자들이 거처하는 규방에 딸려 있는 방으로 곡식이나 세간등을 두었다.

위로 어른을 봉양하고 아이들을 양육함에 上養下育
흉년이 들어도 굶주리지 않을 것이요 凶年不飢
그 인술[134]을 미루어 推其仁術
외로운 백성들에게 널리 베풀면 普施惸嫠
향당이 너를 친애하고 鄉黨親汝
궁한 백성들이 와서 귀의할 터 窮民來依
하늘이 이에 복을 내려 天乃申休
너를 장수[135]하게 할 것이라 介汝期頤
사람들 또한 말하기를 人亦有言
먹고 사는 것이 어려운 것이라 하니 惟食艱哉
너는 부디 이것을 생각하여 爾尙念玆
그 향기로운 곡식을 잡도록 하여라 秉厥香齍
내가 네 가지 일을 가지고 너의 운명을 점치니 我用四事卜汝命
아 네가 좋은 명을 만나면 그 셋을 얻을 것이요 猗汝之遇命獲其三
장차 좋은 운을 만나지 못해도 그 하나는 얻을 터 而將亦不遇獲其一
이는 바로 네가 도를 세우는 일이니 伊立汝之道

134 인술(仁術) :《맹자(孟子)》〈양혜왕 상(梁惠王上)〉 제 선왕(齊宣王)이 흔종(釁鍾)에 끌려가는 소를 보고 측은히 여기어 양(羊)으로 바꾸라고 하였는데, 제 선왕은 자신의 행동이 실상 양보다 소를 아까워 한 것이 아닌데도 재물을 아껴서 그렇게 한 것이라고 백성들이 오해하고 있음을 말하자, 맹자(孟子)가, "그것이야말로 곧 인술(仁術)입니다."라고 하며, 제 선왕이 왕도(王道)를 행할 자질이 있음을 일깨워 준 대목이 보인다.

135 장수 : 원문의 '期頤'는 나이 백 세를 뜻한다. 《예기(禮記)》〈곡례 상(曲禮上)〉의 "백 년은 인간이 살 수 있는 최고의 수명이니, 자손들은 최대한으로 봉양을 해야 마땅하다.〔百年曰期頤.〕"라는 말에서 나온 것이다.

나의 말이 거의 맞을 것이라	我言庶幾
너에게 부여된 명이야	賦汝之命
내 어찌 감히 엿볼 수 있으랴	余何敢窺
내가 듣기에 범 새끼는 늙어서 범이 되고	吾聞彪老爲虎
사슴새끼는 자라서 사슴이 되며	麑壯成麋
한 치의 비늘이 용이 되고	寸鱗成龍
한자의 망아지가 큰 말이 된다고 한다	尺駒爲騋
봉황은 천 길을 나는데[136]	鳳飛千仞
배태할 때부터 길러진 것이요	長于拳孽
부상은 백 척이 되는데	扶桑百尺
그 싹은 뿌리에서 나는 것[137]	茁乎針荄
문왕이 성인이 되신 것은	文王作聖
태교에서 이루어진 것이고[138]	成教于胎
공자가 예를 좋아하신 것은	孔子好禮

136 봉황은……나는데 : 가의(賈誼)의 〈조굴원부(弔屈原賦)〉에 "봉황은 천 길 높이 날다가, 성군의 덕이 빛남을 보고 내려오도다.〔鳳凰翔于千仞兮, 覽德輝而下之.〕"라는 말이 있다.

137 부상은……나는 것 : 부상(扶桑)은 동해의 해가 돋는 곳에 있다는 신목(神木)이다. 어마어마한 높이에 둘레를 가지고 있고 같은 뿌리에서 두 줄기가 짝으로 자라나서 서로 의지하므로 부상이라고 하는데, 해가 뜰 때에는 이 나뭇가지를 흔들고서 올라온다고 한다.

138 문왕이……것이고 : 유향(劉向)의 《열녀전(列女傳)》에 주(周) 나라 문왕(文王)의 어머니인 태임(太妊)의 태교(胎教)를 예찬하면서, "옛날에 부인이 자식을 임신하면……자른 것이 바르지 못하면 먹지 않고, 자리가 바르지 않으면 앉지 않았다."고 하였다.

어릴 적 놀이에서 비롯되었으니[139]	肇自童嬉
대인의 일은	大人之事
실로 유모의 품안에 있었다	寔在姆懷
나라에 한 분의 현인이 있으면	國有一賢
요순시대를 기약할만하고	唐虞可期
나라에 한 명의 간신이 있으면	國有一奸
복망이 따르는 것	覆亡乃隨
선왕께서는 이를 두려워하여	先王是懼
큰 가르침을 밝게 드리우셨고	大訓昭垂
학교를 세워 계몽하여	設學啓蒙
저들을 미혹되지 않게 하셨다	俾伊不迷
비단 저들을 위할 뿐 아니라	匪直爲伊
나라가 그로 인해 편안해졌으니	邦國是綏
선대를 두루 상고하건대	歷稽前代
사람에게 나라의 안위가 달려있었다	以人安危
아 지금 사람들은	嗟今之人
덕을 온전히 갖춘 이가 실로 드물어	全德實稀
건장할 때는 방자하고 늙어서는 황망하여	壯肆老荒
아주 작은 것까지 사사로이 하려 하니	毫髮皆私
깊이 기대를 할 수 있는 것이	期望之深
어린 아이 아니면 누구랴	非童兒誰

139 공자가……비롯되었으니 : 공자는 어렸을 때 놀이를 할 때면 항상 제기(祭器)를 진설하고 제사 지내는 의식을 행하였다고 한다.《史記 卷47 孔子世家》

나는 아이의 마음이 我喜兒心
황제와 복희[140]와 혼연일체되는 것을 기뻐하니 渾然黃羲
태극이 온전히 갖추어져 太極具全
옮겨감이 없는 상태이기 때문이라 未有遷移
곧음으로써 기르면 以直而養
이루는 것이 있고 무너지는 것은 없으리니[141] 有成無隳
이것을 일러 온전한 덕이라 하는 것 是謂全德
성현도 기대할 수 있으리라 聖賢可希
너도 나이 들어 곧 장성해지리니 爾年方壯
어리고 어리석다 말하지 말라 莫謂幼癡
하루 이틀 사이에도 一日二日
물욕이 점차 생기고 物慾漸開
어느덧 늙게 되면 忽焉老矣
후회를 한들 어찌 돌이킬 수 있으랴 雖悔曷追
내 이 시를 지어 我述此詩
너를 마주하고 드러내 밝히나니 對汝發揮
너의 장수를 빌고 너를 가르치기 위하여 壽汝誨汝

140 황제와 복희 : 원문의 '羲黃'은 고대 전설에 나오는 복희씨(伏羲氏)와 황제(黃帝)의 병칭으로, 이상적인 태평 시대, 태고적 순박한 사람을 말한다.

141 곧음으로써……없으리니 : 맹자가 호연지기를 설명하여, "곧음으로 기르고 해침이 없다면 천지에 꽉 차게 된다.〔以直養而無害, 則塞于天地之間.〕" 한 데 대해, 주희가 "스스로 반성하여 곧으면 제대로 기를 수 있고, 또 인위적으로 행동하여 해침이 없다면 그 본체가 무너지지 않아 가득 차서 간격이 없을 것이다.〔惟其自反而縮, 則得其所養, 而又無所作爲以害之, 則其本體不虧而充塞無間矣.〕"라고 하였다.

송축하고 경계하는 것이라　以頌以規
내가 전수 받은 바가 있으니　吾有所受
너는 부디 의심치 말지어다　爾尙無疑

어떤 이가 나의 이 글을 보고 크게 웃으며 말하기를

"당신도 참 우활하십니다. 젖먹이 아이에게 거인의 책임을 지우는 것은 달걀을 보고 새벽에 울어줄 것을 요구하는 것[142]에 가깝지 않겠습니까?"

라고 하였다.

나는 대답하여 말하기를

"누군들 젖먹이 시절을 겪지 않고 거인에 이를 수 있겠습니까? 그대는 어린아이의 성(性)이 거인(巨人)의 성과 다름이 있다고 생각하십니까? 하늘이 사람을 낼 때에는 타고한 성품을 균일하게 하였으니 성품을 온전히 보존한 자는 군자가 되고 어그러트린 자는 소인이 되며 온전히 보존하지는 못하였으나 어그러트리는 지경에까지 이르지 않은 자는 중인이 됩니다. 내 보니, 온 세상의 노장자 중에서 그 성품을 온전히 가지고 있는 자는 드물고, 오직 젖먹이와 어린아이만이 그 참된 것을 벗어나지 않아 혼연히 천지와 하나가 됩니다. 그러니 군자를 얻어 스승으로 삼아 이끌어 훈도(薰陶)하여 기질의 잡박한 것을 교정하여 순수한 곳으로 돌아오도록 하고 문식하기를 예악으로써 한다면 가르침이 쉽게 받아들여져서 모두 군자가 되게 할 수 있습니다. 그런 까닭에 내가 아이를 보고 마음으로 흐뭇하게 여기면서 그가 홀로 천성을 온전히 보존하고 있음을 기뻐하고, 이어서 놀라 두려워하면서 좋은 스승을 얻지 못할까 근심을 하는 것입니다. 나는, 글은 번잡하고 지루하고, 의리는 성글고 얕아서 양심을 끌어내어 계발하는데 부족할까 걱정인데, 그대는 이런 것으로 나를 책망하지 않고 도리어 우활하다고 하시니 이 또한 잘못되었습니다."

라고 하였다.

142 달걀을……요구하는 것 : 《장자》〈제물론(齊物論)〉에 "그대는 너무 일찍 판단하고 있으니, 계란을 보고 새벽을 알리는 닭의 울음소리를 요구하고, 탄환을 보고 새 구이를 요구하는 격이다.〔且汝亦大早計, 見卵而求時夜, 見彈而求鴞炙.〕"라는 말이 있다.

옥계사를 김유문 은택[143] 에게 편지삼아 보내다 신해년(1731년, 영조7)

玉溪辭 簡金孺文 殷澤○辛亥

유문은 뒤에 순택으로 개명하였다.

내 생각하는 곳은 옥계의 동쪽	我所思兮玉溪東
문채 나는 군자 있어 잊지 못합니다[144]	有斐君子兮不可諼
향초를 모아서 차고	集茝蘭而爲珮兮
미옥을 잡고 자중하셨지요	握瓊英兮而自珍
어쩌면 입은 옷 그리도 아름답고	何被服之姱美兮
성령 또한 그리 선량하고 공정하셨는지	又性靈之淑均
비천하게 여기지 않고 나를 돌아보시며	不卑兮顧余
마음의 돈독함을 보여주셨지요	見情素之所敦
성현의 말씀[145]에 진즉 배부르시고	既咀腴於典謨兮

143 김유문(金孺文) : 김순택(金純澤)으로, 본관은 광산(光山), 자는 유문(孺文), 호는 지소(志素), 김장생(金長生)의 5대손이다. 익위사 부솔(翊衛司副率) · 장악원 주부(掌樂院主簿) · 호조좌랑(戶曹佐郎) · 선공감 부정(繕工監副正)등과 안산 군수(安山郡守) · 청도 군수(淸道郡守) · 낭천 현감(狼川縣監) · 무주 부사(茂州府使) 등의 외직을 두루 역임했다. 남유용과는 인척이자 사제지간이었고 특히 남공철에게는 많은 영향을 주어 《금릉집》에 자주 등장한다.

144 문채……못합니다 : 《시경(詩經)》 〈기욱(淇澳)〉에 "저 기수 가 언덕을 보니, 푸른 대가 아름답고 무성하도다. 문채 빛나는 우리 님이여, 짐승의 골각을 끊고 갈듯, 옥석을 쪼고 갈듯 하도다.〔瞻彼淇奧, 綠竹猗猗. 有斐君子! 如切如磋, 如琢如磨.〕"라는 구절이 있다. 위 무공(衛武公)의 높은 학문과 덕행을 칭찬하여 노래한 시인데 여기서 문채나는 군자는 김유문을 가리킨다.

제자의 은미한 말로 미쳐 나가셨으니	旁及兮群子之微言
장차 서로 좇으며 오르내리면서	將追逐而上下兮
나는 용이 되고 그대는 구름이 되려 하였습니다[146]	我爲龍兮子爲雲
홀연 이별을 하여 가을 지나 겨울 되니	忽一別兮浹秋以冬
그대 돌아오길 바라는 마음 근심으로 어지러운데	懷子歸兮憂思棼
싸락눈 내리고 한 해가 저물어도	霰雪兮歲暵
그대는 사립문에 당도하지 않으십니다	君不來兮柴門
나와 함께 즐길 사람 어찌 없겠습니까마는	豈無人兮從我嬉
그대를 뵙지 못하니 이 마음 어두워져	非子之見兮令我心惛
짧은 사를 빌어 기별을 전하며	憑短辭以寄聲兮
그대 잘 드시고 몸 보전하시길 기원합니다	願子兮加飧
세월은 흘러만 가서	日月之流徂兮
나의 마음 괴롭고 슬프게 만드는지라	惕余懷兮含辛
맑은 등불 가져와 책에 비추고	携淸燈而照書兮
그윽한 정을 고인에게 의탁합니다	託幽情於古人
이미 장년 되어 노년으로 향해감을 깨달으니	悟已壯之嚮老兮
부디 노력하고 머뭇거리지 마십시다	尙努力兮莫逡巡

145 성현의 말씀 : 원문의 '典謨'는 《서경》의 〈요전(堯典)〉, 〈순전(舜典)〉, 〈대우모(大禹謨)〉, 〈고요모(皐陶謨)〉 등의 편과 같이 뜻이 깊은 성현의 유훈(遺訓)을 말한다.

146 나는……하였습니다 : 한유가 술에 취하여 벗 맹교에게 보낸 시 〈취하여 동야에게 주다〔醉留東野〕〉에 "나는 구름 되고 동야는 용이 되길 바라지만, 사방 사람들이 동야를 따르니, 비록 이별해 있어도 만날 길 없군요.〔吾願身爲雲, 東野變爲龍, 四方上下逐東野, 雖有離別無由逢.〕"라는 표현이 있다. 훌륭한 학덕을 가진 이와 친해지고 싶은 마음을 표현한 말이다.

〈애장성부〉로 윤학사 덕휘 득화[147] 가 연경에 사명 받들고 가는 것을 전송하다[148] 서문을 아우르다

哀長城賦 送尹學士德輝 得和 奉使燕中 幷序

우리나라가 성하(城下)의 권도(權道)[149]를 쓰면서부터 해마다 한 차례씩 청나라에 빙문(聘問)의 예를 행하였고, 또 자청(咨請 자문(咨文)으로 요청함)하거나 조하(弔賀)하는 사절까지 더해져서 공물을 가지고 오랑캐의 조정으로 달려가는 사신의 행렬이 이어진 지가 거의 백 년이 되었다. 나는 선배들이 연행 가는 사람에게 작별시를 지어주는 것을 많이 보았는데, 그때는 병자호란[150]이 일어난 지 얼마 되지 않았던 터라 우리나라 땅 수천 리가 온통 비분강개하고 마음이 편치 못하였으니 묵묵히 쌓아두고 감히 표현하지 못하던 자들은 반드시 이 작별시를 빌어서 한번 그 분노를 떨쳤다. 그리하여 문사에 드러난 내용은 예악 문물의 성하고 쇠하던 시절을 반복하여 말하고 화이(華夷)의 소장(消長)과 흥망(興亡)의 자취에 대해 돌아보지

147 윤학사(尹學士) 덕휘(德輝) : 윤득화(尹得和, 1688~1759)를 가리킨다. 본관은 해평(海平), 자는 덕휘(德輝)이다. 병조 좌랑 · 지평 · 대사간 · 대사성 · 도승지 · 강화 유수 · 예조 참판 · 강원도 관찰사 · 대사헌 등을 두루 역임하였다.

148 애장성부로……전송하다 : 영조 7년 11월 3일 양평군(陽平君) 이장(李樯)을 진위 겸 진향사(陳慰兼進香使)로 파견하였는데 이 때 윤득화(尹得和)가 서장관(書狀官)으로 수행하였다.

149 성하(城下)의 권도(權道) : 적에게 수도의 성 밑까지 침공을 당해 항복하고 강화를 맺는 일을 '성하지맹(城下之盟)'이라고 한다.《春秋左傳 桓公12年》 병자호란(丙子胡亂)에 남한산성(南漢山城)으로 피난하였던 인조가 이듬해 1월에 성문을 열고 나와 산성 아래의 삼전도(三田渡)에서 청나라 태종(太宗)에게 삼배구고두(三拜九叩頭)의 예(禮)를 올리고 군신관계를 맺은 일을 말한다.

150 병자호란 : 원문은 '丙丁'이다. 병자년(1636, 인조14) 12월에 발발하여 이듬해인 정축년 1월에 화의가 성립되었으므로 흔히 병자호란을 병정(丙丁)으로 표현한다.

않음이 없었다. 그것을 읽으면 고점리(高漸離)가 축(筑)을 두드리고 형가(荊軻)가 우성(羽聲)으로 화답하여 부르는 노래를 듣는 것 같아[151] 사람으로 하여금 강개하고 한탄스러운 마음을 금치 못하게 하였다. 이는 천리(天理)와 민이(民彝)[152]가 있는 바라 기필하지 않아도 자연히 그렇게 된 것이 아니겠는가.

그런데 근래에 와서 명나라의 유풍이 점차 다해가고, 우리나라의 유로(遺老)들도 다 작고해서, 읊조리는 소리가 날로 더욱 쇠하여졌다. 또 그 말도 한번 세상사의 큰 변화를 겪었은즉, 진부하고 뇌동하게 되어 사람들을 격려하기에도 부족하고 도리어 비웃음만 사게 되었으니, 아! 내가 무슨 말을 덕휘에게 주겠는가?

이번에 덕휘가 사행을 하게 된 것은 실로 청나라 황후의 상을 조문하기 위함이다. 슬픔을 위로하고 근심을 딱하게 여기는 것은 공자님께서 의롭게 여기신 바이고, 그 예는 계손행보(季孫行父)[153]를, 그 글은 《춘추》를 모범으로 삼아야 한다는 것을 덕휘는 평소에 송습(誦習)하였을 터이다. 오늘 저 땅으로 가면 사방에서 온 타국의 사신들이 필시 우리나라의 사신에게서

151 고점리(高漸離)가……같아 : 진시황을 죽이기 위해 형가(荊軻)가 연나라에서 진나라로 떠날 적에, 형가와 친하게 지내던 고점리(高漸離)가 축을 타며 노래를 불러 그의 마음을 위로했는데 우성(羽聲)으로 "바람 소소히 부는데 역수는 차갑고, 장사가 한 번 떠나가면 다시 돌아오지 못하리라.〔風蕭蕭兮易水寒, 壯士一去兮不復還.〕"라는 노래를 부르니, 그 소리가 강개하여 인사들은 모두 눈을 부릅뜨고 머리털이 곧추서서 모자를 찔렀다고 한다. 《史記 列傳 권86 刺客列傳 荊軻》

152 민이(民彝) : 사람의 마음에 가진 떳떳한 도리로, 《시경》〈증민(蒸民)〉의 "사람이 떳떳한 본성을 가진지라 이 아름다운 덕을 좋아하도다.〔民之秉彝, 好是懿德.〕"라는 구절에서 나온 말이다.

153 예는 계손행보(季孫行父)를 : 계손행보는 춘추시대 사람으로, 《논어》〈공야장(公冶長)〉에 나오는 계문자(季文子)이다. 그가 선대부(先大夫) 장문중(臧文仲)의 가르침을 인용하여 임금 섬기는 예를 말하기를 "자기 임금에게 예를 지키는 자를 보거든 효자가 어버이를 봉양하듯이 그를 섬기고, 자기 임금에게 무례하게 구는 자를 보거든 매가 참새를 쫓아 낚아채듯이 그를 주살하라.〔見有禮於其君者, 事之如孝子之養父母也, 見無禮於其君者, 誅之如鷹鸇之逐鳥雀也.〕"라고 하였다. 《春秋左氏傳 文公18年》

예를 징험하며 덕휘를 눈 씻고 바라볼 것이고, 덕휘는 강직한 모습으로 몸가짐을 삼가고 외교적 언사[154]를 능란하게 구사하여 필시 그들의 마음을 감복시키는 것이 있을 것이다. 그러니 아. 덕휘가 또 어찌 내 말을 기다리랴?

그렇다면 내 장차 무슨 말을 가지고 덕휘의 요구에 답하랴? 이제 덕휘는 압록강에 배를 띄우고 우리의 국경을 벗어날 것이다. 한데서 바람과 이슬을 맞고 먹고 자면서 몇백 리를 가다 보면 요양(遼陽)을 관통하면서 양 충장(楊忠壯)[155]이 순절한 터를 볼 것이고 의무려산(醫巫閭山)[156]을 둘러보고 대릉하(大凌河)[157]를 지날 것이다. 수레를 타고 며칠을 달리면 높디높은 장성이 말 머리에 당도함을 볼 것이니 몽염(蒙恬)이 축조하고[158] 진시황이 오랑캐를 방비하기 위해 만든 장성이다. 그러나 이 성은 결국 오랑캐를 방비하지 못하고 도리어 오랑캐를 위한 방패막이가 되었다. 진(晉)나라 말기부터 지금에 이르기까지 중국 역사의 태반이 오랑캐들에게 점거를 당하였는데도[159] 장성은 막아내지 못한 채 부질없이 만 리에 걸쳐 웅장하게

154 외교적 언사 : 원문의 '辭令'은 원래 남과 응대하는 말인데, 여기서는 외교적 담판에 쓰이는 말과 문서를 뜻한다.

155 양 충장(楊忠壯) : 충장은 명 세종(明世宗) 가정(嘉靖) 연간에 요동(遼東)의 총병관(摠兵官)을 지낸 양조(楊照)의 시호이다. 오랑캐 진중(陣中)에 깊이 들어가 손수 2백여 급의 머리를 베고는 화살에 맞아 전사하였다고 알려져 있다.

156 의무려산(醫巫閭山) : 만주 요녕성(遼寧省) 북진현(北鎭縣) 서쪽에 있는 산으로, 음산산맥(陰山山脈)의 지맥(支脈)이다. 당시 우리나라 사신들의 경유지였다.

157 대릉하(大凌河) : 요동 도지휘사사 광녕우둔위(廣寧右屯衛)의 서쪽 25리를 동남쪽으로 흐르는 강이다. 《讀史方輿紀要 卷37 遼東邊圖》

158 몽염(蒙恬)이 축조하고 : 몽염은 진 시황(秦始皇) 때의 장수로, 군사 30만 명을 거느리고 융적(戎狄)을 친 뒤 감숙(甘肅)에서 요동(遼東)에 이르는 장성(長城)을 증축하였다. 《史記 卷88 蒙恬列傳》

159 진(晉)나라……당하였는데도 : 원문의 '司馬氏'는 사마씨가 세운 진(晉)나라를 말한다. 진 무제(晉武帝) 사후에 왕실에서 내란이 일어 북방 소수민족 다섯 종족이 서로 이어가며 중원에서 황제를 칭하면서 중국 내부로 들어옴으로 인해 진나라의 조정은 강동(江東)으로 쫓겨났는데, 이를 동진(東晉)이라고 한다. 가장 후대로는 숭정(崇

버티고만 있고 공도 없이 천하에 칭송되고 있으니, 이는 장성이 마땅히 부끄러워해야 할 일이다.

그러나 혹여 천시(天時)가 일정하지 않고 사람의 계책이 좋지 못하여서라고 한다면 또 어찌 전적으로 장성만 탓할 수 있으랴? 나에게 장성을 슬퍼하는 글 한 편이 있어 덕휘에게 주려고 한다. 덕휘가 성 아래에 이르면 개연히 관하(關河 함곡관과 황하)를 돌아보며 통곡하려 하고 흐느끼려 할 터이지만 모두 되지 않거든 내 글을 꺼내 보며 술 한 잔 마시기 바란다. 내가 덕휘에게 줄 수 있는 것은 이것뿐이다. 부(賦)는 다음과 같다.

애달픈 장성이여	哀長城
장성이 굽이치며 동쪽으로 달려가니	長城瀰迤以東騖兮
머리는 임조에 있고 발은 요해에 있네[160]	首臨洮兮趾遼海
높은 성벽을 나누고 복판의 관문을 가르며	劃崇墉兮刳腹關
초루는 성대하고 성가퀴는 장엄하구나	殷譙櫓兮厲睥睨
구주[161]를 감싸고 함하[162]를 견고히 하니	包九州兮壯函夏
긴 구름이 날개 달고 저 멀리서 오도다	翼長雲兮來迢遞

禎) 때 총병(總兵)으로 산해관을 진수(鎭守)하던 오삼계가 이자성이 북경을 함락했다는 소식을 듣고 산해관 문을 열어 청나라 군대의 무혈입성을 도왔는데, 이것이 명나라가 멸망하는 계기가 되었다.《晉書 卷6 元帝紀》《清史 列傳 卷80》

160 머리는……있네 : 만리장성이 서쪽으로 임조(臨洮)에서 시작하여 동으로 요동(遼東)에 이르기 때문에 이른 말이다.

161 구주(九州) : 중국과 그 주변의 나라를 모두 합하여 지칭한 말로, 여기서는 천하를 이른다.

162 함하 : 제하(諸夏)를 포괄한다는 뜻으로 중국 전체를 가리키는 말이다.《한서(漢書)》 권87 양웅전(揚雄傳) 하동부(河東賦)에, "함하의 대한이여, 저들이 어찌 공을 비교하랴.〔以函夏之大漢兮, 彼曾何足與比功?〕" 하였다.

옛날에 진시황이 천하의 힘을 들여 성 하나를 만들고 昔秦皇以天下之力事一城兮

게다가 또 굳세고 날랜 병력으로 지키게 하였으니 重又守之以堅銳

아마도 험조한 곳을 만들어 국경을 공고히 하여 盖將設險而鞏圉兮

만년토록 한 성씨가 차지하고 천년토록 그들의 세상이 되게 하려 했음이라 萬祀一姓兮千祀一世

누가 생각했으랴 수백 년 뒤에 孰慮夫後數百年

견양[163]이 훔쳐 점거하며 도리어 물어뜯는데 犬羊之竊據兮反噬

중국 사람들이 감히 맞서지 못하리라는 것을 中國之人兮莫之敢觝

아 요임금께서는 이 기주 지방을 두시었고[164] 粤陶唐有此冀方兮

하나라와 상나라 문왕과 무왕은 중화를 잘 다스리셨도다 瞻夏商文武兮華夏以乂

그 때는 장성이 있지 않았고 當其時未有長城兮

163 견양(犬羊) : 오랑캐를 얕잡아 비유한 말이다. 두보(杜甫)의 〈남경정백중승(覽鏡呈柏中丞)〉에 "간담은 시호의 굴에서 녹고, 눈물은 견양의 천지로 들어가네.〔膽銷豺虎窟 淚入犬羊天〕"라고 하였는데, 그 주석에 "토번(吐蕃)이 견양(犬羊)의 자질로 걸핏하면 중원(中原)을 범하여 그곳에 도적(盜賊)의 굴혈(窟穴)을 만들었다. 그래서 시호의 땅이 된 것에 간담이 녹고 견양의 천지가 된 본국을 안정시키지 못하는 것을 한스러워한 것이다." 하였다. 《九家集注杜詩 卷31》

164 요임금께서는……두시었고 : 《서경》 〈오자지가(五子之歌)〉에 "저 도당(陶唐)으로부터 이 기주(冀州) 지방을 소유하셨는데, 이제 그 도를 잃어 기강을 문란하게 해서 끝내 멸망함에 이르렀다.〔惟彼陶唐, 有此冀方, 今失厥道, 亂其紀綱, 乃底滅亡.〕"고 하였고, 주에 "요(堯)는 순(舜)에게 전수하고 순(舜)은 우(禹)에게 전수하였는데 모두 기주(冀州)에 도읍하였으니, 기방(冀方)이라 말한 것은 중앙을 들어 밖을 포괄한 것이다."라고 하였다.

이적이 해를 끼쳤다는 것도 듣지 못하였는데 又未聞夷狄之爲害

진나라가 이 성을 축조하고부터 自秦之築是城兮

이적이 몰래 넘보고 멋대로 침범하였다 夷狄陰覦而橫猘

묵특[165]과 질지[166]가 한나라를 침범했을 땐 冒郅之桀漢兮

훌륭한 장수와 굳센 군사들이 장성의 자락에서 모두 물리쳤는데 良將勁兵盡於長城之裔

유연과 석륵이 진나라를 멸망시키자[167] 劉石之戚晉兮

이적이 안으로 들어오며 중화가 밖으로 밀려났도다 夷狄遂內而華夏遂外

165 묵특(冒頓) : 흉노(匈奴) 추장(酋長)의 이름이다. 북방의 여러 족속을 굴복시키고 내외 몽고를 중심으로 한 일대 제국을 건설하여 흉노의 전성기를 이루었다. 한(漢)나라 초기에 남하(南下)하여 고조(高祖)를 백등(白登)에서 포위하였고, 다시 혜제(惠帝) 때 글을 보내어 여후(呂后)를 모욕(侮辱)하였는데, 한나라에서는 부득이 화친(和親)하고 세폐(歲幣)를 바쳤다.《漢書 卷94上 匈奴傳》

166 질지(郅支) : 흉노의 질지선우(郅支單于)로, 이름은 호도오사(呼屠吾斯)이다. 흉노가 남북의 두 부(部)로 분열된 이후, 북흉노의 제1대 선우로서 대원(大宛)과 오손(烏孫)을 격파하여 서역(西域)에 명성을 떨치고 흉노의 부흥을 잠시 이루었으나 한나라 원정군에게 격파되었다.

167 유연과……멸망시키자 : 원문의 '劉石'은 전조(前趙)를 세운 유연(劉淵)과 후조(後趙)를 세운 석륵(石勒)을 가리킨다. 유연은 본디 흉노족(匈奴族)이었는데, 사마씨의 서진(西晉) 말기에 황제의 자리를 놓고 골육상쟁을 벌이는 사이에 세력을 키워 대선우(大單于)라고 칭하였으며, 다시 나라를 세워 국호를 한(漢)이라 하고 황제를 칭한 뒤, 서진을 멸망시키고 화북지역을 초토화하여 지배권을 얻었다. 이후 흉노의 일파인 갈족(羯族)의 석륵(石勒)이 후조(後趙)를 건국하자, 국호를 조(趙-후조와의 구분을 위해 보통 前趙라고 부른다)로 고치고 화북을 양분하여 서로 물고 물리는 전쟁으로 대립하다 후조에 의해 전조는 멸망하고, 후조 역시 351년에 멸망하였다.

심장과 복부가 좀 먹더니 心腹之旣蠹兮

오호[168]를 무너트려 병들게 하였고 陵夷五胡兮爲癰爲瘵

원나라 때 한 번 대란이 있고 나서 元一大亂

지금 또 한번 대란이 일어났는지라 今又一大亂兮

인륜이 어그러지고 예악이 무너졌도다 彝倫悖兮禮樂壞

애달픈 장성이여 哀長城

장성은 실로 중국 사람을 저버리고 長城實負中國之人兮

어찌하여 이적을 위한 방패막이가 되었는가 胡乃爲夷狄捍蔽

장성은 한갓 허풍쟁이의 겉치장은 될 수 있었을지언정 長城徒能爲夸夫之觀美兮

일찍이 천하의 방패막이가 되지는 않았으니 曾不爲天下扞衛

지사가 속을 썩이는 바였고 志士之所腐心兮

용부가 팔 걷어붙이며 눈물 훔치는 바였도다 勇夫之所搤腕以抆涕

모두들 너를 무너트리고 깎아버려 평원을 만들고 싶어하니 咸欲壞汝剗汝夷汝爲平原兮

삼왕[169]의 옛날로 회복시키고 나야 시원할 것이라 復三王之故兮而後快

이는 참으로 장성의 치욕이니 玆固長城之謑辱兮

좌해[170]를 다 쏟아 부어도 씻을 수 없으리 窮左海之流兮不可灑

168 오호(五胡) : 진(晉)나라 때에 중국을 차지하고 있었던 북방의 다섯 개 종족, 곧 흉노(匈奴)·갈(羯)·선비(鮮卑)·저(氐)·강(羌)을 말한다.

169 삼왕(三王) : 하(夏)의 우왕(禹王), 은(殷)의 탕왕(湯王), 주(周)의 문왕(文王)·무왕(武王)을 가리킨다.

170 좌해(左海) : 중국에서 볼 때 동해, 조선에서 볼 때 황해를 말한다.

그러나 사람의 계책이 착하지 못하였으니 然人謀有不臧兮

어찌 장성만의 죄이랴 夫豈獨長城之罪

내가 보니 상고 시대에는 문덕을 중시하여[171] 余觀上世之重文德兮

팔짱 낀 채 다스리고[172] 현자에게 선위하였으며[173] 오랑캐를 신하로 삼았도다[174] 垂拱揖讓兮臣椎髻

후대 사람들은 이와 같지 않아 後人之不若兮

일찍이 장성 하나 지키지 못하고 적이 와서 외려 장성에 의지하였구나 曾不能守一長城兮寇來以賴

하물며 장성은 작은 돌들이 많이 모여 이루어졌으니 矧長城以卷石之多兮

멧돼지처럼 돌진해오고 이리처럼 물어대는 흉포한 오랑캐를 어찌 당해낼 수 있었으랴 能抗桀虜之豕突而狼噬

애달픈 장성이여 哀長城

장성은 스스로 강해질 수 없고 강하게 하는 것은 사람인데 長城不能自强而强之者人兮

171 상고……중시하여 : 《서경》 〈대우모(大禹謨)〉에 "옛날 위대한 우 임금을 상고해 보건대, 그는 문덕의 교화를 사해에 펼치면서 순 임금을 공경히 받들었다.〔曰若稽古大禹, 曰文命敷于四海, 祗承于帝.〕"라는 말이 나온다.

172 팔짱 낀 채 다스리고 : 원문의 '垂拱'은 《서경》 〈무성(武成)〉에 나오는 말로, 성군이 옷을 늘어뜨리고 팔짱을 낀 채 아무 일도 하지 않으면서도 세상이 잘 다스려지게 하는 무위지치(無爲之治)를 뜻하는 말이다.

173 현자에게 선위하였으며 : 원문의 '揖讓'은 요순이 모두 자식에게 전위(傳位)하지 않고 현신(賢臣)에게 선위(禪位)한 것을 이른 말이다.

174 오랑캐를……삼았도다 : 원문의 '椎髻'는 상투와 유사한 머리 모습으로 오랑캐의 풍속이다. 머리의 정수리 위에 높이 상투를 틀고 머리털을 감아서 맺는 형식이다.

사람은 또 스스로 강해지지 못하면서 人又不能自强
장성을 탓하고 乃以罪長城
그런데도 장성은 스스로 해명하지 못하니 而長城不能自解
장성 아래 옛 길에는 長城下兮古道
황사와 백초[175]만 끝없이 펼쳐져 있으리 黃沙白草兮無際
떠나는 수레 움직이고 곁말이 우니 征車動兮邊馬鳴
그대의 행차가 이제 떠난다는 소식 들리는구나 聞子行兮從此逝
문장에 의탁하여 천고를 조문하고 憑文章兮吊千古
술 한잔 얻어서 나를 위해 부어주시게나 丐一杯兮爲余酹

175 백초(白草) : 북방 변경 지역에 많이 나는 풀 이름으로, 흰색을 띠고 있으며 목초로 쓰인다. 북방 변경의 황량한 정경을 묘사할 때 흔히 차용한다.

단구사. 이백의 〈명고사〉[176]를 차운하여 변 처사 숙건 순[177]에게 부치다 병진년(1736년, 영조12)

丹丘辭 次李白鳴臯辭 寄邊處士叔建 栒 丙辰

어떤 이가 단구에 있어	若有人兮丹之臯
나를 돌아보며 마음을 써 주었는데	睠余顧兮心爲勞
나는 날개가 없어 떨쳐 날아갈 수 없고	我無羽翼不可以奮飛
시내에 다리도 없고 강에 배도 없구나	川無梁兮河無舠
어쩌면 가을밤은 새벽이 더딘지	何秋夜之難晨兮
귀뚜르르 귀뚜라미 소리만 들리고	聞蟋蟀之嘈嘈
도롱이 입고 낚시질하는 그대를 생각하노라니	念子披簑而釣魚兮
산달이 사람을 따라와 파구의 출렁이는 물결 위에 떠 있네	惟山月隨人泛巴口之洪濤
생각해보면 내가 배 한 척 타고 달밤에 금병산[178] 아래로 그대를 찾아왔을 때	憶余孤舟乘月訪子于錦屛之下兮
날다람쥐 비오리가 놀라 달아나며 떼로 울었네	

176 이백의 명고사(鳴臯辭) : 원제는 이백의 〈명고가 송잠징군(鳴臯歌送岑徵君)〉이다. 잠징군은 이백의 친구였던 잠훈(岑勛)을 말한다. 징군(徵君)은 조정의 부름을 받고도 벼슬에 나아가지 않은 사람에게 쓰는 말이다.

177 변 처사(邊處士) 숙건(叔建) : 변순(邊栒, 1699~?)으로 본관은 원주(原州), 자는 숙건(叔建), 1738년(영조14) 진사시에 합격하였다.

178 금병산(錦屛山) : 충청도 청풍부 북쪽에 위치한 산으로, 병풍산(屛風山)이라고도 불린다.

林鼯水鷄驚奔而群號

소나무 참나무 더위잡고 멀리 올라가 찾다가	攀松櫪而遠搜兮
바위골에서 하조장인[179]을 만났지	遇荷篠於巖嶔
나보고 오라고 하더니	謂我之來兮
돌아와 은거하며 새로 지은 시를 읊어주었고	誦歸隱之新作
별 드리우고 새벽 이불 빳빳할 제	星垂垂兮曉衾謇
나를 석각에서 재워주었네	宿余於石閣
우울히 돌아오려 하며 뒤돌아보았을 때	悄將歸兮反顧
바위 꼭대기 외로운 학이 바라보였는데	見巖椒之獨鶴
아 속세의 인연 다하지 않아	唉塵因之靡艾兮
내 청정한 낙수가에 살리라 생각하였구나	懷余家於淸洛
선인은 아득히 있어 찾기 어렵고	仙之人兮渺難求
뭉게뭉게 구름만 푸른 벼랑으로 내려오는데	雲英英兮下翠崿
거문고[180]를 어루만지며 그윽한 정을 쏟건만	撫孤桐兮寫幽情
곡조는 끊어지려 하고 빈 골짝만 조용하네	曲將絶兮悄空壑
그대가 오지 않아 마음은 답답하고	君不來兮心氛氳
한해는 저물어 가 낙엽만 어지러운데	歲將闌兮木葉紛
유풍을 거슬러 올라가 속마음을 부치고	溯流風以寄衷
좋은 소리 얻어 서로 들려주렸더니	得好音之相聞

179 하조장인 : 춘추 시대의 은자이다. 공자의 제자인 자로(子路)가 만난 노인인데, 삼태기를 메고 농사일을 했기 때문에 하조장인(荷篠丈人)이라고 했다. 《論語 微子》

180 거문고 : 원문은 '孤桐'이다. 《서경》 〈우공(禹貢)〉에 "역산 남쪽에 우뚝 자란 오동나무라.〔嶧陽孤桐〕"라고 하였는데, 오동나무는 곧 그 지방의 특산물로서 거문고, 비파를 만들기에 좋은 재목이었다고 한다. 여기서는 백아와 종자기의 고사를 연상하게 한다.

이합의 지극한 이치를 탐구하고　原離合之至理

황산의 고운[181]을 풍자하였구려　諷黃山之孤雲

처사가 〈황산운(黃山雲)〉 한 편을 보내왔다.

소리의 절조 고즈넉하여　音操蕭散

나의 고음(苦吟)을 돕는지라　助余嚬呻

내 생애 유한한 것을 슬퍼하며　悲吾生之有涯兮

솜옷을 같이 입을 사람[182]이 없음을 서글퍼 하네　悵同袍之無人

봉황이 배회하며 슬프게 우는 것은　鳳盤桓以哀鳴兮

진실로 채색 문장의 이웃이 적어서라　固彩章之寡隣

음란한 소리가 아악을 어지럽히고[183]　哇淫亂雅

무부[184]가 보배를 헷갈리게 하며　珷玞迷珍

도꼬마리[185]가 패물이 되고　菉葹登珮

181 황산의 고운 : 황산은 경상도 양산군(梁山郡)의 황산강(黃山江)을 가리킨다. 임경대(臨鏡臺) 혹은 최공대(崔公臺)라고도 하는데, 황산역(黃山驛) 서쪽 절벽 위에 있으며, 최치원(崔致遠)이 놀고 즐기던 곳이다.

182 솜옷을……사람 : 원문은 '同袍'로, 의리를 지키면서 형제처럼 지내는 벗을 뜻한다. 《시경》〈무의(無衣)〉에 "어찌 옷이 없다 말하는가, 그대와 솜옷을 나누어 입으리라. 왕이 군사를 일으키면, 큰 창 작은 창을 수리하여, 그대와 함께 동료가 되련다.〔豈曰無衣? 與子同袍. 王于興師, 修我戈矛, 與子同仇.〕"라는 말이 나온다.

183 음란한……어지럽히고 : 《논어》〈양화(陽貨)〉에 "잡색인 자줏빛이 원색인 붉은빛의 자리를 뺏는 것을 미워하며, 정나라의 음란한 음악이 바른 아악을 문란하게 하는 것을 미워하며, 말만 잘하는 입이 나라를 뒤엎는 것을 미워한다.〔惡紫之奪朱也, 惡鄭聲之亂雅樂也, 惡利口之覆邦家者.〕"라고 말한 공자의 말이 나온다.

184 무부(碔砆) : 옥돌로, 옥과 비슷하지만 옥이 아닌 것을 말한다.

185 도꼬마리 : 악취가 나는 나쁜 풀로, 흔히 참소를 잘하는 간사한 자를 비유하는 말로 쓰인다.

난초와 계수가 땔감이 되는구나 蘭桂爲薪

부귀가 나의 뜻을 더럽히지 못함을 진실로 알았거니

固知富貴不足浼吾志兮

공자께서 어찌 속세에서 빛을 숨기고 발자취를 끊으셨던가

夫子胡爲逃光絶跡於風塵

군평은 점쟁이로 은거해 살았고[186] 君平隱於賣卜

원기[187]는 진나라에서 도망가 널리 알려졌네 園綺顯於逃秦

내 장차 그대를 유명과 무명 사이에서 세속과 섞어 놓으리니

吾將寘子於有名無名之間以混世兮

어찌 조수와 벗하며 자신을 버릴 필요 있으랴 何必友鳥獸而遺身

동산으로 돌아가서 歸來兮東山

내 그대와 친하게 지내리라 吾與子兮相親

186 군평은……살았고 : 군평(君平)은 전한(前漢)의 술사(術士) 엄준(嚴遵)을 가리킨다. 촉 땅 성도(成都) 시내에서 점복(占卜)으로 생활하면서 하루에 100전(錢)만 벌면 문을 닫고 방 안에 들어앉아《노자(老子)》강의와 저술에 전념하였다고 한다.《漢書 卷72 王貢兩龔鮑傳》

187 원기(園綺) : 진(秦) 나라와 한(漢) 나라가 교체될 무렵, 상산(商山)에 은거해 살았던 네 명의 노인 즉 상산사호(商山四皓) 가운데 동원공(東園公)과 기리계(綺里季)를 가리킨다.《史記 留侯世家》

시 詩

용호도를 보고 을미년(1715년, 숙종41)

觀龍虎圖 乙未

늙은 용이 바다에서 나오니 여의주는 해와 같고	老龍出海珠如日
사나운 범이 바람을 부니 수염은 눈과 같구나	猛虎歗風鬚如雪
범은 용과 싸우고자 하나 용이 싸우지 않으니	虎欲鬪龍龍不鬪
아득한 구름 속에서 어찌 쫓을 수 있으랴	茫洋雲中那可逐
범은 그물로 잡을 수 있으나 용은 신령함이 있으니	虎可爲網龍有神
범아, 깊이 숨어서 고라니 사슴이나 먹으렴	虎兮深藏食麋鹿

수락산 승려 혜각(惠覺)의 그림이다. 이 시를 쓴 후 10년 뒤에 혜각이 호좌(湖左 충청남도) 지방을 떠돌다가 나와 사악(獅岳)에서 만나, 그림을 내어 보여주는데 옆에 "소년이 갈기를 벗으니 스스로 뛰어난 준마여라.〔少年脫鞿自雄駿.〕"라고 씌어있었고 누구의 글씨인지는 적혀있지 않았다. 여기에 그 시를 수록한다. 그러나 실제 이 시를 지은 해는 을미년이다.

목천자가 서왕모에게 연회를 베푸는 옛 그림[188]을 보고
觀古畫穆天子宴王母

옛 사람이 요지를 그렸지만	古人畫瑤池
요지를 누가 보았으랴	瑤池誰得見
바닷물은 현포[189]를 찢어 놓고	海水裂玄圃
노을빛은 적현[190]을 통하였네	霞光通赤縣
서왕모는 구름 깃발 아래에서	王母雲旂下
곱디곱게 봄바람을 맞고 있고	嬋娟春風面
사뿐사뿐 걸어오는 옥녀들	冉冉來玉女
모두 금작선을 쥐었구나	皆持金雀扇
흰 사슴[191]들은 다투어 자줏빛 영지 줄기를 먹고	白鹿爭食紫芝莖
푸른 산엔 붉은 도화가 만 조각 흩날리네	青山紅桃花萬片

188 목천자가……그림 : 선녀인 서왕모(西王母)가 거주하는 곤륜산(崑崙山)에 선경 요지(瑤池)가 있는데, 주나라 목왕 목천자(穆天子)가 서왕모를 찾아가 요지 가에서 함께 연회를 가졌다고 하는 이야기에 뿌리를 두고 그려진 그림으로 추정된다.《列子 周穆王》

189 현포(玄圃) : 전설상 곤륜산(崑崙山) 정상에 있는 신선의 거처로서 그 가운데는 기화이석(奇花異石)이 많다고 한다.

190 적현(赤縣) : 적현신주(赤縣神州)의 줄임말로 본래 중국을 가리키는 말인데 여기서는 현포와 대를 이루어 신비한 분위기를 내기 위해 사용한 시어로 보인다.

191 흰 사슴 : 선계에 산다는 사슴이다. 노자(老子)가 흰 사슴을 타고 내려와 이모(李母)를 통해 태어났다는 기록이 있고, 또 선인(仙人) 한중(韓衆)이 흰 사슴이 끄는 수레〔白鹿車〕를 타고 다녔다는 기록도 있다.《藝文類聚 卷95 鹿》《神仙傳 劉根》

주왕의 팔준마[192] 모골이 특별하니 周王八馬毛骨殊

움직일 땐 노니는 용과 같고 고요할 땐 명주와 같구나

動如游龍靜如練

이 때 서자가 중국에서 난을 일으키니[193] 是時徐子亂中國

왕이 요지에 있으면서 연락에 빠져 있을 바로 그때라

王在瑤池正酣讌

아 嗚呼

교주의 변고[194] 어이 애통해 하지 않을 수 있으랴 得不哀痛膠舟變

192 주왕의 팔준마 : 주(周)나라 목왕(穆王)이 천하의 신선을 찾아다닐 때 타고 다녔다는 여덟 마리의 준마를 말한다. 목왕은 이 말을 타고 요지(瑤池)에서 서왕모(西王母)를 만났다고 한다.

193 서자(徐子)가……일으키니 : 서자는 서나라 언왕 탄(偃王誕)을 가리킨다. 목왕(穆王)이 팔준마(八駿馬)를 타고 조보(造父)와 함께 서쪽 지방에 순수하며 돌아오지 않으니 서자(徐子)가 때를 틈타 난리를 일으켰다.《御批歷代通鑑輯覽 卷3 穆王》

194 교주의 변고 : 교주(膠舟)는 아교로 붙여 만든 배를 가리킨다. 주 소왕(周昭王)이 남쪽으로 순수하다가 초(楚)나라에 이르자 초나라 사람들이 교주를 바쳤는데, 주 소왕이 이 배를 타고 가다가 아교가 녹아서 빠져 죽은 것을 가리킨다. 이 사건으로 인해 그 아들 주 목왕(周穆王)이 즉위하여 팔준마를 얻어 천하를 두루 돌아다녔고, 요지(瑤池)에서 서왕모(西王母)를 만나 즐겁게 놀며 돌아가기를 잊었기에 환란이 초래되었다고 본 것이다.《史略 卷1 周》

이징[195]이 소략하게 그린 산수화에 제하다

題李澄散畫山水

물은 맑은 상수의 새벽을 가르고　水割淸湘曉
노을은 붉은 고을의 아침을 나누네　霞分赤縣朝
정박한 배는 응당 낚시질을 마쳤을 테고　泊舟應罷釣
나는 기러기는 곧 조수에 놀랐겠지　飛鴈卽驚潮
오래된 나무는 쓸쓸히 가까이 있고　古木蕭踈近
긴 모래톱은 적막하게 멀리 보이는데　長洲寂歷遙
저기 저 통발을 맨 이가　彼其荷笱子
고개 돌려 오라 부르려는 것 같구나　回首欲相招

두 번째 其二

초나라 산천[196]은 창연히 멀리 보이고　楚望蒼然遠

195 이징(李澄) : 1581～? 본관은 전주(全州), 자는 자함(子涵), 호는 허주(虛舟)이다. 16세기의 대표적인 문인 화가인 이경윤(李慶胤)의 서자이며, 화원(畵員)으로 벼슬은 주부(主簿)를 지냈다. 허균(許筠)은 이징을 평하여 산수와 인물과 영모(翎毛)와 초충(草蟲)에 모두 능하여 이정(李楨) 사후의 '본국제일수(本國第一手)'라고 칭하는 등 당시에 가장 뛰어난 기량의 소유자로 평가하였다. 대표작으로 〈연사모종도(煙寺暮鐘圖)〉와 〈노안도(蘆雁圖)〉 등이 있다.

196 초나라 산천 : 《춘추좌씨전》 애공(哀公) 6년 조에 "삼대에 제후가 제사 지낼 범위를 정하여 명하였으니, 자기가 영유하는 경내의 산천을 벗어나 제사 지낼 수 없다. 양자강・한수・회수・장수는 초나라가 제사 지낼 산천이다.〔三代命祀, 祭不越望. 江漢睢漳, 楚之望也.〕"라고 하였다. 여기서는 주변의 산천을 가리키는 것으로 보인다.

뭇 봉우리들은 석양빛에 가지런하네	群峯晚色齊
바둑 두는 노인들 높은 나무 아래에 있고	碁翁喬木下
어부의 집은 온갖 꽃들 서쪽에 있구나	漁屋雜花西
외로운 새 돌아가는 곳 어둑하고	孤鳥歸邊暝
그윽한 오솔길 휘도는 곳 아득하여라	幽蹊轉處迷
인간 세상에 참으로 이런 곳 있으니	人間眞有是
내 은거하며 살고 싶구나	吾欲寄冥棲

한식날 도곡[197]의 족인에게 편지 삼아 주다
寒食簡陶谷族人

내가 처음 그대를 따라 물놀이를 배울 제　我初從子學水嬉
하루에 세 번씩 옥동에 갔었지　玉洞一日屨三及
우습게도 그대는 오래 굶주려 소 잡아 먹을 기세였고[198]　笑子長飢氣食牛
술 거나하면 시 읊는 소리[199]로 오리들 놀래켰네　酒酣咳唾驚鳧鴨
손에 나무 병 들고 오래 산에 있으니　手提木壺長在山
산 아래 부서진 집에선 처와 아이들 우네　山下破屋妻兒泣
큰 아이는 성곽으로 약 팔러 갔고　大兒城郭賣藥去
작은 아이는 오 척 몸으로 나무하고 물을 긷는다지

197 도곡 : 현 남양주 와부읍 도곡리를 말한다.

198 소……기세였고 : 《시자(尸子)》 〈권하(卷下)〉 "범이나 표범의 새끼는 아직 문채를 이루기 전에도 소를 잡아먹을 기세가 있고, 기러기나 고니의 새끼는 날개가 완전히 나기 전에도 사해를 날아다닐 마음이 있다. 현자의 탄생 또한 그러하다.〔虎豹之駒, 未成文而有食牛之氣, 鴻鵠之鷇, 羽翼未全而有四海之心. 賢者之生亦然.〕"라는 말이 있다. 어려서부터 걸출한 모습을 보이는 남의 자식을 칭찬할 때 쓰는 말인데, 여기서는 굶주림이 전제되어 있으니 뉘앙스가 다르다.

199 시 읊는 소리 : 원문의 '咳唾'는 내뱉는 침이 모두가 구슬 같다는 '해타성주(咳唾成珠)'의 고사를 인용한 말로, 공을 들이지 않고서도 시문(詩文)이 뛰어남을 가리킨다. 《장자》 〈추수(秋水)〉에 "그대는 저 튀어나오는 침들을 보지 못하는가. 재채기라도 하면 큰 것은 마치 구슬과 같고 작은 것은 안개 같지.〔子不見夫唾者乎? 噴則大者如珠, 小者如霧.〕"라는 말에서 유래한 것이다.

	小兒五尺樵兼汲
그대의 몸 초췌하기가 시든 잎새와 같은데	子身憔悴如敗葉
풀 속에 떨어져 있으니 누가 다시 주으랴	墜在草間誰復拾
부끄럽도다 내 힘이 없어 봄바람 불어와도	愧我無力及春風
말라붙은 그댈 일으켜 다시 꽃피게 할 수 없음이	起汝枯槁還敷曄
한식이라 소식 전하다 부질없이 생각나노니	寒食寄語空相憶
동원에서 어제 나비를 보았겠지	東園昨日見蝴蝶

군의 서신에 "늦봄이 성곽에 들었소."는 말이 있었다.

동사의 제자[200]들과 함께 서호[201]에 배를 띄우다

與東社諸子泛西湖

조각배 천천히 언덕을 끼고 돌아드니　輕舟冉冉岸俱轉
두어 채 어부의 집 서로 의지하고 있네　漁父數家相與依
가랑비는 막 물가에 풀빛을 돋게 하고　雨細纔生汀草色
맑은 바람은 마침 무명옷을 털어주는구나　風淸偏灑木緜衣
황조는 무슨 나무인지 모르고 지저귀고　黃鳥不知何樹囀
백구는 외로운 배를 지나며 나네　白鷗能過一帆飛
기수를 찾아가 관동의 즐거움 누리고 싶나니　欲尋沂水冠童樂
모름지기 알아야 하리 천기는 시를 읊고 돌아오는데 있음을[202]
須識天機在詠歸

200 동사의 제자 : 오원(吳瑗)·이천보(李天輔)·황경원(黃景源) 등 오원의 별업 종암(鐘巖)에 모여 어울렸던 사람들을 지칭하는 것으로 보인다. 이들은 주로 동촌(東村) 종암에 있는 동정(東亭)에서 모여 시주(詩酒)를 즐겼고, 함께 승경을 찾아 유람하는 등 평생 절친한 관계로 지냈다.

201 서호(西湖) : 한양 도성 서쪽 10리 지점의 마포(麻浦)와 15리 지점의 서강(西江) 사이를 흐르는 한강 유역을 이른다. 《新增東國輿地勝覽 卷3 東國輿地備考 第2篇 漢城府》

202 기수를……있음을 : 97쪽 주103 참조.

삵이 닭을 잡다 병신년(1716년, 숙종42)

貍捉鷄 丙申

집닭은 가을이라 살지고 들삵은 굶주려	家鷄秋肥野貍飢
삵이 와서 닭을 쫓으니 담장 동쪽으로 도망가는데	貍來逐鷄走墻東
암컷은 멀리 날아 깊은 나무에 숨었으나	雌能遠飛竄深樹
수컷은 갑자기 붙잡혀 힘이 달리는구나	雄被攫急力所窮
울음소리 애달파 호소하는 듯한데	其鳴也哀如有訴
아이종 더디 일어나고 삵은 민첩하네	小奴起遲貍行疾
밤 깊어 새들은 가지에서 편히 잠을 자고	夜深鳥雀安枝宿
각기 한 쌍씩 짝을 이루건만	各自一雙成儔匹
어이하여 나쁜 짐승이 약한 너를 속여	是何惡獸欺汝弱
네 목숨 잠시 머뭇거리지도 못하게 하는가	汝命不得少踟躕
깃털 떨어지고 피 뿌려 빈 담장을 적시니	落羽濺血滿空墻
암컷이 와 크게 울부짖으며 지아비를 찾네	雌來大叫求其夫
지난번 집사람이 두 마리 닭을 구덩이에 가두기에	前者家人窖兩鷄
내 갇힌 것이 안타까워 횃대로 옮겨놓았는데	我悶遭囚遷之杙
먹고 마시는 것 겨우 족하다가 돌연 재앙을 만났으니	飮啄纔足翻遭害
내 도리어 모질게 굴고 덕을 베풀지 못한 셈이네	我反爲虐不爲德
부끄럽구나 내 회남자처럼	愧我不及淮南子
닭과 개들로 하여금 장생하게 못한 것이[203]	能令鷄犬皆長生

203 회남자처럼……것이 : 한(漢)나라 회남왕(淮南王) 유안이 신선술을 터득하여 온

새벽이 오고 달은 떨어져 하늘이 밝아오는데　　曉來月落天欲曙
이웃 집 닭의 꼬끼오 소리만 들리는구나　　獨聽隣鷄喔咿鳴

가족을 이끌고 승천할 적에, 그 집의 닭과 개도 그릇에 남아 있던 단약(丹藥)을 핥아 먹고 하늘에 올라가 개는 천상에서 짖고 닭은 구름 속에서 울었다는 전설이 있다.《論衡 道虛》

밤에 운수암[204]을 방문하여 스님의 말을 적다
夜叩雲水菴 記僧語

초승달 빛에 쌍방아 소리 울리고	微月雙杵鳴
숲 너머에 스님의 말소리 들리네	隔林聞僧語
산길에서 나뭇잎 소리 부스럭거리니	山徑葉有響
여기 범이라도 지나가는 것 아닌가	莫是虎過去
노승이 문에 나와 말을 하는데	老僧出門語
돌방아는 삼가서 찧지 말라	石碓愼莫開
들학이 밤에 방아 찧는 것 알고	野鶴知夜舂
필시 또 밭두둑 넘어 날아올라	應復越陌來
말 달려 절 문 앞에 당도하니	驅馬至寺門
노승은 나를 맞아 웃고	老僧迎我笑
비구는 또 밥을 지으니	比丘且炊黍
아마 단월[205]이 와서일세	盖是檀越到

204 운수암(雲水菴) : 경기도 안성에 있는 절이다.

205 단월(檀樾) : 범어(梵語) dnānpati의 음역(音譯)으로, 단월(檀越)·단나(檀那)라고도 한다. 보시하는 주인, 즉 시주라는 뜻인데, 보통 불교 신도를 가리킨다.

동암 시냇가에서 한양으로 들어가는 홍대기 창한[206] 와 이별하다

東菴溪上 別洪大紀 昌漢 入漢中

동이 술 놓고 말도 다 못했는데	樽酒未言盡
손님의 말이 문에 당도해 우네	客馬當門鳴
내 어버이 그리는 마음 생각하여	以我念庭闈
그대의 행차 만류하지 못하겠구나	未可挽君行
시냇가에서 배회하노라니	裵徊澗之濱
국화꽃만 부질없이 손에 가득	黃花空滿手
가고 가다 산언덕에 막히거들랑	去去陂隴隔
고개 돌려 한 번쯤 바라보겠지	相與一回首

206 홍대기(洪大紀) : 홍창한(洪昌漢, 1698~?)으로 본관은 풍산(豊山), 자는 대기(大紀), 이재(李縡)의 문인이다. 지평(持平) · 정언(正言) · 수찬(修撰) · 헌납(獻納) · 응교(應教) · 집의(執義) 등을 지내고 사은 겸 동지사(冬至使)의 서장관(書狀官)으로 청(淸)나라에 다녀온 후, 사간(司諫) · 검상(檢詳) · 수원부유수(水原府留守) · 전라도 관찰사 등을 역임했다.

시골집 누각에서 밤에 고을 부로와 함께 술을 먹으며 회포를 쓰다

田舍閣夜 從鄕里父老飮酒有述

세월은 나는 새와 같으니	日月如飛鳥
나는 새를 어찌 잡아 매랴	鳥飛那得繫
슬퍼하는 것도 도움 될 것 없을 터	惆悵復何益
우선 이 해를 즐기는 것이 좋으리	且可樂此歲
중당에 두 동이 술 놓고	中堂寘朋酒
주방[207]에서 살진 돼지 잡으니	東廚殺肥彘
마을 사람들 와서 모이고	里閭亦來集
노인과 아이들도 잇달아 오네	老稚連巾袂
등불 앞에 머리 흰 노인	燈前一皓叟
탄식하며 또 눈물 떨구고	歎息復下涕
스스로 소싯적 얘기를 하는데	自言年少時
총명하고 재주가 있었다지	聰明有才藝
이를 믿고 공부를 하지 않고	恃此不爲學
밤을 이어가며 놀고 즐기면서	嬉遊夜以繼
그저 공명은 천천히 이루어진다 말하며	但道功名晩
세월 가는 것을 아끼지 않았는데	不惜歲月逝

207 주방 : 원문은 '東廚'이다. 옛 제도에 주방은 정방(正房)의 동쪽에 위치하였기 때문에 그렇게 불렀다.

젊은 얼굴 날로 늙어가고	朱顏日已衰
장한 회포 날로 쇠퇴하며	壯懷日已替
책을 읽자니 눈 이미 어둡고	讀書眼已暗
활을 잡자니 힘이 달리게 되었다네	操弓力未逮
그리고 지금 칠십이 되어	而今七十年
영락한 신세 쑥대에 묻혀 지내는데	落魄蓬蒿底
온 세상은 나를 천하다 업신여기며	擧世欺我賤
마치 노예를 보듯 하고	視之如奴隸
향당에선 나를 늙었다 하면서	鄕黨謂我老
여전히 또 허례를 베풀어 주네	猶復假虛禮
힘쓸지어다 소년들이여	勖哉諸少年
나를 보고 경계를 삼으렴	視我以爲戒
청춘은 봐주지 않으니	靑春不相貸
부지런히 애써야 일을 이룰 수 있는 것	勤苦乃有濟
늙어가며 만사가 어긋나	老去萬事違
평생의 계획 낙낙해지고 마네	落落平生計
애써 들려주신 장노의 말씀	辛勤長老語
지금 세상을 면려하리로다	可以勵今世
나의 공부 돌아보니 담장을 마주한 격이라[208]	顧我學面墻

208 나의……격이라 : 《서경》 〈주관(周官)〉에 "배우지 않으면 낯을 담장에 댄 것과 같다.〔不學墻面〕"라 하였고, 또 《논어》 〈양화(陽貨)〉에 공자(孔子)가 일찍이 아들 백어(伯魚)에게 이르기를 "네가 주남 소남의 시를 공부했느냐? 사람치고 주남 소남의 시를 공부하지 않으면 마치 담장에 얼굴을 딱 대고 서 있는 것과 같으니라.〔女爲周南召南矣乎? 人而不爲周南召南, 其猶正牆面而立也與.〕"라고 말한 내용이 나온다.

깜짝 놀라 마음이 두근거리는 듯하네	瞿瞿心如悸
이것을 써서 짧은 시 지어	書此爲短篇
잠훈 대신 걸어 놓고	用代箴訓揭
신년을 하루 남긴 날	新年隔一雞
또렷이 마음으로 맹서하네	耿耿與心誓

백씨께서 병에 걸리시어 수십일 째 이곡에 임시로 머물고 계신데 오늘 아침에 느닷없이 시 한 수를 보내주셨다. 시어가 온화하고 기상이 건장하여 어제의 병이 오늘은 나으셨음을 알 수 있었다. 심부름꾼을 앞에 두고 화답하여 부친다 정유년(1717년, 숙종43)

伯氏遘疾數旬 僑止梨谷 今晨忽以一詩見投 語和氣健 可知昔疾之今愈也 對使和寄 丁酉

시구를 얻은 것이 오늘 이와 같으니	得句今如此
시름겨운 눈썹 잠시 펴게 되었네	愁眉爲暫開
생성은 초목보다 먼저 하시고	生成先草木
이양은 산뢰에서 취하시는구나[209]	頤養取山雷
잠이 다니 꾀꼬리가 와서 부르고	睡美鸎來喚
안색이 청수하니 학이 시기할 터	顔癯鶴見猜
약 달이는 솥을 필시 씻어 버리고	藥鐺須滌去
사단 앞에서 막걸리 마시고 계시겠지	斟酌社前醅

209 이양은……취하시는구나 : '頤養'은 이신양성(頤神養性)의 준말로, 마음을 가다듬어 정신을 수양한다는 뜻이다. 《주역》 〈산뢰이괘(山雷頤卦) 상(象)〉에 "산 아래에 우레가 있는 것이 이(頤)이니, 군자는 이 괘를 보고서 언어를 삼가며 음식을 절제한다.〔山下有雷頤, 君子以, 愼言語, 節飮食.〕"라고 하였다.

한천[210]에 임시로 머물러 있는데 서원의 두 그루 소나무와 우당의 책들이 그립기로 오언시 두 수를 지어 백씨께 편지삼아 부치다

寒泉僑止 有懷西園二松友堂群書 述五言二首 簡寄伯氏

서원을 잊을 수 없으니 西園不可忘
그곳에는 두 그루의 소나무가 있었지요 厥有兩松樹
훤칠한 눈서리의 자태에 頎頎霜雪姿
낙락한 동량의 자질이라 落落棟樑具
절로 귀신이 모이는 곳이니 自有鬼神會
어찌 그릇되이 도끼질을 당하겠습니까 寧被斧斤誤
듣자니 이씨네 학이 聞說李氏鶴
때로 한가한 걸음으로 온다지요 時來引閑步

두 번째 其二

내가 작은 서재에 있을 때를 생각해 보면 念我小齋裏
집안이 가난하여 살림[211]이라곤 없었지요 家貧無長物

210 한천(寒泉) : 경기도 용인(龍仁)에 있는 지명으로 도암 이재가 퇴거하여 머물던 곳이다.

211 살림 : 원문의 '長物'은 두 개 이상의 여유 있는 물건을 말한다. 진(晉) 나라 왕공(王恭)이 숙부인 왕침(王忱)의 요청을 받고 단 하나밖에 없는 돗자리를 주었는데, 나중에 그 사실을 알고 왕침이 미안하게 생각하자, "숙부께서 나를 잘 이해하지 못해서 그런 것일 뿐입니다. 저는 원래 장물(長物)을 갖고 있지 않습니다."라고 대답한 고사가

책이 수천 권 있어	有書數千卷
이것만이 즐겁고 기쁜 일이었을 뿐	獨此可怡悅
형님과 떨어지지 않고 지낼 때에는	起居不離汝
가슴 속의 시가 복받쳐 나오곤 했는데	襟韻有鼓發
지금 저는 괴로이 빈둥거리면서	今我苦棲遲
형님 뵙지 못한지 벌써 석 달이 되었습니다	不見已三月

유명하다.《世說新語 德行》

종인 부풍옹 용성[212] 과 작별하며

贈別宗人扶風翁 龍成

백발이 귀밑까지 드리우고 鶴髮垂過耳
나이는 칠십 되셨는데 行年七十秋
새봄에 선영을 생각하고 新春思故墓
눈 많이 내린 날 양주[213]로 내려가시는구나 大雪下楊州
노인은 고향 생각에 슬퍼하시고 老淚悲吾土
그 옛적 아이는 놀던 아무 언덕을 기억하는데 童遊記某丘
자네 따라 밥 한술 하고 싶다는 말씀 남기고 從君願加飯
다시금 한강으로 노 저어 가시네 重棹漢江舟

212 부풍옹(扶風翁) : 남용성(南龍成)으로 자가 여오(汝五)이고, 남유용 집안의 문중 어른이다.

213 양주 : 의령 남씨 선영이 있는 곳이다. 《뇌연집》 23권에 남용성의 묘표인 〈첨지중추부사남공묘표(僉知中樞府事南公墓表)〉가 있는데 부풍옹이 남유용과 양주의 묘려에서 묵으면서 죽으면 선인의 발치에 묻어달라고 울며 부탁한 내용이 있다.

거가가 온천으로 거둥을 하시는데 신도 태학생들 사이에 끼어 강가에서 삼가 전송을 하며 백씨의 시운에 받들어 화답하다

車駕幸溫泉 臣厠太學諸生 祗送于江上 奉和伯氏韻

한 떨기 붉은 구름[214] 붉은 도포를 감싸고　紅雲一朶擁丹袍
호위하는 제공들 검패 소리 드높네　侍衛群公劒珮高
온천 마을 봄 순행은 전부터 있던 일인데　湯邑行春前事在
성관[215]이 날짜 꼽아보니 마침 명절이로구나　星官推曆令辰遭

이날이 답청일(踏青日)이었다.

비가 봉필[216]을 따라 내리니 흩날리는 먼지 말끔히 사라지고　雨隨鳳蹕淸浮壒
바람이 용장을 이끄니 아득한 물결까지 제압하네　風引龍檣壓遠濤
부디 우리 임금님 질병 없으시기를　庶幾吾王無疾病
눈비비고 다투어 어가[217]를 바라보네　拭眸爭望翠華旄

214 붉은 구름 : 선인(仙人)이 머무는 곳에는 항상 붉은 구름이 에워싸고 있다는 전설에 의거해서 제왕(帝王)의 궁궐을 형용할 때 홍운(紅雲)이라는 표현을 많이 쓴다. 송나라 소식(蘇軾)의 시 〈상원시음루상3수(上元侍飮樓上三首)〉 가운데 첫째 수에 "시종신이 따오기처럼 줄지어 선 통명전, 한 떨기 붉은 구름이 옥황상제를 모시고 있네.〔侍臣鵠立通明殿, 一朶紅雲捧玉皇.〕"라고 하였다.

215 성관(星官) : 천문을 관측하는 관상감(觀象監) 관원이다.

216 봉필(鳳蹕) : 임금이나 왕비가 타는 수레로, 임금의 행차를 말한다.

217 어가 : 원문의 '翠華'는 비취 깃털로 만든 깃발과 일산의 덮개를 이르는데, 황제나 임금의 의장(儀仗)이다.

총마[218]

驄馬

총마가 재갈을 벗어나니	驄馬脫羈鞿
신준이라 대적할 자 없는지라	神駿故無敵
갈기를 드날리면 거센 물결 같고	奮鬣若駭浪
말굽을 내달리면 쏟아지는 우박 같네	散蹄如飛雹
도읍을 지날 때면 또 흙덩이를 뛰어넘는데[219]	過都又歷塊
빠르게 내달려 자취를 남기지 않아	閃倏不留跡
어떤 장부든 감히 가까이하지 못하고	萬夫不敢近
만나면 모두 피해 물러나는구나	所遇皆辟易
길모퉁이에 한 아이가	道隅一小豎
쭉정이와 겨로 죽을 끓여	煮粥用粃糠
대통에 가득 담아 왔는데	盛來滿竹桶
뜨겁기가 매우 대단한지라	熱氣方陽陽
말이 보고 멈칫하며	馬見若踟躕
의기가 자못 위축되더니	意氣頗不揚
처음에는 코로 다가가다가	始也以鼻就

218 총마(驄馬) : 어사(御史)가 타는 말이다. 백관(百官)을 규찰(糾察)하는 어사대(御史臺), 즉 사헌부의 관원을 비유하기도 한다.

219 흙덩이를 뛰어넘는데 : 한(漢)나라 왕포(王褒)의 〈성주득현신송(聖主得賢臣頌)〉에서 명마의 모습을 "도읍을 지나고 국경을 넘는데도 빠르기가 마치 흙덩이를 뛰어넘는 것 같다.〔過都越國 蹶如歷塊〕"고 묘사한 바 있다.

결국 입술을 대었네	終以口唇搶
조금씩 그 갈기를 어루만지니	稍稍撫其鬣
오래 돌봐주어 마음의 상처 없는지라	長顧意無傷
천천히 그 머리를 잡아채고	漸復扼其首
푸른 실로 고삐를 매어	絡以青絲繮
채찍질하여 도성으로 들어가게 하니	鞭之入都市
절룩절룩 절름발이 양과 같아라	蹩蹩如跛羊

잠깐 날이 개다

乍晴

봄비가 막 개어 해가 이끼에 비치니	春雨新晴日暎苔
이른 꽃 시들려 하고 늦은 꽃 피네	早花欲落晩花開
유인이 잠을 깨어 꽃 사이를 거니는데	幽人睡罷花間去
꾀꼬리가 벌써 나보다 먼저 와 있었구나	已有黃鸝先我來

내가 한천에서 야곡[220]으로 옮겨왔는데 백씨께서 하촌의 주막에 새로 우거하시면서 〈해민〉 시[221]를 베껴 보내셨기로 삼가 수답하다

余自寒泉遷冶谷 伯氏又改寓荷村酒家 寫解悶詩見寄 奉酬

모르긴 해도 소제가 야촌 속에 있는 것이 不知小弟冶村裏

현형께서 주막 속에 계신 것과 어찌 같겠습니까 何似賢兄酒肆中

오객은 감히 광사[222]의 태도를 짓지 못할 터이고 傲客敢爲狂士態

갖옷을 저당 잡히시는 데서[223] 자못 고인의 풍모를 보이시겠지요 典裘頗見古人風

주흥이 오르면 전각 앞으로 말도 너끈히 달리실 것이요 興酣容走殿前馬

생각이 원대해지면 하늘 가 기러기를 끝까지 바라보실 터 意遠欲窮天外鴻

220 야곡(冶谷) : 서울 시내 서북방에 있던 동리 이름이다.

221 해민시(解悶詩) : 두보(杜甫)가 안사(安史)의 난을 당하여 사천성(四川省) 삼협(三峽)으로 피난하여 살 때 지은 12수의 시이다.

222 광사(狂士) : 일 처리에는 미숙하지만 뜻이 원대하여 진취적인 기상을 지닌 사람을 일컫는 말로, 《맹자》 〈진심 하(盡心下)〉에 공자(孔子)가 진(陳)나라에 있으면서 노(魯)나라의 광사를 그리워했다는 말이 나온다.

223 갖옷을……잡히시는 데서 : 술 마시기 위해 비싼 옷을 저당 잡히는 것으로 풍류를 표현한 것으로 보인다. 두보(杜甫)의 시에 "퇴근하는 대로 날마다 봄옷을 전당 잡히고, 매일 강 머리에서 잔뜩 취해 돌아오네.〔朝回日日典春衣, 每日江頭盡醉歸.〕"라는 구절이 나온다. 《杜少陵詩集 卷6 曲江》

두 곳에서 끌리는 마음 직접 만나지 못하지만　　兩地牽情未會面
구름 바라보고[224] 빗소리 들을 때[225] 시름은 같겠지요　　望雲聽雨愁思同

224 구름 바라보고 : 타향에서 고향의 어버이를 그리워하는 마음을 표현한 말이다. 당나라의 적인걸(狄仁傑)이 태항산(太行山)에 있을 때 그의 어버이는 하양(河陽)에 있었다. 하양 방면의 하늘에 흰 구름이 외로이 떠 있자 좌우의 사람들에게 "나의 어버이가 저 아래 계신다."라고 하고서 서글피 오래도록 바라보다가 구름이 다른 곳으로 옮겨가자 그 자리를 떠났다는 고사가 있다. 《新唐書 卷115 狄仁傑列傳》

225 빗소리 들을 때 : 백거이(白居易)의 시 〈우중초장사업숙(雨中招張司業宿)〉의 유명한 구절 "와서 함께 묵지 않겠는가, 빗소리 들으며 침상 나란히 하고 자보세.〔能來同宿否? 聽雨對床眠.〕"를 연상시킨다. 형제간이나 친구끼리 서로 만나 함께 자면서 즐겁게 담화를 나누는 것을 표현한 작품이다.

봄밤에 백씨 댁에 들러 묵으면서 기쁜 마음으로 쓰다
春夜過伯氏宿喜述

이별하던 날엔 소매에 눈발이 나부끼더니	別日雪翻袂
만날 때는 마을에 버들가지 흔들거리네	逢時柳拂村
등불 심지 돋우노라니 참으로 꿈과 같고	挑燈眞似夢
당겨 앉노라니 웃음이 말보다 먼저 나오는구나	促席笑先言
약 봉지엔 별 관심이 가지 않고	藥裹關心少
꽃가지만 자꾸 눈에 들어오네	花枝照眼繁
울타리 너머 술 파는 곳 많으니	隔籬多賣酒
요리에 바가지 술잔[226]도 갖추어 주겠지	料理具匏樽

226 바가지 술잔 : 소박한 술잔을 말한다. 소식의 〈전적벽부(前赤壁賦)〉에 "하나의 잎사귀 같은 조각배를 타고서, 바가지 술잔 들어 서로 권한다.〔駕一葉之扁舟, 擧匏樽以相屬.〕"라는 말이 나온다.

정원에 국화가 피기 시작하기에 동쪽 마을의 이씨 어르신 변[227]을 모셔다 조촐하게 술을 마시다

園中黃花始開 邀東閭李老 昪 小酌

어딘들 국화가 없으리랴마는　何所獨無菊
우리 국화의 자태가 좋고　我菊好風姿
우리 마을에 어찌 사람이 없으랴마는　我巷豈無人
반가운 그대의 수염과 눈썹이 좋소　喜子好鬚眉
남산은 절로 한가로우니　南山自悠然
중양절 굳이 특별할 게 없지　重陽不必奇
옛 사람은 말을 잊고자 했으니[228]　昔人欲忘言
참된 뜻은 속절없이 나 혼자만 안다오　眞意空自知

227 이씨 어르신 : 이변(李昪, 1691~1763)으로 본관은 전주(全州), 자는 계휘(季輝), 호는 백무와(百無窩)이다. 문장에 뛰어났지만 벼슬에 뜻이 없어 학문에만 전념하였다.

228 남산은……했으니 : 9월9일 중양절(重陽節)은 중구절(重九節)이라고도 하는데, 수유(茱萸) 주머니를 차고, 높은 곳에 올라 국화주를 마시며 장수를 기원하고 액운을 쫓는 풍속이 있었다. 국화와 술을 좋아하는 도연명이 중양절에 그렇게 좋아하는 술도 없이 울타리 가의 국화를 따면서 하염없이 그 옆에 앉아 있었는데, 때마침 자사(刺史) 왕홍(王弘)이 보낸 백의 사자(白衣使者)가 술을 가지고 왔으므로 취하도록 마시고 돌아갔다는 고사가 전한다. 그의 시 〈음주(飮酒)〉에 "동쪽 울타리 아래에서 국화를 따다, 유연히 남산을 바라보노라. 날 저물자 산 기운 더욱 좋아져, 날던 새도 서로들 어울려 돌아오네. 이 가운데 참된 뜻이 들어 있나니, 설명하려 하다가도 어느덧 말을 잊네.〔採菊東籬下, 悠然見南山. 山氣日夕佳, 飛鳥相與還. 此中有眞意, 欲辨已忘言.〕"라는 유명한 표현이 나온다. 《陶淵明集 卷3》

연주[229]로 부임하는 외형 이여교 세신[230] 을 전송하며
送外兄李汝喬 世臣 赴延州

먼동이 트는[231] 동루에서 헤어지려 하는데	明發東樓欲解携
역참의 매화는 벽란[232] 서쪽에서 피겠지	驛梅花動碧瀾西
돌아가는 기러기는 들쭉날쭉 막 날개를 펼치고	歸鴻錯落初分翼
떠나는 말들은 구불구불 발길을 멈추지 않는구나	征馬逶迤不駐蹄
푸른 풀은 강락의 꿈을 막지 못할 것이고[233]	青草未禁康樂夢
비단 편지[234]는 소유[235]의 집에 안부를 할 터	素書須問少游棲

229 연주(延州) : 평안북도 영변을 가리킨다.

230 이여교(李汝喬) : 남유용의 외형(外兄) 이세신(李世臣)이다. 영조(英祖) 6년(1730) 경술(庚戌) 정시(庭試) 병과(丙科)에 급제, 통덕랑(通德郎)을 지냈다.

231 먼동이 트는 : 원문의 "明發"은 새벽이 되어 밝은 빛이 나타나는 때이다. 《시경》 〈소완(小宛)〉에 "날이 새도록 잠을 이루지 못하고서 두 분 부모님을 생각하노라.〔明發不寐, 有懷二人.〕"라고 하였다.

232 벽란(碧瀾) : 황해도 예성강(禮成江) 하류에 있는 나루인 벽란도(碧瀾渡)이다. 벽란정(碧瀾亭)이란 정자가 있어 붙여진 이름이다.

233 푸른……것이고 : 강락(康樂)은 남조(南朝) 송(宋)나라의 사영운(謝靈運)을 말한다. 강락공(康樂公)을 습봉(襲封)했으므로 '사강락'이라고 부른다. 사영운(謝靈運)이 꿈속에서 그의 동생 사혜련을 보고 "못가엔 파릇파릇 봄 풀이 돋고, 버들가지 우는 새 달라졌구나.〔池塘春草生, 園柳變鳴禽.〕"라는 싯귀를 지었다고 한다. 《宋書 卷67 謝靈運列傳》

234 비단 편지 : 옛날 사람들은 흰 명주로 서찰을 만들었기 때문에 서찰을 소서(素書)라고 불렀다.

235 소유(少游) : 후한(後漢) 때의 복파장군(伏波將軍) 마원(馬援)의 종제(從弟)인

책상엔 함께 글 읽던 찬 등불 있어	書牀伴讀寒燈在
훗날 밤 그리워하며 닭소리 홀로 들으리	後夜相思獨聽鷄

마소유(馬少游)를 가리킨다. 그는 마원이 웅지를 품고 세상에 나가 크게 활동하는 것이 못마땅한 나머지 "선비가 한 세상을 살아가는 데는 배불리 먹고 따뜻하게 옷 입고서 달구지에 올라앉아 느릿느릿 걷는 말을 몰며, 고을의 작은 관리가 되어 선조의 무덤을 지키는 정도면 충분합니다. 그것을 벗어나 더 큰 명리(名利)를 추구하는 것은 스스로 괴로움을 찾는 것일 뿐입니다."라고 하였다. 《後漢書 卷54》 이여교에게 남유용이 종제가 되기 때문에 연상된 이름으로 보인다.

봄눈이 내리자 계곡[236]의 운을 써서 짓다 무술년(1718년, 숙종44)

春雪用谿谷韻 戊戌

사박사박 소리 댓집을 지나더니	騷騷過竹屋
새하얀 눈이 송림에 가득 쌓였네	皚皚在松林
물에 닿으니 물고기의 거품 일게 하고	着水黐魚沫
공중에 흩날리니 나비의 마음 흔드는구나	飄空蕩蝶心
바야흐로 봄인데 매일 밤 눈이 내리니	方春每夜雪
하루도 흐리지 않은 날이 없네	無日不天陰
매화 찾고 싶은 흥취 점차 이는데	稍動尋梅興
나귀의 말굽 밑은 몇 치나 파였는가[237]	驢蹄幾寸深

236 계곡(谿谷) : 조선 중기의 문신이며 문인인 장유(張維, 1587~1638)로 계곡은 그의 호이고 자는 지국(持國), 본관은 덕수(德水), 시호는 문충(文忠)이다. 김장생(金長生)의 문인으로 천문·지리·의술·병서 등 각종 학문에 능통했고, 특히 문장에 뛰어나 이정귀(李廷龜)·신흠(申欽)·이식(李植) 등과 더불어 조선 한문학의 4대가(四大家)로 칭송되었다.

237 매화……파였는가 : 당나라 시인 맹호연(孟浩然)이 나귀를 타고 매화를 찾아 눈발 휘날리는 파교(灞橋)를 지나다가 그럴 듯한 시상(詩想)이 떠올랐다는 '답설심매(踏雪尋梅)'의 고사를 연상시키는 구절이다. 《全唐詩話 卷5 鄭綮》

이생 덕양이 지금 막 해서 지방에서 와서 나의 서재에서 묵게 되었는데 내가 그 재주 있으면서 곤궁히 지내는 것을 가련히 여기어 시를 써 주다

李生德養新從海西來 宿余書齋 余憐其才而窮也 有贈

이생은 강해를 노니는 객으로	李生江海客
시 잘하고 나와 사이가 좋았네	能詩與我好
집안이 가난하여 장가를 들지 못하고	家貧未受室
위로는 칠십 노모가 계셨지	上有七十老
유학의 뜻을 이루지 못하고	游學志不諧
집안에서 제자의 예[238]를 익혔네[239]	趨庭執灑掃
이웃하게 되어 서로 좋아하며	比隣得相款
일찍 만나지 못한 것을 안타까워했지	識面恨不早

238 제자의 예 : 원문의 '灑掃'는 弟子된 자가 배워야 할 가장 기초적인 예절이다. 주희가 쓴 《소학집주(小學集註)》〈서(序)〉에 "옛날에 소학교에서는 사람을 가르치되, 물 뿌리고 쓸며 응하고 대답하며 나아가고 물러가는 예절과, 어버이를 사랑하고 어른을 공경하며 스승을 높이고 벗을 친히 하는 방도를 가르쳤는데, 이는 모두 자신을 수양하고 집안을 다스리며 나라를 다스리고 천하를 공평하게 다스리는 근본이 된다.〔古者小學, 教人以灑掃應對進退之節, 愛親敬長隆師親友之道, 皆所以爲脩身齊家治國平天下之本.〕"라고 하였다.

239 집안에서……익혔네 : 원문의 '趨庭'은 자식이 부친을 뵙고 가르침을 받는 것을 말한다. 공자가 홀로 서 있을 때에 아들 백어(伯魚)가 종종걸음으로 뜰을 지나가자〔趨而過庭〕, 공자가 그를 불러 세우고서 시와 예를 배워야 한다고 가르침을 내렸던 고사에서 유래한 것이다. 《論語 季氏》

거친 밥 먹으며 분수를 편히 여기고	蔬糲且安分
글을 읽으며 우리 도를 보존하였네	讀書存吾道
봄 밤에 이불 안고 와서	春夜抱衾來
서쪽 서재 밝아올 때까지 맑은 대화 나누노라니	清話西齋曉
부끄럽네 드는 감정 많건만	愧爾情緒多
짧은 노래로밖에 보답하지 못하는 것이	短歌以相報

진생의 위성류[240]를 구해 심다

覓陳生渭城柳栽

잣나무 뽑히고 나서 좋은 나무 없더니	自柏之拔無好樹
누워서 진생이 준 몇 그루 버드나무를 보네	臥看陳生數株柳
달빛 속 맑고 깨끗한 모습 고치처럼 푸르고	春月濯濯綠如繅
윗가지 아랫가지 창문을 스치는구나	上枝下枝拂牕牖
진생이 내게 종수방[241]을 빌려주고	陳生借我種樹方
다섯 가지 꺾어서 담장 곁에 심어주었네	爲折五枝栽墻右
수양을 보고 싶어 세 그루는 거꾸로 심고	欲看垂楊三倒樹
와유를 이루려고 두 그루는 가로로 심었지	將成臥柳兩橫植
마침 봄날 수맥이 움직일 때를 기다려	會待春時水脉動
꾀꼬리는 흰 버들개지로 날아올 것이요	黃鸝飛來柳絮白
이사[242]의 말술 마시고 사람들 흩어지고 나면	里社斗酒人散後

240 위성류(渭城柳) : 버드나무의 일종으로 우리나라에서는 능수류(菱殊柳), 능수버들이라고 한다. 서리와 눈 아래에서도 얼지 않아 성스럽다고 여겨졌으며, 비를 맞으면 실처럼 늘어진다고 하여 우사(雨絲), 사람을 닮았다 하여 인류(人柳), 비를 관장한다 하여 우사(雨師)라고도 불리었다.

241 종수방(種樹方) : 《종수서(種樹書)》로 짐작된다. 당나라의 유종본(兪宗本)이 쓴 농서(農書)의 일종으로 곡식이나 채소 등을 심어 가꾸는 일을 기록했다. 조선시대 우리나라 선비들에게도 많이 읽혔던 것으로 보인다.

242 이사(里社) : 옛날 각 동리(洞里)마다 토지신(土地神)을 모시던 사당(祠堂)이다. 주(周)나라 때에는 1백 가(家) 이상이면 사(社)를 세웠고, 진(秦)·한(漢) 이래에는 25가(家) 이상이면 사(社)를 세워 제사 지냈다.

간들간들 버들가지 북창에 늘어질 터　裊娜烟絲北牕下
맑은 바람에 베개 베고 희황을 꿈꾸리니　淸風一枕夢羲皇
도연명도 나 같은 사람에 불과하리라[243]　淵明不過如我者

작년 가을에 서원에 있던 늙은 잣나무가 바람에 뽑혔다.

243 맑은……불과하리라 : 진(晉)나라 도연명이 고향에 은거하며 집 주위에 버드나무 다섯 그루를 심고 오류선생(五柳先生)이라고 자호하면서 〈오류선생전(五柳先生傳)〉을 지어 그 즐거움을 표현하였다. 희황씨는 복희씨(伏羲氏)의 별칭이다. 도연명의 〈자엄 등에게 준 편지〔與子儼等疏〕〉에 "오뉴월에 북창 아래에 누워 있다가 서늘한 바람이 잠깐 불어오기라도 하면, 스스로 복희씨 시대의 사람이 아닌가 하고 생각한다.〔五六月中, 北窓下臥, 遇涼風暫至, 自謂是羲皇上人.〕"라는 구절이 있다. 《陶淵明集 卷8》

월파정[244] 아래에서 노닐다가 배 속에서 마주 보고 졸고 있는 두 노인을 만났는데 말을 나누어 보니 강서에 사는 어부였고 달 뜨기를 기다려 고기를 잡으러 간다고 하는지라 그 배를 타고 가서 학정[245]에 이르렀다

遊月波亭下 遇二老父對睡舟中 與之語 江西漁者 將待月而漁也 遂入其舟 進至鶴汀

부벽루와 연광정[246]은 그저 아름답기만 할 뿐	浮碧練光徒綺麗
맑고 고고한 것은 단연코 이 정자보다 못하네	淸高端復遜玆亭
방학으로 통하는 모래섬엔 오호가 하얗고	洲通放鶴五湖白
와우과 합쳐지는 봉우리는 삼협이 푸르구나[247]	峯合臥牛三峽靑

방학(放鶴)은 모래섬의 이름이고 와우(臥牛)는 산 이름이다.

밤 달빛은 낚시하는 객을 함께 따라오고	夜月偶隨垂釣客
봄 바람은 마름 뜯는 배에 나란히 붙네	春風並着采菱舲

244 월파정(月波亭) : 노량진(露梁津)의 서편에 있던 정자이다.

245 학정(鶴汀) : 서강과 양화진 일대 서호(西湖)에 있는 모래섬이다.

246 부벽루(浮碧樓)와 연광정(練光亭) : 대동강 가에 있는 이름난 정자다.

247 방학으로……푸르구나 : 방학(放鶴)은 흰 모래사장과 언덕에 소나무 등의 나무가 무성하고 경치가 빼어나 학이 놀다가는 호수 같은 나루터라 하여 방학호진(放鶴湖津)이라 불렸다. 와우는 와우산(臥牛山)으로 지금의 서울시 마포구 서강동에서 서교동까지 걸쳐 있는 산이다. 오호(五湖)는 고대 오월(吳越) 지방에 있던 다섯 개의 호수를 가리키고, 삼협 또한 험요하기로 유명한 장강(長江) 삼협(三峽), 즉 구당협(瞿塘峽)·무협(巫峽)·서릉협(西陵峽)을 가리키는데, 여기서는 월파정 주변의 물과 산을 비유한 것으로 보인다.

푸른 물결 아홉 구비에 구름 안개 드넓어 滄浪九曲雲烟濶

뜻을 읊조리고 회포를 노래하는 일 절로 관두지 못하네 嘯志歌懷不自停

강에 내리는 비

江雨

가랑비는 강가의 성곽까지 적시고	細雨連江郭
봄 그늘은 작은 누각에 몰려드는데	春陰集小樓
푸른빛 짙어져 물가의 버드나무 늘어지고	綠舒汀柳重
붉은 꽃 흐드러져 들판의 팥배나무 그윽하구나	紅亞野棠幽
내려앉던 나비는 날기를 다시 잽싸게 하고	墜蝶飛還疾
울어대는 갈매기는 목욕을 그만두지 못하네	鳴鷗浴未休
잠깐 날이 개면 필시 달이 뜰 터	乍晴須有月
여울을 거슬러오르는 배를 타야겠네	料理上灘舟

정자에서 바라본 저녁 풍경
亭夕

들녘의 빛 어쩌면 저리도 맑을까	野色澹如許
다분히 강 기운이 절승해서라	多爲江氣勝
새 한 마리 사라지는 것 넋 놓고 바라보다	貪看孤鳥沒
큰 고기 뛰노는 것을 자꾸 놓치네	屢失大魚騰
모래섬 깨끗하여 빨래할만한 돌 하나 없고	渚潔澼無石
달빛에 배는 밝아 고기잡이 등불 켜지 않는데	舟明漁不燈
저 멀리서 갈매기 점점 다가오니	遠鷗來稍稍
알겠네 밤 조수가 높아지고 있음을	須識夜潮升

장인 소사도 유공 명홍[248] 께서 연경으로 사신 가시는 것을 삼가 전송하다 기해년(1719년, 숙종45)

奉別外舅小司徒兪公 命弘 使燕 己亥

종산[249]의 왕기 아득하게 거두어지고　　鍾山王氣漠然收
2대 선우[250]도 이미 흰머리가 되었는데　　二葉單于已白頭
폐읍[251]의 의관은 부질없이 한나라와 같고　　弊邑衣冠空似漢
중조[252]의 예악엔 오랫동안 주나라가 없네　　中朝禮樂久無周
뭉게뭉게 뜬구름 아래 금대[253]는 묵고　　浮雲鬱鬱金臺古
부슬부슬 찬비 속에 역수[254]는 가을이겠지　　寒雨蕭蕭易水秋

248 소사도(小司徒) 유공(兪公) : 유명홍(兪命弘, 1655~1729)으로 본관은 기계(杞溪), 자는 계의(季毅), 호는 죽리(竹里), 남유용의 장인이다. 장령・정언・헌납・경상도 관찰사・대사간・예조판서 등을 거쳐 우참찬에 이르렀다. 소사도(小司徒)는 호조참의를 가리킨다. 1719년(숙종45) 유명홍은 사은사의 부사로 중국에 갔는데 이 때 호조참의의 직함을 띠었던 것으로 보인다.

249 종산(鍾山) : 주원장이 명나라를 건국하고 도읍으로 정한 남경(南京)에 있는 산 이름이다.

250 2대 선우(單于) : 선우는 흉노(匈奴)의 군장(君長)에 대한 칭호로, 청나라 임금을 가리킨다. 그런데 당시 황제는 4대 강희제였다는 점에서 착오가 아닌가 싶다.

251 폐읍(弊邑) : 우리나라를 낮춰 이르는 말이다.

252 중조(中朝) : 중국의 조정이다. 여기서는 청나라 조정을 가리킨다.

253 금대(金臺) : 전국 시대 연나라 소왕(昭王)이 천하의 현사(賢士)들을 맞이하기 위하여 역수(易水) 동남쪽에 건립했던 황금대(黃金臺)의 준말로, 흔히 연경(燕京)의 대명사로 쓰인다.

254 역수(易水) : 연경(燕京)의 근처에 있는 물 이름이다. 전국 시대 자객 형가(荊

소매 속 청사[255]가 우레 소리를 내면　　袖裏青蛇作雷吼
연가[256] 한 곡조가 사람을 시름겹게 하리　　燕歌一曲使人愁

軻)가 연(燕)나라 태자 단(丹)을 위해 진왕(秦王)을 죽여서 복수를 해 주려고 비수를 끼고 떠나던 날, 수많은 사람들이 역수 가에 이르러 그를 송별하였다.《史記 卷86 刺客列傳 荊軻》

255 청사(青蛇) : 보검(寶劍)의 일종으로, 협객 여암(呂巖)이 청사검을 가지고 다녔다고 한다.

256 연가(燕歌) : 전국 시대 연(燕)나라의 자객인 형가(荊軻)가 진(秦)나라로 들어갈 적에 역수(易水) 가에서 부른 "차가운 역수 가에 바람결 쓸쓸한데, 장사 한번 떠나면 다시 돌아오지 않으리.〔風蕭蕭兮易水寒 壯士一去兮不復還〕"라고 한 노래를 가리킨다.

유수보 수기[257] 가 아버님을 모시고 연경에 가는 것을 전송하다

送兪守父 受基 陪尊大夫入燕

준마[258]의 발은 팔방에 뜻이 있으니 驥足有八荒
마판에 엎드린 것[259]은 좋아서가 아니라네 伏櫪非其好
유군은 개결한 성품으로 兪君負耿介
어릴 적부터 고묘한 곳에 뜻을 두었지 弱齡志高妙
단정히 앉아 책 만 권을 독파하며 端居破萬卷
원대한 생각 사방 끝까지 이르렀네 遐想了四表
부친께서 이제 사신으로 가셔서 尊公卽奉使
그대가 먼 길을 호위하니 之子護長道

257 유수보(兪守父) : 유수기(兪受基)로 유명홍의 아들이고 남유용에게는 처남이 된다.

258 준마 : 원문의 '驥足'은 뛰어난 재주를 비유하는 말이다. 후한(後漢) 때 유비(劉備)를 섬긴 방통(龐統)이 유비에게 인정을 받지 못하자 오(吳)나라 노숙(魯肅)이 유비에게 "방사원은 백 리 되는 작은 고을을 다스리는 재주가 아니다. 그에게 치중·별가의 임무를 맡겨야 비로소 준마의 기량을 펼칠 수 있다.〔龐士元非百里才也, 使處治中別駕之任, 始當展其驥足耳.〕"라는 내용의 편지를 보내어 유비가 방통을 치중으로 발탁하게 하였다.《三國志 卷37 蜀書 龐統傳》

259 마판에 엎드린 것 : 뛰어난 재주를 가지고도 불우한 처지에 놓여있는 것을 비유한다. 조조(曹操)의 〈보출하문행(步出夏門行)〉에 "늙은 천리마는 구유에 엎드려 있어도 천 리를 달릴 뜻이 있고, 열사는 노년에도 씩씩한 마음 그치지 않는다.〔老驥伏櫪, 志在千里, 烈士暮年, 壯心不已.〕"라는 구절이 있다.

집 떠나 만 리 길 넘어서도 辭家越萬里
여전히 쇄소응대를 할 수 있으리 猶得執灑掃
풍속을 관찰하는 것은 말할 바 아니니 觀風非所言
지금 관리가 전도[260]되었기 때문일세 于今冠履倒
산하는 실로 바뀐 게 없어 河山實未改
문장으로 빛내기에 충분할 터이지만 亦足廣文藻
슬프다 옛날 잃어버린 책은 哀哉古逸書
벌써 장사하는 호인의 보물이 되어 있겠지 久作商胡寶
사도는 우리 동방에 있으니 斯道在吾東
그대는 힘써 의리를 탐구하시게 勖君恣搜討
아 나는 뜻이 늘 졸렬하여 嗟余志常拙
남아의 포부[261]이루지 못하고 桑蓬計未到
가을 바람 부는 외딴 시골에서 문을 닫은 채 秋風閉窮巷
차가운 이슬에 혜초[262]를 엮고 있네 寒露結蕙草

260 관리가 전도 : 관리(冠履)는 머리에 쓰는 관과 발에 신는 신을 의미하는 것으로 상하와 존비를 비유하는 말이다. 한나라의 가의(賈誼)가 문제(文帝)에게 글을 올려 죄를 지은 대신들을 낮은 관리가 함부로 대하는 것을 비판하여 "신발은 비록 곱더라도 베개 위에 올려놓지 않으며, 관(冠)은 비록 해졌더라도 신발의 깔창으로 쓰지 않는다.〔履雖鮮, 不加於枕, 冠雖敝, 不以苴履.〕"라고 하였다.《漢書 卷48 賈誼傳》 관리가 전도되었다는 것은 가치관이나 본말이 뒤집힌 것을 말하고, 여기서는 중화(中華)와 이적(夷狄)의 위치가 전도된 것을 가리킨다.

261 남아의 포부 : 원문의 '桑蓬'은 뽕나무로 만든 활〔桑弧〕과 쑥대로 만든 화살〔蓬矢〕이다. 고대에 사내아이가 태어나면 뽕나무 활로 쑥대 화살을 천지 사방에 쏨으로써 장차 천하에 원대한 일을 행하기를 기대하였다.《禮記 內則》

262 혜초(蕙草) : 향초로, 주로 은자(隱者)의 처소, 또는 은거를 비유한다.

높은 곳에 올라 돌아가는 이 보내고	登高送將歸
눈을 들어 연조[263] 땅을 바라보노라면	擧目望燕趙
굽이굽이 먼 강물은 흘러가고	逶迤遠水逝
얼기설기 평원은 아득하리	鬱紆平原杳
집 떠나 이제부터 시작이니	離家自此始
강개한 마음이 사람을 늙게 할 터	忼慨令人老
가거들랑 밥 잘 챙겨 먹고	行矣善加飡
부디 몸조심하고 빨리 돌아오시게	愼旃歸來早
훗날 성곽의 서쪽 길에서	異時郭西路
한 병 술로 서로 위로하세나	一壺以相勞

263 연조(燕趙) : 고대 연나라와 조나라 지역에는 기개(氣槪)가 꺾이지 않고 강개(慷慨)하며 격앙(激昂)하는 인물들이 많이 배출되었다. '연조풍(燕趙風)'이라고 하면 형가(荊軻)가 연 태자(燕太子) 단(丹)의 원수를 갚기 위해 진왕(秦王)을 죽이려고 떠날 때 불렀다고 하는 〈역수가(易水歌)〉가 대표적이다. 《史記 卷86 刺客列傳 荊軻列傳》

대구 통판부로 가시는 백씨를 삼가 송별하다

奉別伯氏如大丘通判府

아스라이 고갯마루에 달이 뜨고	迢迢嶺月擧
하얗게 산에 내리던 눈 개는데	皚皚山雪晴
술잔 올리는 것 문득 즐겁지 않고	稱觴忽不樂
한 해가 가는 것 마음을 놀라게 하네	歲暵令心驚
지난 가을엔 형님께서 동쪽으로 유람가시고[264]	去秋子東征
삼월에는 서경을 떠나셨지	三月離西京
이별의 근심 아직도 마음 속에 있는데	離憂尙在懷
하물며 또 천 리 길을 가심에랴	況復千里行
기러기 남쪽 하늘로 울며 날아가니	鴻鴈叫南天
아득히 형님이 가시는 곳이라	迢遞子所征
집안 소식은 성주에서 막히고	問家滯星州
달리는 말은 달성에 이르리	驅馬至達城
그리운 마음에 무엇을 드릴까	相思欲何贈
역참의 매화[265]가 막 꽃을 피우는구나	驛梅方吐榮

264 형님께서……유람가시고 : 1718년(숙종44) 가을, 남유상은 인제(麟蹄) 일대를 유람하였다.

265 역참의 매화 : 옛날 남조의 송(宋)나라 때 육개(陸凱)가 범엽(范曄)에게 시 한 수와 함께 매화 한 가지를 보내어 소식을 전했던 것을 연상시킨다. 그 시에 "매화를 꺾다가 역사를 만났기에 농두 사는 그대에게 부치나니. 강남에는 아무것도 없어 애오라지 한 가지의 봄을 보낸다오.〔折梅逢驛使, 寄與隴頭人. 江南無所有, 聊贈一枝春.〕"라고 하였다.

비가 개자 우담[266]에 배를 띄우다 경자년(1720년, 경종 즉위년)

雨霽牛潭泛舟 庚子

배 띄워 아름다운 날을 즐기며	漾舟陶嘉日
마침내 유상하는 마음 만끽하노라	遂此幽賞心
노 저어 송정[267]으로 내려가는데	揚櫓下松亭
계곡물 낚싯대 길이만큼 깊구나	峽流一竿深
내 마음 진정 홀로 즐거워	余懷良獨悅
술잔 들어 서너 번 따라 마시노라니	擧酒三四斟
석문은 순식간에 지나가고	石門過迢忽
구름 낀 절벽이 높은 산으로 다가오네	雲壁來崟嶔
짙은 구름[268] 아직 하늘에 드리워	同雲尙垂天
산 풍경이 반반씩 흐리고 개이고	山色半晴陰
여울 서쪽으론 물살 다시 급해져	灘西水更急
옥병[269]을 찾을 수 없구나	玉屛不可尋

266 우담 : 영평(永平)의 우두연(牛頭淵)을 가리키는 듯하다. 경기도 포천군(抱川郡) 창수면(蒼水面) 오가리(伍佳里)에 있는 금수담(金水潭)의 다른 이름이다.

267 송정(松亭) : 금수정(金水亭)으로 추정된다. 경기도 포천의 영평천(永平川) 가에 있는 정자이다. 처음에 김명리(金明理)가 지어 우두정(牛頭亭)이라 하였다가 얼마 후 양사언(楊士彦)에게 주었는데, 양사언이 금수정으로 고쳤다.

268 짙은 구름 : 원문의 '同雲'은 본래 눈이 오려고 하늘에 짙게 낀 먹구름을 이른다. 《시경》 〈신남산(信南山)〉에 "하늘에 온통 먹구름 끼더니, 눈이 펄펄 내리네.〔上天同雲, 雨雪雰雰.〕"라고 하였다.

노를 놔두고 긴 숲으로 들어가니 舍棹入脩林
바위 골짝에선 그윽한 소리가 나네 巖洞有幽音
양공의 글씨는 신령하여 楊公書有神
파도가 침범하지 못하는데 波濤不相侵
이분은 벌써 오래전에 떠나고 斯人去已久
부질없이 녹기금 시만 읊고 있어라[270] 空歌綠綺琴

269 옥병 : 창옥병(蒼玉屛)으로 경기도 포천시 창수면 주원리 영평천에 있는 벼랑이다.

270 녹기금……있어라 : 양공(楊公)은 양사언(楊士彦, 1517~1584)으로, 본관은 청주(淸州), 자는 응빙(應聘), 호는 봉래(蓬萊)이다. 안평대군(安平大君)·김구(金絿)·한호(韓濩)와 함께 조선의 4대 서예가로 일컬어졌으며, 특히 큰 글씨를 잘 썼다. 경기도 포천군(抱川郡) 창수면(蒼水面) 오가리(伍佳里) 영평천(永平川) 기슭에 있는 금수정(錦水亭) 주변 바위에 봉래(蓬萊) 양사언(楊士彦)의 〈금옹에게 주다〔贈琴翁〕〉 시가 새겨져 있는데, 내용은 다음과 같다. "녹기금 타는 소리, 백아의 마음이로다. 종자기가 이 음을 아니, 한 곡조 탈 때마다 다시 한 수 읊조리네. 청량한 허뢰가 먼 봉우리에서 일어나니, 강에 비친 달은 곱디곱고 강물은 깊어라.〔綠綺琴, 伯牙心. 鍾子是知音, 一彈復一吟. 泠泠虛籟起遙岑, 江月娟娟江水深.〕" 녹기금(綠綺琴)은 한나라 때 사마상여(司馬相如)가 〈옥여의부(玉如意賦)〉를 지어 양왕(梁王)에게 바치자, 양왕이 기뻐하여 사마상여에게 하사했다는 명금(名琴)이다. 《古琴疏》

백씨의 〈감회〉 시에 화답하다

和伯氏感懷

옛날 우리 형제가 이여교(李汝喬),[271] 서종숙(庶從叔) 한종(漢宗)[272]과 더불어 〈호사청등회(壺社淸燈會)〉를 만들고는 분운(分韻)하여 시를 지은 적이 있었다. 내가 시를 짓기를 "숙부께서는 나귀 타고 오시고 큰형님께서는 앞 기둥에 기대있으셨지. 고개 돌려 소제에게 이르기를 가서 대형을 모셔와라 하셨네.〔叔兮騎驢來, 伯也倚前楹. 回顧語小弟, 且去邀大兄.〕"라고 하였다. 대형(大兄)은 여교(汝喬) 형을 가리킨다. 그 당시 나는 10살 때였는데 여교 형님이 크게 칭찬하시면서 당인(唐人)을 능가하는 시어라고 하셨다. 지금 10여 년이 지났는데 세 사람은 와서 모였으나[273] 여교 형만은 볼 수 없기로 형님께서 감회시를 지으시니 나와 숙부가 화답하였다.

고요한 곳에서 사람을 만나니 일이 문득 번다해져 靜處逢人事却繁
시 읊고 술 마시며 하루 종일 보내네 詩聲酒氣晝連昏
옥술병과 맑은 등불 자리는 여전한데 依然玉壺淸燈席
어떡하면 교공을 만나 담소 함께 나눌 수 있으려나 安得喬公共笑言

271 이여교(李汝喬) : 154쪽 주230 참조.

272 서종숙(庶從叔) 한종(漢宗) : 남한종(南漢宗)으로, 벼슬길에 나아가지 않다가 만년에 병마 첨사(兵馬僉使)를 지냈다.

273 와서 모였으나 : 원문의 '盍簪'은 뜻 맞는 이들이 서로들 달려와 회동하는 것을 말한다. 《주역》〈예괘(豫卦) 구사효(九四爻)〉에 "말미암아 즐거워하므로 크게 얻음이 있으리니, 의심하지 않으면 벗들이 모여들리라.〔由豫, 大有得, 勿疑, 朋盍簪.〕" 한 데서 온 말이다.

금산사[274]에서 묵으며 가정[275]의 시운을 쓰다 신축년(1721년, 경종1)

宿金山寺 用稼亭韻 辛丑

화려한 용마루는 새가 날아가듯[276] 법운 중에 솟고	華甍鳥革法雲中
장륙[277]은 일찍이 백제의 공을 들었네	丈六曾聞百濟功
만발한 광명이 한제를 놀라게 하였건만[278]	漫發光明驚漢帝
몇 번이나 가시나무가 오궁에서 나는 것을 보았는가[279]	

274 금산사(金山寺) : 전북 김제시(金堤市) 금산면에 있는 절이다

275 가정(稼亭) : 고려 말의 문신인 이곡(李穀, 1298~1351)으로, 이 시의 원시는 〈차금산사벽상운(次金山寺壁上韻)〉이다.

276 새가 날아가듯 : 원문의 '鳥革'은 '휘비조혁(翬飛鳥革)'의 준말로 궁실이나 건물이 웅장하고 화려함을 비유할 때 주로 쓰는 말이다. 《시경》〈사간(斯干)〉에 나오는 "새가 놀라 낯빛이 변하는 것 같고, 꿩이 날아오르는 것 같다.〔如鳥斯革, 如翬斯飛.〕"는 구절에서 따왔다.

277 장륙(丈六) : 부처의 별칭이다. 《후한서(後漢書)》 권88 〈서역전(西域傳) 천축(天竺)〉에 "서방에 부처라는 신이 있는데, 그 모양을 보면 신장이 1장 6척에 황금색을 띠고 있다.〔西方有神, 名曰佛, 其形丈六尺而黃金色.〕"라는 말이 나오는 데에서 유래한 것이다.

278 만발한……하였건만 : 찬란한 백제의 문화가 중국도 놀라게 하였다는 의미인 듯하다.

279 몇 번이나……보았는가 : 오궁(吳宮)은 춘추 시대 오왕(吳王)의 궁전을 말한다. 오왕(吳王) 부차(夫差)가 일찍이 월(越)나라를 격파하고 나서 미인(美人) 서시(西施)를 얻고는 고소산(姑蘇山) 위에 고소대(姑蘇臺)를 지어 날마다 서시와 함께 그 위에서 유연(游宴)만 즐기다가 끝내는 월나라의 침공을 받아 멸망당하였다. 한(漢)나라 때 회남왕(淮南王) 유안(劉安)이 장군 오피(伍被)와 함께 모반(謀反)을 계획할 적에 오피

幾看荊棘産吳宮

용[280]은 취객을 기롱하며 아침 안개를 불고　龍欺醉客嘘朝霧

원숭이는 선옹을 놀리며 밤 바람 소리를 내네　猿戲禪翁嘯夜風

그래도 일상적으로 이치를 관찰할 곳 있으니　獨有一般觀理處

차가운 못에 달빛 끝없이 펼쳐진 그곳일세　寒潭月色浩無窮

가 회남왕에게 "신이 듣건대 오자서(伍子胥)가 일찍이 오왕(吳王)에게 간했으나 듣지 않자, '신이 지금 황무지가 된 고소대에서 미록(麋鹿)이 노는 것을 보았다.'라고 했다더니, 지금 신 또한 이 궁중에 가시나무〔荊棘〕가 나고 이슬이 옷을 적시는 것을 보았습니다."라고 간했던 데서 온 말로, 전하여 나라가 멸망한 것을 의미한다. 《史記 卷118 淮南衡山列傳》여기서는 백제의 멸망과 후백제의 멸망을 아울러 이른 것으로 보인다. 금산사는 후백제의 견훤이 아들 신검에 의해 유폐되어 있던 곳이기도 하다.

280 용 : 금산사에 용소(龍沼)가 있기 때문에 각별히 가져온 표현으로 보인다.

용추[281]를 구경하다

觀龍湫

용은 순전한 양물인데　龍是純陽物
도리어 침울한 것을 견딜 수 있지　還能耐鬱沉

음(陰)이면서 마른 성질은 가진 존재는 침울한 것을 견딜 수 없으나 용은 양(陽)이면서 강하기 때문에 그렇게 할 수 있다.

칼은 두우를 쏘는 기운을 다투고[282]　劍爭冲斗氣
구름은 여의주를 보호하는 마음을 아네　雲識護珠心
깊은 물에서 높이 누워　深水惟高臥
맑은 가을이면 때로 혼자서 읊조리다가　淸秋時獨吟
끝내는 꼭 한번 날개를 떨치리니　終須一奮翼
뇌우가 층층산을 가르리라　雷雨劈層岑

281 용추(龍湫) : 금산사에 용소(龍沼)가 있는데 이를 용추못이라고 불렀다.

282 칼은……다투고 : 초(楚)나라 보검(寶劍)인 용천검(龍泉劍)을 염두에 둔 표현이다. 진(晉)나라 때 충신 장화(張華)가 일찍이 두성(斗星)과 우성(牛星) 사이에 자기(紫氣)가 뻗치는 것을 보고, 뇌환(雷煥)을 보내 풍성현(豐城縣)의 옛 옥사(獄舍)에서 용천(龍泉)과 태아(太阿) 두 명검을 발굴하였다는 고사가 있다. 《晉書 卷36 張華列傳》 왕발(王勃)의 〈등왕각서(滕王閣序)〉에 "용천검의 빛이 우성(牛星)과 두성(斗星)의 자리를 쏘았다.〔龍光射斗牛之墟.〕"라는 구절이 있다.

창옥병[283]에서 형님의 시운에 삼가 화답하다 임인년(1722년, 경종2)

蒼玉屛 奉和伯氏韻 壬寅

아름다운 나무 천 그루가 돌 깔린 시내를 덮고	芳樹千章覆石瀾
날리는 꽃잎 어지러이 너른 갈포 속으로 들어오는데	飛英散入褐袍寬
봉래의 돌[284] 위에서 비로소 자리를 돌리고	蓬萊石上初回席
승상의 사당[285] 앞에서 의관을 정제하네	丞相祠前爲正冠
풀빛은 아스라이 금수담[286] 푸른 빛과 이어지고	草色遙連金水碧
솔 소리는 드높아 창옥병의 싸늘함과 어울리는구나	松聲高並玉屛寒
평소 피라미의 즐거움[287]을 즐겨 말했으니	平生喜道鯈魚樂
이끼 낀 바위에서 낚시 드리우지 마소	莫向苔磯下釣竿

283 창옥병(蒼玉屛) : 영평(永平)의 영평천 가에 기암괴석이 마치 병풍처럼 솟아 있는 벼랑이다. 남유용이 이 때 부친의 영평(永平) 임소에 갔다.

284 봉래의 돌 : 봉래(蓬萊) 양사언(楊士彦)이 계곡의 반석에 쓴 석각 글씨이다. 자세한 내용은 172쪽 주270 참조.

285 승상의 사당 : 승상은 박순(朴淳, 1523~1589)을 말하고 사당은 그의 위패를 모신 옥병서원(玉屛書院)을 말한다. 박순은 이이(李珥)가 탄핵되었을 때 그를 옹호하다가 양사(兩司)의 탄핵을 받고 스스로 관직에서 물러나 영평(永平) 백운산(白雲山)에 암자를 짓고 은거한 바 있다. 창옥병에 박순의 별업이 있었고 옥병서원이 있었다.

286 금수담 : 영평(永平)에 있는 못으로, 우두연(牛頭淵)이라고도 하는데, 빼어난 산수가 경기도에서 으뜸이라고 한다. 《芝峯類說 文章部 東詩》

287 피라미의 즐거움 : 대자연과 어울려 유유자적하는 사는 즐거움을 말한다. 장자와 그의 친구 혜자(惠子)가 호수(濠水)의 다리 위에서 노닐 때, 장자가 "피라미가 나와서 조용히 노니 이것이 물고기의 즐거움일세."라고 하자, 혜자가 "자네는 물고기가 아닌데 물고기의 즐거움을 어떻게 알겠는가."라고 말한 고사가 있다. 《莊子 秋水》

조계[288]

曹溪

한 구비 물이 푸른 못을 이루니	一曲成潭碧
원천이 기약한 듯 흘러가네	源泉赴似期
물길 바꾸어 오는 데는 귀신의 힘이 필요하고	轉來須鬼力
물결이 부딪히는 곳은 용이 입김을 부는 것	激處是龍吹
언덕의 꽃은 약하여 이리저리 흔들려도	岸花弱難定
물가의 소나무는 추워도 시들지 않아	渚松寒不衰
초연한 남쪽 벽 아래의 풍경이	超然南壁下
나를 붙잡아 앉혀 돌아가는 걸음 더디게 하네	坐我得歸遲

288 조계(曹溪) : 포천에 조계폭이 있는데 이를 이르는 것으로 보인다.

대숲 사이를 한가로이 거닐다 계묘년(1723년, 경종3)
竹間閑步 癸卯

봄 잠 이루기 어려운 것은 제비들 지저귐 때문이요 春睡難成燕子喧
책상의 책 흩어지는 것은 바람 맞아 날려서라 牀書散帙受風飜
한가로이 아이 따라 숲 뚫고 가노라니 閑隨稚子穿林去
울타리 밖 대숲에도 손자가 있네[289] 籬外幽篁亦有孫

289 대숲에도……있네 : 대나무 뿌리에서 다시 옆으로 뻗어나온 작은 대나무를 죽손(竹孫)이라 한다. 소동파(蘇東坡)의 〈경진년 인일에 짓다〔庚辰歲人日作〕〉 시에 "야자수는 자식을 낳고 대나무는 손자 보았도다.〔檳榔生子竹生孫.〕"라는 구절이 있다. 《蘇東坡詩集 卷43》

유군산 부기[290] 과 산사를 찾아가자고 약속하였기로 아침이 되어 문을 두드렸더니 어젯밤에 달빛을 타고 떠나면서 벽 사이에다 시를 지어 놓기를 "짐짓 처마 밑에 제비를 머무르게 하여 내 말을 대신하오"라고 하였다. 오랫동안 서글피 바라보다가 그 아래에 짓다

約兪君山 阜基 尋嶽寺 朝而叩之 昨夜乘月行矣 題詩壁間 有故留簷鷰代吾言之句 悵然久之 仍題其下

앞서거니 뒤서거니 함께 절 문에 들어가야 하는데	後先應同入寺門
아침 해 못 보고 밤에 달아나셨구려	不能朝日也宵奔
가련타 사람 일이 새만도 못하니	可憐人事不如鳥
처마 밑의 제비는 날아가며 지저귈 줄 알건만	簷鷰將飛猶自言

290 유군산(兪君山) : 유부기(兪阜基)로, 유명홍(兪命弘)의 아들이고 남유용의 처남이다.

수보의 〈청명한 새벽〉 시에 수답하다
酬守父淸晨

편히 누워 고요히 떠오르는 아침 해를 보노라니 臥穩朝暾靜
부들자리에서 일어나는 것 절로 늦어지는데 蒲團起自遲
산 빛은 이미 들에 있고 山光已在野
구름 그림자는 못을 침범하려 드는구나 雲影欲侵池
새 소리는 온통 집을 둘러싸고 鳥語偏圍屋
닭 울음은 자주 울타리 위에서 들리는데 鷄鳴屢上籬
그날 배워야 할 시서를 詩書一日課
어린 아들도 알고 있겠지 稚子也能知

수보의 〈정오〉 시에 수답하다

酬守父亭午

한적한 집에서 약초 말리는 것을 보며	閑齋看曬藥
안석에 기대니 이가 바로 삼료[291]라	隱几正參寥
풀 가에는 사람들 들밥 먹는 모습 단란하고	草際團群饁
소나무 사이에선 나무하러 떠나는 사람 흩어지는구나	松間散遠樵
이웃집 닭은 담장을 지나며 울고	隣鷄過墻叫
아지랑이[292]는 공중을 돌며 멀어져 가네	野馬轉空遙
시골 노인의 술 얻어다	料理村翁酒
덕분에 답답한 가슴 한 번 씻어볼까나	煩襟賴一澆

291 삼료(參寥) : 요원하고 적막하다는 의미의 가설적인 사람 이름이다. 《장자(莊子)》 〈대종사(大宗師)〉에 "……오구(於謳)는 현명(玄冥)에게서 듣고, 현명은 삼료(參寥)에게서 듣고, 삼료는 의시(疑始)에게서 들었다.〔於謳聞之玄冥, 玄冥聞之參寥, 參寥聞之疑始.〕"라는 말이 있다.

292 아지랑이 : 원문의 '野馬'는 공기 중의 야생마처럼 떠도는 기운이라는 뜻으로, 아지랑이를 말한다. 《장자》 〈소요유(逍遙遊)〉에 "아지랑이나 먼지는 생명체가 숨을 쉬면서 서로 불어 낸 것이다.〔野馬也, 塵埃也, 生物之以息相吹也.〕"라고 하였다.

수보의 〈저물녘〉 시에 수답하다

酬守父薄暮

해 떨어져 뭇 음기들 잦아드니	落日群陰定
어부와 나무꾼 서로 부르네	漁樵相與呼
밥 짓는 연기 집집마다 일어나고	人烟接屋有
꽃 그림자 담장 넘으며 없어지는구나	花影度墻無
돌아오는 소는 한 마리 송아지를 데리고 오고	牛返帶孤犢
깃드는 닭은 아홉 마리 새끼를 안네	鷄棲包九雛
조금 선선해지자 내키는 대로 거닐어 보는데	微凉隨意步
마른 등나무 지팡이는 짚지 않네	不遣瘦藤扶

수보의 〈모진 가뭄〉 시에 수답하다
酬守父苦旱

짙은 구름이 꼭 비를 내릴 것 같더니　密雲如墮雨
새어 나온 해에 홀연 맑은 아침이 되네　漏旭忽晴朝
갈라진 땅에 모는 부질없이 심겨 있고　裂土禾空立
마른 밭에 보리는 다 시들어가는구나　枯田麥欲消
사람들은 응당 택안의 노래[293]를 부를 것이요　人應歌澤鴈
나 또한 호량의 피라미를 부러워할 터[294]　吾亦羨濠儵
언제나 상림의 기도[295]를 올려　何日桑林禱
단비가 한바탕 타는 땅을 적시도록 할까　甘霖一沃焦

293 택안(澤雁)의 노래 : 《시경(詩經)》 〈홍안장(鴻雁章)〉을 말한다. 주(周)나라 선왕(宣王)을 찬미한 시(詩)인데, 여왕(厲王)의 학정으로 백성들이 생활 근거지를 잃어버리고 사방으로 유리하면서 울부짖는 정경을 읊었다. 그 시에 "홍안이 날아 못 가운데 앉았도다.〔鴻雁于飛 集于中澤〕"라는 구절이 있다.

294 호량의……터 : 177쪽 주287 참조.

295 상림(桑林)의 기도 : 상(商)나라 탕왕(湯王) 때에 7년 동안 혹독한 가뭄이 들자 탕왕이 자신이 희생이 되겠다고 자청하여 재계(齋戒)한 다음, 소거(素車)와 백마(白馬)를 타고 자신의 몸을 흰 띠풀로 싸서 희생의 모양을 갖추고는 상림(桑林)의 들에 가서 세 발 달린 정(鼎)을 놓고 산천(山川)의 신에게 기도하면서 여섯 가지 일로 자책하니, 말이 끝나기도 전에 사해(四海)에서 구름이 일어나 수천 리의 땅에 큰비를 내렸다고 한다. 《事文類聚 天道部 禱雨》

어린 아들을 생각하며

憶幼子

열흘 동안 비가 지겹도록 그치지 않는데	積雨連旬苦不開
어린 아들의 서신 오는 것 몹시도 늦어지는구나	遲遲幼子信書來
멀리서도 알겠네 사립문 밖 드넓은 물에서	遙知水濶柴門外
해질 무렵 낚싯대 들고 낚시터에 오르리라는 것을	日彈長竿上釣臺

사암을 유람하면서 승려 호연에게 주다. 호연은 민공을 사사하였는데 도가 있는 사람이었고 이 산에 20년간 살면서 문 밖을 나가지 않았다. 나는 그의 이름을 마곡 영은사[296]의 중 벽허에게서 처음 들었다.

遊獅巖 贈浮屠浩然 浩之師敏公 有道者也 住此山二十年不出戶 余始聞其名於麻谷靈隱寺僧碧虛

도인이 떠나가서 바위 문을 잠그니 道人一去鎖巖扃
제자가 불가로 도피해서 뜰을 내려가지 않았네 弟子逃禪不下庭
날아간 학은 응당 꽂은 석장보다 먼저 이르지 못하였겠으나[297] 飛鶴未應先卓錫
신령한 용은 본래부터 들은 불경을 잘도 해석하였지[298] 神龍元自解聽經

296 영은사(靈隱寺) : 현 충남 공주시 쌍수산(雙樹山) 공산성(公山城)에 있는 절로 마곡사(麻谷寺)의 말사이다.

297 날아간……못하였겠으나 : 원문의 '卓錫'은 승려가 터를 잡아 거처하는 것을 일컫는다. 서주(舒州)에 있는 잠산(潛山)은 풍광이 매우 뛰어난 곳인데, 양(梁)나라 때 보지선사(寶志禪師)와 백학도사(白鶴道士)가 잠산의 가장 빼어난 산기슭에 서로 터를 잡으려고 다투다가, 양 무제(梁武帝)의 주선으로 백학도사는 학(鶴)을 날려 보내고 보지선사는 석장을 날려 보내어, 먼저 그 자리에 도착시키는 자가 터를 차지하기로 약속하였다. 그 결과 보지선사의 석장이 백학 도사의 학보다 먼저 산기슭에 날아가 꽂혔다는 고사가 전한다. 《神僧傳》 여기에서 먼저 꽂은 석장은 스승인 민공을, 나중에 날아간 학은 호연을 비유한다.

298 신령한……해석하였지 : 신령한 용은 호연을 비유한다. 참고로 불경을 용장(龍藏)이라고 하고, 화엄경을 용경(龍經)이라고 하는 등 불가의 용어 가운데 '용'이 들어가는 단어가 많다.

무본의 퇴고어를 잘하였고[299] 能爲無本椎敲語

여래의 적막한 모습을 늘 그렸네 每畫如來寂寞形

호연(浩然)은 시도 잘 지었고 불화(佛畫)도 잘 그렸다.

여러 진리가 있음을 알고자 한다면 欲識諸般眞理在

뜰 앞의 잣나무 늙어도 여전히 푸르다오 庭前柏樹老猶靑

299 무본의……잘하였고 : 무본(無本)은 중당(中唐)의 승려 시인인 가도(賈島)의 승명이다. 한유(韓愈)에게 그의 시재(詩才)가 알려져 마침내 그의 권유로 환속하였다. 시구(詩句) 하나를 정하는 데도 고심을 거듭한 '퇴고(推敲)'의 고사로 유명하다.《新唐書 卷176 賈島傳》퇴고어를 잘 했다는 것은 시를 잘 지었음을 의미한다.

새벽에 바라보다

曉望

쇠 봉황[300] 소리에 잠이 깨니 睡回鐵鳳響
가을 소리가 베갯머리로 지나가네 秋聲欹枕過
누각은 달빛 속에서 장엄하고 樓閣月中壯
별들은 시내 위에 많이도 떴구나 星辰川上多
송골매 나니 바람이 잣을 떨구고 鶻翻風落柏
벌레들 우짖으니 이슬이 잔디풀에 맺히네 蟲咽露團莎
시름에 잠겨 외려 외로이 읊조리노라니 悄悄還孤詠
선방의 사그라져 가는 경쇠 소리가 화답하누나 禪房殘磬和

300 쇠 봉황 : 옛날의 지붕 용마루 위에 있던 일종의 철제(鐵製) 장식물로 그 형상이 봉황과 같아 철봉이라 하였다.

산을 나가 성현 장로[301]와 작별하다
出山別性賢長老

가마솥과 바리때로 빈 골짝에 의탁하고 계시니 缾鉢依空谷
독경소리가 절[302]에서 나오는구려 經聲出祇林
푸른 소나무는 선의 모습 고고하고 蒼松禪相古
흐르는 물은 도의 근원 깊어라 流水道根深
당신에게 원공의 모임이 있건만 爾有遠公社
나는 강락의 마음이 부끄러워[303] 吾慙康樂心

사영운(謝靈運)이 백련사(白蓮社)에 들어가려고 하였으나 원공(遠公)이 마음이 번잡하다는 이유로 그를 거절하였다.

다만 서로 이별하는 곳에서 只應相別處
길게 읊조리며 남은 말 보낼 뿐이라오 長嘯送遺音

301 성현 장로(性賢長老) : 안곡사(安谷寺)의 승려이다. 남유상의 글에 "내 아우가 안곡사에서 성현 장로를 알게 되었는데 시를 잘 지어 원공(遠公) 회당(晦堂)과 같은 부류와 비견되었다"라는 언급이 있다. 《太華子稿 卷2 寄舍弟竹溪寓居幷序》

302 절 : 원문의 '祇林'은 인도(印度) 사위성(舍衛城) 남쪽에 있던 기타태자(祇陀太子)의 동산이란 뜻인데, 수달장자(須達長者)가 이 땅을 사서 절을 지어 부처에게 바쳐 이후 사찰의 뜻으로 쓰였다.

303 당신에게……부끄러워 : 원공(遠公)은 동진(東晉)의 고승 혜원(慧遠)을 가리키고 강락(康樂)은 육조(六朝) 송(宋)나라 사영운(謝靈運)의 봉호(封號)이다. 혜원 법사가 여산의 동림사에 흰 연꽃을 심고 백련사(白蓮社)라는 단체를 결성하였는데 도연명(陶淵明)은 백련사에 들어가기를 원하지 않았는데도 술을 빚어서 청하기까지 하였고, 사영운(謝靈運)은 백련사에 들어가기를 원하였는데도 끝내 거절당하였다는 고사가 있다. 《事文類聚》

아버님께서 십탄 이장 우신[304] 이 임시 거처하고 계신 곳을 찾아가셔서 하룻밤을 묵고 다시 남곡 장사[305]로 가셨는데 백씨도 따라 가셨다는 말을 듣고, 부쳐 보내신 시축에 삼가 화답하다

恭聞家大人枉十灘李丈 雨臣 僑居 一宿却向南谷莊 伯氏從焉 寄其詩軸至 奉和

한 해가 저무는 전원에서 심원한 마음이 생기는데 歲暯田園生遠心
멀리서 듣자니 아버님[306]께서 산음[307]을 찾아가셨다지요

304 십탄(十灘) 이장(李丈) : 이우신(李雨臣, 1670~1744)으로 본관은 연안(延安), 자는 백열(伯說), 호는 십탄(十灘), 이일상(李一相)의 손자이다. 정읍 현감(井邑縣監)·부평 부사(富平府使) 등을 역임하였으나 이인좌의 난 이후에는 벼슬에 뜻을 버리고 가평(可平)으로 내려갔고 다시 출사하여 한성부 우윤·호조 참판 등에 제수되었으나 사양하였다. 남유용의 형인 남유상이 이우신의 딸에게 장가를 들었으므로 남유용의 아버지와는 사돈지간이 된다.

305 남곡 장사(南谷莊舍) : 남곡은 용인에 있던 고을이고 장사(莊舍)는 농장 안에 지은 집을 말한다. 남유용이 어려서 죽은 아들을 위해 지은 〈공빈광지(孔賓壙誌)〉에 "그 아비는 구성의 남곡에서 객거하고 있었다.〔其父客居于駒城之南谷.〕라는 표현이 있고 여러 작품에 아버지 또는 형님이 계신 곳으로 자주 등장한다.《雷淵集卷之十九 墓誌》

306 아버님 : '杖屨'는 지팡이와 짚신으로 웃어른의 소지품을 뜻한다. 여기서는 부친을 가리키는 말로 썼다.

307 산음(山陰) : 진(晉)나라 왕자유(王子猷)가 눈 내리는 밤에 산음(山陰)의 섬계(剡溪)에 있는 벗 대안도(戴安道)가 생각나서 편주를 타고 찾아갔다가 정작 그곳에 도착해서는 문 앞에서 다시 돌아왔다. 그 까닭을 물었더니, "내가 본래 흥에 겨워 왔다가 흥이 다하여 돌아가는 것이니, 대안도를 보아 무엇하겠는가." 하였다 한다.《世說新語 任誕》 여기서는 십탄이 있는 곳을 가리킨다.

遙聞杖屨訪山陰

말 매어놓은 우뚝한 홰나무는 바람 속에 멀리 보이고

亭亭繫馬風槐逈

사람 만류하는 정겨운 집은 눈 덮여 깊숙이 있겠네요

款款留人雪屋深

닭고기 기장밥[308] 부엌에서 나오는 것 자꾸 보실 것이고

鷄黍頻看廚下出

매화꽃은 시 읊조리는 촛불 앞으로 흐드러지게 들어올 터

梅花爛入燭前吟

나그네 유람이라 관동의 행렬[309]에는 감히 끼지 못하고

旅遊未忝冠童列

그저 맑은 밤 꿈 속에서 찾아갈 뿐입니다　　祇有淸宵夢去尋

308 닭고기 기장밥 : 손님을 극진히 대접함을 말한다. 《논어》 〈미자(微子)〉에, 어떤 노인이 공자(孔子)의 문인 자로(子路)를 자기 집에 묵게 하여 닭을 잡고 기장밥을 지어 대접한 고사에서 유래하였다.

309 관동의 행렬 : '冠童'은 어른과 아이이다. 공자의 제자 증점(曾點)이 자신의 뜻을 말하라는 공자의 명에 "늦은 봄날 봄옷이 이루어지거든 어른 대여섯 사람, 동자 예닐곱 사람과 함께 기수(沂水)에 목욕하고 무우(舞雩)에서 바람을 쐬고 시를 읊으면서 돌아오겠습니다."라고 말한 고사를 차용하였다. 《論語 先進》

백씨께서 부쳐 보내신 시에 삼가 수답하다
奉酬伯氏見寄

눈보라 속에서 돌아오는 인편을 만났더니	風雪逢歸使
고향에서 편지 한 통 부쳐 보내셨네요	鄕書寄一封
집안 소식에 어젯밤 놀라고	鴈聲驚昨夜
아버님 가르침[310]은 올 겨울에 막혔지요	鯉對阻今冬
어린 아이는 새로 배우는 말은 많으나	童稚多新語
문장은 그저 구태의연할 뿐입니다	文章秖舊慵
돌아갈 날 기약하며 때로 거울을 보노라면	歸期時攬鏡
누런 기운[311]이 여윈 얼굴에 돕니다	黃氣上癯容

310 아버님 가르침 : 원문의 '鯉對'란 이정(鯉庭)과 같은 뜻으로, 아들이 아버지의 교훈을 받는 것을 말한다. 공자가 그의 아들 이(鯉)가 종종걸음으로 뜰을 지나가자 불러 세우고는 시(詩)와 예(禮)를 배워야 한다고 훈계한 고사에서 온 말이다. 《論語 季氏》

311 누런 기운 : 옛날에 점을 치는 자들은 사람의 미간에 누런 기운이 돌면 반드시 기쁜 일이 있을 것이라고 하여, 황색(黃色)을 기쁨의 징조로 여겼다. 당나라 한유(韓愈)의 시 〈언성만음봉증부사마시랑급풍이이원외(郾城晩飮奉贈副使馬侍郎及馮李二員外)〉에 "성 위의 붉은 구름은 빼어난 기운을 드러내고, 미간의 누런 빛은 돌아갈 기일을 보여주네.〔城上赤雲呈勝氣, 眉間黃色見歸期.〕"라고 하였고, 송나라 소식(蘇軾)의 시 〈송이공서부궐(送李公恕赴闕)〉에 "갑자기 눈썹 위에 누런 기운이 있으니, 그대가 점점 빼어난 명성을 거두려고 하는구나.〔忽然眉上有黃氣, 吾君漸欲收英髦.〕"라고 하였다.

남곡 장사에서 아우에게 부치다 南谷莊舍寄舍弟 태화 太華

밤 꿈에 자네를 만나 대화를 나누고	夜夢逢君語
아침에 편지 써 심부름꾼 앞에서 봉하는데	朝書對使封
머문 구름은 저 멀리 물에 맑게 떠있고	停雲明遠水
내리는 눈은 한겨울을 매섭게 하는구나	落雪厲深冬
호숫가 나무는 이별을 상심하고	湖樹傷離別
산 속 매화는 병들고 게으른 몸을 비웃는데	山梅笑病慵
언제쯤 남곡의 사단에서	何時南谷社
두 동이 술 놓고 이야기 나눌까	朋酒且從容

장인어른[312]의 칠순 잔치를 축하하며 갑신년(1724년, 영조 즉위년)

賀外舅七十壽席 甲辰

계곡의 대숲에 부는 맑은 바람 같아 도가 무궁하시니	澗竹風淸道不窮
근래엔 물고기 새도 공을 알아보네	邇來魚鳥亦知公
이천 석[313] 벼슬이야 할 수 있지만	爲官可做二千石
칠십 노인 되도록 사는 것은 어려운 것	生世難成七十翁
당상에선 거문고 소리 고요히 울리고	堂上瑤絃琴瑟靜
술통 앞에선 색동옷 입은 자손들이 함께 하네	樽前綵服子孫同
황관[314]에 백발 참으로 고결하니	黃冠白髮眞高潔
향산 구로[315]가운데 앉아계신 것 같네	如坐香山九老中

312 장인어른 : 유명홍(兪命弘, 1655~1729)이다. 165쪽 주248 참조.

313 이천 석(二千石) : 한(漢) 나라 때 군수(郡守)의 녹봉이 이천 석이었던 데서 생긴 말로, 일반적으로 군수를 지칭한다.

314 황관(黃冠) : 누런색의 관으로 야인(野人)이나 도사(道士)들이 주로 써서 은자(隱者)의 복장을 비유한다.

315 향산 구로(香山九老) : 당나라 백거이(白居易)가 형부 상서(刑部尙書)로 치사(致仕)한 후 호고(胡杲)·길교(吉皎)·유진(劉眞)·정거(鄭璩)·노정(盧貞)·장혼(張渾)·이원상(李元爽)·승려 여만(如滿) 등과 모임을 결성하여 낙양에서 서로 왕래하면서 풍류를 즐겼다. 뒤에 이 모임을 '향산구로회(香山九老會)'라고 불렀다. 《舊唐書 卷166 白居易列傳》

한양으로 돌아오려는데 수보의 아들 언민[316]이 시냇가로 배웅하러 왔기에 지어서 주다

還洛中 守父子彦民送至溪上 有贈

말에 올라 정자를 떠나려니 흰 눈이 날리는데	騎馬離亭白雪飛
산골 아이가 나를 배웅하러 사립문으로 나왔네	山童送我出荊扉
풍류가 끝내 이원례에 부끄러우니	風流終愧李元禮
자명에게 말 몰게 하여 돌아가지 못하겠네[317]	未遣慈明爲御歸

316 언민 : 유언민(兪彦民, 1709~1773)으로, 본관은 기계(杞溪), 자는 이천, 호는 석은(石隱)·기재(棄齋)이다. 수보가 남유용의 처남이니 처남의 아들이다.

317 풍류가……못하겠네 : 원례(元禮)는 후한(後漢) 때의 고사(高士) 이응(李膺)의 자인데, 이응은 어진 이를 좋아하고 선비들을 예우하여 사림의 존경을 받았고 명성이 천하에 드높아서 천하의 선비들이 모두 그를 사모하며 '천하의 모범 이원례〔天下模楷李元禮〕'라고 하였다. 자명(慈明)은 후한(後漢) 때의 명사인 순상(荀爽)의 자이다. 순상의 형제 여덟 사람이 모두 재주가 뛰어났고 집안이 화목한 데다 효성이 지극하였으므로 당시에 이들 형제를 일러 '팔룡(八龍)'이라 칭하였는데 그 중에서도 순상이 특히 뛰어나서 '자명무쌍(慈明無雙)'이라는 칭찬을 받을 정도였다고 한다. 한번은 순상이 이응을 찾아가 뵙고서 그의 수레를 몰았는데 집에 돌아가서 기뻐하여 말하기를 "오늘에야 이군(李君)의 어자가 될 수 있었다."라고 말했다는 고사가 있다. 《後漢書 卷67 李膺列傳》《高士傳 卷下》남유용 자신을 이원례에, 유언민을 자명에 비유한 것이다.

외숙 규봉 심공[318]께서 시를 보내시어 집에 누워있으면서 오래 게으르게 지내 병을 불렀다고 꾸짖으시면서 조금씩 붕우들과 어울려 지내라고 권하시기에 심부름꾼을 앞에 두고 삼가 수답하다

內舅圭峯沈公惠詩 見責以臥家長懶所以召疾 仍勉稍事過從友朋 對使奉酬

병 끝이라 근력은 산 오르기 겁나고　　病餘筋力怯攀躋

남쪽 언덕 한 치 진흙을 지팡이 짚고 다니지만　　植杖南皐一寸泥

구름은 지쳐도 일천 봉우리 날아갈 생각 절로 생기고　　雲倦自生千嶂意

학은 굶주려도 외려 소나무에 깃드는 걸 사랑한답니다　　鶴飢猶愛數松棲

318 규봉 심공(圭峯沈公) : 심봉의(沈鳳儀,1667～1738)로, 본관은 청송(靑松), 자는 성소(聖韶)이다. 의금부 도사(義禁府都事)・활인서 별제(活人署別提)・공조 좌랑(工曹佐郎)・정랑(正郎) 등을 역임하였다.

이성경 명집 만사

李成卿 命集 輓

빈소에 막 조전[319]을 걷고 明幃初撤祖
상여가 바야흐로 길을 나서는데 靈輀方載路
친한 이들 만류해도 머물지 않고 百親挽不住
짧은 명정이 가는 길을 이끄는구나 短旐引將去
큰 딸은 엄마의 곡을 따라 하고 大女學母哭
작은 딸은 엄마의 젖을 찾는데 小女索母乳
문을 나서면서 오히려 아버지를 부르니 出門猶喚爺
영영 이별하는 것을 어찌 알랴 寧知隔千古
시서는 옛집에 쌓여있고 詩書掩舊堂
싸락눈은 새 묘에 모이는데 霰雪集新墓
붕우들은 다들 나가 장송하건만 朋友皆送野
나만 홀로 병들어 문을 닫았네 我病獨閉戶
가만히 생각하네 오릉[320]에서 노닐 제 側懷五陵遊
두 줄기 눈물 홍건히 흘릴 것을 有涕漫雙注
어찌 좋은 벗 없으랴만 豈無他人好

319 조전(祖奠) : 상여가 묘소로 가기 위해 집을 나갈 적에 지내는 제사이다.

320 오릉(五陵) : 당나라 장안 서북쪽 기슭의 지역이다. 한나라 고조를 비롯하여 다섯 황제의 능이 흩어져 있어 오릉이라 불렸는데 그 인근은 높은 관리와 부호들이 모여 사는 부촌으로, 특히 호협한 소년들이 모여 노는 곳으로 유명하였다. 여기서도 유흥을 즐기는 귀족 자제를 말한다.

그대와 동갑[321]이기 때문일세　　以子同庚故

321 동갑 : 원문의 '同庚'은 같은 나이라는 뜻이다. 청나라 고장사(顧張思)가 지은 《토풍록(土風錄)》 권11에, "나이를 경이라 하니, 사람의 나이를 물을 때 존경이라고 하며 나이가 같은 것을 동경이라 한다.〔年齒曰庚 問人年曰尊庚, 同年歲曰同庚.〕"라고 하였다.

충경 신공 임[322]의 만사

忠景申公 銋 輓

장인을 대신하다.

선왕께서 기해년에 신하들에게 잔치를 베푸실 때[323]	先朝己亥宴群臣
공은 기로연에서 으뜸 가는 사람이었지요	公是耆筵第一人
황발[324]에 즐거이 초상을 그리던 날이요[325]	黃髮熙熙傳像日
흰 구름 아득히 활을 안는 때였소[326]	白雲渺渺抱弓辰

322 충경 신공(忠景申公) : 신임(申銋, 1639~1725)으로, 자는 화중(華仲), 호는 한죽(寒竹), 본관은 평산(平山), 시호는 충경(忠景)이다. 대사헌을 거쳐 공조 판서에 이르렀다. 1722년(경종2) 신임옥사가 일어나자 소론을 공격하고 동궁을 보호하는 상소를 올렸다가 제주도에 위리안치되었는데, 영조 즉위 후 사면되어 돌아오는 길에 해남(海南)에서 죽었다. 영의정에 추증되었다.

323 선왕께서……때 : 기해년인 숙종 45년(1719) 숙종이 기로소에 들어가면서 베푼 잔치를 말한다. 4월 18일에 임금이 기신(耆臣)인 이유(李濡)·김창집(金昌集)·김우항(金宇杭)·신임(申銋) 등 11인을 경현당(景賢堂)에 들어가서 《오례의(五禮儀)》의 양로연의(養老宴儀)를 모방하여 잔치를 행하였고, 잔치가 파하자 특별히 '사기로소(賜耆老所)'라고 새긴 은배(銀杯)를 하사하고 법악(法樂)을 베풀어 마음껏 본소(本所)에서 즐기도록 하였다. 《燃藜室記述 別集 卷6 官職典故 耆社》《숙종실록 45년 4월 18일》

324 황발(黃髮) : 본래 머리가 하얗게 세었다가 다시 누런빛을 띠는 것으로 장수한 노인을 뜻한다. . 《시경》〈비궁(閟宮)〉에 "이미 복을 많이 받으시어, 머리도 누렇고 이도 새로 나셨다네.〔旣多受祉, 黃髮兒齒.〕"라는 말이 나온다.

325 초상을……날이요 : 당시 기로회(耆老會)의 행사 장면과 참석한 기신들의 초상을 그린 것을 말한다. 이들 그림은 《기사계첩(耆社契帖)》으로 남아있다.

326 활을……때였소 : 원문의 '抱弓'은 활을 안는다는 뜻으로, 임금의 죽음을 슬퍼할 때 쓰는 말이다. 황제(黃帝)가 수산(首山)의 구리를 채굴하여 형산 아래 호숫가에서

거센 물결 속에 지주[327]되어 힘써 지탱했고　狂瀾砥柱支撑力
창해가 뽕밭이 되는 것[328] 몸소 겪으셨는데　滄海桑田見在身
당년의 봉사를 가져다 읽어보려니　欲取當年封事讀
한라산 가을빛이 외려 늠름하구려[329]　漢挐秋色尙嶙峋

두 번째 其二

위난에서 계책을 내고 끝내 목숨을 버려　艱危決策竟捐身
뜻과 공업이 아, 사대신[330]과 같으니　志業嗚呼四大臣
당일 선생께서 진정 보국하셨기에　當日先生眞報國
지금 우리들은 사람이 될 수 있었소　至今吾屬得爲人

솥을 주조하고 나서 용을 타고 승천할 적에 신하와 후궁 70여 인을 함께 데리고 갔는데, 여기에 참여하지 못한 소신(小臣)들이 용의 수염을 잡고 있다가 용의 수염이 빠지는 바람에 모두 떨어졌고, 이때 황제의 활도 함께 떨어졌으므로, 백성들이 그 수염과 활을 안고 통곡하며 그 활을 오호궁이라고 불렀다는 전설이 전한다. 《史記 卷28 封禪書》 이해 숙종이 승하하였기 때문에 이른 말이다.

327 지주(砥柱) : 하남(河南) 삼문협(三門峽) 동북쪽 황하 중심에 있는 바위산 이름이다. 황하의 물결이 아무리 거세게 흘러도 이 산을 무너뜨리지 못하고 이 지점에 와서 갈라져 두 갈래로 산을 싸고 흐른다. 세속에 휩쓸리지 않고 꿋꿋하게 자신의 절조를 지키는 군자를 비유하는 말로 쓰인다.

328 창해가……되는 것 : 큰 바다가 농토로 변하고 농토가 큰 바다로 변한다는 뜻으로, 세상사의 변화가 매우 큰 것을 비유한 말이다.

329 당년의……늠름하구려 : 신임이 소론을 공격하고 동궁을 보호하는 상소를 올렸다가 제주도에 위리안치되고, 돌아오는 길에 죽었기 때문에 이른 말이다.

330 사대신(四大臣) : 경종의 아우 연잉군(延礽君)을 세제(世弟)로 책봉하고 대리청정하도록 제기하였다가 신임옥사(辛壬獄事) 때 화를 입은 김창집(金昌集)·이이명(李頤命)·이건명(李健命)·조태채(趙泰采)를 말한다.

순수한 충성심[331] 실로 시종 한결같고 精忠實與成終始
마음 속으로 서로 귀신 있음을 알겠으니 心事相知有鬼神
지하에 묻힌 원혼이 물어온다면 地下幽寃如可問
대답하리라 이 세상에 다시 봄이 돌아왔다고 爲言斯世復陽春

331 순수한 충성심 : 원문의 '精忠'은 티 없이 깨끗한 충성심이란 뜻이다. 옛날 송나라 고종(高宗)이 충신 악비(岳飛)에게 '정충악비(精忠岳飛)'라는 네 글자를 친히 써서 깃발에 달게 한 뒤로부터 자기를 돌보지 않는 순수한 충의를 지닌 사람을 칭송할 때에 이 말이 흔히 쓰이게 되었다.

범을 때려잡는 그림 을사년(1725년, 영조1)

搏虎圖 乙巳

산에 사는 장정 중에 범을 때려잡을 수 있는 사람이 있어
山丁有力能搏虎
죽은 범을 때려잡는 게 아니라 산 채로 범을 잡는데 不搏死虎生搏虎
강인한 수염에 매운 주먹, 목소리는 포효하고 剛髯毒拳聲咆哮
통뼈 몸 타고 나 오도[332]와 비슷하다지 生得通身似於菟
매서운 바람 몰아치고 산골짝은 컴컴한데 陰飆颯颯谽洞黑
해는 이미 졌으나 달은 아직 뜨지 않았네 紅日已落月未吐
그 때 바로 숫범이 길거리에 와서 어슬렁거리는 것을 보니
正看雄虎當道行
고라니 사슴 다 잡아먹어 걸음이 느리구나 麋鹿食盡方緩步
건도 벗지 않고 옷도 벗지 않고 不復脫巾與裸衣
앞에 놓인 싸움에 매달릴 뿐 고개도 돌리지 않네 只管前鬪不回顧
백액[333]이 가슴에 부딪치니 마치 산을 무너트리는 듯

332 오도(於菟) : 옛날에 투백비(鬪伯比)라는 사람이 운(鄖)나라의 공녀(公女)와 간음을 하여 아들을 낳았는데, 운나라 임금의 부인이 사람을 시켜 그 아이를 몽(夢)이라는 습지대에 버리니, 범이 와서 그 아이에게 젖을 먹였다. 운나라 임금이 사냥을 나갔다가 그것을 보고는 놀라서 돌아오자, 부인이 사실대로 고한 다음 곧바로 아기를 다시 데려다가 길렀다. 초나라 사람들은 젖을 누(穀)라 하고 범을 오도(於菟)라고 하였으므로 그 아이의 이름을 투누오도〔鬪穀於菟〕라고 하였는데, 이 아이가 커서 영윤(令尹) 자문(子文)이 되었다. 《春秋左氏傳 宣公4年》 훗날 호랑이의 별칭으로도 쓰였다.

	白額當胸若摧山
등 뒤의 민둥 소나무 겨우 한 그루만 남았구나	背後禿松纔一樹
몸을 날려 범의 등에 타고 범의 목을 누르니	騰身騎虎扼虎吭
눈빛은 땅을 비추고 눈썹과 털이 곤두서네	目光燭地眉髮豎
어떤 것이 맹호인지 알 수 없으니	不知何者是猛虎
내가 본 맹호가 마치 여우 토끼 같구나	我見猛虎如狐兎
긴 꼬리 하늘 향해 다시는 흔들지 못하고	長尾向天不復掉
두 다리 땅에 붙으니 어찌 달릴 수 있으랴	兩股貼地那能走
화공이 이 모습 자못 신묘하게 그려	畫工畫此頗神妙
갑자기 맞닥트림에 사람을 두렵게 하는구나	卒然相値令人怖
범에게 발톱과 어금니 있어 두려울 만하나	虎有爪牙雖可畏
사람에겐 신명이 있어 하늘이 도우시는 바라	人有神明天所佑
한평생 잡아먹으면서 족한 줄을 모르더니	一生呑噬不知足
너 또한 한 번 죽어 천고에 남으리	爾亦一死垂千古
세상의 용맹 좋아하는 사람에게 말하노니	寄語世上好勇人
이 그림 한번 보게나 정녕 두려울 테니	試觀此圖良瞿瞿

333 백액(白額) : 백액호(白額虎)의 준말로, 범의 별칭이다. 범이 늙으면 이마가 희게 변하는데, 특히 힘이 세고 기세가 사나워서 사람이 잡기 어렵다고 한다.

무검기행[334]

舞劒器行

붉은 번개는 엷은 구름 조각 사이로 광채를 흘리고 赤電流光雲葉薄
가을 하늘에 챙챙 수리와 물수리 우네[335] 秋霄決決鳴鵰鶚
벽제의 기름 발라 무지개로 변하고[336] 鷿鵜春膏化紫虹
두 줄 비단 띠에 교룡이 뛰는구나[337] 兩條錦線蛟龍躍
기린 조각한 옥대에 가는 허리 수놓고 玉刻麒麟繡腰細
푸른 천은 휘휘 부용검을 둘렀네 青慈繚繞芙蓉鍔
푸른 노을 한 덩이는 신선을 감추고 青霞一團秘神仙
비췻빛 소매 속 가냘픈 속살 빛을 발하는데 翠袖纖紅光灼若

334 무검기행(舞劒器行) : 검기(劍器)는 고대 무무곡(武舞曲)의 이름이고 행(行)은 시체(詩體)의 하나이다. 당(唐)나라 교방악무(教坊樂舞)에는 춤추는 자세가 강건(剛健)하고 많은 현악기와 빠른 관악을 사용하는 건무(健舞)와 이와 상대되는 연무(軟舞)가 있었는데 검기(劍器)는 검무에 속한다.

335 챙챙……우네 : 원문의 '鵰鶚'은 맹금류(猛禽類)로, 흔히 재망(才望)이 출중한 사람을 비유하는데 여기서는 조악의 울음소리로 칼이 부딪히는 소리를 비유한 것으로 보인다.

336 벽제의……변하고 : 벽제(鷿鵜)는 물새의 일종인데, 이 새의 기름을 도검(刀劍)에 발라 두면 녹이 슬지 않는다고 한다. 소식(蘇軾)의 〈사조자방혜신다(謝曹子方惠新茶)〉 시에 "주머니 속엔 과두 문자를 오래 간직하였고, 칼날은 벽제 기름으로 말끔히 새로 닦았네.〔囊簡久藏科斗字, 劍鋒新瑩鷿鵜膏.〕"라는 구절이 있다. 《蘇東坡詩集 卷32》햇빛에 빛나는 칼날을 비유하는 것으로 보인다.

337 두 줄……뛰는구나 : 띠줄을 너울거리며 춤을 추는 무녀(舞女)를 묘사한 말이다.

뾰족한 칼장식 돌리니 광채 선명히 드러나고 鏤尖回旋刻露明
오환[338]을 홀연 끌어당기니 유성이 갈라져 쏟아지네 吳環忽掣飛星坼
옥비녀가 땅에 떨어질 젠 뱀 등에 미끄러지듯 瑤簪墮地蛇背滑
붉은 하늘의 영기에 생금으로 만든 착도[339]인 듯 彤天靈氣生金錯
어찌하면 용맹한 장사에게 신술을 배워 安得猛士斅神術
시퍼런 칼날로 북쪽 사막을 한번 평정해 볼까 一試霜鋩靜朔漠

338 오환(吳環) : 미상이다. 갈고리 모양으로 휘어진 병기(兵器)인 오구(吳鉤)로 짐작된다. 춘추 시대 오(吳)나라 사람이 이를 잘 만들었기 때문에 오구라고 일컫는데, 후에는 예리한 검을 뜻하는 말로 쓰인다.

339 생금으로……착도 : 금착도는 황금으로 장식한 패도(佩刀)를 가리킨다. 후한(後漢) 환제(桓帝) 때에 무릉(武陵) 오계(五溪)의 만이(蠻夷)가 난을 일으키자 환제가 거기장군(車騎將軍) 풍곤(馮緄)에게 남정(南征)을 명하면서 금착도 한 자루를 내린 고사가 있다.

어부가

漁父歌

굵은 눈썹 꼿꼿한 어깨의 강변 노인은	麤眉直肩江邊叟
낚싯대와 물고기 광주리가 항상 손에 있네	竹竿漁筐常在手
양수[340]의 서쪽은 물이 차가워 고기가 올라오지 않아	瀼西水寒魚不上
작년에 집을 남포 어귀로 옮겼다지	去年移家南浦口
가을 장마 겨울 눈에도 도롱이 하나 걸치고	秋霖冬雪一簑衣
날마다 노인이 와서 작은 낚시터에 앉는 것을 보네	日見翁來坐小磯
문왕 시절 이미 멀어지고[341] 나도 늙었으니	文王已遠吾老矣
저물녘 광가 부르며 돌아가는 것이라네	日暮狂歌還自歸

340 양수 : 본래 사천성(四川省) 봉절현(奉節縣) 산간에 흐르는 냇물 이름인데, 여기서는 한강을 의미하는 것으로 보인다. 김창협의 《농암집(農巖集)》에 "양수(瀼水) 동쪽과 서쪽에서 화산(華山)을 한 부분씩 나누어 살았다.〔瀼東瀼西, 分華山一半之居.〕"라고 하여 한강을 양수로 북한산을 화산으로 쓴 용례가 있다. 《農巖別集 卷之二 附錄 祭文》

341 문왕……멀어지고 : 주(周)나라의 명상인 강태공(姜太公)이 때를 얻지 못하였을 때 위수(渭水) 가에서 고기를 낚았는데 문왕(文王)이 위수 가에서 사냥을 하다가 낚시질을 하고 있던 태공을 만나서 말을 나눠 보고는 크게 기뻐하여 수레에다 태우고 함께 돌아와 스승으로 섬겼다는 고사가 있다. 《史記 卷32 齊太公世家》

목동사

牧童詞

큰 소를 치니	牧大牛
소는 순하여 마을로 들어가고	牛馴入衖曲
작은 소를 치니	牧小牛
소는 건장하여 산골짜기로 내달리네	牛健走澗谷
풀잎을 머리에 감고 긴 소등에 타니	草葉纏頭牛背長
마을 연기 그치지 않고 온 산이 푸르구나	村烟未歇千巖綠
도롱이에 삿갓 차림으로 푸른 숲 속에서	烟簑雨笠青林下
세세연년 누런 송아지를 기르리	歲歲年年養黃犢

서종숙 한륜 자유에게 주다

贈庶從叔漢綸子游

자유(子游)는 어렸을 적에 호기를 자부하며 술만 많이 마시어 글 배우는 것을 성취하지는 못하였으나 융복(戎服) 차림으로[342] 후백(侯伯)들에게 간알(干謁)하여 자못 뜻을 얻었다. 그리하여 일찍이 남쪽으로는 제주 끝까지, 북쪽으로는 경원(慶源)에까지 이르렀고, 동쪽으로 서쪽으로 발길 닿지 않은 곳이 없이 하루라도 편히 있으려 들지 않았는데, 지금 영락하여 벽성(碧城)에 와서 노닐면서 적적하게 몇 달을 머물고 있다. 나는 그의 기가 쇠하고 곤궁함이 심한 것을 안타까워하면서도 장난으로 시를 지어 주니, 아마도 《시경》에서 이른바 '농담을 잘한다'[343]는 '농담'에 가까울 것이로다. 병오년(1726년, 영조2)이다.

장군이 열대여섯 살 젊은 시절엔 將軍少年十五六

사납기는 포효하는 범과 같고 건장하기는 송아지 같았는데 猛如哮虎健如犢

머리 숙여 서사는 배우려 들지 않고 不肯俯首學書史

책상을 대하면 마음은 구름 속 따오기에 있었다네 對案心在雲中鵠

342 융복(戎服) 차림으로 : 원문은 '靺韋跗注'이다. 말위는 붉은색 가죽 옷이라는 뜻으로 장수의 군복을 가리킨다. 춘추 시대 진(晉)나라 장수 극지(郤至)에게 초(楚)나라 임금이 감사의 뜻을 전하면서 "격전 중에 붉은색 가죽 바지를 입은 분이 군자의 풍모를 보이면서 나를 보고는 다른 곳으로 피해 가곤 하였는데, 혹시 부상은 당하지 않았는지 모르겠소.〔方事之殷也 有靺韋之跗注 君子也 識見不穀而趨 無乃傷乎〕"라고 한 데에서 유래하였다. 《春秋左氏傳 成公16年》

343 농담을 잘한다 : 《시경》 〈기욱(淇奧)〉에서 위 무공(衛武公)의 훌륭한 인품을 칭찬하여 "희학을 잘하니, 지나침이 되지 않도다.〔善戲謔兮, 不爲虐兮.〕"라고 하였다.

봄 날 산성에서 백마 탈 젠 종횡으로 달리고　春城白馬縱復橫
청루 열두 난간[344]에선 인물이 옥과 같았으니　靑樓十二人如玉
오릉의 소년들[345]이 그 성명을 알았고　五陵年少知姓名
미주 한바탕 마시면 한 섬들이 동이가 비었네　美酒一飮盡一斛
칼을 쓸 땐 높이 휘두르는 걸 능력으로 여겼지 낮게 떨구는 것을 능력으로 여기지 않았고　用劒能高不能庳
활을 당길 땐 멀리 쏘는 것을 귀히 여겼지 맞추는 것을 귀히 여기지 않았는데　引弓貴遠不貴的
제왕의 문전에서 피리와 비파 좋아하는 바가 달라[346]　齊門竽瑟異所好
나이 서른이 되도록 녹을 얻지 못하였네　行年三十不得祿
점차 굽실거릴 줄 알아 숱하게 찾아가 간청하니　稍能俛眉事干謁
호탕한 말과 출중한 기개가 후백의 마음을 기울여　豪談傑氣傾侯伯
북관[347]의 막부에선 기실[348]을 두 번 맡았고　北關幕裏再記室
호남의 감영에서는 세 번 군복을 입었네　湖南營下三戎服

344 청루……난간 : 청루(靑樓)는 푸른색으로 칠해 아름답게 장식한 누각으로, 기원(妓院)을 뜻하고, 열두 난간은 구비가 많은 난간으로 호화스러운 누각을 말한다.

345 오릉(五陵)의 소년들 : 197쪽 주320 참조.

346 제왕(齊王)의……달라 : 제문은 제왕(齊王)의 문이란 뜻이다. 옛날 제왕이 피리〔竽〕를 좋아했는데, 제 나라에 벼슬을 구하는 자가 비파를 가지고 가서 제왕의 문에 3년이나 서 있었지만 들어가지 못하자, 어떤 이가 그에게 말하기를 "왕은 피리를 좋아하는데 그대는 비파를 타니, 비파를 아무리 잘 탄들 왕이 좋아하지 않음에 어찌하랴."라고 했다는 고사에서 온 말이다. 자신의 재능이 시속의 숭상함과 서로 다름을 비유한다. 《戰國策 齊策》《韓昌黎集 答陳商書》

347 북관(北關) : 함경도 지역을 가리킨다.

348 기실(記室) : 서기관이나 비서관의 역할을 했던 관직명이다.

탐라에선 또 청유[349]의 막객(幕客)이 되고	耽羅又作青油客
팔도를 장쾌하게 다니며 바다와 육지 끝까지 갔는데	八路壯遊窮水陸
세월은 흐르고 흘러 귀밑털 하얘졌으니	流光冉冉雙鬢蒼
40년 동안 많이도 실의하였음이라	四十年來太落魄
평생 번 돈으로 밭뙈기도 사지 못하고	平生得錢不買田
석 달 동안[350] 죽만 먹고 배를 채우지 못하면서	飯粥三秋未充腹
아로새긴 활은 벽에 걸리고 칼은 칼집에 넣어둔 채	雕弓掛壁劒在匣
처자식과 함께 산중 초가집에서 사네	妻子山中共茅屋
준마는 구유에 엎드려 있어도 뜻은 변함이 없는 것[351]	良驥伏櫪志未已
장부가 어찌 밭 갈고 소 치는 것을 일삼으리오	丈夫寧能事耕牧
봄바람에 말을 대제[352] 마을에 매어두니	春風繫馬大堤村

349 청유(青油) : 대장군의 막사인 청유막(青油幕)을 가리키는데, 청유(青油)라는 기름을 발랐다고 하여 이렇게 부른다.

350 석 달 동안 : 원문의 '三秋'는 여러 가지 의미로 쓰이는데, 계추(季秋)란 의미로 9월을 이르기도 하고, 가을의 석 달을 이르기도 하고, 세 해의 가을이라는 뜻으로 삼년의 긴 세월을 이르기도 한다. 여기서는 문맥상 석 달로 보았다.

351 준마는……없는 것 : 가슴에 품은 뜻은 비록 씩씩해도 현실적으로 행하기는 어려운 것을 비유하는 말이다. 조조(曹操)가 지은 〈보출하문행(步出夏門行)〉이라는 악부가(樂府歌)에 "늙은 천리마가 구유에 엎드려 있어도 뜻은 언제나 천 리 밖이요, 열사의 나이가 비록 늙었어도 장한 마음은 변함이 없네.〔老驥伏櫪, 志在千里, 烈士暮年, 壯心不已.〕"라고 하였다.

352 대제(大堤) : 호북성(湖北省) 양양현(襄陽縣)에 있는 큰 방죽으로, 이곳에 꽃이 피면 여자들이 한껏 단장하고 나와 놀며 사내들의 눈을 홀리며 어울렸다고 한다. 역대 많은 시인들이 악부인〈대제곡〉을 지었는데, 남조(南朝) 송(宋)나라의 수왕(隋王) 유탄(劉誕)이 양양에서 밤에 기녀들의 노래를 듣고 지은 〈양양악(襄陽樂)〉과 남조 양

대제의 아가씨들 발그레한 살이 비치고 　大堤女兒紅暎肉
컴컴한 긴긴밤에 술잔을 주고 받으니 　遙夜沉沉動淸酌
한 곡조 노래에 매화가 하얗게 피네 　放歌一曲梅花白
회포를 남에게 말하는 것이 부끄럽고 　羞將懷抱向人說
취한 후 새 시만 부질없이 눈에 가득할 터 　醉後新詩空滿目
의기 꺾인 그대를 안타까워하여 그대의 시에 화답하려니
　憐爾摧殘和爾詩
젊고 건장할 때 말하려다 이내 탄식만 나는구나 　欲言少壯仍歎息
뾰족한 머리[353]를 보면 어찌 오래 곤궁하리 　試看銳首豈長困
회오리바람 타고 붕새가 날개 펼치는 것을 볼 터[354] 　會見扶搖展鵬翼
나에게 손오의 옛 병서[355]가 있으니 　我有孫吳古兵書
그 책 한 부 우선 밝은 창에서 읽으시게나 　一部且向晴牕讀

(梁)나라의 간문제(簡文帝) 소강(蕭綱)이 대제의 기녀를 읊은 〈대제곡(大堤曲)〉이 유명하다.《樂府詩集 卷48 襄陽樂 註》《玉台新詠 卷7 雍州十曲 大堤》

353 뾰족한 머리 : 무인의 자질을 나타내는 말이다. 전국시대 때 조(趙)나라 공자(公子) 평원군(平原君)이 조왕에게 무안군(武安君)에 대해 말하기를 "작은 머리에 뾰족하고 눈동자는 흑백이 선명하였습니다. 머리가 작고 뾰족하면 과단성 있게 행동하고 눈동자가 흑백이 분명하면 일 보기를 분명히 합니다."라고 말한 고사가 있다.《史記 卷81 廉頗藺相如列傳》

354 회오리바람……볼 터 : 《장자》〈소요유(逍遙遊)〉에 "붕새가 남쪽 바다로 날아갈 때는 물을 3천 리나 박차고 회오리바람을 타고 9만 리나 날아오른 뒤에야 6월의 대풍을 타고 남쪽으로 날아간다.〔鵬之徙於南冥也, 水擊三千里, 摶扶搖而上者九萬里, 去以六月息者也.〕" 하였다. 다시 출세길에 올라 능력을 발휘할 것이라는 축원의 표현이다.

355 손오의……병서 : 손오(孫吳) 춘추(春秋) 시대 손무(孫武)와 전국(戰國) 시대 오기(吳起)인데, 모두 고대의 병가(兵家)이다. 손무는 《병법(兵法)》을, 오기는 《오자(吳子)》를 지었다.

내가 남루[356]에서 술에 취해 제공들의 부축을 받아 초당으로 들어가게 되었는데 새벽이 되어 깨어나 보니 제공들은 어지러이 서로 베고 누워있고 나 또한 누각을 내려온 때가 기억나지 않기로 붓을 잡고 시구를 엮어 어제 놀던 일을 기록하다

余被酒南樓 爲諸公扶入草堂 曉而覺則諸公狼藉相枕 余亦不省下樓之時也 援毫綴句記昨遊

봄 기운 따스한 강남엔 구름과 연기 드넓게 펼쳐지고 江南春暖烟雲濶
이슬 걷힌 높은 하늘에선 초승달 떠오르는데 天高露捲流新月
화각[357] 소리는 막 멈추고 수졸은 졸고 畫角新停守卒眠
문 닫힌 집집마다 밥 짓는 연기도 그쳤네 千門已閉人烟歇
들 버들은 연못으로 이어져 막 연푸른빛 돌고 野柳通沼嫩初綠
관아의 매화는 담장 넘어 꽃이 피려 하는데 官梅過墻花欲發
남루의 긴긴밤 맑은 술잔 주고받을 제 南樓永夜動淸酌
몇 순배 돌리면서 돌연 유생의 졸박함을 잃었구나 數杯頓失儒生拙
나는 미친 듯 자운처럼 천록각에서 투신하려 들고[358]

356 남루(南樓) : 남문루(南門樓), 즉 숭례문(崇禮門)의 문루(門樓)를 이른다. 《英祖實錄 4年 4月 19日》

357 화각(畫角) : 옛날 관악기인데, 모양이 대통처럼 생기고 겉에다 그림을 그려 놓았기 때문에 화각이라고 하였다. 옛날 군중에서는 이것을 사용하여 사기를 진작하고 군대를 엄숙하게 하였고, 제왕이 순시할 때는 이것을 사용하여 계엄을 알렸다.

我欲狂投子雲閣

그대는 어이 취하여 치이처럼 머리를 풀었는가[359] 君胡醉散鴟夷髮

깨어 있을 때도 정신 놓은 것이 열에 일곱 여덟이었으니 醒時失意十七八

취한 뒤 어찌 소절에 구애받으려 하였으랴 醉來豈肯拘小節

황망한 노래 문란한 춤 분분히 일어나 荒歌亂舞紛紛起

누각의 기둥 요동쳐 난간이 무너지려 할 제 樓柱欲動欄楯缺

어느 누가 환술로 천 균 들 수 있는 힘을 가져와 阿誰幻取千勻力

나를 부축하여 누대에서 내려 방에 눕혔는가 扶我下樓臥我室

환호하다 밤이 깊어지는 것 알지 못했는데 歡呼不省夜已闌

깨고 나서는 해가 동녘에 뜨는 것 보고 자못 놀랐네 覺來頗驚日東出

경박한 풍속이 어찌 광사[360]의 모습을 알랴 薄俗焉知狂士態

358 자운처럼……들고 : 자운(子雲)은 한나라 때 문장가인 양웅(揚雄)의 자이다. 그에게서 문자를 배운 유분(劉棻)이 왕망(王莽)에게 체포되어 치죄(治罪)를 받게 되자, 자기도 죽음을 면치 못하리라 여긴 나머지 교서(校書)를 하고 있던 천록각(天祿閣)에서 뛰어내려 빈사 상태에 빠졌다가 용서를 받았던 '투각(投閣)'의 고사가 전한다.《漢書 卷87下 揚雄傳》 두보(杜甫)의 〈취시가(醉時歌)〉에 "사마상여는 뛰어난 재주로 친히 그릇을 씻었고, 양자운은 글자를 알아서 끝내 천록각서 투신했지.〔相如逸才親滌器, 子雲識字終投閣.〕"라는 구절이 있다.

359 취하여……풀었는가 : 치이(鴟夷)는 춘추 시대 월왕(越王) 구천(句踐)의 모신(謀臣)인 범려(范蠡)의 별칭이다. 일찍이 월왕을 보좌하여 오(吳)나라를 쳐서 멸망시킨 뒤에 치이자피(鴟夷子皮)로 성명(姓名)을 바꾸고 머리를 풀어헤치고 오호에 조각배를 띄우고 돌아다니다가 제나라에 들어가서 거부(巨富)가 되었다는 고사가 있다.《史記 卷129 貨殖列傳》 이백(李白) 〈고풍(古風)〉 시에 "어찌하여 치이는 머리를 풀고 편주를 탔는가.〔何如鴟夷子, 散髮棹扁舟?〕"라는 구절이 있다.

360 광사(狂士) : 150쪽 주222 참조.

두 계집종은 등 뒤에서 공연히 혀만 차는구나　　二婢背後空嗟咄

몸을 돌려 크게 꾸짖네 너희는 누구냐고　　回身大罵爾何人

너희는 유령[361]의 기골에 못 미친다고 하면서　　爾生不及劉伶骨

내가 이날 매우 취하였는데 뒤에 있던 두 명의 객이 술주정하는 것을 비웃었다. 내 이를 어렴풋이 듣고 끝구에 그때 꾸짖던 말을 분명히 기록해 둔다.

361 유령(劉伶) : 진(晉)나라 때 죽림칠현(竹林七賢)의 한 사람으로 자는 백륜(伯倫)이다. 남달리 술을 좋아하여 늘 녹거(鹿車)를 타고 한 호로병의 술을 가지고 다녔는데, 한 사람에게 삽을 메고 따라다니게 하여 자기가 죽으면 그 자리에 묻어 달라고 하였다는 고사가 있다. 그가 지은 〈주덕송(酒德頌)〉이 《고문진보(古文眞寶)》 후집에 실려 있다. 《晉書 卷49 劉伶列傳》

고을 누각에 보관되어 있는 사슴이 물 먹는 옛 그림을 보고 장난삼아 짓다

觀郡閣藏古畫飮鹿戲題

옛날에 과보[362]라는 자가 있어	昔有夸父者
노나라의 광사[363]였는데	魯國狂士也
아침엔 부상[364]에 떠오르는 해를 쫓아가고	朝逐扶桑日
저녁엔 곤륜산[365] 아래에 이르려 했다지	夕至崑崙下
목은 마르고 마음은 초조한데 물을 얻을 수 없어	口渴心焦不得水
곤륜산에 도착하기 전 길 옆에서 죽었는데	未至崑崙死道左
삼 년 후에 모산[366]의 사슴으로 변하여	三年化爲茅山鹿

362 과보(夸父) : 태양을 좇아가다가 8일 만에 목이 말라, 하수(河水)와 위수(渭水)의 물을 마시고도 부족하여 북쪽 대택(大澤)으로 물을 마시러 가다가, 그곳에 도착하기 전에 죽었다고 하는 중국 전설상의 인물이다. 《山海經 海外北經》

363 노나라의 광사(狂士) : 광(狂)은 곧 뜻만 크고 말만 고상할 뿐 행실이 뜻과 말에 미치지 못하는 것을 이르는 말로, 《맹자》 〈진심 하〉에서는 춘추 시대 노(魯)나라의 금장(琴張), 증석(曾晳), 목피(牧皮) 등을 그런 사람의 예로 들었다. 과보를 노나라 광사로 설정한 것 역시 그런 의미를 취한 것으로 보인다.

364 부상(扶桑) : 동해의 해가 돋는 곳에 있다는 신목(神木)이다. 같은 뿌리에서 두 줄기가 짝으로 자라나서 서로 의지하므로 '부상'이라고 하며 해가 뜰 때에는 이 나뭇가지를 흔들고서 올라온다고 한다.

365 곤륜산(崑崙山) : 중국의 서쪽에 있는 최대의 영산(靈山)인데, 이 산에는 서왕모(西王母)가 살며 아름다운 옥이 많이 생산된다고 한다. 서쪽 끝이라는 내용을 강조하는 것일 뿐 실제 과보 이야기와는 관계없다.

366 모산(茅山) : 강소성 구용현(句容縣) 구곡산(句曲山)을 가리킨다. 도가(道家)

청계[367]로 달려 들어가 물을 마셨다네	走入青谿飮流水
그저 청계의 맑고 잔잔한 물결을 사랑할 뿐	只愛青谿淸且漪
해 뜨고 해 지는 것을 누가 다시 기억하랴	日出日入誰復記
내가 사슴이 아니니 사슴을 어찌 알랴마는	我非鹿也安知鹿
이 말은 오유자[368]에게서 들었노라	此言得之烏有子

에 전하는 전설 중의 세 신선인 삼모군(三茅君), 즉 모영(茅盈)과 그의 아우 모고(茅固), 모충(茅衷)이 구곡산(句曲山)에 들어가서 도를 닦아 신선이 되었다고 한다.

367 청계(青谿) : 산 이름이다. 당(唐)나라 때 신선(神仙)을 매우 좋아했던 고변(高駢)의 〈보허사(步虛詞)〉에, "청계산 도사를 사람들은 알지를 못하니, 하늘을 오르내리는 학 한 마리뿐이로다.〔青溪道士人不識, 上天下天鶴一隻.〕"라는 구절이 있다.

368 오유자(烏有子) : 실제하지 않는 가공의 인물을 뜻한다. 한(漢)나라 사마상여(司馬相如)가 〈자허부(子虛賦)〉에서 자허(子虛)·오유선생(烏有先生)·망시공(亡是公)이라는 세 가공의 인물을 설정하여 문답을 전개하였던 데서 유래한다.《漢書 卷57 司馬相如傳》

한포 이 민충공 건명[369] 의 천장[370] 때 올린 만사

寒圃李忠愍公 健命 遷葬輓

장인을 대신하다.

깊고 깊은 신무문에 귀신이 몸을 숨겨　沉沉神武鬼潛身

기묘년의 남은 음모[371] 임인년의 화[372]가 되었네　己卯餘謀禍壬寅

369 이 충민공(李忠愍公) : 이건명(李健命, 1663～1722)으로, 본관은 전주, 자는 중강(仲剛), 호는 한포재(寒圃齋)・재월재(霽月齋), 시호는 충민, 노론 사대신 중의 한 사람이다. 수찬・응교・우승지・대사간・이조 판서・좌의정 등을 역임하였다.

370 천장(遷葬) : 이건명은 1722년(경종2) 임인옥사에서 흥양(興陽)의 나로도(羅老島)에 유배되었다가 적소(謫所)에서 참수형에 처해졌다. 이에 덕산(德山) 나연(蘿淵)에 임시로 장사 지냈다가 두 아들도 옥사하고, 가산(家産)이 적몰(籍沒)된 후 3년이 지난 1725년(영조1)에 '충민(忠愍)'의 시호를 받고 교하(交河)의 선영으로 천장하면서 강가에 사당을 세웠다. 이 때 지은 만사로 보인다.

371 깊고……음모 : 1519년(중종14) 기묘사화(己卯士禍) 때에 남곤(南袞), 심정(沈貞) 등의 훈구대신들이 중종의 밀지(密旨)를 받고 승지와 사관 몰래 경복궁(景福宮)의 북문인 신무문(神武門)을 통해 입궐하여 조광조(趙光祖) 등의 신진 사류들을 참소하였던 일을 가리킨다. 이 사건으로 조광조는 능주(綾州)로 귀양가서 한달만에 사사되고, 김정(金淨) ・기준 ・한충 ・김식 등은 귀양갔다가 사형되었으며 김구 등 수십명도 역시 유배되고, 이들을 두둔한 김안국(金安國) ・김정국(金正國) 등은 파직되는 등 사림이 몰락하게 된다.《中宗實錄 14年 11月 15日》

372 임인년의 화 : 1722년(경종2)에 있었던 임인옥사를 가리킨다. 임인옥사는 숙종의 임종 무렵 당시 세자이던 경종을 음해하기 위해 노론 명문가의 자제가 중심이 되어 삼수(三手)의 계책을 써서 역모하였다는 목호룡의 상변에 따라, 신축옥사로 위리안치되어 있던 노론 사대신이 모두 사사(賜死)되는 등 노론계 인사가 대거 처벌되고 축출된 사건이다.

심정과 남곤 주벌하여 이런 무리 없어졌다면　貞袞若誅無此輩
인종 명종 이어지며 오늘날까지 무탈하였을 것을　仁明相繼有今辰
요망한 구름이 하늘의 해를 가릴 수 없고　氛雲不隔天中日
우로가 어찌 땅 속의 봄을 인연하였으랴　雨露何因地下春
서쪽 성곽의 흰 상여는 마치 복명하는 것 같으니　西郭素車如復命
의릉[373]의 가을 풀도 기린각[374] 향해 울겠네　懿陵秋草泣麒麟

두 번째 其二

서리 내리는 서호[375]에 초목은 시드는데　霜落西湖草木衰
돌아오는 널[376]이 새 사당 지나는 것을 어찌 차마 보랴
可堪歸櫬過新祠
충혼은 선왕께 절하는 것을 부끄러워하지 않고　忠魂不愧先王拜
피맺힌 정성은 응당 훗날 역사가 알게 되리　血悃應教後史知
구준은 원통함을 당했으나 시법이 징험하였고[377]　寇準有寃徵謚法

373 의릉(懿陵) : 경종(景宗)과 계비 선의왕후(宣懿王后) 어씨(魚氏)의 능으로 서울시 성북구(城北區) 석관동(石串洞)에 있다.

374 기린각(麒麟閣) : 한 선제(漢宣帝)가 일찍이 곽광(霍光), 장안세(張安世), 소무(蘇武) 등 공신 11인의 초상을 그려서 걸게 했던 전각 이름으로, 전하여 공신을 가리킨다.

375 서호(西湖) : 서울 서강(西江)의 별칭이다.

376 돌아오는 널 : 원문의 '歸櫬'은 타향에서 죽어 고향의 선산으로 돌아가는 것을 말한다.

377 구준(寇準)은……징험하였고 : 구준(寇準)은 북송(北宋) 초의 인물이다. 정위(丁謂) 등의 모함을 받아 반역죄로 해상(海上)으로 추방당하였으나 이를 지시한 장헌황후(章獻皇后)가 세상을 떠나자, 이준욱(李遵勗)이 한림학사 양억(楊億)이 임종시

범방은 경계함 없이 어린 아들에게 부탁하였네[378] 范滂無戒屬孤兒
당시의 반검[379]은 오히려 은례였으니 當時盤劍猶恩禮

주었던 조고(詔誥) 등의 자료를 보관하고 있다가 인종(仁宗)에게 올리면서 구준에 대한 모든 상황을 차례에 따라 진술하자, 인종이 조서를 내려 그의 억울함을 깨끗이 씻어주고 중서령(中書令)의 벼슬을 추증하였으며 시호를 '충민(忠愍)'이라고 내렸다. 《宋史 281권 寇準傳》 이 내용은 이건명의 시호가 구준과 같기 때문에 가져온 내용이다. 영조가 즉위 후 노론 사대신에 대한 관작을 회복시키고 시호와 치제(致祭)를 내렸으며 강가에 사당(고양 사충서원) 을 세워주었는데 이 때 이건명에게는 '충민(忠愍)'이라는 시호를 하사하고 교하(交河)에 있는 선영 곁에 예를 갖추어 장사하도록 하였다. 그런데 1727년(영조3)에 정미환국(丁未換局)이 일어나 소론(少論)이 정권을 잡게 되면서 관작과 시호를 다시 추탈 당하고 사당이 훼철되었다가 뒤에 다시 회복되는 우여곡절을 겪게 된다.

378 범방(范滂)은……부탁하였네 : 범방은 후한 말기 사람이다. 이응(李膺), 두밀(杜密)과 함께 당시 청렴한 선비로 꼽혔다. 환제(桓帝) 때 당고(黨錮)의 화(禍)에 연좌되어 체포령이 내리자, 함께 도망치자는 현령(縣令) 곽읍(郭揖)의 청을 뿌리치고 자진하여 감옥으로 나아가면서 그 어머니와 아들에게 위로와 당부의 말을 남기고는 당당하게 처형을 당하였다. 그 때 나이 33세였다. 《後漢書 卷67 黨錮列傳 范滂》 이건명도 비슷한 상황에서 죽음을 맞았기 때문에 가져온 내용이다. 당시에 어떤 이가 공에게 도망가서 목숨을 부지하기를 권하였는데, 공이 준엄하게 거절하며 이르기를 "조정에서 비록 이러한 명을 내리지 않았더라도 응당 스스로 목숨을 끊어서 지하에 계신 선친을 따라야 하니, 어찌 고생스럽게 탈출하여 온 집안사람들이 모두 주륙되는 날에 구차하게 목숨을 보전할 수 있겠습니까." 하고는 조용히 죽음에 나아갔으니, 향년 33세였다. 《漢湖集 제18권 贈參判李公墓表》 범방이 자식에게 이르면서 자신의 행동을 따르게 하지도 따르지 말라고 하지도 못했다는 의미에서 '無戒'라고 표현한 것으로 보인다.

379 반검(盤劍) : 반수가검(盤水加劍)의 준말로 대야에 물을 담그고 그 위에 칼을 올려놓은 것인데, 만약 죄가 있으면 대야의 물처럼 공평한 법으로 다스려 주기를 바란다는 뜻이다. 이는 공경(公卿)이 죄가 있을 경우에는 함부로 욕을 보이지 않고 스스로 자결(自決)하도록 하여 대신(大臣)의 체모를 지키게 해 주려는 것이다. 《漢書 卷48 賈誼傳》 이건명이 참형에 처해졌기 때문에 이른 말이다.

충헌 등 제공들[380] 또한 슬프지 않았으리　　忠獻諸公也不悲

380 충헌 등 제공들 : 임인옥사에서 이건명과 함께 희생된 노론 사대신, 즉 충헌공(忠獻公) 김창집(金昌集)·충민공(忠愍公) 이건명(李健命)·충문공(忠文公) 이이명(李頤命)·충익공(忠翼公) 조태채(趙泰采) 등을 말한다.

청명날 송산을 나와 도곡의 시골집을 바라보며[381] 서종숙 한종 종지[382]의 시에 화답하다

清明 出松山望陶谷田家 和庶從叔漢宗宗之

날 듯한 나들이 말이 쌍계를 건너는데	翩翩游騎度雙溪
어둑한 봄 그늘로 낮닭이 지나가네	漠漠春陰過午雞
홀연 산승을 높은 나무 아래에서 만나고	忽値山僧喬木下
저 멀리 마을 서쪽에 우리집 보이는구나	遙看吾舍小村西
바람 따뜻한 물버들엔 새소리 요란하고	風暄水柳繁禽語
진흙 미끄러운 산골짜기엔 사슴 발자국 흩어졌네	泥滑山谿散鹿蹄
삼짇날 시골집에는 백주가 넉넉히 있어	上巳田家饒白酒
만날 때마다 잡아끌어 마을로 데려간다네	每逢牽挽入村棲

381 송산을……바라보며 : 송산(松山)은 경기도 남양주시 진건읍에 있는 산이고, 도곡은 남양주 와부이다.

382 서종숙 한종 종지 : 남한종(南漢宗)으로 자는 종지(宗之), 호는 백인자(百忍子)이다. 남용익의 서자인 남성중(南聖重)의 아들로, 남유용이 쓴 〈진사남군묘지명(進士南君墓誌銘)〉에 의하면 남유용과 남유상의 유람에 늘 동행했다고 한다. 《雷淵集 卷21》

한식에 자록의 묘에서 곡을 하고 앞 시의 운을 써서 5언으로 감회를 읊다
寒食哭子祿墓 用前韻爲五言感懷

오래된 길엔 다니는 사람 적어	古道少人行
잡목만 작은 시내를 덮었는데	荒榛翳小溪
비바람 때마침 몰아치고	風雨正飄灑
꺼억꺼억 꿩이 날아가네	格格飛山鷄
봄 풀 속에서 통곡하노라니	慟哭春草裏
외로운 무덤에 해는 쉬 지는데	孤墳日易西
누가 돌아가는 나를 전송하랴	誰能送我歸
흐르는 물만 말발굽을 좇을 뿐	流水逐馬蹄
오늘 밤 행여 나와 꿈에서 만나면	今宵倘夢我
내 묵공의 처소에서 묵으리라	我宿默公棲

백씨·종지와 함께 '소용당'[383]으로 분운하여 나는 '소' 자를 얻다

同伯氏宗之 以踈慵堂分韻 余得踈字

물고기는 노니면서 즐거이 서로를 잊고[384]	魚游樂相忘
솔개가 나는 뜻[385] 어찌 그리 여유로운가	鳶飛意何徐
큰 도는 질박하면서 어리석고[386]	大道樸以愚
지극한 교유는 마치 성근 듯 담박하다네	至交澹如踈
이러한 것으로 나의 졸박함을 지키고	以玆守吾拙
일 년 내내 오두막을 벗어나지 않으리	終歲不出廬
맑은 구름을 눈으로 전송하고	淸雲送以目
상쾌한 바람을 옷자락으로 맞이하네	好風迎以裾

383 소용당(踈慵堂) : 남유용의 증조부인 남용익이 거처로 삼던 곳이다.

384 물고기는……잊고 : 도의 세계에서 서로 피아(彼我)의 구분 없이 깊이 사귀는 것을 의미한다. 《장자(莊子)》 〈대종사(大宗師)〉에 "물고기는 강이나 호수 속에서 서로를 잊고 사람은 도의 세계에서 서로를 잊는다.〔魚相忘乎江湖, 人相忘乎道術.〕"라고 한 데서 온 말이다.

385 솔개가……뜻 : 원문의 '鳶飛'는 연비어약(鳶飛魚躍)의 줄임말로 솔개가 날고 물고기가 뛴다는 뜻인데, 도(道)가 하늘 끝에서 깊은 못속까지 환하게 드러남을 형용한 말이다.

386 큰……어리석고 : 노자 《도덕경》에 "옛날에 도를 잘 행한 자는 백성을 현명하게 만들지 않고 어리석게 만들었다.〔古之善爲道者, 非以明民, 將以愚之.〕라고 하였는데 주에 "어리석다는 것은 꾀가 없고 참된 본성을 지켜 자연스러운 본성에 순응하는 것을 이른다."라고 하였다.

어디서 온 거마 탄 객이	何來車馬客
시끄럽게 마을을 지나는가	喧喧過里閭
내 마침 정신과 함께 노니는 중이니	吾適與神遊
너를 보아도 네가 보이지 않네	視渠不見渠

백씨의 '용' 자에 화답하다

和伯氏慵字

서원의 미풍은 한낮의 나른함을 일으키고	西苑微風起午慵
장송은 내 앞에서 푸르게 한들거리네	長松對我碧鬆鬆
이제 들 물에서 물고기가 알 까는 것 보니	卽看野水魚生子
봄 산 어디메서 사슴이 뿔을 기르고 있겠지	何處春山鹿養茸

종지의 '당' 자에 화답하다

和宗之堂字

말은 봄 숲에 있고 객은 집에 있고	馬在春林客在堂
동몽 선생[387]께선 죽평상에 계시네	東蒙夫子竹平牀
어린 아이는 종이를 오려 시축을 보태고	穉兒剪紙添詩軸
늙은 여종은 동이를 열어 술냄새를 맡는구나	老婢褰缸嗅酒香
나비 막 날아들고 꽃술은 따뜻해지고	蛺蝶初飛花蘂暖
꾀꼬리는 변화하려 하고 버들가지는 늘어지네	鶬鶊欲化柳絲長
한가한 중 온갖 일 간소한 삶에 방해되니	閑中萬事妨疎簡
녹명장[388]으로 우선 시 한 편 읊조리시길	願以鹿鳴先一章

387 동몽 선생 : 동몽(東蒙)은 노(魯) 나라 동쪽의 몽산(蒙山)으로, 여기에 숨어 살았던 노래자(老萊子)를 가리킨다. 보통 은사(隱士)를 지칭할 때 쓰는 표현이다. 《高士傳 老萊子》

388 녹명장(鹿鳴章) : 《시경》 소아(小雅)의 편명이다. 본래 임금이 신하를 위해 연회를 베풀며 연주하던 악가인데, 후대에는 군현의 장리(長吏)가 향시 합격자들을 초대해 향음주례를 베풀며 그들의 앞날을 축복하는 뜻에서 불렀고, 빈객을 불러 잔치할 때 부르기도 하였다.

오랜 비 끝에 잠시 개었기에 백씨께 삼가 편지 삼아 올리다
久雨乍晴奉簡伯氏

섬돌과 주춧돌엔 푸른 이끼 이어지고	堦礎連苔綠
부슬부슬 비가 그치지 않네요	霏霏雨不禁
소와 말은 도랑이 얕은 것을 알아차리고	馬牛知港淺
거문고와 주역은 사람과 함께 깊어갑니다	琴易與人深
봄잠은 지는 해에 놀라고	春睡驚斜日
매미는 먼 그림자 보고 울어대는데	風蟬噪遠陰
작은 창에 막 하늘빛이 개니	小牕初霽色
촌 막걸리 자꾸 따라 마십니다	村酒屢成斟

태화께서 도성 서쪽 화산을 유람하려 하면서 부쳐 보내주신 시[389]에 삼가 수답하다

奉酬太華將遊國西華山見寄

이 아우[390]는 술을 좋아하여 오래토록 술에 빠져 있는데[391]

宜陽嗜酒長濡首

형님께선 시를 읊조리시느라 벌써 수척해지셨네요 太華吟詩已瘦容

세상에선 노를 얻으려 하지 새를 얻으려 할 리 없지만[392]

世欲得盧誰得塞

389 태화께서……시 : 남유상의 〈봄이 오자 병이 더욱 나아 장차 도성 서쪽의 화산을 유람하려 하면서 시를 지어 생각을 드러내다〔春來病益蘇 將遊國西之華山 詩以志之〕〉라는 시이다. 《태화자고(太華子稿)》 권(卷)2에 있다.

390 이 아우 : 원문의 '宜陽'은 남유용의 자칭이다.

391 술에……있는데 : 원문의 '濡首'는 술에 흠뻑 취하여 절도를 잃음을 말한다. 《주역(周易)》 〈미제괘(未濟卦)〉에 "상구는 미쁘게 술을 마시면 허물이 없거니와, 머리를 적시면 신의는 있으나 옳음을 잃으리라.〔上九, 有孚于飮酒, 无咎, 濡其首, 有孚, 失是.〕"라고 하였는데 상사(象辭)에 "술을 마셔서 머리를 적심은 또한 절제할 줄을 모른 것이다.〔飮酒濡首, 亦不知節也.〕"라고 하였다.

392 세상에선……없지만 : 원문의 '盧'와 '塞'는 저포 놀이에서 쓰는 말〔馬〕의 이름이다. 《당국사보(唐國史補)》에 이 놀이방법이 기록되어 있다. 위는 검고 아래는 흰 다섯 개의 나무를 던져 그 사위를 보는데 다섯 개가 모두 검게 나오는 노(盧)가 가장 좋으며, 그 다음으로 치(雉)・독(犢)・백(白)이 좋다. 이러한 좋은 사위가 나오면 나무를 계속하여 던질 수 있으며, 남의 말을 잡거나 관문(關門)을 지날 수도 있다. 그러나 개(開)・새(塞)・탑(塔)・독(禿)・궐(撅)・효(梟)와 같은 나쁜 사위가 나오면 그렇게 하지 못한다.

나는 이제 학이 되고 형님은 소나무가 되리[393]	我方爲鶴子爲松
꽃 사이 흰 겹옷은 다 새로 지어 입은 것이요	花間白袷皆新製
누대 밖 청산은 백 리 길도 안 되는 곳[394]	樓外靑山未宿春
내일 나귀 타고 가시는 길 계획이 적잖을 터	來日騎驢非少計
곧장 저 구름 나오는 산을 올라가시겠지요[395]	直須登彼出雲峯

393 나는……되리 : 남유상이 원시에서 "선생이 들학이라면 태화에겐 구름 낀 소나무가 있네.〔先生如野鶴, 太華有雲松.〕"라고 하였기 때문에 이를 원용해서 한 말이다.

394 백 리……되는 곳 : 원문은 '宿春'으로, 《장자》〈소요유(逍遙遊)〉에 "가까운 교외에 가는 자는 세 끼 밥만 가지고 갔다가 돌아와도 배가 여전히 부르고, 백 리를 가는 자는 전날 밤에 양식을 찧어서 준비해야 하고, 천 리를 가는 자는 삼 개월 전부터 양식을 모아야 한다.〔適莽蒼者, 三飡而反, 腹猶果然, 適百里者 宿春糧, 適千里者, 三月聚糧.〕"라는 구절에서 인용한 표현이다.

395 내일……올라가시겠지요 : 남유상이 원시에서 "시원찮은 나귀나마 한번 타고 가보려니 내일은 서봉에 올라있겠지.〔蹇驢聊試步, 來日上西峯.〕"라고 하였기 때문에 이른 말이다.

서정의 두 그루 소나무를 읊다

賦西亭二松

낡은 집에서 3대를 가난하게 살았으나	老屋貧三世
집안에 빼어난 소나무 두 그루 전해졌네	傳家秀二松
당년에는 백학을 보았고	當年見白鶴
언제나 푸른 봉우리 간직하고 있지	終古有蒼峯
진인의 기상은 소를 타고 느끼고[396]	眞氣乘牛逼
맑은 바람은 안석에 기대 쐬네[397]	泠風隱几逢
기쁘게 아침 저녁으로 만나니	欣然朝暮遇
마을을 오가지 않아도 되리	閭里謝過從

396 진인의……느끼고 : 노자가 서쪽으로 길을 떠났을 때에 함곡관(函谷關)의 관령(關令) 윤희(尹喜)가 누대에 올라 사방을 바라보다가, 보라색 기운이 관문 위로 떠오는 것을 살펴보고는, 진인(眞人)이 올 것이라고 예측을 하였는데, 얼마 뒤에 과연 노자가 푸른 소를 타고 왔다는 고사가 있다. 《列仙傳 上》

397 맑은……쐬네 : 물아(物我)를 모두 잊은 상태를 뜻하는 말이다. 남곽자기(南郭子綦)가 궤안에 기댄 채 앉아 하늘을 우러러 한숨을 내쉬며 멍하게 물아(物我)를 잊은 듯한 모습을 하고 있는데, 안성자유(顔成子游)가 그 앞에 시립(侍立)해 있다가 "그렇게 몸을 고목처럼 만들고 마음을 식은 재처럼 만들 수 있습니까" 하고 물었다. 이에 남곽자기가 "지금 나는 나를 잊었는데, 너는 알겠는가" 하였다. 《莊子 齊物論》

차운하여 태화께서 서재에 왕림해 주신 것을 사례하다
次韻謝太華枉書巢

벌들이 관을 번쩍이며[398]	有范爛其冠
주렴 아래에서 날아 들어오네	飛入自簾下
점괘에 좋은 손님 오신다고 하더니	卜云吉賓至
이날 사아를 뵙는구나	是日見士雅
사아(士雅)는 백씨(伯氏)의 자(字) 가운데 하나이다.	
골목의 남쪽 마을에 함께 살아	同居巷南閭
지나실 때는 말을 타지 않으시는데	經過不乘馬
반갑게 오시니 미적댈 틈 없이	喜到未暇懶
옷자락 걷고 지름길로 마중나가네	攝衣徑相迓
뜰 가에는 그윽한 난초가 있어	庭畔有幽蘭
봄비가 말끔히 씻어주니	春雨足沾灑
곧은 지조는 눈서리만큼 매섭고	貞心厲霜雪
담담한 향기는 밤낮으로 짙어가네	澹香滋日夜
오도를 함께 하지 않는 것은	吾道所不與
마치 길 가는 남과 같으리	有如行路者

398 벌들이……번쩍이며 : 《예기》 〈단궁 하(檀弓下)〉에 "베를 짜는 누에에게는 광주리가 없고 필요 없는 게에게 광주리가 있으며, 갓을 쓰고 있는 벌에게는 갓끈이 없고 필요 없는 매미에게 갓끈이 있다.〔蠶則績而蟹之筐 范則冠而蟬有緌〕"라는 말이 있는데 공영달은 "벌 머리 위에 있는 것이 관처럼 생겨서이다"라고 소를 내었다.

태화께서 송풍을 읊은 시에 화답하다

和太華賦松風

소나무는 성질이 본래 고요한 것　維松性本靜
움직이는 것은 바람 때문일세　動之乃因風
올 때는 물고기가 바다로 가는 것 같고　來如魚赴海
갈 때는 새가 새장을 벗어나는 것 같네　去如鳥脫籠
통창하기로는 거문고 줄이 오동나무에 있는 것 같고　暢如絲在桐
그윽하기로는 샘이 산굴에서 나오는 것 같네　幽如泉出峒
놓으면 우주를 가득 채우게 할 수 있고　放可彌宇內
거두면 마음속에 둘 수도 있네　卷可寘懷中
흩으면 토끼가 숲으로 놀라 달아나고　散之兎駭林
모으면 벌레가 공중을 에워싸네　聚之虫圍空
웅장하고 거침없기로는 진나라로 들어간 소진과 같고[399]　雄肆蘇入秦
현묘하고 허무하기로는 것은 몽 땅을 나온 장주와 같네[400]
玄虛莊出蒙
맑아 정위의 음악[401]과 섞이지 않고　淸不雜鄭衛

399 웅장하고……같고 : 소진(蘇秦)은 전국 시대의 유세가(遊說家)로, 진(秦)나라에 대항하기 위한 한(韓)・위(魏)・조(趙)・제(齊)・초(楚)・연(燕)의 합종(合從)을 결성시킨 인물이다.

400 현묘하고……같네 : 《사기(史記)》 〈노자한비열전(老子韓非列傳)〉에 "장자란 사람은 몽 땅 사람으로 이름은 주인데, 주가 일찍이 몽현의 칠원리가 되었다.〔莊子者, 蒙人也, 名周, 周嘗爲蒙漆園吏.〕"라고 하였다.

고상하여 왕공을 섬기지 않네 高不事王公
안석에 기대어 듣는 것으로는 충분치 못하여 隱几聽未足
옷자락 헤치고 키 큰 소나무 숲에 앉네 披襟坐脩叢
부를 짓는 것은 송옥에 부끄러우니 作賦愧宋玉
누가 다시 자풍과 웅풍을 변별하랴[402] 誰復辨雌雄
안성자유가 앞에 모시고 있지 않으니[403] 顏成不侍前
문답은 아이들을 향해 해야지 問對向兒童
바람의 이름은 대괴아요[404] 風名大塊兒
소나무의 이름은 창염옹[405]이라 松號蒼髥翁

401 정위(鄭衛)의 음악 : 춘추 시대 때의 정(鄭)나라와 위(衛)나라의 음악인데《시경》〈상중(桑中)〉의 장(章) 아래 주(註)에 "정나라 위나라의 음악은 난세의 음악이다"라고 하였다.

402 부를……변별하랴 : 부는 전국 시대 초(楚) 나라 송옥(宋玉)이 양왕(襄王)과 함께 난대에 올라 상쾌한 바람을 맞으면서 지은 〈풍부(風賦)〉를 말한다. 이 작품에서 바람을 대왕풍〔雄風〕과 서인풍(庶人風 자풍(雌風))으로 나누어 호화로운 왕이 사는 곳에 부는 바람은 웅풍(雄風)으로, 곤궁한 백성들의 집에 부는 바람은 자풍(雌風)으로 비유하며 풍자하였다.《文選 卷13》

403 안성자유가……않으니 :《장자(莊子)》〈제물론(齊物論)〉에 남곽자기(南郭子綦)가 지뢰(地籟)·인뢰(人籟)·천뢰(天籟)에 대해 묻는 안성자유(顏成子游)에게 대답하는 내용이 나오기 때문에 이른 말이다.

404 바람의……대괴아요 :《장자》〈제물론(齊物論)〉에 "대저 대괴가 숨을 쉬니 이름하여 바람이라 한다.〔夫大塊噫氣 其名爲風〕"라고 하였다.

405 창염옹(蒼髥翁) : 소나무의 별칭이다. 창염수(蒼髥叟)라고도 하는데, 소나무의 잎을 푸른 수염으로 표현한 것이다. 참고로 소식(蘇軾)의 시 〈불일산영장로방장(佛日山榮長老方丈)〉에 "산중에는 단지 푸른 수염 늙은이 있어, 쓸쓸한 몇 리 길에서 사람을 맞이하고 보낸다.〔山中只有蒼髥叟, 數里蕭蕭管送迎.〕"라고 하였다.

창염옹은 조래[406]에서 내려왔고	翁自徂徠下
대괴아는 하늘의 동쪽에서 왔는데	兒自泬寥東
우연히 한번 서로 만나니	偶然一相値
모습과 소리가 모두 영롱하구나	形響都玲瓏
사물은 달라도 이치는 하나이고	物殊理乃一
그 도는 융화를 기르는 것	其道字和融
그들을 불러다 내 술을 마시노라니	辟之吾飮酒
술은 희고 얼굴은 붉어라	酒白顏則紅

406 조래(徂徠) : 산동성(山東省) 태안현(泰安縣)에 있는 산 이름으로, 대들보감이 될 만한 소나무가 잘 자란다고 한다. 《시경》 〈비궁(閟宮)〉에, "조래산의 소나무와, 신보산의 잣나무를, 자르고 헤아리며, 재어 보고 자질하니, 소나무 서까래 크기도 하여, 정침이 몹시도 우뚝하도다.〔徂徠之松, 新甫之栢, 是斷是度, 是尋是尺, 松桷有舃, 路寢孔碩.〕"라는 구절이 있다.

달 아래 거닐면서 태화께 올리다

步月上太華

서쪽 서재에서 마침 베개 높이 베고 눕는데	西齋正高枕
동쪽 고개에선 밝은 달이 떠오르네	東嶺生明月
밝은 달은 옛 친구처럼	明月如故人
마루에 올라 곧장 방으로 들어왔지	上堂徑入室
나를 끌어 높은 언덕에 오르게 하니	携我上高皐
두건과 버선 가지런히 할 겨를 없네	未暇整巾襪
하늘은 길고 달은 더디 가니	天長月行遲
그윽한 흥취 어느 때나 다할런가	幽興何時歇
밤 깊도록 또 자리 바꿔가며	夜闌且改席
솔바람 이는 소리 고요히 듣네	靜聽松風發

장미를 읊어 태화께 부쳐 보내며 화답을 요구하다
賦薔薇 寄太華求和

겹겹의 노란 꽃잎　重疊黃花瓣
붉은 가시 가지에 가득 피었네　扶踈紫棘枝
함초롬히 새벽 이슬 내리면　盈盈晨有露
손 씻고 그대의 시를 기다리리[407]　盥手待君詩

덕재가 부쳐 보내온 〈장미를 읊다〉 시에 차운하다 次德哉賦薔薇見寄
태화 太華

장미꽃 아래에서 취해 누워있노라니　醉臥薔薇下
봄바람이 또 이 가지로 불어오는데　春風復此枝
훨훨 어디에서 날아온 제비인지　翩翩何處燕
나의 영화시를 가져갔네　掠我詠花詩

덕재가 장미시를 먼저 지어 지었는데 아랫구에 "함초롬이 새벽 이슬 내리면 손 씻고 그대의 시를 기다리리.〔盈盈晨有露, 盥手待君詩.〕"라고 하면서 나에게 연운(聯韻)해 주기를 요구하였다. 내 응답하기를 "겹겹의 노란 꽃잎 붉은 가시 가지에 가득 피었네.〔重疊黃花瓣, 扶踈紫棘枝.〕"라고 하였는데 덕재는 이를 연운으로 여기고 나란히 취해서 한 편으로 만들고는[408] 또 화답

407 손……기다리리 : 상대방이 보내온 시에 대한 경건한 마음으 가리킨다. 유종원이 한유가 보내온 시를 얻으면, 우선 장미 이슬로 손을 씻고 옥유향을 뿌린 뒤에 시를 읽으면서 "대아의 글은 마땅히 이와 같아야 한다."라고 했다는 이야기가 있다.《雲仙雜記 卷6 大雅之文》

408 이를……만들고는 : 이 대목의 원문은 "德哉以爲聯韻而盥手讀之詔也 幷取爲一

해 달라고 급히 재촉하였다. 그래서 아래 구에 그렇게 말한 것이다.

두 번째 其二

잠에서 깨어나 은은한 향기 맡으니 睡起聞微馥
그윽한 꽃에 이슬이 가지를 적셨구나 幽花濕滿枝
그가 이슬에 손 씻을 필요는 없으리 不煩他盥露
내 스스로 내 시를 읽는 것이니 吾自讀吾詩

作"이다. 그러나 문맥상 "손 씻고 읽는다는 것은 아첨이다.〔盥手讀之諂也〕"는 연문(衍文)이거나, 문장의 뒤에 놓여야 할 구절로 보여 일단 번역에서 배제했다.

첩운하여 태화의 시에 삼가 수답하다

疊韻奉酬太華

부들방석에서 게으름 피며 일어나지 않고	蒲團慵不起
꽃가지를 유심히 쳐다보는데	留眼看花枝
날아온 노란색 새가	飛來黃色鳥
지저귀며 내 시에 화답하네	百囀答吾詩

난초에 꽃이 피고 봄비가 내렸기에 기쁘게 시를 읊어 태화께 올리다

蘭有華値春雨 喜吟上太華

서재의 뜨락에 어떤 풀이 꽃을 피웠다. 내 일찍이 중국인이 난초 그린 것을 본 적이 있는데 이와 같았고, 또 담담한 향기에 빼어난 색이 뭇 꽃들과는 크게 다르니 그것이 난초일 것이라 생각하였다. 유계(楡溪) 이공(李公) 여신(礪臣)만이 홀로 난초가 아니라고 하였는데 내 아무리 쟁론을 해도 강력하게 주장하며 끝내 굽히지 않았다. 태화 형님께서 말씀하시기를 "지금 두 사람의 설을 중재할 수 있는 한마디 말이 있다. 고시에 '강에 향초가 있어 난이라 지목하네〔江有香草目以蘭〕'[409]라는 것이 있는데 이를 해석하는 자가 말하기를 '강에 향초가 있는데 비록 그 이름을 알지는 못하나 모두들 난초로 지목할 수 있었다.'라고 하였으니 이 풀도 그 이름을 비록 알지 못하나 난초라 불러도 상관없을 것이다"라고 하셨다. 그러자 유계가 답변을 하지 못하였다.

띳집에 봄비가 자주 내려	茅屋頻春雨
떨기 난초가 뜰 절반을 덮었네	崇蘭被半庭
꽃은 의당 내가 깨끗하게 차고	花當我珮潔
잎으로는 그대의 청금[410]을 만들어야지	葉以子衿靑
쑥 밑에서 홀로 빼어난 것 가련하고[411]	蓬底憐孤秀

409 강에……지목하네 : 한(漢)나라 악부(樂府) 〈임고대(臨高臺)〉라는 시이다. 작가는 미상이다.

410 청금(靑衿) : 유생들이 입던 푸른색의 의복이다.

411 쑥……가련하고 : 쑥은 참녕(讒佞)하는 자를, 그윽한 난초는 충직 현량(忠直賢良)한 군자를 비유한다. 굴원(屈原)의 〈이소(離騷)〉에 "집집마다 흰 쑥을 허리에 가득

거문고 속으론 늦향기 스몄구나[412] 琴中徹晩馨
쓸쓸하여라 초나라 사람의 생각이여 蕭蕭楚人思
너를 위해 이소경을 읽노라[413] 爲汝讀騷經

소화[414]가 지은 〈난초에 꽃이 피고 봄비가 내렸기에 기쁘게 시를 읊다〉 시에 차운하다 次少華蘭有華值春雨喜吟韻 태화 太華

방에 들어가니 벗들이 있어 入室朋儔在
향기 벌써 이 뜰에 풍기는구나[415] 聞香已此庭

참이여, 그윽한 난초는 찰 수 없는 것이라 하네.〔戶服艾以盈腰兮, 謂幽蘭其不可佩.〕"라고 하였고, 또 "난초와 지초는 변하여 향기를 잃고, 전초와 혜초는 바뀌어 띠풀이 되었네. 어찌하여 옛날엔 향기롭던 이 풀들이 지금은 어찌 이처럼 쑥덤불이 되었는가.〔蘭芷變而不芳兮, 荃蕙化而爲茅. 何昔日之芳草兮, 今直爲此蕭艾也?〕"라는 표현도 보인다.

412 거문고……스몄구나 : 공자가 지었다는 금곡(琴曲)인 〈의란조(猗蘭操)〉를 연상하게 하는 구절이다. 공자가 춘추 시대 제후들을 두루 찾아갔으나 아무도 자신을 등용해 주는 이가 없자 위(衛)나라로부터 노(魯)나라로 돌아오다가 깊은 골짜기에 향기로운 난초가 무성히 피어 있는 것을 보고 한숨을 내쉬며 탄식하기를, "난초는 의당 왕자(王者)를 위해 향기를 피워야 할 터이거늘, 지금 홀로 무성하여 뭇풀들과 함께 섞여 있구나." 하고는 수레를 멈추고 금(琴)을 연주하면서 스스로 때를 만나지 못한 일을 슬퍼하였다. 《古樂府 琴曲歌辭 猗蘭操》

413 쓸쓸하여라……읽노라 : 굴원(屈原)이 조정에서 모함을 받고 쫓겨난 뒤에도 계속 인의(仁義)를 고수하겠다는 뜻을 밝히면서 〈이소(離騷)〉를 지어 "내가 구원의 땅에다 이미 난초를 심어 놓고는, 다시 백묘의 땅에다 혜초를 심었노라.〔余旣滋蘭之九畹兮, 又樹蕙之百畝.〕"라고 노래하였기 때문에 이른 말이다.

414 소화(少華) : 남유용은 자기를 낮추어서, 스스로 소화(小華)라고 불렀는데, 형 남유상의 호(號)가 태화(太華)였기 때문이다.

415 방에……풍기는구나 : 《공자가어(孔子家語)》에 "선(善)한 사람과 함께 지내면 마치 지란(芝蘭)의 방에 들어간 것과 같아 그 향기는 못 맡더라도 오래 지나면 동화된

꽃은 비와 이슬 맞아 깨끗하고	花因雨露白
잎은 눈과 서리 맞아 푸르네	葉自雪霜青
옛 곡조에 그윽한 거문고 소리 엄정하고[416]	古曲幽琴正
새 옷에 온갖 패물 향기로워라	新衣雜珮馨
당시 사람들은 끝내 알지 못했으니	時人終不識
태현경 지은 것도 마땅하도다[417]	宜爾太玄經

다."라고 한 것을 연상시키는 구절이다.

416 옛……엄정하고 : 남유용이 원시에서 공자의 〈의란조(猗蘭操)〉를 연상시키는 구절을 썼기 때문에 이른 말이다.

417 당시……마땅하도다 : 《태현경(太玄經)》은 한(漢)나라의 학자 양웅(揚雄)이 《주역》을 본떠 만든 저술이다. 그가 당시 집권자들에게 아부하여 벼슬을 구할 생각을 하지 않고 담담하게 자신의 절조를 지키며 《태현경(太玄經)》을 저술하자 사람들이 조소하였는데, 자운이 말하기를, "세상 사람들이 나를 알아주지 않더라도 해 될 것이 없다. 후세에 다시 양자운이 있어 반드시 좋아할 것이다." 하였다. 《御定唐宋文醇 卷3 昌黎韓愈文4 與馮宿論文書》

백씨의 임시 거처에서 정향나무[418] 한 그루로 시를 짓다
伯氏僑居 賦得丁香一樹

사립문엔 손님 없고 갈대발만 늘어졌는데	柴門無客葦簾長
꽃을 보러 침상에서 내려오네	也爲看花一下牀
선생께서 이치를 살피신 곳 묻고자 하니	欲問先生觀理處
정향이 어쩌면 꼭 목서의 향을 닮았을까[419]	丁香爭似木犀香

418 정향나무 : 목서과(木犀科)에 속하는 낙엽 활엽 관목이다. 《재물보》 권7 〈물보 2〉에, "나무는 밤나무와 비슷하고, 꽃은 매화와 비슷하며, 열매는 대추씨와 같다."라고 하였다. 또 꽃봉오리를 따서 말린 약재를 계설향(鷄舌香)이라고 하는데, 구취(口臭)를 없애기 위해 사용한다.

419 정향이……닮았을까 : 황정견(黃庭堅)이 어느 날 깨달음을 묻기 위해 회당(晦堂)에게 찾아갔는데 이 때 목서(木犀)가 활짝 피었다. 회당이 "목서화(木犀花) 향기가 풍기는가?"라고 묻자, 황정견이 풍긴다고 하였다. 그러자 회당은 "나는 그대에게 숨김이 없다."라고 말하였고 황정견은 석연(釋然)히 깨달아서 절을 했다고 한다. 《五燈會元 卷十七》여기서도 정향을 통해 자연의 이치, 깨달음을 말하려 했던 것으로 보인다.

차운하여 서종조 지산노인 성중[420] 께서 은거하고 계시는 곳에 지어 보내다

次韻寄題庶從祖芝山老人 聖重 幽居

후문[421]엔 거마 달리는 소리 소란스러운데　　侯門車馬走闐然

노인은 호상[422]에 누워 낮잠을 자네　　翁臥胡牀作午眠

개와 닭 소리는 아득히 물가 집으로 통하고　　雞犬蒼茫通水舍

두레박질 절구질 소리 쓸쓸히 산밭 주변에서 들려오겠지　　井舂牢落傍山田

숲 속 집은 동쪽 바다에 뜬 배처럼 작고　　林齋小似東洋船

마을의 하루는 서쪽 변방의 일 년보다 길 터　　村日長於西塞年

강에 내리던 비 개려 하면 또 한번 나가　　江雨欲晴還一出

도롱이 팔에 걸치고 앞 개울에 앉으시리　　簑衣掛肘坐前川

420 서종조(庶從祖) 지산노인(芝山老人) : 남성중(1666~?)으로 자는 중용(仲容), 호는 범수(泛叟). 호곡(壺谷) 남용익(南龍翼)의 서자이다. 1711년 정사 조태억(趙泰億)·부사 임수간(任守幹)·종사관 이방언(李邦彦) 등 통신사 일행이 도쿠가와 이에노부(德川家宣)의 습직(襲職)을 축하하기 위해 일본을 방문하였을 때, 종사관서기(從事官書記)로 사행에 참여하였다. 사행 당시 부사과(副司果)였다.

421 후문(侯門) : 제후(諸侯)의 문이라는 말로, 권문세가(權門勢家)를 가리킨다.

422 호상(胡床) : 접을 수 있게 되어 있는 일종의 간편한 의자이다. 참고로 당나라 두보(杜甫)의 시 〈수간(樹間)〉에 "몇 번이나 잎을 적시는 이슬 아래에서, 달빛 타고 호상에 앉아있었던고.〔幾回霑葉露, 乘月坐胡床?〕"라는 구절이 있다. 《全唐詩 卷229 樹間》

노인은 일찍이 일본 사행길에 서기로 참여하였고, 또 서관[423] 첨사(西關僉使)를 지냈는데 벼슬을 그만두자마자 5,6년 전에 고향으로 돌아왔다고 한다.

423 서관(西關) : 황해도와 평안도를 통틀어 이르는 말이다. 서도(西道)라고도 한다.

집의에 추증된 신공 사원[424] 에 대한 만사 장인을 대신하다
贈執義申公 思遠 輓 代外舅

만 리 뱃길에서 아버님 모신 날이요	扶舟萬里承顔日
사흘 잣나무 부여잡고 피눈물 삼기던 때라[425]	攀柏三朝泣血時
습한 바다 멀지 않고 오히려 즐거웠고	瘴海非遙猶有樂
돌아온 듯 야대[426]에서 비로소 슬픔을 잊었네	夜臺如返始忘悲
색동옷 잘 챙겨가 아버님을 따를 터이나	好齎彩服從先子
차마 상복을 어린 아들에게 주셨구려	忍把玄縗付弱兒
천 년 뒤에나 나올 중랑을 만일 한 번 만난다면	千載中郎如一遇

424 신공(申公) : 신사원(申思遠, 1667~1726)으로 자는 정여(靜汝)이다. 신임(申銋)의 아들이다. 장흥고 주부, 사헌부 감찰, 한성부 판관 등을 역임하였다. 아버지 신임의 상사(喪事)를 당하여 몸을 가누지 못할 만큼 슬퍼하다 죽었다 하여 그 효성(孝誠)으로써 정려(旌閭)되었고, 사헌부 집의에 추증되었다.《영조실록 2년 8월 6일》

425 잣나무……때라 : 원문의 '攀柏'은 아버지가 억울하게 죽은 슬픔을 표현한 말이다. 진(晉)나라 무제(武帝) 때의 사람 왕부(王裒)가 아버지 왕의(王儀)가 비명에 죽은 것을 슬퍼하여 모든 벼슬에 나가지 않고 여막에서 지내며 아침저녁으로 묘소 곁의 잣나무를 잡고 우니, 흐르는 눈물에 잣나무가 젖어 이 때문에 나무가 말라 죽었다고 한다.《晉書 卷88 王裒列傳》 신사원의 부친인 신임(申銋, 1639~1725)은 1722년(경종2) 신임옥사가 일어나자 소론을 공격하고 동궁을 보호하는 상소를 올렸다가 제주도 대정현(大靜縣)에 위리안치되었고, 영조 즉위 후 사면되어 돌아오는 길에 해남(海南)에서 죽었다. 이 때 아들인 신사원이 동행하였다.《景宗實錄 2年 4月 2日》《承政院日記 英祖 1年 4月 2日》

426 야대(夜臺) : 장야대(長夜臺)의 약칭으로, 무덤 속 지하를 가리킨다. 한 번 문이 닫히면 영원히 암흑 속에서 광명을 볼 수 없다는 뜻으로 쓰이는 말이다.

남긴 행실 펼쳐서 큰 비석에 새겨주었으면[427] 願鋪遺行勒豐碑

신공이 선대부 충경공(忠景公)의 탐라(耽羅) 적소(謫所)에 따라갔는데 충경공이 작고하자 공은 그 상을 이기지 못하고 역시 세상을 떠났는지라[428] 그 아들이 상을 대신하여 주관하였다.

두 번째 其二

소채는 일찍이 노채를 따라갔고[429] 少蔡曾隨老蔡行

아혼은 따라서 육혼의 선영에 묻혔으니[430] 阿渾從葬陸渾塋

427 중랑을……새겨주었으면 : 중랑(中郎)은 문인 학사를 일컫는 말이다. 특히 이 글에서의 중랑(中郎)은 비문을 잘 쓰기로 유명했고 중랑장(中郎將)을 지낸 한나라 때 채옹(蔡邕)을 말한다.

428 상을……떠났는지라 : 원문의 '不勝喪'은 부모의 상중(喪中)에 죽는 것이다. 예를 고집하고 몸을 돌보지 않아 결국 상을 마치지 못하고 죽는 것을 이른다.

429 소채는……따라갔고 : 노채는 남송의 성리학자 채원정(蔡元定)을 이르고 소채는 그의 셋째 아들 채침(蔡沈)을 가리킨다. 송나라 영종(寧宗) 때 권신(權臣) 한탁주(韓侂胄)가 도학(道學)을 위학(僞學)이라고 규정하고는 주희의 학문을 일절 금지한 이른바 '경원당금(慶元黨禁)'을 일으키자 채원정(蔡元定)도 함께 모함을 받고 도주(道州)로 유배되었다. 이 때 채침이 3천 리 유배 길을 동행하였고, 채원정이 유배지에서 죽자 시신을 거두어 걸어서 고향으로 돌아왔다. 《宋史 卷434 蔡元定列傳》

430 아혼은……묻혔으니 : 육혼(陸渾)은 지금의 감숙성(甘肅省) 돈황(敦煌) 일대의 땅이고, 여진족의 말에 아혼은 아들을 의미한다. 이 고사는 당 나라 하남(河南) 사람인 방관(房琯)과 그의 아버지 방융(房融)의 고사로 보인다. 방관은 9세 때 아버지가 당 중종(唐中宗) 이현(李顯)이 폐위 과정에 연루되어 고주(高州)로 폄직되었을 때 아버지를 따라가 육혼산(陸渾山)에 은거해 살았다. 이후 안록산(安祿山)의 난에 자청하여 적군과 접전하다 참패를 당하고 폄직 등의 일을 겪은 뒤 낭주(閬州)에서 죽어 낭주성 밖에 묻히게 되는데, 뒷날 태위로 (太尉)로 추봉(追封)된 뒤 고향인 육혼산에 묻히게 된다.《資治通鑑 卷219 唐紀》 절친했던 친구 두보의 〈승문고방상공령츤자낭주계빈귀장동도유작(承聞故房相公靈櫬自閬州啓殯歸葬東都有作)〉에 "멀리서 들으니 방태위가

청사는 충신의 전기를 함께 싣고	靑編附載忠臣傳
붉은 정려는 효자의 이름을 깊이 새겼구려	丹楔深鐫孝子名
양대 임금께 입은 지우[431] 허사가 되었으나	兩世君恩虛際遇
한 백년 인생에 애영[432]을 극진히 하였네	百年人事極哀榮
만가[433]소리 해마다 남은 눈물을 머금게 하는데	薤歌歲歲緘餘淚
다시금 깨닫네 지리하게 늙어가는 이 내 삶을	更覺支離老此生

돌아가 육혼산에 묻혔다 하네.〔遠聞房太尉, 歸葬陸渾山〕"라는 구절이 있다.

431 임금께……지우 : 원문의 '際遇'는 '풍운제우(風雲際遇)'의 준말로 어진 신하가 의로운 임금을 만나는 것을 말한다. 《주역》〈건괘(乾卦) 문언(文言)〉의 "구름은 용을 따르고 바람은 범을 따르듯 성인이 나타나시니 만물이 우러러본다.〔雲從龍風從虎, 聖人作而萬物覩.〕"라는 말에서 나온 것이다.

432 애영(哀榮) : 임금이 신하에 대해서 생전과 사후 모두 영광스럽게 되도록 해주었다는 말로 죽은 뒤에 나라에서 장례에 소용되는 물건이나 증직(贈職) 등의 예전(禮奠)을 내렸음을 뜻한다.

433 만가 : 원문의 '薤歌'는 해로가(薤露歌)를 말한다. 부추 위에 맺힌 이슬처럼 덧없이 지는 인생을 슬퍼하는 노래로, 한 고조(漢高祖)에게 반기를 들다 패망한 전횡(田橫)의 죽음을 두고 그 무리가 지은 만가 중에 "부추 위에 맺힌 이슬 어이 쉽게 마르나. 이슬은 말라도 내일이면 다시 내리지만, 사람은 죽어 한 번 가면 언제나 돌아오나.〔薤上朝露何易晞? 露晞明朝更復落, 人死一去何時歸?〕"라는 구절이 있다. 《古今注 音樂》

뇌연집

제2권

詩 시

큰형님[1]께서 과거에 막 급제하여[2] 선산에 영소[3]하고 그의 시에 삼가 수답하였다 정미년(1727, 영조3)

伯氏新擢第 榮掃先壟 奉酬其韻 丁未

한들한들 잠화[4]가 아침놀 헤치는데	簪花裊裊拂朝霞
꾀꼬리 울고 봄바람 불자 시냇가 버들 휘늘어지네	鶯囀東風澗柳斜
가난했던 날에 배부르고 따뜻하길 구한 적 없으니	貧日未曾求飽煖
귀해진 후에는 높은 지체 자랑하지 않으리	貴來應不矜高華
뜬구름 뭉게뭉게 자꾸 모습 변하는데	浮雲冉冉多新態
교목이 우뚝하니 바로 명문세가로다[5]	喬木亭亭自故家

1 큰형님 : 남유상(南有常, 1696~1728)을 가리킨다. 조선 후기의 문신으로, 본관은 의령(宜寧)이며 자는 길재(吉哉), 호는 태화(太華)이다. 1727년(영조3) 성균시에 장원을 하여 효장세자(孝章世子)가 성균관에 입학할 때 장명유생(將命儒生)이 되었다. 그해 문과에 급제하여 춘추관 기사관(記事官)으로《숙종실록》편찬에 참여하고, 실록랑(實錄郎) 등을 지냈다. 1728년에 소론(少論)의 영수인 이광좌(李光佐)를 배척하다가 당론을 일으켰다 하여 영암(靈巖)에 유배되었다. 그 뒤 곧 풀려났으나 병으로 일찍 죽었다. 시문과 글씨에 능하였으며, 후에 홍문관 부수찬에 추증되었다. 저서로《태화자고(泰華子稿)》가 전한다.

2 큰형님께서……급제하여 : 남유상(南有常)은 32세 되던 해인 1727년(영조3) 윤3월에 증광 문과 전시(殿試)에서 을과(乙科)로 합격하였다.

3 영소(榮掃) : 과거에 급제하거나 관직에 처음 임용되는 등 경사스런 일이 있을 때 부모 및 조상의 묘소에 나아가 깨끗이 청소를 한 후 자신의 영예를 고(告)하고 제사를 지내는 것을 말한다. 고영(告榮) 혹은 영분(榮墳)이라고도 한다.

4 잠화(簪花) : 조선시대에 과거에 급제한 사람에게 임금이 하사하던 종이꽃, 즉 어사화(御賜花)를 가리킨다.

누런 송아지 십 년이면 응당 노건하리니	黃犢十年當老健
그대 타고 나와 나에게 자랑하길 기다리네	遲君騎出向余誇

5　교목(喬木)이……명문세가로다 : 교목은 오랜 세월에 걸쳐 크고 무성하게 자란 나무로, 누대에 걸쳐 중신(重臣)을 배출하여 국가와 화복(禍福)을 함께하는 명문세가(名門世家)를 비유하는 말이다. 맹자(孟子)가 제(齊)나라 선왕(宣王)에게 "이른바 오래된 나라라는 것은 교목이 있다는 것을 이르는 말이 아니라, 그 조정에 누대 동안 벼슬한 신하가 있음을 이르는 말입니다."라고 한 데서 나온 말이다. 《孟子 梁惠王下》

큰형님께서 영분하면서 감회를 기록한 시[6]에 화답하였다
和伯氏榮墓志感之作

퉁소 소리 구슬픈 속 선산에 오르는데	簫歌悽咽上山時
무성한 풀 거친 등 넝쿨에 말 걸음이 더디네	深草荒藤馬去遲
선산에 재배하니 묵었던 눈물 흐르고	再拜丘原惟宿淚
유구한 고향 마을엔 아직 슬픔 남았네	百年桑梓尙餘悲
아이들 서로 따르며 장한 구경거리로 삼고	兒童相逐爲榮觀
동네 어른들 빈번히 와서 하례의 말 올리네	父老頻來獻賀辭
저 멀리 흰 구름 부질없이 아득하니	望裏白雲空渺渺
구천에 어찌 조금의 지각이라도 있으리오	九泉寧有一分知

6 큰형님께서……시 : 남유상(南有常)의 《태화자고(太華子稿)》 권3에 실린 〈선산에 영소하면서 삼가 할아버님께서 영묘하실 때 지으신 시의 운을 따라 지어 비감한 마음을 대략 서술하였다〔榮掃先壟 敬次王考榮墓時韻 略叙悲感之懷〕〉를 가리킨다.

병을 앓고 난 후에

病餘

병 앓은 후 마음은 작은 티끌 하나까지 다 씻겨	病餘心地滌纖塵
청화하고 윤택한 것이 참으로 곡우 때와 같네	和潤眞如穀雨辰
반쯤 광명 발하는 금속여래 부처[7]요	半發光明金粟佛
겨우 냉온 분간하는 백치 같은 사람이라	纔分冷暖白癡人
초가에서 세월 보내나 경륜의 포부 장하고	茅茨日月經綸壯
바둑돌로 성지[8]에서 새로 전투 벌이네	碁子城池戰伐新
지난밤에 눈 개니 산 빛이 좋아	前夜雪晴山色好
작은 창에서 홀로 바라보며 오건을 젖혀 쓰네[9]	小牕孤眺岸烏巾

7 금속여래(金粟如來) 부처 : 유마거사(維摩居士)의 전신(前身)으로, 곧 부처를 가리킨다. 과거세(過去世)의 부처로서, 비야리성(毗耶離城)에서 늘 칭병(稱病)하고 누워서 문병 오는 불제자들에게 병을 가지고 설법하였다고 한다.

8 성지(城池) : 성(城)과, 적의 접근을 막기 위해 성의 둘레에 깊게 파 놓은 연못을 아울러 말하는 것이니, 곧 전쟁터를 가리킨다.

9 오건(烏巾)을 젖혀 쓰네 : 오건은 벼슬하지 않고 은거하여 사는 선비가 쓰는 검은색의 두건을 말한다. 오건을 젖혀 쓴다는 것은 이마를 드러낸 채 아무렇게나 오사모를 쓴 모양으로, 구속됨 없이 호방한 모습을 표현하는 것이다.

《역》을 읽으며
讀易

한가로이 도서를 점검하며 촛대를 가까이 하는데　閑檢啚書近燭臺
참된 묘결 볼 때마다 웃는 얼굴 피어나네　每看眞竗笑容開
건괘[10]와 곤괘[11]는 흩어졌다가 끼리끼리 나뉘어 모였고[12]　乾坤散在群分處
박괘[13]와 복괘[14]는 나란히 늘어선 데에 한 획이 들어왔네[15]　剝復排從一畫來

10 건괘(乾卦) : 《주역》의 64괘 가운데 첫 번째 괘로, 초효(初爻)부터 상효(上爻)까지의 여섯 효가 모두 양효(陽爻)로만 이루어진 순양괘(純陽卦)이다.

11 곤괘(坤卦) : 《주역》의 64괘 가운데 두 번째 괘로, 초효부터 상효까지의 여섯 효가 모두 음효(陰爻)로만 이루어진 순음괘(純陰卦)이다.

12 흩어졌다가……모였고 : 건괘와 곤괘가 각각 양효와 음효로만 이루어진 사실을 가리킨다. 원문의 '群分'은 《주역(周易)》 〈계사전 상(繫辭傳上)〉에서 나온 말로, "하늘은 높고 땅은 낮으니 건(乾)과 곤(坤)의 구별이 정해지고, 낮은 것과 높은 것이 벌여 있으니 귀(貴)와 천(賤)이 제자리를 잡고, 움직임과 고요함에 일정함이 있어서 강(强)과 유(柔)가 결정된다. 삼라만상은 같은 종류끼리 모이고 만물은 끼리끼리 나뉘니〔群分〕 이로부터 길함과 흉함이 생기고, 하늘에는 일월성신의 상(象)이 이루어지고 땅에는 산천초목의 형(形)이 이루어지니 여기에 역리(易理)의 변화가 나타난다."라고 하였다.

13 박괘(剝卦) : 《주역》의 64괘 가운데 23번째 괘로, 초효부터 오효(五爻)까지 다섯 효가 음효이고 상효 하나만 양효로 이루어져 있다. 음기(陰氣)가 아래에서부터 점점 자라나 극에 달하여 양기(陽氣)를 소멸시키려고 하는 모습이다.

14 복괘(復卦) : 《주역》의 64괘 가운데 24번째 괘로, 초효만 양효이고 나머지 이효(二爻)부터 상효까지 다섯 효는 모두 음효로 이루어져 있다. 음기가 쌓여 있는 속에 양기 하나가 돌아와 다시 생성되는 모습이다.

15 나란히……들어왔네 : 박괘와 복괘가 각각 순서는 다르나, 모두 5개의 음효와 1개의 양효로 이루어진 사실을 가리킨다.

서재에서 묵던 밤에

齋夜

시름겨운 밤은 어쩌면 그리도 긴지	悄悄夜何永
적막 속에 생각에 잠기네	寥寥有所思
뜬세상에 뜻을 두고 유유히 지내다가	優游浮世意
고향으로 돌아갈 기약 시들어졌네	牢落故園期
날씨의 변화를 점치지 못하고	未卜陰晴易
바둑의 사활을 분간하기 어렵네	難分活殺碁
등잔불 돋우고 홀연 소리 높여 읊으니	挑燈忽高詠
달아나던 쥐가 거문고 줄을 건드리네	奔鼠動琴絲

아버님[16]의 오언시[17]에 이어서 화답하여 태화[18]의 낭주 적소[19]에 받들어 보내다[20]

賡和家大人五言 奉太華朗州謫廬

세도엔 막힐 때도 있고 트일 때도 있으니　　世道有否泰

16 아버님 : 남한기(南漢紀, 1675～1748)를 가리킨다. 남한기는 조선 후기의 문신으로, 본관은 의령(宜寧)이며 자는 국보(國寶), 호는 기옹(寄翁)이다. 이조 판서 남용익(南龍翼)의 손자이고, 관찰사 남정중(南正重)의 아들이다. 1710년(숙종36) 진사에 합격한 후 의금부도사·형조 정랑·한성부 서윤·청풍 부사·청송 부사 등을 역임하였다. 나이 70이 넘자 아들 남유용이 시종(侍從)인 덕에 추은으로 기로사(耆老社)에 들어갔다. 저서로 《기옹집》이 남아있다.

17 아버님의 오언시 : 남한기의 《기옹집》 권1에 실린 〈동짓달 초하루 밤에 낭주로 가는 아이를 생각하며 편지 말미에 써서 보여주었다〔至月初吉夜 念兒朗州之行 書示簡尾〕〉를 가리킨다. 《기옹집》에는 제1수만 실려 있는데, 원문과 내용은 다음과 같다. "애비가 말한다. 아, 나의 아들아! 너의 죄 멀리 귀양 가야 마땅하구나. 망언이 참으로 그 죄이니 시의가 어찌 너를 놓아주겠느냐. 강의 남쪽은 상선한 땅이니 감히 평민이 됨을 한하겠느냐. 너는 부지런히 일과를 정하여 글을 읽어서 험로에도 정력을 보이도록 하여라.〔父曰嗟余子, 爾罪當遠謫. 妄言固其罪, 時議豈爾釋. 江南尚善地, 敢恨編氓籍. 勉爾讀程書, 行險見定力.〕"

18 태화(太華) : 남유용(南有容)의 큰형인 남유상(南有常, 1696～1728)의 호이다.

19 낭주(朗州) 적소(謫所) : 낭주는 전라도 영암(靈巖) 지역의 옛 이름이다. 남유상이 1727년(영조3) 4월에 실록낭청 겸 춘추관기사관이 되어 《숙종실록》 찬수에 참여하였는데, 7월에 영조가 환국을 단행하여 노론(老論)의 중진인 우의정 이의현(李宜顯)·예조 판서 신사철(申思喆)·좌참찬 김흥경(金興慶)·판윤 이병상(李秉常)·승지 이유(李瑜)와 삼사(三司)의 여러 신하들을 파직하고 소론(少論)의 영수인 이광좌(李光佐)를 《숙종실록》 총재관으로 삼았다. 이에 남유상이 병이 있다고 핑계대고 떠나갔다가 죄에 걸려 서면으로 심문을 받게 되었다. 사람들이 "어버이의 병환이 있다고 말하라."

어질고 밝은 사람도 혹 폄적[21]된다네	賢哲或貶謫
파옹은 법령을 논하고[22]	坡翁論法令
한자는 유불을 변별하였네[23]	韓子辨儒釋

라고 권하였으나 "내 본래 저들과 함께 일하고자 하지 않으니, 어찌 다른 이유로 사양하겠는가."라 하고는 정적들의 죄상을 낱낱이 들어 말하였다. 이에 영조가 노하여 삭탈관직(削奪官職)하고 문외출송(門外出送)할 것을 명하였는데, 얼마 후 정적들이 처벌이 너무 가볍다며 다시 먼 변방으로 유배 보낼 것을 고하여 낭주, 즉 영암으로 유배되었다가 겨울에 용서받고 돌아왔다. 《陶谷集 卷14 贈弘文館副修撰南君墓碣銘》

20 아버님의……보내다 : 남유상이 이 시를 받고 차운하여 시를 지었는데, 《태화자고(太華子稿)》 권3에 실려 있는 〈아버님께서 내려주신 시의 두 운을 삼가 따라 지었다〔敬次家大人賜詩二韻〕〉가 그 시이다.

21 폄적(貶謫) : 죄인의 벼슬과 품계(品階)를 강등하고 먼 지역으로 보내는 것을 말한다.

22 파옹(坡翁)은 법령을 논하고 : 파옹은 중국 송나라의 문신 소식(蘇軾, 1037~1101)을 가리키는 것으로, 소식이 왕안석(王安石)의 신법(新法)을 반대한 사실을 가리킨다. 소식은 신법을 운용하는 사람들의 독선적 태도와 언론 탄압을 못마땅해 하던 참에 과거 시험에서 시문(詩文)을 없애고 경전(經典)의 이해 수준만 평가하겠다고 하자 이를 강경하게 반대하였다. 이로 인해 중앙 관직에서 해임되어 약 8년 동안 지방관을 전전하였는데, 이때 또 청묘법(青苗法)과 면역법(免役法) 등 신법의 폐단을 직접 눈으로 목격하고 이를 상소로 올리거나 시를 써서 풍자하였다. 소식은 이로 인해 어사대에 체포되어 감옥에 갇히고 험지에 유배되었다가 결국 몸이 쇠약해져 사망하였다.

23 한자(韓子)는 유불을 변별하였네 : 한유(韓愈, 768~824)가 불교와 도교를 배척하고 유교의 정통성을 옹호한 사실을 가리킨다. 한유는 〈원도(原道)〉·〈원성(原性)〉·〈원귀(原鬼)〉·〈원인(原人)〉·〈원훼(原毁)〉 등 이른바 오원(五原)의 논문을 지어 불교의 출세간(出世間)과 도교의 무정부주의적인 태도를 비판하고, 불교의 법통(法統)에 대항하여 유가의 도통론(道統論)을 내세웠다. 또 독실한 불교신자였던 헌종(憲宗)이 불골(佛骨), 즉 부처의 유골(遺骨)을 궁중으로 들이려고 하자 〈불골을 맞이하는 것에 대하여 간하는 표〔諫迎佛骨表〕〉를 올려 반대하였다. 이 글을 읽고 크게 노한 헌종이 당장 한유를 불러들여 죽이려 하였으나 당시의 재상인 배도(裵度) 등이 변호해주어

다만 괴이하여라 거룩하고 밝은 세상에 獨怪聖明世
이러한 당인의 명부 있다는 것이 有此黨人籍
화와 복은 참으로 하늘에서 말미암는데 禍福實由天
저들이 망령되이 힘을 낭비하는구나 彼哉妄費力

두 번째 其二

봄바람에 무성해짐을 풀은 고마워하지 않으니[24] 春榮草不謝
아비의 자애로움을 자식이 어찌 보답하겠는가 父慈子何答
다만 한 치의 정성스런 마음을 품고 徒懷一寸誠
살려는 뜻으로 접하게 할 뿐이라 得使生意接
남아가 세상에 태어나 뜻이 있으면 男兒生有志
근심과 즐거움이 끼어들 수 없다네 憂樂不能入
평평한 길에 수레가 잘못 가기도 하고 平塗有敗轍
작은 배가 물 건너기 이롭기도 하다네 危舟或利涉

사형만은 모면한 채 조주 자사(潮州刺史)로 좌천당하기도 하였다.

24 봄바람에……않으니 : 중국 당(唐)나라의 시인 이백(李白)의 〈일출입행(日出入行)〉에 나오는 구절을 점화한 것으로, 시의 원문과 내용은 다음과 같다. "풀은 봄바람에 무성해짐을 고마워하지 않고 나무는 가을에 낙엽 짐을 원망하지 않네. 그 누가 채찍을 휘둘러 사계절을 몰아대나. 만물이 흥하고 시드는 것은 다 저절로 그러한 것이라네.〔草不謝榮於春風, 木不怨落於秋天. 誰揮鞭策驅四運? 萬物興歇皆自然.〕"

자하산의 거소로 돌아가는 이문원[25] 덕홍 을 보내며

送李文遠 德弘 歸紫霞山居

향산 아래의 초가로 茅屋香山下
늦겨울을 틈타 돌아가네 歸來趁季冬
닭을 길들여 야밤 독서를 한정하고 馴鷄限夜讀
말에 인분을 실어 봄 농사를 준비하네 糞馬備春農
죽을 먹어도 아이와 항상 마주하고 飯粥兒常對
아침저녁으로 아내 또한 뒤따르네 晨昏婦亦從
바야흐로 알겠네 누항의 즐거움이 方知陋巷樂
대갓집 종살이[26]보다 훨씬 나은 것을 全勝大家傭

25 이문원(李文遠) : 이덕홍(李德弘, 1697~1768)을 가리키는 것으로, 문원은 그의 자이다. 본관은 완산(完山)이며 호는 졸옹(拙翁)·백졸(百拙)이다. 성종(成宗) 별자(別子)의 후손으로, 남유상(南有常)·남유용(南有容)의 친구이자 매부이다. 시집 《백졸고(百拙稿)》를 남겼다.

26 대갓집 종살이 : 남유용의 《뇌연집》 제7권에 〈천일대에 올라 중향·비로 등 여러 봉우리를 보고 지었다〔登天逸臺 觀衆香毗盧諸峯有作〕〉라는 시가 실려 있는데, 이 시에 "潦倒幾年大家傭"이라는 구절이 있다. 남유용은 이 구절에 자주(自註)를 달아, "도은거는 늙어서도 쉬지 못하는 것을 대갓집 종살이라고 하였다.〔陶隱居以老而不休者爲大家傭奴.〕"라고 설명하였다. 도은거는 중국 남북조 시대의 도사(道士)이자 본초 의가(本草醫家)인 도홍경(陶弘景)을 가리키며, 대갓집 종살이는 곧 벼슬 사는 것을 가리킨다.

이상경 문보 을 그리워하며

有懷李尙絅 文輔

상경(尙絅)[27]은 선비 중의 어진 이이다. 6대(代) 동안 같은 동네에 살면서 서로 종학하며 잘 지냈는데, 사람됨이 얼굴은 시커멓고 짧은 수염에 자세히 살펴보면 기이한 기운이 많았다. 책 읽기를 좋아하고 글을 잘 지었으며, 또 시를 잘 읊었는데 그 소리가 시원하게 여운이 있어 매우 들을 만하였다.

군(君)은 해석(解析)에 뛰어나 위로는 경전(經典)과 사서(史書)에서부터 아래로는 제자백가(諸子百家)와 진기하고 특이한 글에 이르기까지 통하지 않음이 없었다. 특히 불서(佛書)를 논하는 것을 더욱 좋아하여 그 설(說)에 신묘한 해석이 있었다. 그가 죽은 지 3년 후에 내가 우연히 《능엄경(楞嚴經)》을 읽었는데 혹 이해할 수 없는 것이 있을 때마다 문득 상경이 살아올 수 없는 것을 슬퍼하면서 책을 덮고 다시는 읽지 않기에 이르렀다. 이에 이것을 써서 그 때의 슬픔을 기록한다. 그러나 내가 상경을 그리워하는 것이 어찌 오로지 《능엄경》 때문일 뿐이겠는가. 대개 《능엄경》으로 인하여 그 그리움이 더욱 더해진 것이다.

27 상경(尙絅) : 이문보(李文輔, 1698~1726)의 자(字)이다. 조선 후기의 문인으로, 본관은 연안(延安)이며 호는 대관(大觀)이다. 다음 시에 나오는 동계(東溪) 이영보(李英輔)의 아우로, 생원에 합격하고 시명(詩名)이 있었으나 요절하였다.

차가운 샘 이지러진 달에 백 년 인생을 슬퍼하며　寒泉缺月百年悲
홀로 달밤에 노래 부르노라니 눈물이 옷을 적시네　獨夜高歌淚滿衣

상경의 시 가운데 "이지러진 달 텅 빈 산에서 묵노라니, 차가운 샘 고목 소리만 들리네.〔缺月空山宿, 寒泉老樹聽.〕"라는 구절이 있는데, 인구에 회자되었다.

어찌 문장 짓고 주석 다는 사람들 적으랴마는　豈少文章箋註手
나의 벗과 같은 사람 드문 것이 또한 안타깝도다　亦憐吾友似渠稀

호조 원외랑 이몽여[28] 영보 가 보내온 시에 화답하다
和戶部李員外夢與 英輔 見寄

이군은 소년 시절에 글로 세상 울렸으니	李君少年鳴其文
자위하기를 맨손으로 청운을 잡겠다 하였네	自謂赤手取靑雲
지금은 백관의 말단에서 머리를 숙이고	秖今俯首百僚底
오연한 태도[29]로 자주 관장의 야단을 맞네	傲態屢遭官長嗔
때때로 흥이 넘쳐 붓끝으로 그려내면	有時逸興寫毫端
가사가 저절로 〈행로난〉[30]이 되었네	歌詞自作行路難

28 이몽여(李夢與) : 이영보(李英輔, 1687~1747)를 가리키는 것으로, 몽여는 그의 자이다. 조선 후기의 문신·학자로, 본관은 연안(延安)이며 호는 동계(東溪)이다. 바로 앞의 시에 나온 이문보(李文輔)의 형이다. 1714년(숙종40) 진사시에 장원으로 합격하였으나 1743년(영조19) 금성 현령(金城縣令)을 끝으로 사직한 후 낙향하여 후진 양성과 향촌 교화에 힘썼다. 유가 경전과 제자백가에 능통하고 《사기(史記)》를 깊이 연구하였으며, 당시에 이단으로 지목되던 《장자》·《이소경》·《도덕경》 및 불경 등을 깊이 연구하여 유가의 경전과 비교 분석하였다. 저서로 《동계유고》가 남아있다.

29 오연(傲然)한 태도 : 자질구레한 예법에 구애받지 않으면서 고위 관리 앞에서도 기가 꺾이지 않는 말단 관리의 태도를 말한다. 일찍이 장주(莊周)가 몽(蒙)이란 곳에서 칠원(漆園)의 벼슬아치로 있었는데, 초(楚)나라 위왕(威王)이 그가 어질다는 말을 듣고 사자(使者)를 보내 후한 폐백을 주고 재상으로 맞이하려 하였다. 이에 장주가 웃으면서 그 사자에게 "나를 더럽히지 말고 빨리 가라."라고 하며 물리쳤는데, 이를 두고 진(晉)나라 곽박(郭璞)이 '오연한 관리〔傲吏〕'라고 일컬었다고 한다. 《莊子 秋水》

30 〈행로난(行路難)〉 : 악부(樂府)의 잡곡 가사(雜曲歌辭) 이름으로, 대부분 세상살이의 어려움과 이별의 정을 담고 있다. 원래는 민간의 가요였는데, 후에 문인들이 이를 많이 모방하여 지었다.

가난한 집에 위로 칠십 노인을 모시고	家貧上有七十老
낮은 자리[31]에서 녹을 얻으며 마음에 편안히 여기네	抱關得祿心所安
높은 구름 아득한 곳에 기러기 멀리 날아가니	高雲冥冥鴻鵠遠
수염을 잡고 한바탕 웃으며 세모를 맞이하네	把髯一笑當歲晏
관복을 벗어 술집에 보내면서[32]	脫下朝衣送酒家
언짢은 기색 보이지 않고 비방하는 말 하지도 않네	色不幾微口不訕
도성 거리에 닭이 울고 눈은 펑펑 내리는데	紫陌鷄鳴雪滿天
관아의 서리 군을 부르나 군은 대답이 없네[33]	府吏喚君君嘿然
병든 사내 이불을 끌어안으니 항상 잠이 부족해	病夫捉衾常少睡
고관의 가마 문 앞에 시끄러운 것 듣기 싫어라	厭聽珂馬鬧門前
경박한 풍속에 지기가 적다고 말하지 마오	莫言薄俗少知己

31 낮은 자리 : 벼슬에 욕심이 없는 현인달사(賢人達士)가 집이 가난하여 부모를 봉양하기 위해 본의 아니게 벼슬을 할 경우, 낮은 자리에 처하는 것이 바람직하다는 의미를 담고 있다. 《맹자(孟子)》 〈만장 하(萬章下)〉에서 나온 말로, "가난 때문에 벼슬하는 자는 높은 자리를 사양하고 낮은 자리에 처하며, 녹봉이 많은 것을 사양하고 녹봉이 적은 데에 처해야 한다. 높은 자리를 사양하고 낮은 자리에 처하며, 녹봉이 많은 것을 사양하고 녹봉이 적은 데에 처함은 어떻게 하여야 마땅한가? 관문을 안고〔抱關〕 딱딱이를 치는 일을 하여야 한다."라고 하였다.

32 관복(官服)을……보내면서 : 술집에 관복을 전당 잡히고 술을 받아 마신다는 말이다.

33 도성……없네 : 《승정원일기(承政院日記)》 1727년(영조3) 10월 20일의 기사를 보면, 그날 날씨가 "눈이 옴. 인시에는 맑음"이라고 기록되어 있다. 이어서 "이중관이 이조의 말로 아뢰기를, '방금 호조가 보내온 공문을 보니, 좌랑 이영보(李英輔)가 말미를 받은 기한이 지났는데도 올라오지 않고 있다고 합니다. 규례대로 개차하는 것이 어떻겠습니까?' 하니 전교하기를, '윤허한다.'라고 하셨다."라고 하였는데, 이 날의 상황을 말한 것으로 보인다.

군이 떠날 때에 나도 떠나리니 君若去時吾去矣

양주[34]의 청산이 가릉[35]과 비슷하니 楊峽青山似嘉峽

짚신에 베버선 신고 군을 따라 일어서리 芒鞋布襪從君起

두 번째 其二

그대의 막내아우 스무 살에 표범이 무늬를 이루듯 하였으니[36] 季氏二十豹成文

문장 명가에 육기와 육운[37]이 태어났네 大家翰墨生機雲

나와 교분을 맺은 지 20년이 되었는데 與余論交二十年

웃는 것만 보았지 화내는 것 보지 못하였네 但見嬉笑不見嗔

문채가 순수하게 눈썹 끝에 솟아올랐으니 文彩粹然聳眉端

군의 집에선 군 또한 형 노릇 하기 어려웠을 터[38] 君家君亦爲兄難

34 양주(楊州) : 남유용(南有容) 집안의 선영(先塋)이 있는 고향이다.

35 가릉(嘉陵) : 이영보(李英輔) 집안의 선영(先塋)이 있는 고향으로, 지금의 경기도 가평(加平)이다.

36 그대의……하였으니 : 막내아우는 이영보의 아우 이문보(李文輔, 1698~1726)를 가리킨다. 표범이 무늬를 이룬다는 것은 《주역(周易)》 〈혁괘(革卦) 상육(上六)〉에 나오는 말로, "군자는 표범이 변하듯 하고, 소인은 낯빛만 고친다.〔君子豹變, 小人革面.〕"라고 하였다. 그 상(象)에 "군자가 표범이 변하듯 한다는 것은 그 문채가 성하여지는 것이요, 소인이 낯빛을 고치는 것은 순종하여 임금을 따르는 것이다.〔君子豹變, 其文蔚也; 小人革面, 順以從君也.〕"라고 하였는데, 이에서 전하여 표변(豹變)은 군자의 아름다운 풍모를 형용하는 말로 쓰이게 되었다.

37 육기(陸機)와 육운(陸雲) : 원문의 '機雲'은 중국 서진(西晉)의 저명한 문인 육기(陸機, 260~303)와 육운(陸雲, 262~303) 형제를 합쳐서 부르는 말이다.

38 형……터 : 형제가 모두 훌륭하여 누구를 형이나 아우라 하기 어렵다는 뜻이다. 이영보·이문보 형제의 재주가 모두 뛰어남을 가리키는 말이다.

물 마시고 글 읽으며 그 즐거움을 즐기고　　飮水讀書樂其樂
포의[39]를 부끄러워하지 않고 가난 또한 편안히 여겼네　　布衣不耻貧亦安
화음[40]에서의 가을날에 나를 멀리 보내고　　華陰秋日送我遠
지당[41]에서 붓 잡으니 연꽃이 늦피었네　　池堂把筆荷花晏
술에 취해 미친 듯 노래 부르며 고금을 논하면서　　酒酣狂歌談古今
슬퍼하고 개탄하고 웃고 꾸짖으며[42] 조롱하기도 하였네　　悲咤笑罵雜嘲訕
당시의 의기가 푸른 하늘에 뻗칠 듯하였는데　　當時意氣橫蒼天
한 번 이별한 후 외로운 무덤 마침내 적막하네[43]　　一別孤墳遂寂然
내 이제 형을 생각하면 열흘도 더딘데　　我今思兄一旬遲

큰형님이 낭주(朗州)에서 풀려나셔서[44] 열흘 후면 만날 수 있을 것이라고 헤아린 것이다.

39 포의(布衣) : 벼슬 하지 않은 선비라는 의미이다.

40 화음(華陰) : 어디를 가리키는지 정확히 알 수 없다.

41 지당(池堂) : 연못가에 지은 집이라는 뜻이다.

42 슬퍼하고……꾸짖으며 : 《송사(宋史)》 권338 〈소식 열전(蘇軾列傳)〉에서 나온 말로, "비록 즐거워하며 웃고 성내며 꾸짖는 말이라도 모두 써서 읊을 수 있다."라고 하였다. 어떤 종류의 감정이나 행위도 모두 글로 쓸 수 있다는 말로, 시문(詩文)에 뛰어나다는 의미를 담고 있다.

43 한……적막하네 : 이문보가 이 시를 짓기 1년 전인 1726년에 작고한 것을 가리킨다. 남유상(南有常)은 그의 문집 《태화자고(太華子稿)》 권4에 실린 〈이상경에 대한 제문[祭李尙絅文]〉에서 "병오년(1726) 봄 2월 임진일에 상경이 죽었다."라고 하였다.

44 큰형님이 낭주(朗州)에서 풀려나셔서 : 큰형님은 남유용(南有容)의 큰형 남유상(南有常)을 가리키며, 남유상은 1727년(영조3) 9월에 낭주, 즉 전라도 영암(靈巖)으로 귀양 갔다가 다음 달인 10월에 풀려난 바 있다.

군은 동생 생각에 울며 내생으로 가고 싶을 듯　　君應泣弟來生前
이 때문에 슬픔을 머금으니 슬픔이 한이 없어　　以玆含哀哀未已
시를 지어 나에게 부치니 어쩌면 그리도 개탄스러운지
　　作詩寄我何嗟矣
다만 군과 함께 혜호의 노래[45] 부르며　　但願同君歌惠好
속세의 먼지 일지 않는[46] 봉래 바다로 가고 싶네　　直至蓬海塵三起

45 혜호(惠好)의 노래 : 《시경》 〈북풍(北風)〉을 가리키는 것으로, "북풍이 차갑게 불어오며 함박눈이 펑펑 내리도다. 사랑하여 나를 좋아하는 이와 손잡고 함께 길을 가리라. 여유 있으며 느리게 할 수 있으랴. 이미 급박하게 되었도다.〔北風其凉 雨雪其雱. 惠而好我, 携手同行. 其虛其邪? 旣亟只且.〕"라고 하였다. 북풍과 함박눈은 국가의 위란(危亂)을 상징하는 것으로, 위(衛)나라 사람들이 사납게 굴기 때문에 핍박받은 백성들이 모두 손을 잡고 떠나가는 모습을 노래한 시이다.

46 속세의……않는 : 원문의 '塵三起'는 '塵不起'의 오기(誤記)인 것으로 보아 고쳐 해석하였다.

조카[47]의 돌에 시 한 수를 지어 그 부모에게 주었다
雲甥晬日 述一詩 與其父母

이생[48]의 어린 아이가 정미년[49]에 돌을 맞으니　李生幼子丁未晬
돌상의 온갖 기물 화려하고 성대하네　晬盤百種華且盛
책을 잡으면 부귀영화를 누리고 실을 잡으면 장수한다며　執書榮貴執絲壽
세상의 풍속에 이를 보고 아이의 운명을 점치네　世俗視此卜兒命
사방에서 숨죽이고 둘러앉아 지켜보니　四座無譁且環觀
너는 무엇을 잡았는가 팥떡을 잡았구나　爾何執乎執豆餠
책도 아니고 실도 아니고 이 무슨 징조인가　不書不絲是何兆
부모는 좋아하지 않고 나만 홀로 경하하네　父母不樂我獨慶
글자를 설명함에 팥을 일컬어 곡식 중의 아름다운 것이라 하였고　說文稱豆穀之美
또 떡은 음식 중의 풍족한 것이라 하였네　又言餠者食之足
곡식이 아름답고 음식이 풍족하면 수명을 늘릴 수 있으니　穀美食足可延年
오래 살고 부유할 것을 신께서 고하셨구나　老壽富樂神其告

47 조카 : 원문의 '雲甥'은 누이의 자녀를 가리킨다.

48 이생(李生) : 남유용(南有容)의 누이의 남편인 이덕홍(李德弘, 1697~1768)을 가리킨다.

49 정미년 : 1727년(영조3)을 가리킨다.

예로부터 문자가 우환 중의 최고라　自古文字憂患首
아이가 책을 잡지 않은 것은 그것을 안 것이라　兒不執書其知矣
상고 시대에는 책이 없어도 천하가 다스려졌으나　上古無書天下治
양식을 버리고 백성이 죽지 않았다는 말은 듣지 못하였네　未聞去食民不死
그리하여 추나라의 성인이 왕도를 논하면서　所以鄒聖論王道
반드시 굶주리지 않고 추위에 떨지 않는 것으로부터 시작하셨네[50]　必自不飢不寒始
내 생각건대 만민이 팥떡을 잡은 후에　吾謂萬民執豆餠
바야흐로 천하가 다스려졌다고 일컬을 것이네　然後方稱天下理

50 그리하여……시작하셨네 : 추(鄒)나라의 성인(聖人)은 맹자(孟子)를 가리킨다. 맹자가 제(齊)나라 선왕(宣王)에게 정사(政事)에 대해 이야기하면서, "늙은이가 비단옷을 입고 고기를 먹으며, 백성이 굶주리지 않고 춥지 않게 하고, 이렇게 하고서도 왕 노릇을 하지 못하는 자는 있지 않습니다."라고 한 것을 말한다. 《孟子 梁惠王上》

태화가 귀양살이에서 풀려나 돌아오니 십탄 이장[51]께서 시를 지어 맞이하며 위로하고 또 나에게 화답하게 하셨다
太華解謫歸 十灘李丈以詩迎勞 且屬余和之

누가 공을 가게 하고 누가 공을 돌아오게 하였나	誰遣公行誰遣歸
인간 세상 만나고 헤어짐을 석 잔 술에 부치노라	人間離合酒三巵
석거에서 다시는 새로운 사서 엿보지 못하였으나[52]	石渠不復窺新史
장기 가득한 바다[53]가 어찌 좋은 시를 병들게 하겠나	瘴海何曾病好詩
점괘는 이제 조용히 있으면 길하다는 말[54] 따르고	龜筮于今從用靜

51 십탄(十灘) 이장(李丈) : 이우신(李雨臣, 1670~1744)을 가리키는 것으로, 남유상(南有常)의 장인이다. 조선 후기의 문신으로, 본관은 연안(延安)이며 자는 백열(伯說), 십탄은 그의 호이다. 이희조(李喜朝)의 문인이며, 이정보(李鼎輔)·이익보(李益輔)의 아버지이다. 1710년(숙종36) 음보로 벼슬길에 나아가 의금부 도사·함양 군수·동지중추부사·한성부 우윤·도총부 부총관 등을 두루 역임하였다. 문장에 능하고 변려문에 뛰어났으며, 사후 이조 판서에 추증되었다.

52 석거(石渠)에서……못하였으나 : 석거는 석거각(石渠閣)을 가리키는 것으로, 중국 한(漢)나라 천자의 서고(書庫) 이름이다. 여기서는 남유상이 1727년(영조3)에 춘추관 기사관으로《숙종실록》편찬에 참여하고, 실록랑 등을 지낸 사실을 가리키는 것으로 보인다.

53 장기(瘴氣) 가득한 바다 : 장기는 축축하고 더운 땅에서 생기는 독한 기운으로, 남유상이 전남 영암으로 귀양 간 사실을 가리킨다.

54 조용히…… 말 :《서경(書經)》〈홍범(洪範)〉에 나오는 말로, "거북점과 시초점이 모두 사람의 뜻과 어긋날 경우, 조용히 있으면 길하고 일을 하면 흉하다.〔龜蓍共違於人, 用靜, 吉, 用作, 凶.〕"라고 하였다. 거북점과 시초점(蓍草占)은 중요한 일을 결정할 때 치는 점으로, 근신해야 할 시기임을 표현한 것이다.

《춘추》에는 예로부터 전의의 원칙 있다네[55] 春秋自古有傳疑
장인[56]께서 기꺼이 산문서 나누기[57]를 허락하시니 丈人肯許分山券
문미에 걸린 가릉[58]의 그림을 보네 見畫嘉陵在屋楣

결구(結句)는 원시(原詩)의 뜻을 차용하였다.

55 《춘추(春秋)》에는……있다네 : 전의(傳疑)는 역사를 기록할 때 의심스러운 점에 대하여 정론(定論)을 주장하지 않고 있는 그대로 기록하여 후세에 확실한 내용이 밝혀지기를 기다리는 사관(史官)의 객관적 태도를 말한다. 《춘추(春秋)》 환공(桓公) 5년조에, "봄 정월 갑술일·기축일에 진후(陳侯) 포(鮑)가 죽었다."라고 하였는데, 《춘추곡량전(春秋穀梁傳)》에서 "포가 죽은 날짜를 어찌하여 두 개나 기록하였는가? 《춘추》의 의리는 확실한 것은 확실하게 기록하고 의심스러운 것은 의심스러운 대로 기록하는 것[疑以傳疑]이다."라고 한 데서 나온 말이다. 여기서는 남유상이 실록낭청 겸 춘추관 기사관으로 있다가 이광좌와 갈등을 일으켜 유배를 갔던 사실과 관련된 언급인 것으로 보인다.

56 장인(丈人) : 이우신(李雨臣)은 남유상(南有常)의 장인이다.

57 산문서 나누기 : 친한 사람끼리 경치 좋은 곳에서 함께 사는 것을 말한다. 중국 송(宋)나라의 문신 장영(張詠)이 화산(華山)에 은거하고 있는 희이 선생(希夷先生) 진단(陳摶)을 만나서 "원컨대 화산 반쪽을 나누어 살고 싶은데 되겠습니까?"라고 하자, 진단이 "다른 사람이면 몰라도 공이라면 내 마땅히 반을 나누어주겠소."라고 말하였다는 고사가 있다. 《宋史 卷457 隱逸列傳上 陳摶》

58 가릉(嘉陵) : 경기도 가평(加平)의 옛 이름으로, 장인인 이우신(李雨臣)의 생가와 집안의 선영이 있는 곳이기도 하다.

적류마[59]를 슬퍼하며

悲赤騮

가난한 집에선 말을 기르지 말라 貧家莫養馬
적류마가 너무 가련하도다 赤騮甚可憐
먹는 것이 적어 배는 늘 헛헛하고 食少腹長虛
채찍질 거듭되니 넓적다리가 뚫어지려 하네 鞭重髀欲穿
부질없이 기린의 자태를 품고 空抱麒麟姿
어찌 차마 둔마와 나란히 서리오 忍與駑駘肩
마구간에서 다른 말들과 나란히 죽으면[60] 駢死槽櫪間
해진 장막을 덮어 함께 버리네 弊帷同棄捐
금대에서 곽외를 슬퍼하고[61] 金臺悲郭隗

59 적류마(赤騮馬) : 몸이 붉은 말로, 준마(駿馬)를 가리킨다. 보통 어진 인재를 비유한다.

60 마구간에서……죽으면 : 인재가 인재 대접을 받지 못하고 스러지는 것을 비유하는 말이다. 중국 당나라의 문장가 한유(韓愈)의 〈잡설(雜說)〉에서 나온 말로, "세상에 백락이 있은 연후에야 천리마가 있으니, 천리마는 항상 있으나 백락은 항상 있는 것이 아니다. 그러므로 비록 명마가 있다 하더라도 다만 노예들의 손에 곤욕을 치르면서 마구간 사이에서 보통 말들과 나란히 죽어갈 뿐, 천리마로 일컬어지지 못한다."라고 하였다.

61 금대(金臺)에서 곽외(郭隗)를 슬퍼하고 : 금대는 황금대(黃金臺)의 준말로, 어진 선비를 초빙하는 장소를 비유하는 말이다. 중국 춘추 시대 연(燕)나라의 소왕(昭王)이 제(齊)나라에 복수하기 위해서는 먼저 인재를 얻어야한다 생각하고, 곽외(郭隗)에게 그 방법을 물었다. 이에 곽외가 말하기를, "옛날에 어떤 임금이 1000금을 연인(涓人)에

동곽[62]에서 우전[63]을 희롱하네　　銅槨戱優旃
한라도[64]에 봄이 돌아오니　　春還漢挐島

게 주어 천리마를 구해 오라고 하였습니다. 그런데 연인이 가보니 그 말이 이미 죽어 버렸으므로 500금을 주고 말의 뼈를 사서 돌아왔습니다. 임금이 크게 화를 내자 연인이 말하기를, '죽은 말의 뼈도 사는데 산 말이야 말해 뭐하겠습니까. 천리마를 가진 사람이 소문을 듣고 찾아올 것이니, 이제 애쓰고 돌아다녀도 구하기 힘든 천리마를 앉아서 얻게 될 것입니다.'라고 하였는데, 1년이 채 안 되어 천리마가 3필이나 왔습니다. 지금 임금께서 꼭 어진 인사를 초치하고 싶으시면 이 곽외부터 먼저 시작하십시오. 그러면 곽외보다 더 어진 자가 천 리를 멀다 않고 올 것입니다."라고 하였다. 이에 소왕이 곽외를 위하여 황금대를 짓고 스승으로 섬기자, 악의(樂毅)·추연(鄒衍)·극신(劇辛) 같은 명장(名將)·현사(賢士)들이 앞 다투어 모여들었고 연나라는 점점 강성해져 마침내 제나라에게 빼앗긴 영토를 되찾을 수 있었다.《資治通鑑 卷3》 여기서는 더 이상 곽외 같은 인재가 등용되지 않음을 한탄한 것으로 보인다.

62 동곽(銅槨) : 진시황릉(秦始皇陵)을 가리킨다.《사기(史記)》 권6 〈진시황본기(秦始皇本紀)〉에, "9월에 시황을 여산(酈山)에 안장하였다. 시황은 처음 즉위하였을 때부터 여산을 뚫어 다스렸고, 천하를 통일한 후에는 70만 명에 달하는 사람들을 보내 지하수가 3번 나올 정도로 땅을 깊게 파고 구리〔銅〕를 부어 곽(槨)을 만들었다."라고 하였다. 진시황릉은 지궁(地宮)을 만들 때 물이 스며드는 것을 막기 위하여 묘의 바닥·천정·벽·문 등을 모조리 벽돌로 쌓고, 틈이 있는 곳에는 구리 녹인 물을 부어넣어서 치밀하게 방수 조치를 하였다고 한다.

63 우전(優旃) : ?~? 진(秦)나라의 난쟁이 어릿광대로, 우스갯소리를 잘하였는데 도리에 맞는 말이 많았다. 시황 때 궁궐에서 연회가 열렸는데 마침 비가 쏟아져 호위를 하고 있던 군사들의 옷이 젖어 추위에 떨었다. 우전은 이들을 쉬게 해주기 위하여 시황 앞에서, "너희들은 키가 크지만 비를 맞으면서 서 있지 않은가. 나는 키가 작지만 방안에서 편안히 쉬고 있다."라고 하였다. 이 말을 들은 시황이 호위 군사를 반으로 나눠 교대로 쉬게 하였다. 또 시황이 원유(苑囿)를 크게 넓히려고 하자 외적이 쳐들어오면 고라니나 사슴을 시켜 막게 하자고 하여 그만두게 하였고, 2세 황제가 성(城)에 옻칠을 하려고 하자 훌륭한 일이라고 칭찬하면서 그러나 음실(蔭室)을 만들기는 어려울 것이라고 풍자를 하여 그만두게 하였다.《史記 卷126 滑稽列傳》

향기로운 풀 우거지려 하네 芳草欲芊芊

64 한라도(漢拏島) : 제주도를 가리키는 것으로, 좋은 말이 많기로 유명한 곳이다.

동파가 매화를 읊은 절구[65]에 차운하여 태화 선생에게 올렸다

次東坡咏梅絶句 上太華先生

첫 번째[66] 其一

미양[67]이 땅 속에서 가볍고 따뜻해지더니	微陽地底轉輕和
벌써 매화에게 입혀져 많이 누설되었네	已被梅花漏洩多
한 줄기 봄기운 흔들리며 떨어지니	一種韶華搖落裏
누군들 조화옹을 장차 어찌할거나	誰何將奈化翁何

두 번째[68] 其二

향기 머무는 매합[69] 아래가 곧 양대[70]라	留香閤下是陽臺

65 동파(東坡)가……절구 : 소식(蘇軾)의 《동파전집(東坡全集)》 권18에 실린 〈차운양공제봉의매화(次韻楊公濟奉議梅花)〉 10수를 가리킨다.

66 첫 번째 : 소식의 〈차운양공제봉의매화〉 중 제1수를 차운한 것이다. 원시는 다음과 같다. "梅梢春色弄微和, 作意南枝剪刻多. 月黑林間逢縞袂, 霸陵醉尉誤誰何."

67 미양(微陽) : 순음(純陰)의 달인 10월을 지나 복괘(復卦)에 해당하는 동짓달에 이르러 일양(一陽)이 처음으로 생겨나는 것을 말한다.

68 두 번째 : 소식의 〈차운양공제봉의매화〉 중 제3수를 차운한 것이다. 원시는 다음과 같다. "綠發尋春湖畔回, 萬松嶺上一枝開. 而今縱老霜根在, 得見劉郎又獨來."

69 매합(梅閤) : 방 안에 작은 감실(龕室)을 만들어 매화 화분을 보호하는 곳을 말한다.

70 양대(陽臺) : 중국 기주(夔州)의 무산(巫山) 무협(巫峽)에 있는 대(臺)의 이름으로, 운우지정(雲雨之情)의 고사가 생긴 곳이다. 옛날에 초(楚)나라 회왕(懷王)이 고당(高唐)에서 낮잠을 자는데 꿈에 한 여인(女人)이 와서, "저는 무산(巫山)의 여자로서 고당의 나그네가 되었는데, 왕께서 여기에 계신다는 소문을 듣고 왔으니 원컨대 침석(枕席)을 같이해 주소서."라고 하므로 그녀와 하룻밤을 같이 하였다. 이튿날 아침에

백설 같은 뺨에 단장을 마치고 나를 기다려 피었네 雪臉粧成待我開
어리석은 이와 큰 술잔 띄워 마시기에 마땅하니 合與癡人浮大爵
부처 앞에 어찌 색진[71]을 가져올 수 있나 佛前安得色塵來

세 번째[72] 其三

추위가 병풍 뚫고 들어와 자꾸 돌아보는데 寒透屛幃首屢迴
어느새 옥 같은 꽃망울 활짝 핀 것 보이네 却看瓊蘂十分開
어여뻐라 제 스스로 맑고 온화한 성정 있어 憐渠自有淸和性
가지 끝에 이른 야기를 잘 길렀구나[73] 善養枝頭夜氣來

네 번째[74] 其四

서곤의 박옥[75]을 다듬어 살갗을 만들고 西崑璞玉琢成肌

그 여인이 떠나면서, "저는 무산의 양지쪽 높은 구릉의 험준한 곳에 사는데, 매일 아침이면 아침 구름이 되고 저녁이면 내리는 비가 되어 매일 아침저녁마다 양대의 아래에 있습니다."라고 하였다. 다음날 아침에 보니 과연 그 말과 같았으므로 그곳에 사당을 세우고는 조운묘(朝雲廟)라고 하였다. 《文選 卷19 高唐賦》

71 색진(色塵) : 불가(佛家) 용어로, 인간의 심성을 더럽히는 육진(六塵) 가운데 하나이다. 육진에는 색진(色塵)·성진(聲塵)·향진(香塵)·미진(味塵)·촉진(觸塵)·법진(法塵)이 있는데, 그 중에 색진은 시각(視覺)을 통해 인간의 마음을 더럽히는 것이다.

72 세 번째 : 소식의 〈차운양공제봉의매화〉 중 제3수를 다시 차운하였다.

73 가지……길렀구나 : 야기(夜氣)는 한밤에 사물의 생장(生長)을 돕는 청명한 기운으로, 이것을 잘 길러야 사물이 잘 자랄 수 있다고 하였다. 《맹자(孟子)》 〈고자 상(告子上)〉에서 나온 말이다.

74 네 번째 : 소식의 〈차운양공제봉의매화〉 중 제7수를 차운한 것이다. 원시는 다음과 같다. "冰盤未薦含酸子, 雪嶺先看耐凍枝. 應笑春風木芍藥, 豐肌弱骨要人醫."

75 서곤(西崑)의 박옥(璞玉) : 서곤은 곤륜산(崑崙山)을 가리키는 것으로, 중국의

남해의 낭간[76]을 골라서 가지를 이루었네　南海琅玕揀作枝

세간의 긴 병을 다스리는 데에는　針砭世間冗長病

이제껏 인삼 백출[77]이 용의[78]에겐 다였지　向來蔘朮盡庸醫

다섯 번째[79] 其五

느릿느릿 섣달이 되기 전부터 피었으니　遲遲也自臘前開

누대 머리에서 갈고를 쳐 재촉할 필요 없네[80]　不要樓頭羯鼓催

서쪽 끝에 있다하여 생긴 이름이다. 신선설이 유행하면서 신선경(神仙境)으로서의 성격이 두드러지게 되었으며, 좋은 옥(玉)이 많이 나는 곳으로 유명하다. 박옥은 아직 다듬지 않은 본모습 그대로의 옥을 가리킨다.

76 남해(南海)의 낭간(琅玕) : 낭간은 푸른색의 아름다운 돌의 이름이다. 《서경(書經)》 〈우공(禹貢)〉에 "옹주(雍州)의 공물은 구림(球琳)과 낭간(琅玕)이다."라고 하였는데, 채침(蔡沈)이 이에 주를 달아 "지금 남해에 푸른 낭간이 있으니, 산호(珊瑚) 등속이다."라고 한 것이 보인다.

77 인삼(人蔘) 백출(白朮) : 모두 한약재로 인삼은 강장제, 백출은 소화제로 널리 쓰인다.

78 용의(庸醫) : 솜씨가 없는 용렬한 의원(醫員)이라는 뜻이다.

79 다섯 번째 : 소식의 〈차운양공제봉의매화〉 중 제6수를 차운한 것이다. 원시는 다음과 같다. "君知早落坐先開, 莫著新詩句句催. 嶺北霜枝最多思, 忍寒留待使君來."

80 누대……없네 : 갈고(羯鼓)는 '갈족(羯族)이 치는 북'이라는 뜻으로, 말가죽으로 메운 장고(長鼓)이다. 중국 당(唐)나라의 현종(玄宗)이 본래 음률을 잘 아는 데다 갈고를 특히 좋아하였다. 어느 봄날에 이원(梨園)에서 새로 작곡한 관현악을 연주한다 하여 화악루(花萼樓) 아래에서 연주하였는데 곡이 별로 좋지 않았다. 현종이 중지하도록 명령하고 "갈고를 가져오라. 이 더러운 소리를 들은 것을 씻겠다."라고 하였다. 고 역사(高力士)가 갈고를 가져오자 친히 〈춘광호(春光好)〉 한 곡조를 지어서 연주하고 나니, 그 때에 봄이 일러 아직 꽃봉오리가 피지 않았었는데 버들가지와 살구꽃 등이 이미 다 터져 나왔다고 한다. 이에 현종이 웃으면서 빈어(嬪御)들을 돌아보고, "이 한 가지

일찍 피면 일찍 시들까 근심스러우니 開早秪愁零落早
이 말은 모름지기 소옹에게 물어보고 와야 할 듯[81] 此言須訪邵翁來

여섯 번째[82] 其六

손님 돌아간 높은 다락엔 달이 술동이에 빠지고 客散高軒月墮樽
한 가지 남은 매화는 창에 깃든 어둠을 깨네 一枝留破半牕昏
사람을 향해 스스로 말 없는 뜻 지으니 向人自作無言意
술 따르자 향기 풍겨 취한 넋을 돌이키네 斟酌生香返醉魂

일곱 번째[83] 其七

새들도 울지 않고 나비도 날지 않는 때 百舌無聲蝶不飛
인간 세상 복숭아꽃 오얏꽃 가지 모두 다 차갑네 人間桃李盡寒枝

일로 말하자면 나를 조화옹이라 불러야 되지 않겠느냐?"라고 하였다 한다. 《太平廣記 卷205 樂3》

81 이……듯 : 소옹(邵翁)은 중국 북송(北宋)의 철학자 소옹(邵雍, 1011~1077)을 가리킨다. 《동헌에 소매가 갓 피어 객에게 술을 권하였다〔東軒消海初開勸客酒〕》, 《상락 장자후 장관의 조매에 화답하다〔和商洛章子厚長官早梅〕》, 《상수 송 낭중의 조매에 화답하다〔和商守宋郎中早梅〕》 등 소옹이 소매(消梅 : 눈을 녹이고 피는 매화)나 조매(早梅)를 읊은 시가 많은 것을 가리키는 것으로 보인다. 소매나 조매 모두 일찍 피는 매화로, 중국 남송(南宋)의 문인 범성대(范成大)가 지은 《범촌매보(范村梅譜)》에 나오는 매화의 종류이다. 범성대는 매화의 색깔·잎의 다소·피는 시기·특징 등에 따라 매화를 분류한 바 있다.

82 여섯 번째 : 소식의 〈차운양공제봉의매화〉 중 제4수를 차운한 것이다. 원시는 다음과 같다. "月地雲階漫一樽, 玉奴終不負東昏. 臨春結綺荒荊棘, 誰信幽香是返魂."

83 일곱 번째 : 소식의 〈차운양공제봉의매화〉 중 제8수를 차운한 것이다. 원시는 다음과 같다. "寒雀喧喧凍不飛, 繞林空啅未開枝. 多情好與風流伴, 不到雙雙燕詩時."

그대와 함께 오늘 밤 단꿈을 함께 하며 與君此夜甘同夢
상아가 바다를 다 건너도 상관치 않으리[84] 不管孀娥渡海時

여덟 번째[85] 其八

세상을 압도하는 맑은 의표로 자신을 가벼이 하지 않았으니 壓世淸標不自輕
어찌 그 마음을 사람들이 밝혀주길 원하였겠나 肯將心事要人明
광평[86]이 〈매화부〉 짓고 부끄러워하였으니[87] 廣平作賦堪羞殺
죽을지언정 누가 차가웠다 따뜻했다 하는가 抵死誰爲冷暖情

84 상아(孀娥)가……않으리 : 상아는 신화에 등장하는 달의 여신으로, 항아(姮娥) 혹은 상희(孀羲)라고도 한다. 달이 져서 아침이 되도록 함께 있겠다는 말이다.

85 여덟 번째 : 소식의 〈차운양공제봉의매화〉 중 제9수를 차운한 것이다. 원시는 다음과 같다. "鮫綃剪碎玉簪輕, 檀暈妝成雪月明. 肯伴老人春一醉, 懸知欲落更多情."

86 광평(廣平) : 중국 당(唐)나라의 명재상 송경(宋璟, 663~737)을 가리킨다. 고종 때 진사에 급제한 후 측천무후・중종・예종・상제(殤帝)・현종의 5개 왕조를 섬기면서 상당위(上黨尉)・봉각사인(鳳閣舍人)・어사대 중승・이부 상서・형부 상서・지정사(知政事)・경조 유수・승상・개부의동삼사 등 요직을 두루 역임하고 광평군 개국공(廣平郡開國公)에 봉하여졌다. 시호는 문정(文貞)이며, 문집이 남아있다.

87 〈매화부(梅花賦)〉 짓고 부끄러워하였으니 : 〈매화부〉는 송경이 지은 부의 제목이다. 당나라 말기의 시인 피일휴(皮日休)가 〈도화부서(桃花賦序)〉에서 송경의 〈매화부〉를 들어 말하기를, "내가 일찍이 재상 송광평의 바르고 강직한 자질과 굳센 모습을 사모하여서 아마도 그의 철석같은 심장으로는 아름답고 애교 넘치는 말을 토해낼 줄 모르리라고 여겼었다. 그런데 그의 글을 보다가 〈매화부〉가 있어 보니, 말이 통창하고도 화려하여 남조의 서유체를 꼭 닮았으니 그 사람됨과는 아주 달라보였다."라고 하였다.《全唐文 卷796 桃花賦》 송경처럼 철석같은 심장을 지닌 사람조차도 부드럽게 만들 정도로 매화의 자태가 고아하고 매력적이라는 말이다.

덕재[88]가 동파가 매화를 읊은 시에 화운하여 나에게 보냈기에 그 시의 운을 따라 지었다 次德哉和東坡詠梅以寄之韻 태화 太華

첫 번째[89] 其一

얼음서리 같은 골격으로 온화한 봄기운을 기르더니 氷霜骨格養春和
별들의 정기 응집되어 꽃봉오리 많이도 열렸네 星宿凝神蓓蕾多
다만 동쪽 가지 이리 약한 것 걱정스러우니 秪恐東枝如許弱
깊은 밤 살을 에는 추위를 장차 어이할거나 夜深將奈峭寒何

두 번째[90] 其二

눈 쌓인 누대 위에 홑적삼 입은 고아한 선비 高士便衫雪滿臺
입으로 꽃기운 불어 꽃이 피게 하였네 口嘘花氣使花開
제군들은 기이한 격조 논하려 하면서 諸君就欲論奇格
제일 먼저 차가운 등걸에 묵은 푸른 이끼를 꼽네 先數寒楂老碧苔

세 번째[91] 其三

어느 곳의 봄바람이 어디에서 돌아왔나 何處春風何處回
남쪽 가지에 두루 피고 북쪽 가지에도 피었네 南枝開遍北枝開
인간 세상 도리화에겐 추위 아직 남아있고 人間桃李寒多少
붉은 나비 누런 벌도 아직 오지 않았네 紫蝶黃蜂未始來

88 덕재(德哉) : 남유상(南有常)의 동생인 남유용(南有容) 본인의 자이다.

89 첫 번째 : 소식의 〈차운양공제봉의매화〉 중 제1수를 차운한 것이다.

90 두 번째 : 소식의 〈차운양공제봉의매화〉 중 제2수를 차운한 것이다. 원시는 다음과 같다. "相逢月下是瑤台，藉草淸樽連夜開. 明日酒醒應滿地，空令饑鶴啄莓苔."

91 세 번째 : 소식의 〈차운양공제봉의매화〉 중 제3수를 차운한 것이다.

네 번째[92] 其四

꽃 정취 속 말없이[93] 옥 술잔을 대하노라니	芳情脉脉對瓊樽
하얀 소매[94] 홀로 밝은데 지는 달이 어둡네	縞袂孤明落月昏
필경 전생에 무협에 내리던 비[95]가	畢竟前身巫峽雨
맑은 빙설이 되어 혼과 함께 돌아왔으리	澹爲氷雪與還魂

다섯 번째[96] 其五

옥 같고 얼음 같은 얼굴 아직 열리지 않았는데	玉臉氷腮調未開
한 점 꽃술이 몰래 숨어 재촉하네	芳心一點暗相催

92 네 번째 : 소식의 〈차운양공제봉의매화〉 중 제4수를 차운한 것이다.

93 말없이 : 원문의 '脉脉'은 견우(牽牛)와 직녀(織女)를 읊은 고시(古詩)에 나오는 표현으로, 서로 바라만 보면서 말 한마디 건네지 못하는 안타까운 심정을 형용하는 말이다. 원문과 내용은 다음과 같다. "견우성 아득히 먼데 교교한 은하수 건너 직녀성 있네. 가냘픈 흰 손을 들어 찰칵찰칵 베틀 위 북을 놀리네. 종일토록 무늬를 이루지 못하고 비 오듯이 눈물을 흘리네. 은하수는 맑고 또한 얕은데 서로 떨어짐이 또 얼마이던가. 찰랑찰랑 은하수를 사이에 두고 바라만 볼 뿐 말 한마디 못하네.〔迢迢牽牛星, 皎皎河漢女. 纖纖擢素手, 札札弄機杼. 終日不成章, 泣涕零如雨. 河漢淸且淺, 相去復幾許. 盈盈一水間, 脈脈不得語.〕"《文選 古詩十九首》

94 하얀 소매 : 하얀 매화를 흰옷 입은 사람으로 의인화한 것이다. 이 시의 원시인 소식의 〈차운양공제봉의매화〉 제1수에서, "매화가지 봄빛이 작은 화기를 희롱하여 작심하고 남쪽 가지에 망울 많이 터뜨렸네. 달빛 어둔 숲 속에서 흰옷 입은 사람 만나 술에 취한 패릉위가 누구냐고 잘못 물었네.〔梅梢春色弄微和, 作意南枝剪刻多. 月黑林間逢縞袂, 覇陵醉尉誤誰何.〕"라고 한 것이 보인다.

95 무협(巫峽)에 내리던 비 : 무산(巫山) 무협(巫峽)에 살면서 초(楚)나라 회왕(懷王)과 운우지정(雲雨之情)을 나눈 선녀를 가리키는 것이다.

96 다섯 번째 : 소식의 〈차운양공제봉의매화〉 중 제6수를 차운한 것이다.

단장 마치고 다시 연지가 떨어질까 두려워하니 粧成復恐臙脂落
동풍에게 천천히 불어오라고 말해줘야겠네 須報東風緩緩來

여섯 번째[97] 其六

술기운 희미하게 백설 같은 살결에 올랐으니 酒暈微微上雪肌
함께 취하여 꽃가지를 센들 어떠하랴[98] 不妨同醉筭花枝
훗날 열매가 익으면 소금에 잘 절였다가 他年子熟調塩好
속세의 솜씨 좋은 의원에게 남겨주리[99] 留付人間大手醫

일곱 번째[100] 其七

서호의 외로운 학이 꽃을 훔쳐 날아가더니[101] 西湖孤鶴掠花飛
그 꽃 흩뿌려 종암[102]의 첫 번째 가지가 되었네 散作鍾巖第一枝

97 여섯 번째 : 소식의 〈차운양공제봉의매화〉 중 제7수를 차운한 것이다.

98 꽃가지를 센들 어떠하랴 : 술을 한 잔씩 마실 때마다 꽃가지를 꺾어서 잔 수를 세는 모습을 말하는 것이다.

99 훗날……남겨주리 : 매화나무 열매를 소금에 절인 것을 염매(鹽梅)라고 하는데, 기침·설사·곽란·중풍 등에 효과가 있다고 한다.

100 일곱 번째 : 소식의 〈차운양공제봉의매화〉 중 제8수를 차운한 것이다.

101 서호(西湖)의……날아가더니 : 중국 북송(北宋)의 시인 임포(林逋, 967~1028)의 고사를 가져온 것이다. 임포는 불구의 몸으로 부귀공명을 추구하지 않고 평생 서호(西湖)의 고산(孤山)에 은거하였는데, 매화와 학을 사랑하면서 독신으로 생애를 마쳐 "매화를 아내로 삼고 학을 자식으로 삼았다.〔梅妻鶴子.〕"라는 말이 나왔다. 매화 시인이라 불릴 정도로 매화를 노래한 시도 많고 걸작도 많다.

102 종암(鍾巖) : 지금 서울의 종암동 일대로, 친구 오원(吳瑗)의 별업(別業)이 있던 곳이다. 이곳에서 친구들이 자주 어울려 놀았다.

묻노니 봄바람은 누가 주관하는가　　爲問春風誰管領
태화 병자에게 많이 머물러주기를　　太華病子住多時

여덟 번째[103] 其八

옥처럼 부드럽고 눈처럼 가벼운 꽃이　　玉似溫然雪似輕
푸른 가지 끝에 단장하고 한 줄기 빛을 의지하네　　翠梢粧點倚孤明
패옥을 풀어준 곱디고운[104] 서쪽 나루의 여인[105]　　盈盈解珮西津女
무언의 지경에 이름에 더욱 정회 일어라　　情到無言更有情

103 여덟 번째 : 소식의 〈차운양공제봉의매화〉 중 제9수를 차운한 것이다.

104 곱디고운 : 〈고시십구수(古詩十九首)〉 중 제2수에 나오는 표현으로, 아리땁게 꾸민 여인의 모습을 형용한 말이다. 원문과 내용은 다음과 같다. "푸르디푸른 강가의 풀 울창하고 무성한 동산의 버드나무. 곱디고운 누대 위 여인이 눈부시게 창가에 기대섰네. 어여쁘게 화장을 마치고 가늘고 가는 하얀 손 내밀고 있네. 옛날에는 창가의 여인이었으나 지금은 탕자의 부인이 되었네. 탕자는 길 떠나 돌아오지 않으니 빈 침상 홀로 지키기 어려워라.〔靑靑河畔草, 鬱鬱園中柳. 盈盈樓上女, 皎皎當窗牖. 娥娥紅粉妝, 纖纖出素手. 昔爲倡家女, 今爲蕩子婦. 蕩子行不歸, 空床難獨守.〕"《文選 古詩十九首》

105 패옥(佩玉)을……여인 : 중국 전한(前漢)의 학자 유향(劉向)이 지은 《열선전(列仙傳)》에 나오는 강비(江妃) 두 여인의 고사를 가져온 것이다. 강비 두 여인은 어느 곳에 사는 사람인지 모르는데, 강한(江漢) 가에 나와서 놀다가 정교보(鄭交甫)를 만났다. 정교보가 그녀들을 보고 좋아하며 신인(神人)인 줄도 모르고 허리에 차고 있는 패옥을 달라고 청하였다. 두 여인이 패옥을 풀어서 정교보에게 주자 정교보가 기뻐하며 품에 품고 갔는데, 몇십 걸음쯤 걸어가자 패옥도 없어지고 두 여인도 홀연 사라졌다고 한다.《列仙傳 江妃二女》 여기서 패옥을 풀어준 아름다운 여인은 매화를 비유한 것이다.

태화가 구양공의 시[106]에 차운하여 아버님[107]께 올리고 겸하여 부쳐왔기에 이에 화답하여 지었다. 대개 두 시가 정취는 다르나 귀결은 같으니 군자가 선택할 일이다

和太華次歐陽公韻上家大人兼見寄作 盖二詩異趣而同歸 在君子擇之

큰 고기는 깊은 물을 좋아하고　大魚樂深水
지혜로운 선비는 높은 관직을 싫어한다네　智士厭達官
그 옛날 남쪽으로 가는 그대를 전송할 때엔[108]　送子昔南遷
돌아오는 수레 없을 것 같았지　謂若無來轅

106 구양공(歐陽公)의 시 : 중국 북송의 문신 구양수(歐陽脩, 1007～1072)의 〈칠교 7수〔七交七首〕〉 중 한 수인 〈자서(自敍)〉를 가리킨다. 〈칠교 7수〉는 〈하남부의 장 추관〔河南府張推官〕〉·〈윤 서기(尹書記)〉·〈양 호조(楊戶曹)〉·〈매 주부(梅主簿)〉·〈장 판관(張判官)〉·〈왕 수재(王秀才)〉·〈자서(自敍)〉로 이루어져 있는데, 각각 장여사(張汝士)·윤수(尹洙)·양자총(楊子聰)·매요신(梅堯臣)·장태소(張太素)·왕복(王復)과 자기 자신에 대한 이야기이다. 〈자서〉의 원문과 내용은 다음과 같다. "나는 본래 방종한 자라 또한 방종하게 벼슬을 한다네. 어찌하여 가죽 부대처럼 물건 싣고 수레 채를 따라가는가. 당대의 명사들 고개 숙이지 않으니 묵묵히 누구와 더불어 이야기할까. 다행히 낙양에 준재가 있어 날마다 서로 부여잡고 오르길 허여하네. 덕을 마시고 진국의 성품에 취하니 향기에 물들고 봄 난을 몸에 지닌 듯하네. 태평한 시절이라 군사의 격문 작파하고 문장 짓고 술 마시며 서로 즐거워하네.〔余本漫浪者, 玆亦漫爲官. 胡然類鴟夷, 托載隨車轅. 時士不俛眉, 默默誰與言. 賴有洛中俊, 日許相躋攀. 飮德醉醇酎, 襲馨佩春蘭. 平時罷軍檄, 文酒聊相歡.〕"《歐陽文忠公集 卷51》

107 아버님 : 남한기(南漢紀, 1675～1748)를 가리킨다.

108 그……때엔 : 남유상이 1727년(영조3)에 낭주(朗州), 즉 전라도 영암(靈巖)으로 유배 갔던 사실을 가리킨다.

어찌 알았겠나 이렇게 서로 모여서	豈知中相聚
무릎 맞대고 함께 웃으며 이야기하게 될 줄	促膝共笑言
묵은 밭도 외려 경작할 수 있고	荒田尙可耕
계수나무 떨기도 외려 붙잡고 오를 수 있네[109]	叢桂尙可攀
힘을 다해 울타리를 세워서	努力樹藩籬
내 새로 심은 난초를 보호해야지[110]	護我新滋蘭
한가로이 평생토록	優哉以卒歲
흰머리로 기쁨을 함께 하리라	白首同所歡

두 번째 其二

농부가 되어서는 응당 농사에 힘써야 하고	爲農當力農
관리가 되어서는 응당 관직에 힘을 다하여야 하네	爲官當盡官
평탄한 길에서 말고삐를 함부로 몰지 말고	平衢莫縱轡
험난한 길에서 수레 채를 돌리지 말라	險塗莫回轅
귀하게 여기는 것은 군자의 곧음이요	所貴君子貞

109 계수나무……있네 : 조정에서 멀리 떨어져 은거하는 은사(隱士)의 삶을 묘사한 것으로, 중국 한(漢)나라 때 회남 소산왕(淮南小山王) 유안(劉安)의 무리가 초(楚)나라의 굴원(屈原)을 동정하며 지은 〈초은사(招隱士)〉에서 유래한 표현이다. 시의 첫머리에 "계수나무가 무더기로 자람이여, 산의 깊은 곳이로다.〔桂樹叢生兮山之幽.〕"라고 하였으며, 또 "계수나무 가지를 붙잡고 머무노니, 호랑이와 표범이 싸우고 큰곰과 작은 곰이 포효하도다.〔攀援桂枝兮聊淹留, 虎豹鬭兮熊羆咆.〕"라고 하였다.

110 내……보호해야지 : 중국 초(楚)나라의 굴원(屈原)이 정적(政敵)의 모략으로 조정에서 축출된 후 《이소(離騷)》를 지어 자신의 심회를 읊은 데서 유래한 표현이다. "내가 이미 구완의 땅에 난초를 키우고, 다시 백 묘의 땅에 혜초를 심었노라.〔余旣滋蘭之九畹兮, 又樹蕙之百畝.〕"라고 하였으니, 자신의 고결하고 결백한 절조를 표현한 것이다.

그 밖의 것들은 말할 필요 없다네　餘外不須言
곤궁은 발로 찰 수 있는 것 아니고　窮非足可蹴
현달은 손으로 잡을 수 있는 것 아니라네　達非手可攀
영광과 쇠락이 서로 돌고 도나니　榮悴相回環
뜰 아래 핀 이 난을 보게나　視此庭下蘭
그리하여 옛날의 뜻있는 선비는　所以古志士
평생토록 근심도 기쁨도 없었다네　終歲無戚歡

소용당[111]에서 모시고 구양공 시의 운을 따라지어 아우에게 부쳤다 侍踈慵堂 次歐陽公韻 寄舍弟 태화 太華

외로운 신하가 예전 남쪽으로 쫓겨날 때에[112]　孤臣昔南逐
날짜에 맞추어 고을 관아로 가야 했네　刻日詣縣官
강가에서 벗들과 헤어지는데　臨流別友生
어린 아이가 떠나는 수레에 매달렸네　稚子攀去轅
구구한 정이 생각하는 바는　區區情所念
버려두고 다시는 말하지 말 것이라　棄置勿復言
흰 구름 북쪽을 향해 날아가는데　白雲向北飛
볼 수는 있으나 부여잡을 수 없었네　可望不可攀
숲을 돌며 차갑게 언 귤을 줍고　循林抱寒橘

111 소용당(踈慵堂) : 남유용(南有容)의 증조할아버지인 남용익(南龍翼)이 지은 당(堂)의 이름이다.

112 외로운……때에 : 남유상이 1727년(영조3)에 낭주(朗州), 즉 전라도 영암(靈巖)으로 유배 갔던 사실을 가리킨다.

소매를 걷고 그윽한 데 핀 난초를 땄네 褰袂拾幽蘭
어찌 다시 생각했으랴 집으로 돌아가 豈復念歸還
조석으로 부모님 즐겁게 봉양하게 될 줄을 奉此晨夕歡

두 번째 其二

부모의 회포를 즐겁게 말하고 歡言父母懷
아이에게는 벼슬을 좋아하지 말라 경계하네 戒兒勿愛官
뽕나무를 심어 나의 오두막을 뒤덮고 種桑覆我廬
사슴을 길러 나의 수레를 몰게 하네 養鹿駕我轅
이웃 동네를 함께 왕래하다보니 隣曲共還往
좋은 말 하여주는 농부가 있네[113] 田夫有好言
형제가 즐거운 마음으로 막 모였는데 昆弟欣初集
술잔의 술이 맑아 거푸 마시네 觴酒澹屢攀
평상복으로 거친 베옷을 입고 便衣攬麤褐

113 좋은……있네 : 중국 동진(東晉)의 시인 도잠(陶潛)의 시 〈음주(飮酒)〉 20수 중 제9수에 나오는 말로, 농부의 좋은 말이 어떤 내용인지, 또 남유상(南有常)이 하고 싶은 말이 무엇인지 알 수 있다. 원문과 내용은 다음과 같다. "새벽에 문 두드리는 소리가 들려서 옷을 뒤집어 입고 나가 문을 열었네. 누구시냐고 묻는데 마음씨 좋게 생긴 농부가 서 있네. 술병 들고 멀리서 인사 왔다며 세상과 떨어져 사는 나를 의아히 여기네. 초가집 아래 남루하게 사는 것이 고상한 삶이라 할 수 없다오. 세상 사람들 모두 어울려 살듯이 그대 또한 흙탕물 속에서 사시지요. 부로의 말씀에 마음 깊이 느끼는 바 있으나 타고난 성품이 남들과 어울리길 싫어한다오. 고삐를 돌려 벼슬하는 것 배울 수도 있으나 본성을 어기는 것도 잘못된 것 아니겠소. 잠시 함께 이 술이나 즐깁시다. 나의 수레는 되돌릴 수 없으니.〔淸晨聞叩門, 倒裳往自開. 問子爲誰歟, 田父有好懷. 壺漿遠見候, 疑我與時乖. 襤縷茅簷下, 未足爲高棲. 一世皆尙同, 願君汨其泥. 深感父老言, 稟氣寡所諧. 紆轡誠可學, 違己詎非迷. 且共歡此飮, 吾駕不可回.〕"

고아한 음악은 〈유란조〉[114]를 타네　　雅曲操幽蘭
비록 맛있는 음식 갖추어 올리지 못하나　　雖無甘旨具
콩과 물[115]로도 길이길이 즐겁게 모시리　　菽水永承歡

114 〈유란조(幽蘭操)〉 : 공자(孔子)가 지은 거문고의 곡조 이름으로, 〈의란조(猗蘭操)〉라고도 한다. 《고금악록(古今樂錄)》에, "공자가 제후들을 찾아다녔으나 아무도 자신을 등용해 주지 않았다. 위(衛)나라에서 노(魯)나라로 돌아오다가 깊은 골짜기에 향기로운 난초가 무성히 피어 있는 것을 보고 탄식하며 말하기를, '난초는 의당 왕자(王者)를 위해 향기를 피워야 하거늘, 지금 홀로 무성하게 뭇 풀들과 섞여 있구나.'라고 하였다. 그리고는 수레를 멈추고 거문고를 연주하며 때를 만나지 못한 자신의 신세를 안타까워하면서 〈의란조〉를 지어 자신의 뜻을 의탁하였다."라고 하였다. 후에 초(楚)나라의 시인 송옥(宋玉)이 쓴 〈풍부(諷賦)〉에도 "신이 거문고를 안고 뜯으면서 〈유란곡〉·〈백설곡〉을 부르겠습니다."라는 말이 나오는데, 유란은 깊은 골짜기에 피어난 난초로 세상이 알아주지 않지만 홀로 향기를 내뿜는 초야(草野)의 군자를 상징한다.

115 콩과 물 : 변변치 못한 음식을 가리키는 것으로, 가난한 처지에도 부모님을 정성껏 봉양하는 것을 상징한다.

술 거르는 것을 보며 무신년(1728, 영조4)

看漉酒 戊申

아내에겐 술 거르게 하고 아이에겐 동이를 받들게 하고	勸婦漉酒兒承盎
나는 턱을 괴고 앉아 술 향기를 맡네	我坐搘頤聞酒香
한 말의 쌀로 작년에는 세 병을 얻었는데	斗米前年得三甁
금년에는 술맛 좋은 대신 열 잔이 적네	今年酒好少十觴
내가 말하길 술맛이 좋아 금방 취하니	我言酒好徑得醉
비록 열 잔을 잃었으나 또한 마찬가지라고 하였네	雖失十觴亦相當
잔질하며 술기운 멀리할 필요 없으니	不須斟酌踈酒氣
한 병 들고 나와 함께 맛보세	且將一甁與我嘗

십탄 어르신에게 받들어 화답하였다

奉和十灘丈

작은 휘장 깊숙이 드리운 곳에 먼지를 쓸지 않고 小幌深深不掃塵
벼슬 없이 석 달을 지내셨으니 또한 고인[116]이라 無官三月亦高人
매화 시 이루어지니 나귀 발굽에 눈이 묻었고[117] 梅花詩就驢蹄雪
죽엽 술 돌리니 전복 껍데기[118]에 봄이 오도다 竹葉酒行鮑甲春
오대토록 통가[119]하며 사귄 지 오래 되었는데 五世通家交耐久
백 년간의 시속을 보니 새로운 일이 많구나 百年觀俗事多新
검은 두건[120]에 푸른 지팡이 차림 모두 재바르게 烏巾綠杖俱便捷
한 마을에 서로 이웃하여 자주 왕래를 하누나 閭井相隣往過頻

116 고인(高人) : 벼슬을 사양하고 세상에 뜻을 두지 않는 고상한 사람이라는 뜻이다.

117 매화……묻었고 : 중국 당(唐)나라의 시인 맹호연(孟浩然)의 고사를 차용한 것이다. 맹호연은 매년 봄이 되면 가장 먼저 피는 매화를 찾아 나귀를 타고 파교(灞橋)를 건너 눈 쌓인 산으로 갔다고 한다. 눈이 내린 깊은 산속에 꽃을 피우는 매화와, 그 매화를 찾아 떠나는 선비의 탈속하고 고아한 정신세계를 표현하는 것이다.

118 전복 껍데기 : 이것을 술잔 삼아 술을 마시기도 하였다.

119 통가(通家) : 선조 때부터 집안끼리 친하게 지내며 왕래하는 것이다.

120 검은 두건 : 벼슬하지 않고 은거하며 사는 자가 쓰는 두건을 가리킨다.

유자장[121] 욱기 이 청풍[122]에 새로 마련한 거소로 가기 전에 나의 서재에 와서 묵었다. 이에 태화를 모셔다 밤새 술을 마셨다

兪子章 郁基 將赴淸風新居 就余書巢宿 奉邀太華宵飮

초가지붕 잇닿은 하늘에 동이 트는데	茅屋連天曙
외로운 등불 아래 작별의 말 끝이 없어라	孤燈別語遲
세상 풍진 속에선 호사를 읊은 부[123]요	風塵豪士賦
계수나무 덤불 속에선 소산의 시[124]라	叢桂小山詩

121 유자장(兪子章) : 유욱기(兪郁基, 1701~?)를 가리키는 것으로, 자장은 그의 자이다. 본관은 기계(杞溪)이며, 남유용(南有容)의 장인 유명홍(兪命弘)의 조카이다. 1725년(영조1) 생원에 합격하였으며, 자세한 내용은 알 수 없다.

122 청풍(淸風) : 충청북도 제천(堤川)의 옛 이름이다.

123 호사(豪士)를 읊은 부 : 중국 서진(西晉)의 문인 육기(陸機)가 지은 〈호사부(豪士賦)〉를 가리킨다. 서진은 황족들의 권력 투쟁이 극심하여 여남왕(汝南王) 사마량(司馬亮)·초왕(楚王) 사마위(司馬瑋)·조왕(趙王) 사마륜(司馬倫)·제왕(齊王) 사마경(司馬冏)·장사왕(長沙王) 사마애(司馬乂)·성도왕(成都王) 사마영(司馬穎)·하간왕(河間王) 사마옹(司馬顒)·동해왕(東海王) 사마월(司馬越) 등이 일으킨 팔왕(八王)의 난(亂)으로 멸망하였다. 그러한 과정에서 무제(武帝)의 조카 사마경이 사마륜과 함께 황후 가남풍(賈南風)의 지위를 빼앗고 가씨 일족을 몰살하였으며, 방해가 되는 신하들을 살해한 후 혜제(惠帝)를 황제로 앉히고 권력을 천단하였다. 이때 사마경이 스스로 공로가 있다고 여기며 작위를 받는 것을 사양하지 않자 육기가 이를 미워하여 〈호사부〉를 지어 꾸짖었다고 한다.

124 소산(小山)의 시 : 중국 전한(前漢)의 회남 소산왕(淮南小山王) 유안(劉安)이 지은 〈초은사(招隱士)〉를 가리킨다. "계수나무가 무더기로 자람이여, 산의 깊은 곳이

밥과 죽이 있고 가난한 처가 있으며　飯粥貧妻在
밭 갈고 고기 잡는 것은 늙은 종이 잘 아네　耕漁老僕知
이에 참으로 훌륭한 계책을 행하는 것이니　玆行眞上策
돌아가는 것을 슬퍼할 필요 없다네　歸去不須悲

두 번째 其二

비 온 뒤 푸른 강물 불어나니　過雨綠江漲
외로운 배 한 척 기러기를 따라가네　孤舟隨去鴻
이별한 마음에는 장차 새벽빛이 비칠 것이요　離心將曙色
돌아가는 소매에는 이미 봄바람이 부네　歸袂已春風
닭 울고 개 짖는 소리[125] 사립문 저 멀리서 들리고　鷄犬柴門逈
어부와 나무꾼 보리밥을 함께 먹네　漁樵麥食同
내 은거의 계획을 가만히 보니　看吾棲隱計
바로 이 산중에 있었구나　會在此山中

로다.〔桂樹叢生兮山之幽.〕"라고 시작하는데, 조정에서 멀리 떨어져 은거하는 은사(隱士)의 삶을 묘사하면서 은사를 불러들이는 내용을 담고 있다.

125 닭……소리 : 소산왕 유안과 관련된 고사로, 선경(仙境)을 표현하는 것이다. 유안이 신선술을 터득하여 온 가족을 이끌고 승천(昇天)하였는데, 그 집의 닭과 개도 그릇에 남아 있던 단약(丹藥)을 핥아 먹고 하늘로 올라가서, "개는 천상에서 짖고 닭은 구름 속에서 울었다."라는 전설이 전한다. 《論衡 道虛》

유수보[126]가 한양에서 병들어 누웠을 때 나의 집에서 묵었는데, 슬픈 심정을 그린 시가 있는데 나와 그 슬픔이 같다고 하면서 꺼내어 보여주었다. 나는 태화가 작고한 이후로[127] 뜻을 접고 시를 짓지 않았는데 이에 화답하지 않을 수 없었다

兪守父淹病漢中 舘乎余 有詩寫哀 謂余同其哀也 出以相示 余自太華亡 絶意不作詩 於是乎不得不和

난리 통에도 외려 살기 위해 도망치고 亂離尙逃生
죽지 않으면 만날 날이 있다네 未死見有期
살아있는 자는 서로 얼굴을 볼 수 있으나 生者各會面
죽은 자는 진정 홀로 외롭구나 死者良獨悲
눈물을 뿌리며 서로 말이 없으나 揮涕兩無語
괴로운 마음 속 저절로 안다네 苦懷中自知
상난을 당하여 지기가 꺾여버리면 喪難志摧殘
어떻게 남은 고아를 키우겠는가 何以立孤兒

자주(自註). 곤액(困厄)을 당하면 더욱 스스로 강해져야 마땅하니, 만약 슬퍼 울기만 한다면 어떻게 남은 고아를 키우겠는가. 지기(志氣)는 감정대로 하여서는 안 될 것이다.

126 유수보(兪守父) : 유수기(兪受基, ?~?)를 가리키며, 수보는 그의 자인 것으로 보인다. 유명홍(兪命弘)의 아들이며, 남유용(南有容)의 처남이다. 자세한 내용은 미상이다.

127 태화(太華)가 작고한 이후로 : 태화는 남유용(南有容)의 큰형인 남유상(南有常)의 호로, 이 시를 짓기 얼마 전에 작고하였다.

태화의 꿈을 꾸고 침상에서 시를 지어 부르며 슬픈 마음을 기록하였다
夢太華 枕上口呼 志哀

꿈속에서 태화를 만나 마치 살아있을 때처럼 손을 잡고 매우 기뻐하였다. 내가 〈상체(常棣)〉[128] 첫 장을 읊으며 "아가위나무 꽃이여, 악연히 선명하지 않겠는가. 무릇 지금의 사람들은 형제만한 이가 없도다.〔常棣之華, 鄂不韡韡. 凡今之人, 莫如兄弟.〕"라고 하자 태화가 화답하여 읊으며 "아가위나무 꽃이여, 바람에 펄럭이는구나. 어찌 그대를 생각하지 않으리오마는 집이 멀기 때문이다.〔唐棣之華, 偏其反而. 豈不爾思, 室是遠而.〕"[129]라 하고, 이에 서로 눈물을 흘리며 헤어졌다. 아! 기이하도다. 꿈이란 것이 나의 생각으로 인하여 꾸게 되는 것인가, 아니면 신리(神理)에 밝은 지각이 있는 것인가.

인생 백 년 가운데	人生百年中
무엇인들 꿈과 환상이 아니랴	何事非夢幻
하물며 하루 사이에도	況復一日間
낮과 밤이 서로 돌아가며 바뀌는데	晝夜相回換

128 〈상체(常棣)〉: 《시경(詩經)》 소아(小雅) 녹명지십(鹿鳴之什)에 실린 시의 편명으로, 형제간의 우애를 읊은 시이다.

129 아가위나무……때문이다 : 이 시는 《시경》에 실리지 못한 일시(逸詩)로, 《논어》 〈자한(子罕)〉에 남아있다.

내 원하기를 오늘부터	我願自今日
밤마다 그대 얼굴 보고자 하네	夜夜見君面
밤에 잠을 자면 반드시 꿈을 꿀 것이고	夜眠必有夢
꿈을 꾸면 문득 서로 만나게 될 것이니	有夢輒相見
황혼이 깃들 때 서로 만나	相見黃昏初
아침 해가 기울 때 서로 보내리라	相送朝日晏
서로 보내고 나면 또 무엇이 슬프겠는가	相送又何悲
인생이란 것이 또한 만나고 헤어지는 것인데	人生亦聚散
한 번 헤어지면 다시 한 번 만나게 마련이니	一散復一聚
슬픔과 기쁨이 서로 반반이라네	悲歡各相半
밤이 길면 기쁨 또한 길 것이고	夜長歡亦長
낮이 짧으면 슬픔도 곧 짧을 터이니	晝短悲則短
날마다 매일 이와 같이 하여	日日每如此
백 년 동안 끊어짐이 없게 하리라	百年無間斷

남쪽 시내에서 더위를 피하고 있는데 두 명의 손님이 찾아주었다 기유년(1729, 영조5)

南澗中逃熱 有二客見過 己酉

바위틈에 살면서 무더위에 시달리니	巖棲苦煩炎
숲 끝자락에 연기가 피어오르려 하네	林末欲生烟
지팡이 휘두르며 한 번 배회하노라니	振策一裵徊
어린 아들 또한 내 앞에서 걸어가네	穉子亦我前
승경 찾아 시내 굽이로 달려가서	選勝趁澗隈
돌을 뽑아 맑은 샘물을 틔워주네	跋石疏清泉
돌아오는 바람이 웃음소리 말소리 띠고 있더니	歸風帶笑語
봉우리 꼭대기에서 두 나그네를 만났네	二客得峯顚
안부 인사 자못 끝나지 않으니	寒暄殊未了
못 본 지 이 년이 되어서라네	不見今二年
고개를 들다 푸른 가지에 닿으니	仰首接青柯
산과일이 한 무더기 떨어지네	山果落團圓
가난해서 가져갈 것 없다 말하기 어려웠는데	苦道貧無携
이것으로 들녘 잔치 호사스럽게 열리	將此侈野筵
동쪽 산에 거사가 있으니	東崦有居士
술을 파는 장태현이라네[130]	賣酒張太玄

130 동쪽……장태현(張太玄)이라네 : 술 파는 거사(居士)를 중국 전한(前漢)의 철학자 양웅(揚雄)에 비유한 것으로, "양웅은 집이 가난하였으나 술을 좋아하였는데 그의

우리 집에 친한 손님이 왔다고 하니	聞我有親客
술은 보내고 돈은 받으려 하지 않네	送酒不要錢
바가지 술잔 이미 몇 차례 돌고 나니	瓠觴既屢行
이 마음 어쩌면 그리도 깊고 고요한가	心賞何沖淵
자리를 옮겨 높은 봉우리에 올라	改席臨絶巘
발을 씻으며 앞 시내를 굽어보네	濯足俯前川
엷은 구름 걸린 저녁 풍경에	微雲懸夕景
두건 차림으로[131] 한결같이 초연하네	巾幘一翛然
나는 돌아가 나의 책을 읽고	我歸讀我書
너는 돌아가 너의 밭을 매리라	爾去鋤爾田

집에 찾아오는 사람들이 드물었다. 때로 호사자들이 술과 안주를 싣고 와서 공부를 하였다."는 이야기가 전한다.《漢書 卷87下 揚雄傳》

131 두건 차림으로 : 벼슬을 하지 않는 사람의 차림을 말하는 것이다.

선 상인이 시를 올려 말하기를, "적막 속에 쉬며[132] 흐르는 물소리를 듣고 선가로 도피하여 푸른 산을 사랑하네. 또한 명리[133]의 즐거움을 알았으니 산수도 돌아가지 못하게 하네."라고 하였다. 내가 짐짓 그 뜻을 반대로 하여 화답하였다

禪上人獻詩曰 憩寂聞流水 逃禪愛碧山 亦知名理樂 山水不敎還 余故反其意而和之

자라는 물에서 노는 것을 좋아하고	黿鼉喜游水
원숭이는 산에서 잘 나오지 않네	獮猴稀出山
산수의 뜻을 가지고	莫將山水意
머물러 앉아 마침내 돌아가기를 잊지는 마오	留落遂忘還

132 적막 속에 쉬며 : 원문의 '憩寂'은 중국 당나라의 시인 두보(杜甫)가 지은 〈위언이 그린 쌍송도를 장난삼아 노래하였다.〔戲韋偃爲雙松圖歌〕〉에 나오는 표현을 차용한 것이다. "소나무 뿌리엔 호승이 적막히 쉬고 있으니 짙은 눈썹 흰머리에 집착하는 것 없네. 오른편 어깨 드러내고 두 발도 맨발인데 솔잎 속의 솔방울 스님 앞에 떨어지네.〔松根胡僧憩寂寞, 龐眉皓首無住著. 偏袒右肩露雙脚, 葉裏松子僧前落.〕"라는 구절이 보인다. 《杜少陵詩集 卷9》

133 명리(名理) : 여기서는 불교의 이치를 가리킨다.

태화의 무덤에서 곡을 하며
哭太華墓

안회는 단명하고[134] 가생은 곤궁에 처하였으니[135]	顔回短命賈生窮
예악과 문장이 넝쿨 잡초 속에 버려졌구나	禮樂文章蔓草中
어디선가 슬피 우는 두견새는	何處哀鳴子規鳥
원통한 마음 푸른 하늘에 호소하고 싶어서라네[136]	願將寃恨訴蒼穹

134 안회는 단명하고 : 안회(顔回, 기원전 521～?)는 중국 춘추시대 노(魯)나라의 현자로, 자는 연(淵)이다. 공자(孔子)가 가장 신임한 제자로, 학문과 덕행이 뛰어나 아성(亞聖)으로 불렸으나, 29살에 머리카락이 다 쇠었고 32살에 사망하였다.

135 가생(賈生)은 곤궁에 처하였으니 : 가생은 중국 전한(前漢)의 문신 겸 학자인 가의(賈誼, 기원전 200～기원전 168)를 가리킨다. 어려서부터 시문에 뛰어나고 제자백가에 정통하여 문제(文帝)의 총애를 받고 최연소 박사가 되었다. 이후 태중대부(太中大夫)가 되어 진(秦)나라 때부터 내려온 율령과 예악 등을 개정하고 국가의 관제를 정비하기 위한 의견을 올렸다. 그러나 고관들의 모함을 받고 장사왕(長沙王)의 태부(太傅)로 좌천되었으며, 이때 자신의 처지를 굴원(屈原)에 비유하여 〈복조부(鵩鳥賦)〉와 〈조굴원부(弔屈原賦)〉를 지었다. 4년 뒤에 문제(文帝)의 아들인 양왕(梁王)의 태부가 되었으나 왕이 말에서 떨어져 급서하자 이를 슬퍼한 나머지 1년 후에 요절하였다.

136 어디선가……싶어서라네 : 중국 촉(蜀)나라의 망제(望帝) 두우(杜宇)의 고사에서 나온 말이다. 망제는 재상 별령(鱉令)에게 대규모 운하 공사를 맡기고 그의 아내와 간음하였다가 왕위를 빼앗기고 달아났다. 죽어서 두견새가 되어 고향을 그리워하며 밤낮으로 슬피 울었는데, 그 울음소리가 "귀촉도 불여귀(歸蜀道, 不如歸.)", 즉 "촉도로 돌아가자. 돌아감만 못하다."라고 하는 것처럼 들렸다. 이에 촉나라 사람들이 망제를 가엽게 여겨 두견새를 '촉나라의 넋'이라는 뜻의 '촉백(蜀魄)' 또는 '망제의 혼'이라는 뜻의 '망제혼(望帝魂)'이라고 불렀다는 고사가 전한다.

혜일 상인이 동암을 새로 고쳐 짓고 시 한 수 얻기를 청하기에 두 수를 지어주었다

慧日上人新修東菴 請得一詩 爲贈二首

절이 오래돼 비바람을 맞은 탓에	寺古風兼雨
여래[137]가 영령을 의탁하지 못하였네	如來不托靈
재목을 모으려 끊어진 협곡 오가고	募材通絶峽
곡식 옮기느라 먼 바다를 건넜네	移粟渡遙溟
경쇠와 목탁 소리 용마루와 서까래에 웅장하고	磬鐸雄甍桷
붉고 푸른 단청 빛깔 문과 창에 선명하네	丹青煥戶櫺
모름지기 알겠네 화주[138]의 능력이	須知化主力
대장경 읽는 것보다 낫다는 것을	勝讀大藏經

두 번째 其二

가사와 바리때는 삼대를 전하였고[139]	衣鉢傳三世

137 여래(如來) : 석가모니를 가리키는 것으로, '진여(眞如)에서 오는 자'라는 뜻이다.

138 화주(化主) : 절 밖으로 나가 인가(人家)를 다니면서 중생들에게 법연(法緣)을 맺고 절에 물질을 기부하게 하는 것을 가리키며, 이런 일을 하는 승려를 화주승(化主僧)이라고 한다.

139 가사와……전하였고 : 가사(袈裟)와 바리때는 승려들의 최소한의 소지품인 의복과 식기(食器)를 가리키는 것으로, 불교에서는 스승이 제자에게 불법을 전수(傳授)하는 것을 가사와 바리때를 주는 것에 비유하여 '의발(衣鉢)을 전수(傳授)한다.'라고 표현하였다.

서로 알고 지낸 것은 택공[140] 때부터라네	相知自澤公
선승의 자태 용상[141]처럼 노련하고	禪姿龍象老
부처 그림은 호두[142]처럼 공교하네	佛畫虎頭工
힘을 다하여 산의 나무를 둘러보고	努力巡山木
마음을 재계하여 범궁[143]을 비호하네	齋心護梵宮
한 동이 술로 방달함을 용납하니	杯樽容放達
어찌 원공의 풍도[144]만 못하겠는가	何讓遠公風

140 택공(澤公) : 누구를 가리키는 것인지 알 수 없다.

141 용상(龍象) : 물에 사는 동물 중에서는 용, 육지에 사는 동물 중에서는 코끼리가 힘이 가장 세다 하여 아라한(阿羅漢) 가운데 가장 용맹하게 수행하는 자를 일컬었는데, 후에 지(智)와 행(行)을 겸비한 고승 대덕(高僧大德)을 가리키게 되었다.

142 호두(虎頭) : 중국 동진(東晋)의 화가 고개지(顧愷之, ?~?)의 어릴 적 자(字)이다. 당대의 권력자 환온(桓溫)의 아래에서 참군(參軍) 벼슬을 하면서 '호두 장군'이라 불렸으며, 만년에는 건강(建康)으로 귀환하여 산기상시(散騎常侍)를 지냈다. 애제(哀帝) 때인 364년에 건강에 있는 와관사(瓦官寺) 벽면에 유마힐의 초상을 그렸는데, 유마힐의 눈에서 빛이 뿜어져 나오는 듯하여 이를 구경하려고 전국에서 사람들이 모여들었다. 이후 화가로서의 명성을 떨치게 되었으며, 인물화·불상·산수화와 함께 단청(丹青)에 뛰어나다는 평을 들었다.

143 범궁(梵宮) : 절을 미화하여 표현한 것이다.

144 원공(遠公)의 풍도 : 원공은 중국 동진(東晉)의 승려이자 백련사(白蓮社)의 개조(開祖)인 혜원(慧遠, 334~416)을 가리킨다. 혜원이 83세가 되던 해 8월에 갑자기 병으로 쓰러졌다. 증상이 위독하여 의사가 고주(鼓酒)로 만든 탕약을 마시도록 하자 혜원이 냄새를 맡아보고는, "주기(酒氣)가 있는 걸 보니 술이로군. 그렇다면 난 마실 수 없네."라고 하였다. 제자들이 무릎을 꿇고, "선생님, 이것은 술이 아니라 약입니다. 한 사발만 드시지요."라고 하였으나 혜원은 "술은 오계(五戒) 가운데 하나인데 내가 어찌 거스를 수 있겠는가?"라고 하였다. 의사가 딱한 마음에 미음(米飮)을 마실 것을 권하였으나 혜원은 거절하였고, 다시 의사가 꿀에 물을 타서 마실 것을 권하였다. 혜원

이 한참 신음하다가 제자들에게, "자네들은 계율을 찾아보고 마실 수 있는지 한번 알아보게나."라고 하였다. 그러나 제자들이 계율을 채 절반도 찾아보기 전에 혜원은 눈을 감았다고 한다.

산을 나가는데 정 장로[145]가 전송하다 남쪽 시내에 이르렀다
出山 淨長老送至南澗

느릿느릿 돌아가는 말 한 쌍의 홰나무를 지나	遲遲歸馬度雙槐
십 리를 가자 꾀꼬리 울더니 새벽빛이 열리네	十里啼鶯曙色開
연명이 되지 못하니 누가 웃겠나	不爲淵明誰爲笑
원공은 호계를 건너오지 마시오[146]	遠公休過虎溪來

145 정 장로(淨長老) : 장로는 불교에서 지혜와 덕망이 높은 승려를 통칭하는 말로, 주지스님에 대한 존칭으로 쓰이기도 한다. 정 장로가 누구인지는 알 수 없다.

146 연명(淵明)이……마시오 : 중국 진(晉)나라의 고승 혜원(慧遠)이 정토종(淨土宗)의 교리를 강명하는 모임인 백련사(白蓮社)를 여산(廬山)의 동림사(東林寺)에서 결성하였다. 동림사를 둘러싸고 호계(虎溪)라는 이름의 시내가 흘렀는데, 호랑이가 출몰하여 호계라는 이름을 갖게 되었고 혜원은 손님을 전송할 때 호계를 절대로 건너지 않았다고 한다. 그런데 혜원이 도연명(陶淵明)과 육수정(陸修靜)을 전송할 때에 도(道)를 담론하느라 무심코 호계를 건넜고 호랑이 우는 소리를 듣고서야 비로소 정신을 차리고 세 사람이 크게 웃었다는 호계삼소(虎溪三笑)의 이야기가 전해 온다. 그러나 이는 불문(佛門)의 전설일 뿐, 세 사람의 생몰 연대를 살펴보면 결코 있을 수 없는 일이다. 혜원과 도연명, 육수정이 각각 불(佛)·도(道)·유(儒)를 대표하는 명인들이므로 거론된 것이다.《蓮社高賢傳 百二十三人傳》 여기서는 절 앞의 시내를 동림사 앞의 호계에, 정 장로를 고승 혜원에 비유한 것이다.

꿈속에 동정[147]의 달빛을 읊으면서 관을 높이 쓴 이[148]와 함께 읊었는데 그 사람이 누구인지 기억이 나지 않는다
夢中賦洞庭月色 與高冠者同賦 而其人莫記是誰

동정 칠백 리는	洞庭七百里
파도가 밤인데도 하얗게 빛나네	波濤夜猶白
달이 뜨는 시간을 알고 싶었는데[149]	欲知月出時
다만 군산[150] 푸른 것만 보았네	但看君山碧

147 동정(洞庭) : 중국 호남성(湖南省)에 위치한 호수의 이름이다. 주변 경관이 아름답고 걸출한 인물을 많이 배출하여 예로부터 '천하제일의 호수'라는 칭송을 들었다.

148 관(冠)을……이 : 고결한 절조를 비유하는 말이다. 《초사(楚辭)》〈이소(離騷)〉에 "높다란 내 관을 더욱 높이 쓰고, 늘어진 내 패옥을 더욱 길게 늘어뜨리네. 향기와 윤기가 함께 섞여 있으니, 밝은 바탕에 이지러짐이 없으리라.〔高余冠之岌岌兮, 長余佩之陸離. 芳與澤其雜糅兮, 唯昭質其猶未虧.〕"라고 한 데서 나온 말이다.

149 달이……싶었는데 : 중국 호남성 동정호 남쪽에 소수(瀟水)와 상강(湘江)이 만나는 지점은 경치가 매우 좋아서 소상팔경(瀟湘八景)이란 명칭이 생겼는데, 그 중의 하나가 동정호에 뜨는 가을 달〔洞庭秋月〕이다. 참고로 소상팔경은 평사낙안(平沙落雁)·원포귀범(遠浦歸帆)·산시청람(山市晴嵐)·강천모설(江天暮雪)·동정추월(洞庭秋月)·소상야우(瀟湘夜雨)·연사만종(煙寺晩鍾)·어촌석조(漁村夕照)이다.

150 군산(君山) : 동정호 가운데에 있는 산의 이름으로, 동정산 혹은 상산(湘山)이라고도 한다. 진(秦)나라 시황제(始皇帝)가 남쪽을 순수(巡狩)할 때 이곳에 머물렀기 때문에 이러한 이름이 붙었다는 이야기가 전한다.

벽 사이에 걸린 갈대와 기러기를 그린 묵화를 보고 지었다
題壁間墨畫蘆鴈

내가 가을이 오자 바람이 싫어서 문을 닫고 앉았는데 아들 업(業)과 아이들이 새 그림을 얻어 돌려보느라 자못 문 밖이 떠들썩하였다. 가져다가 보니 대개 갈대와 기러기를 먹으로 그린 것이 솜씨가 자못 살아있는 듯하였는데, 업이 나를 따라 산에서 살 때에 동쪽 봉우리에서 살던 눈이 가느다랗고 코가 긴 승려가 그를 위해 그려주었다고 한다. 한참 동안 쳐다보니 호수(濠水)의 안개[151]와 상강(湘江)의 비[152]가 아련하게 가슴속을 파고드는 것이 심하였다. 그림 보는 것을 그만둘 수가 없어 양 벽 사이에 걸게 하였으니, 옛날에 어떤 사람이 서호(西湖)[153]가 몹시도 그리운데 갈 수가 없어 시중들던 여인을 시켜 갈매기 울음소리를 내게 하며 스스로 즐겼다는 것이 또한 이러한 뜻이었구나.

151 호수(濠水)의 안개 : 중국의 유명한 절경(絶景) 중의 하나인 것으로 보인다. 호수는 중국 안휘성(安徽省)에 있는 강의 이름으로, 장자(莊子)와 혜자(惠子)가 호수의 다리에서 물고기를 두고 심오한 대화를 나누었다는 유명한 고사가 전한다. 《莊子 秋水》

152 상강(湘江)의 비 : 중국 호남성(湖南省) 동정호(洞庭湖) 남쪽에 소수(瀟水)와 상강(湘江)이 만나는 지점은 경치가 매우 좋아서 소상팔경(瀟湘八景)이란 명칭이 생겼는데, 그 중의 하나가 소상강에 내리는 밤비〔瀟湘夜雨〕이다.

153 서호(西湖) : 중국 절강성(浙江省)의 항주(杭州) 서쪽에 위치한 호수의 이름이다. 경관이 아름답기로 유명하며, 희미한 안개에 둘러싸인 모습이 중국의 4대 미녀 중 한 명인 서시(西施)처럼 아름답다고 해서 서자호(西子湖)라고도 한다.

옛날에 동계 옆에서 은거할 때	舊隱東溪側
기러기 무리지어 가는 것 보고 노래 불렀지	行歌鴻鴈群
가을이 오자 부질없이 그림만 보며	秋來空見畫
돌아가고픈 생각 온 강 가득 구름처럼 피어오르네	歸思滿江雲

한강에 배를 띄우고

泛漢

저 멀리 물 위에 기러기 날아가고	漠漠水鴻飛
강 위 하늘엔 구름이 걷히려 하네	江天雲欲盡
상앗대 기대어 한바탕 길게 노래 부르노라니	倚櫓一長嘯
작은 바람에도 배가 저절로 나아가네	小風舟自進

새벽에 가을 산을 떠나며

曉發秋嶺

산 어두워 어디가 마을인 줄 모르겠는데	山暗不知村
졸졸졸 흐르는 물소리만 들리네	決決聞流水
말머리를 갑자기 홰나무 가지 위로 치켜드니	馬首忽高槐
잠자던 까마귀 퍼덕이며 날아가려 하네	宿鴉飜欲起

정 수찬[154] 홍상 에 대한 만사

鄭修撰 弘祥 輓

세로는 천 번을 연마하여 무쇠 벼루처럼 평평해졌고 世路千磨平鐵硯

사람의 마음은 아홉 번을 단련하여 금단으로 화하였네[155] 人情九轉化金丹

상전이 벽해 된 후 명사들을 보니 滄桑過後看名士

궁벽한 땅[156]에 던져지는 것이 좋은 벼슬보다 낫네 嶺海投來勝好官

154 정 수찬(鄭修撰) : 정홍상(鄭弘祥, 1700~1729)을 가리킨다. 조선 후기의 문신으로, 본관은 동래(東萊)이며 자는 의백(毅伯)이다. 1727년(영조3) 문과에 급제하였는데, 예조 판서를 지낸 아버지 정형익(鄭亨益)이 당쟁에 가담하지 않도록 자중하라고 훈계하여 벼슬을 사임하고자 하였다. 그러나 탕평을 이루고자 하는 왕의 명에 따라 1728년 부수찬으로 발탁되어, 붕당의 폐해를 지적하고 강력한 탕평책의 실시를 건의하는 소(疏)를 올렸다. 그러나 그 후 노론사대신 등이 당쟁에 의해 억울하게 희생되었다며 신원(伸寃)을 주장하다가 왕의 노여움을 사서 제주도 대정(大靜)에 유배되었다가 다시 전라도 강진(康津)에 이배되었다. 그 뒤 유배가 풀려 고향으로 돌아오다가 객사에서 죽었다.

155 아홉……화하였네 : 금단(金丹)은 금액(金液)과 단사(丹砂)를 정련하여 만든 단약(丹藥)으로, 이것을 복용하면 신선이 되어 불로장생할 수 있다고 하였다. 중국 동진(東晋)의 사상가 갈홍(葛洪)은 금단에는 일전지단(一轉之丹)에서 구전지단(九轉之丹)까지 9종류의 금단이 있는데, 일전지단은 3년을 먹어야 신선이 되고 구전지단은 3일만 먹으면 신선이 된다고 하며 이를 구전환(九轉丸) 또는 태청신단(太淸神丹)이라고도 하였다. 《抱朴子 內篇 金丹》

156 궁벽한 땅 : 원문의 '嶺海'는 오령(五嶺)의 남쪽이나 근해(近海)의 변지(邊地)로 험난한 땅, 궁벽한 귀양지를 가리키는 말로 쓰인다.

국사를 도모할 때에는 일신의 도모가 엉성할 것 잘 알고 謀國極知謀己拙

임금 섬길 때에는 어버이 섬김 어려울 것을 알아야 하네 事君須識事親難

인간 세상 득실이 끝날 때가 없으니 人間得失無時了

차가운 강 응시하며 홀로 난간에 기대네 注目寒江獨倚欄

잠곡[157]의 농가에서 심사를 적다 경술년(1730, 영조6)
潛谷田家書事 庚戌

가랑비는 부슬부슬 내려 푸른 이내 흩트리고	小雨霏霏散翠嵐
병든 사내 문을 여니 머리카락 헝클어지네	病夫開戶髮鬖鬖
목면 밭 갈고 난 후 겨우 송아지 쉬게 하고	木緜耕後纔休犢
뽕나무 잎 펴질 때 비로소 누에씨를 담그네[158]	桑葉舒時始浴蠶
농가에선 모두가 실사[159]임이 자못 기쁜데	頗喜田家皆實事
낭묘에선 다만 공론뿐인 것 더욱 슬프네	更悲廊廟只空談
견여[160] 타고 이계의 노인[161] 찾아가고 싶나니	肩輿欲訪梨溪老
산준[162]의 술 벌써 맑아졌다는 말 들어서라네	聞說山樽酒已湛

157 잠곡(潛谷) : 이 책의 부록에 실린 남유용(南有容)의 연보(年譜)에, "기유년(1729). -공의 나이 32세- 가솔을 이끌고 용인 금량촌으로 나가서 살았다. 경술년(1730). -공의 나이 33세-……서울에 있는 집으로 다시 돌아왔다〔己酉. 公三十二歲. 挈家出居龍仁金梁村. 庚戌. 公三十三歲.……復還京第.〕"라는 말이 보인다. 이 시는 1730년(영조6)에 쓰인 것으로, 잠곡은 아마도 경기도 용인에 있는 땅의 이름인 것으로 보인다.

158 누에씨를 담그네 : 누에를 치는 과정 중의 하나로, 누에의 종자를 소금물 따위에 담가 씻으며 좋은 것을 가려내는 일을 말한다.

159 실사(實事) : 실제로 있는 일, 실용적인 일이라는 뜻이다.

160 견여(肩輿) : 2명이 앞뒤에서 메는 가마로, 4명이 메는 교자 등에 비해 간소한 가마이다.

161 이계(梨溪)의 노인 : 성전(成錪, ?~?)을 가리키는 것으로, 이 책 권3에 실린 〈이계에 사는 성자에게 주다.〔贈梨溪成子〕〉라는 시에 보인다. 성전에 대한 자세한 사항은 알 수 없다.

162 산준(山樽) : 술통을 이르는 것으로, 보통 산의 모양이 그려져 있어서 이렇게 부른다.

소를 타고

騎牛

봄비 자욱한 속에 도롱이 하나 지나가자 春雨濛濛過一簑

조각구름 골짝을 나와 함께 흘러가네 片雲出峽與婆娑

소 등이 이렇게 편안하지 잘 알겠으니 極知牛背便如許

제나라 사람이 쇠뿔 두드리며 노래 부른 것[163] 우스워 죽겠네 笑殺齊人叩角歌

163 제(齊)나라……것 : 중국 춘추 시대 위(衛)나라 사람 영척(寗戚)이 벼슬을 구하기 위하여 자신이 기르던 소를 몰고 가 제(齊)나라 환공(桓公)의 수레 밑에서 소의 뿔을 두드리며 노래를 부른 것을 말한다. 영척은 집안이 가난하여 남의 수레를 끌어주면서 살았는데, 자신이 있는 곳에 환공이 이르자 소의 뿔을 두드리면서 "남산이 깨끗한 것은 흰 돌이 많아서라네. 이 세상에 태어나 요와 순의 선위(禪位)를 보지 못하니, 짧은 베옷 단출하게 정강이에 이르네. 저녁부터 소 먹이며 한밤중에 이르렀으니, 긴긴 밤 길고 긴데 어느새 날이 새리.〔南山矸, 白石爛. 生不遭堯與舜禪, 短布單衣適至骭. 從昏飯牛薄夜半, 長夜曼曼何時旦.〕"라고 노래를 불렀다. 이에 환공이 그를 불러다가 이야기를 나누고는 현자(賢者)임을 알아보고 대부(大夫)로 삼았다고 한다.《晉書 卷51 皇甫謐列傳》

우리 집에 기질[164]이 돌아 감히 손님을 만날 수가 없어서 친척 아우 성노[165] 유극 와 못 본지 20여 일이나 되었다. 우연히 동쪽 언덕에 올랐다가 성노의 초당이 바라보여 시를 지어서 나무꾼에게 전해달라고 주었다

余家有忌疾 不敢見賓客 與族弟星老 有極 隔二旬矣 偶陟東岡 望星老草堂 賦詩與樵夫以達

유자가 일이 없어 사립문을 지키는데　儒冠無事守柴關
남녘 들판서 밭 갈고 누에 치는 이들 아직 안 돌아오네　南野耕桑人未還
누운 지 오래된 흰 구름은 깊은 골짝서 나오고　臥久白雲生窈窕
졸다 깬 꾀꼬리는 꾀꼴꾀꼴 소리를 보내네　睡回黃鳥送緜蠻
시절이 태평하니 스스로 경륜할 일 적은 것 기뻐하고　時平自喜經綸少
하는 일 없으니 오직 한가로이 먹고 사는 것밖에 모르네　事簡惟知飮啄閑
오지 않는 그대 그리워하며 그저 서글피 바라보는데　思子不來聊悵望
두어 칸 초가집이 양 소나무 사이에 있네　數椽茅屋兩松間

164 기질(忌疾) : 전염병 등 사람들이 기피하는 병을 통틀어 말하는 것이다.

165 성노(星老) : 남유용(南有容)의 친척 아우 남유극(南有極, ?~?)을 가리키는 것으로, 자세한 사항은 알 수 없다.

성노와 함께 '연' 자를 뽑았다

同星老拈烟字

백로는 떼 지어 날다 논으로 내려오고	白鷺群飛下水田
우리 소는 밭 다 갈고 마을 연기 속으로 들어오네	我牛耕罷入村烟
봄 구름은 비를 걷어 사령을 건너가고	春陰卷雨度斜嶺
석양은 숲에서 나와 원천을 밝히네	返照出林明遠川
시는 빈풍[166]을 베껴 쓰며 어린 아들과 함께 하고	詩寫豳風與小子
술은 향음의 예[167] 행하며 고령의 어른에게 절하네	酒行鄕飮拜高年
이곳에서 유유자적하신 것이 우리 선조[168]의 뜻이셨으니	

166 빈풍(豳風) : 《시경(詩經)》의 13개 국풍(國風) 중 하나의 이름이다. 주(周)나라에 무왕(武王)이 죽고 성왕(成王)이 즉위하였는데, 나이가 어려서 임금의 일을 행하지 못하였다. 이에 주공(周公) 단(旦)이 총재(冢宰)가 되어 섭정하면서 후직(后稷)과 공류(公劉)의 교화를 시로 지어서 성왕을 경계하였으니, 이것이 바로 빈풍이다. 농사를 지을 때 절기에 맞추어 해야 할 일과 농사의 어려움을 서술한 〈칠월(七月)〉이 빈풍의 대표적인 시이다.

167 향음(鄕飮)의 예 : 향음주례(鄕飮酒禮)를 가리키는 것으로, 어진 이를 존경하고 어른을 봉양하는 것을 목적으로 베푸는 연회이다. 장유(長幼)의 질서를 밝히는 것이 그 목적으로, 나이·덕행·도예(道藝)의 정도에 따라 음주의 순서를 정하였다.

168 우리 선조 : 남선(南銑, 1582~1654)을 가리킨다. 남선은 조선 중기의 문신으로, 본관은 의령이며 자는 택지(澤之), 호는 회곡(晦谷)·대몽(大夢)이다. 1606년(선조 39) 사마시에 합격하였으나 광해군의 난정(亂政) 하에서 벼슬할 수 없다며 과거를 단념하고 경기도 용인(龍仁)의 부거곡(芙蕖谷)에서 살았다. 인조반정이 일어난 후 벼슬길에 나와 황해도 관찰사·평안도 관찰사·대사간·도승지·대사헌·이조 판서 등 요직을 두루 역임하였다. 시호는 정민(貞敏)이다.

優游此地吾先意

화석[169]이 아직 오래된 집 앞에 남아있네　　花石猶存老屋前

사령(斜嶺)[170]은 고개의 이름이고, 원천(遠川)[171]은 시내의 이름이다.

169 화석(花石) : '꽃과 바위'인지, 바위의 이름인지, 구조물이나 동산의 이름인지 확실하지 않다.

170 사령(斜嶺) : 경기도 용인(龍仁) 근방에 있는 고개의 이름인 것으로 보인다.

171 원천(遠川) : 경기도 용인(龍仁)에 원천리(遠川里)가 있었는데, 이곳에 있던 시내의 이름인 것으로 보인다. 원천리는 옆에 있던 동막리(東幕里)와 합쳐져 지금 수지구에 있는 동천동(東川洞)이 되었다.

꾀꼬리 소리를 들으며

聞鸎

꽃나무 휘늘어지고 봄날 화창한데 芳樹離離春晝明
내 와서 지팡이 짚고 서니 노란 꾀꼬리가 우네 我來倚杖黃鸝鳴
사람들에게 미련일랑 두지 않아 與人不作留連意
서쪽 숲으로 날아간 후 한 마디 울음소리만 돌아오네 飛去西林還一聲

한적한 풍경을 그리다

寫適

소라곡 어귀에 인가의 연기 일어나고　小蘿谷口人烟起
구람산 아래엔 향기로운 풀 가지런하네　九藍山下芳草齊
시내 가운데서 낚싯줄 거두어 고기와 물풀을 당기고 溪心收釣牽魚藻
난간 모퉁이서 거문고 옮기어 제비 진흙[172]을 피하네　欄角移琴避燕泥
백부는 시를 논할 때마다 촌로를 불러오고[173]　白傅說詩邀野老
유령은 술을 끊겠다며 산처를 속였네[174]　劉伶止酒誑山妻

172 제비 진흙 : 제비가 둥지를 만들려고 물어 가는 진흙, 또는 제비 둥지의 진흙이다.

173 백부(白傅)는……불러오고 : 백부는 중국 당나라의 시인 백거이(白居易, 772~846)를 가리키는 것으로, 태자소부(太子小傅)를 지낸 적이 있기 때문에 생긴 호칭이다. 중국 북송의 석혜홍(釋惠洪)이 지은《냉재시화(冷齋詩話)》등에 보면, 백거이는 시를 지을 때마다 글을 모르는 촌로에게 자신이 지은 시를 읽어주고 노인이 이해하지 못하는 부분이 있으면 이를 하나하나 평이한 표현으로 바꿨다고 한다.

174 유령은……속였네 : 유령(劉伶, ?~?)은 중국 서진(西晉) 사람으로 죽림칠현(竹林七賢)의 하나이며, 산처(山妻)는 아내에 대한 겸사로 촌(村)에서 산다는 뜻도 포함되어 있다. 유령은 술을 몹시 좋아하였다. 어느 날 갈증이 심하여 아내에게 술을 달라고 하자 아내가 술을 버리고 그릇을 깨면서 울며 간하기를, "당신은 술을 지나치게 많이 마십니다. 이것은 섭생하는 도가 아니니, 반드시 끊는 것이 좋을 것입니다."라고 하였다. 유령이 "좋은 말씀이오. 하지만 나는 스스로 끊을 수가 없으니 귀신에게 빌며 맹세를 해야겠소. 지금 당장 술과 고기를 차려 오시오."라고 하였다. 이에 처가 술과 고기를 차려오자 유령이 무릎을 꿇고 기도하면서, "하늘이 유령을 낸 것은 술로 이름을 내라는 뜻이니, 한꺼번에 한 섬의 술을 마시고 다섯 말로 해장을 하게 하실 것이요,

소광[175]한 성품이나 되레 풍년의 즐거움 염원하니　踈狂尙念豐年樂
아침나절 한 보지락 내린 비[176]를 앉아서 기뻐하네　坐喜崇朝雨一犂

부녀자의 말은 부디 듣지 마시기를."이라 하고는 다시 대취하였다고 한다. 《晉書 卷49 劉伶列傳》

175 소광(踈狂) : 거칠고 뜻만 높다는 뜻이다. 공자(孔子)는 《논어》 〈자로(子路)〉에서 "중도를 행하는 사람을 얻어서 함께하지 못할 바에는 반드시 광자(狂者)나 견자(狷者)와 함께할 것이다. 광자는 진취적이고 견자는 하지 않는 바가 있다."라고 하였으며, 맹자(孟子)는 《맹자》 〈진심 하(盡心下)〉에서 이를 설명하며, "광자란 그 뜻이 높고 커서 '옛사람이여! 옛 사람이여!'라고 말하되 평소에 그의 행실을 살펴보면 행실이 말을 덮지 못하는 자이다."라고 하였다.

176 한……비 : '일리우(一犁雨)'를 가리키는 것으로, 쟁기질하기에 알맞게 내린 봄비를 의미한다. 보지락은 비가 온 양을 나타내는 단위로, 보습이 들어갈 만큼 빗물이 땅에 스며든 정도이다.

방여도[177]를 보며

觀方輿圖

한 조각 지도에 구주가 광활한데	輿啚一片九州寬
칼 짚고 푸른 구름 눈을 들어 둘러보네	倚劒靑雲縱目觀
버려두고 천하의 일 논하지 말라	撥置休論天下事
버들 못에 나아가 봄 물결을 바라보네	柳塘前去觀春瀾

177 방여도(方輿圖) : 지도를 가리킨다. 방여(方輿)는 땅을 의미하는 것으로, 옛날에는 하늘은 둥글고 땅은 네모났다고〔方〕 생각하였는데 땅은 또 만물을 싣고 있는 수레〔輿〕와 같다는 데에서 생긴 말이다.

새벽에 일어나 시냇가를 걷다가 시를 지어 주었다

曉起 步溪上 有贈

느릿느릿 지팡이 짚고 물고기와 새를 따라	緩策隨魚鳥
유유자적 시내 한 바퀴를 다 돌았네	悠悠竟一川
꽃은 이슬이 갓 내린 후라 밝게 빛나고	花明新露後
버드나무는 새벽 꾀꼬리 일어나기 전이라 고요하네	柳靜曉鸎前
물가 언덕에 두어 가구 사는데	瀼岸二三戶
어옹의 나이 팔십이라네	漁翁八十年
서로 만나도 인사하지 않으니	相逢不爲揖
이 마음 이미 편안하다네	此意已逌然

산벌
山蜂

산 속 바위 구멍 안은 작은 배와 같은데　山石竅中如小航
산벌이 굴을 뚫고 칭칭 둘러싸 길게 만들었네　山蜂穴之繚以長
우르릉 쿵쾅쿵쾅 마치 대량[178]처럼　輷輷殷殷如大梁
사방엔 겹겹 성이 에워싸고 가운데는 평평하게 만들었네
重城四周平中央
그 중에 큰 놈을 왕벌이라 부르는데　其中大者號蜂王
뾰족한 머리에 배가 불룩한 것이 용감하고 또 굳세네
銳頭大腹雄且彊
숙위하는 병사들이 담장처럼 에워싸고　宿衛士徒如堵墻
좌우로 둔을 나누어 주도면밀하게 방어하네　分屯左右相周防
윙윙 붕붕 어쩌면 소리개가 날개를 펴는 듯하고　薨薨闐闐何鴟張
관문을 지키는 두 장수는 더욱 매가 솟구치는 듯하네
當關二將尤鷹揚
명령을 따르지 않는 놈 있으면 그 자리에서 바로 죽임을 당하여
有不用命立見戕

178 대량(大梁) : 중국 황하(黃河) 남쪽에 있던 도시의 이름이다. 전국 시대 위(魏)나라의 혜왕(惠王)이 안읍(安邑)에서 개봉(開封)으로 도읍을 옮기고 대량이라 칭하였는데, 궁성(宮城)·궐성(闕城)·외성(外城) 삼중(三重)의 성벽으로 시가지를 둘러쌌다고 한다.

날개를 떨치고 머리를 베는 것이 날카로운 칼끝 같네 奮翼截馘當利鉈
가을날 산가에서 마당을 막 씻어내자[179] 秋日山家初滌場
아이들이 서산의 남쪽에서 땔감을 베네 兒童伐薪西山陽
함부로 바위 아래 들어가 도끼를 가니 妄入石底礪斧斨
놀라 일어난 산벌들이 물이 끓어오르듯 하네 驚起山蜂如沸湯
줄줄이 관문을 나와 어지러이 뒤를 이어 出關絡繹紛相望
달아나는 이들을 뒤쫓으니 그 기세 당할 수가 없네 追亡逐北勢莫當
나아감은 있어도 물러남은 없으니 성이 바짝 나서 有進無退怒洸洸
차이고 맞아 장이 터지는 것 마다하지 않네 不辭蹴搏屠出腸
안에 감추었던 독화살은 찌르기에 좋으니 中藏毒矢利攙搶
땀 흘리던 아이들 달아나다 넘어지네 汗流群豎走且僵
얼굴을 감싸고 크게 울부짖으며 발광하듯 하는데 擁面大叫欲發狂
온 살가죽 붉게 부풀어 생채기가 올라오네 渾肌赬凸生疥瘍
사람들이 말하기를 감히 그 곁에 가면 안 된다고 하니 相語不敢近其傍
산벌이 자식을 기르는 것이 안전하고 또 강인하다네 山蜂養子安且强
내가 이 말을 듣고 탄식하였으니 我聞此事爲嗟傷
의로써 사람을 해치는 것은 상서롭지 못한 일 아니라네

179 마당을 막 씻어내자 : 《시경》 〈칠월(七月)〉에 나오는 말로, 농사가 끝나고 타작 마당을 청소하는 것이다. “9월에 서리가 내리거든 10월에 마당을 깨끗이 쓸고, 두 동이 술로 잔치를 베풀어 염소를 잡아서 저 공당에 올라가 저 뿔잔을 드니 만수무강하리로다.〔九月肅霜, 十月滌場. 朋酒斯饗, 曰殺羔羊. 躋彼公堂, 稱彼兕觥, 萬壽無疆.〕”라고 하였다.

以義害人非不祥

임금을 위해 나라를 굳게 지키는 것은 신하의 상도요

爲君固國臣之常

임금을 위해 모욕을 막아내는 것은 예로부터 선하게 여겼던 바라

爲君禦侮古所臧

임금은 사직을 지키며 당을 내려오지 않나니 君守社稷不下堂

신하가 적을 토벌함에 어찌 재앙을 피하리오 臣爲討賊寧避殃

이러한 의리를 지금 사람들은 자세히 따지지 않으니 此義今人講不詳

나라 잃는 것을 마치 양을 잃어버리는 것처럼 여긴다네

視亡其國猶亡羊

혹자는 도적에게 병기를 빌려주고 도적에게 양식을 싸주기도 하니[180]

或者藉寇以兵齎盜糧

아! 어떻게 하면 너를 얻어 사람들을 위해 사방을 지키게 하여서

嗚呼安得以汝爲人守四方

기필코 군주가 모욕을 당하고 나라가 망하는 것을 좌시하지 않게 할 수 있을까 必不坐視主辱而國亡

무선은 일찍이 편지 머금은 방어를 기록하였고[181] 茂先曾記啣書魴

180 도적에게……하니 : 이 구절은《순자(荀子)》〈대략(大略)〉에서 "가르칠 만한 사람이 아닌데 가르치는 것은 도적에게 양식을 가져다주고 적군에게 병기를 빌려주는 격이다.〔非其人而敎之, 齎盜糧, 借賊兵也.〕"라고 한 표현을 빌려다 쓴 것이다.

181 무선(茂先)은……기록하였고 : 중국 송나라의 문인 곽무천(郭茂倩)이 편찬한《악부시집(樂府詩集)》권74〈잡곡가사(雜曲歌辭)〉에 다음과 같은 시가 실려 있다. "마른 물고기가 하수를 지나면서 우네. 후회한들 어찌 미칠 수 있으리오. 편지를 써 방어 연어에게 주네. 들고 날 때 부디 조심하라고.〔枯魚過河泣, 何時悔復及. 作書與魴

초왕은 외려 수레바퀴에 맞서는 사마귀에게 경의를 표하였네[182] 楚王猶式拒轍蜋

내 이 노래 한 장을 지어 我爲此歌聊一章

세상 사람들에게 부치노니 부디 잊지 말기를 寄與世人愼勿忘

鱮, 相敎愼出入.]" 이 시는 한(漢)나라의 무명씨가 지은 것으로, 남유용(南有容)은 '무천(茂倩)'을 '무선(茂先)'으로 착각하여 잘못 쓴 것으로 보인다.

182 초왕(楚王)은……표하였네 : 중국 전한(前漢)의 회남왕(淮南王) 유안(劉安)이 저술한《회남자(淮南子)》〈인간훈편(人間訓篇)〉에 다음과 같은 이야기가 실려 있다. 춘추시대 제(齊)나라의 장공(莊公)이 어느 날 수레를 타고 사냥터로 가고 있었는데, 웬 벌레 한 마리가 앞발을 도끼처럼 휘두르며 수레를 쳐부술 듯이 덤벼드는 것을 보았다. 마부를 불러 그 벌레에 대해 묻자, 마부가 "저것은 사마귀라는 벌레이옵니다. 이 벌레는 나아갈 줄만 알고 물러설 줄을 모르는데, 제 힘은 생각하지도 않고 적을 가볍게 보는 버릇이 있습니다."라고 대답하였다. 그러자 장공은 "저 벌레가 사람이라면 틀림없이 용감한 장군이었으리라. 벌레지만 그 용기가 기특하니 수레를 돌려 피해 가라."라고 하였다고 한다. 남유용은 이 시에서 '제왕(齊王)'을 '초왕(楚王)'으로 착각하여 잘못 쓴 것으로 보인다.

늦가을 서쪽 밭에서 수확하는 것을 관람할 때 우연히 도 선생[183]의 문집을 보다가 〈경술년 구월에 서쪽 밭에서 올벼를 수확하였다〉[184]라는 시를 발견하고 기쁜 마음에 화답하였다

季秋西田觀穫 偶閱陶先生集 得庚戌歲九月中於西田穫早稻詩 喜而和之

선왕의 시절에 지치가 있었는데	先王有至治
농사가 그것의 시작이었다네	稼穡乃其端
우와 직[185]도 외려 분주하였는데	禹稷尙皇皇

183 도 선생(陶先生) : 중국 동진(東晋)의 시인 도잠(陶潛)을 가리킨다.

184 〈경술년……수확하였다〉 : 《도연명집(陶淵明集)》 제3권에 실린 시로, 원문과 내용은 다음과 같다. "인생은 도로 귀결되지만 본디 입고 먹는 것이 시작이 되니 어느 누가 아무 일도 하지 않고서 저절로 안락하기를 구하는가. 봄이 오자마자 농사일 시작해야 한 해의 수확을 바랄 수 있으니 새벽에 나가 자잘한 일을 벌이고 해가 져야 쟁기를 메고 돌아오네. 산중에는 서리와 이슬이 많고 날씨 또한 먼저 차가워지니 농가 살이 어찌 고생스럽지 않으랴만 이런 고생을 사양할 수 없다네. 온 몸이 그야말로 피곤하지만 다른 근심은 거의 없으니 세수하고 처마 밑에 쉬면서 한 말 술로 몸과 마음을 푸네. 아득한 옛날 장저와 걸익의 마음이 천년 후에도 서로 통하니 다만 이렇게 오래 살기만 바랄 뿐 몸소 농사짓는 것 한탄하지 않는다오.〔人生歸有道, 衣食固其端. 孰是都不營, 而以求自安. 開春理常業, 歲功聊可觀. 晨出肆微勤, 日入負耒還. 山中饒霜露, 風氣亦先寒. 田家豈不苦, 弗獲辭此難. 四體誠乃疲, 庶無異患干. 盥濯息簷下, 斗酒散襟顏. 遙遙沮溺心, 千載乃相關. 但願長如此, 躬耕非所歎.〕"

185 우와 직 : 우(禹)는 중국 하(夏)나라의 시조라고 알려진 인물로, 요(堯) 임금 때 홍수가 일어나자 섭정인 순(舜)이 그에게 치수(治水)를 명령하였다. 이에 13년 동안 노심초사하여 치수 사업에 성공한 후 천하를 구주(九州)로 나누고 공부(貢賦)를 정하였다. 직(稷)은 중국 고대 요(堯)・순(舜) 임금의 신하로, 구관의 하나인 후직(后稷)이

필부가 감히 편안하길 생각하였으랴　匹士敢懷安
순박하고 거침은 내가 미칠 수 없으나　淳荒余未及
그 이치만은 다만 살펴보기 좋아한다네　其理獨好觀
닭 울고 개 짖는 소리 사방 이웃에 들리고　鳴吠達四隣
부로들은 왕래하는 이 적었네　父老寡往還
정전법[186]이 무너진 이후로　一自井田壞
백성들이 참으로 굶주리고 추위에 떨었네　斯民實飢寒
그러므로 옛날의 어진 선비들은　所以古賢士
간난을 겪으려 노력하였네　努力嘗艱難
고생하는 가운데 스스로를 기르면서　勤苦中自養
다른 일에는 상관하지 않았네　異事不相干
숨어 살려는 뜻 어찌 다르다 하리오　遯志豈云殊
출처의 도가 이윤[187]과 안자[188]에서 보이네　出處見伊顏

되어 농사를 관장하였다. 후에 곡식의 재배 방법을 발달시킨 농경신(農耕神)이자 주(周)나라의 시조로 받들어졌다. 맹자(孟子)는 〈이루 하(離婁下)〉에서 "우 임금과 후직은 태평한 세상에 살았지만 자기 집 문 앞을 세 차례나 지나가면서도 들어가지 않았다." 라고 하며 그 정도로 천하의 일에 부지런하였다고 말하였다.

186 정전법(井田法) : 중국 최초의 토지 제도로, 주(周)나라 때에 실시되었다고 전한다. 맹자(孟子)는 이 제도에 대해 논하면서, 백성들에게 항산(恒産)을 보장하여 항심(恒心)을 가지게 할 것을 주장하였다.

187 이윤(伊尹) : 중국 은(殷)나라의 명신(名臣)으로, '이(伊)'는 이름이고 '윤(尹)'은 관직명이다. 가노(家奴) 출신으로 탕왕(湯王)에게 등용되었으며, 재상이 되어 하(夏)나라의 걸왕(桀王)을 토벌함으로써 은나라가 천하를 평정하는 데 공헌하였다. 탕왕의 뒤를 이은 외병(外丙)·중임(中壬)·태갑(太甲)·옥정(沃丁)을 보좌하는 등 누대에 걸쳐 벼슬을 하였다. 한때 태갑이 포학한 정치를 하자 동궁(桐宮)으로 추방하고

분수를 따라 기뻐하는 바를 얻으니　循分得所欣
이것을 따르고 다시 상관하지 않네　適玆復無關
혼자 깨고 혼자 말하며[189] 오래된 생각 부치나니　寤言寄永懷
몸소 농사짓는 것 한탄하지 않는다오　躬耕非余嘆

직접 정치를 하다가, 3년 뒤 태갑이 과오를 뉘우치자 정권을 되돌려주었다고 한다.

188 안자(顔子) : 안회(顔回, 기원전521~기원전490?)를 가리킨다. 중국 춘추시대 노(魯)나라의 현자로, 자는 연(淵)이다. 공자(孔子)가 가장 신임한 제자로, 학문과 덕행이 뛰어나 아성(亞聖) 혹은 복성(復聖)으로 불린다. 공자가 일찍이 안회에 대해 평가하면서, "어질도다. 회여! 한 도시락의 밥과 한 바가지의 물로 누추한 골목에 산다면, 사람들은 걱정을 견디지 못하거늘 안회는 그 즐거움을 바꾸려 하지 않는구나."라 하고, "세상에 쓰이면 나아가 도를 행하고 버려지면 물러나 숨는 것을 오직 나와 너만이 할 수 있다."라고 하였다.

189 혼자……말하며 : 《시경》〈고반(考槃)〉 제1수에서 나온 말로, "안식처가 시냇가에 있으니 석인의 마음이 넉넉하도다. 홀로 자고 깨어 말하나 이 즐거움 잊지 않으리라 길이 다짐하네.〔考槃在澗, 碩人之寬. 獨寐寤言, 永矢弗諼.〕"라고 하였다. 이 시는 현자가 은둔해 사는 즐거움을 표현한 것이다.

이계[190]를 한가로이 걷다가 벽오동나무 한 그루가 노성하여 그늘을 이룬 것을 발견하고 시 한 수를 읊었다

閑步梨溪 得碧梧一樹老大成陰 爲賦一詩

문왕이 홀연 죽고 없으니	文王忽已沒
봉황의 소리 또한 멀어져갔네[191]	鳳聲亦悠悠
오동나무가 부질없이 노성하였으니	梧桐空老大
누런 참새만 날아와 짹짹거리네[192]	黃雀來啾啾
원컨대 깎아서 거문고를 만들어	願言劚爲琴
그것으로 구소를 탔으면[193]	持以聲九韶

190 이계(梨溪) : 이 시는 1730년(영조6)에 쓰인 것으로, 남유용은 이 시기에 가솔을 이끌고 용인(龍仁) 금량촌(金梁村)으로 나가서 살았다. 이계는 아마도 이 근방에 있는 시내의 이름인 것으로 보인다.

191 문왕(文王)이……멀어져갔네 : 《국어(國語)》 〈주어(周語)〉에 "주(周)나라가 일어날 때에 봉황이 기산(岐山)에서 울었다."라는 말이 나온다. 봉황은 성인(聖人)이 나올 때 세상에 나타난다는 신령한 새인데, 문왕(文王) 이후에는 봉황이 나타났다는 기록이 없기 때문에 이렇게 말한 것이다. 《논어》 〈자한(子罕)〉에서 공자(孔子)가 "봉황도 날아오지 않고 황하(黃河)에서 하도(河圖)도 나오지 않으니 나는 이제 끝이로구나."라고 하였는데, 주자(朱子)가 이에 주석을 달아 "봉황은 영험한 새인데, 순 임금 때에는 와서 춤을 추었고 문왕 때에는 기산에서 울었다."라고 하였다.

192 오동나무가……짹짹거리네 : 《시경》 〈권아(卷阿)〉에 "봉황이 울어대니, 저 높은 뫼이로다. 오동이 나서 자라니, 저 볕바른 언덕이로다. 무성한 오동나무에 봉황의 울음소리 조화롭도다.〔鳳凰鳴矣, 于彼高岡. 梧桐生矣, 于彼朝陽. 菶菶萋萋, 雝雝喈喈.〕"라고 하였다. 봉황의 성질은 오동나무가 아니면 깃들지 않는데, 오동나무가 울창하게 자랐으나 봉황은 오지 않고 참새만 날아옴을 한탄한 것이다.

악사 양이 떠나가 돌아오지 않으니 師襄去不還
산과 바다가 날로 쓸쓸해지네[194] 海山日蕭蕭
기이한 재목이 깊은 골짝에 버려지니 奇材委窮谷
나무꾼의 도끼에 잘못될까 걱정이네 恐爲樵斤誤
혹시나 중랑의 돌아봄을 만날까[195] 儻遇中郎顧
차라리 가죽나무와 상수리나무가 천수를 누림을 생각하네[196]

193 원컨대……탔으면 : 오동나무를 깎아 거문고를 만들어서 구소(九韶)를 연주하여 봉황을 불러들이고 싶다는 말이다. 구소는 중국 고대의 순(舜)임금이 지은 음악 소소(簫韶)를 말하는 것으로, 9곡으로 끝나기 때문에 구소라고 하였다. 공자는 구소를 처음 듣고 진선진미(盡善盡美)함을 느꼈으며 그 후 석 달 동안이나 고기 맛을 잊어버리고 감탄하여 이르기를, "음악을 만드는 것이 이런 경지에 이를 줄은 생각지도 못하였다."라고 하였다. 《論語 述而》 구소는 사람은 물론 귀신과 미물까지 감동시켰다고 하니, 《서경》 〈익직(益稷)〉에 "명구(鳴球)를 치고 거문고와 비파를 타며 노래를 읊으니, 조고(祖考)가 와서 이르시며 우빈(虞賓)이 자리에 있으면서 제후들과 덕으로 사양합니다. 당하에는 관악기와 땡땡이북을 진열하고 음악을 합하고 멈추되 축(柷)과 어(敔)로 하며 생(笙)과 큰북을 번갈아 울리니 새와 짐승이 너울너울 춤을 추며, 소소 아홉 장이 끝까지 연주되자 봉황이 와서 춤을 춥니다."라고 하였다.

194 악사……쓸쓸해지네 : 악사 양은 중국 춘추 시대 노(魯)나라의 악사(樂師)인 양자(襄子)를 말하는데, 공자(孔子)가 그에게서 거문고를 배웠다고 한다. 《논어》 〈미자(微子)〉에, 노나라의 도가 쇠퇴하자 현자들이 떠나서 은거하였는데 당시 악관이었던 소사(少師) 양(陽)과 경쇠를 치던 양(襄)도 해도(海島)로 들어갔다는 말이 나온다.

195 혹시나……만날까 : 중랑(中郎)은 중국 후한 때 중랑 벼슬을 지낸 채옹(蔡邕, 132~192)을 가리키는 것으로, 학자이자 문인・서예가로 이름을 떨쳤다. 《후한서(後漢書)》 권60 하(下) 〈채옹열전(蔡邕列傳)〉에, "오(吳)나라 사람이 오동나무를 땔감으로 삼아 밥을 짓고 있었는데 채옹이 불에 타는 소리가 맹렬한 것을 듣고는 그것이 좋은 나무인 줄 알았다. 그래서 그 나무를 얻어다가 거문고를 만드니 과연 아름다운 소리가 났는데, 거문고의 끝부분에 불에 탄 자리가 그대로 남아 있었으므로 당시 사람들이 초미금(焦尾琴)이라고 불렀다."라는 말이 나온다.

寧懷愣櫟壽

어루만지며 떠나지 못하니	攀援不能去
처연하여라 마음속 슬픔이여	惻愴心中悲
마음속 슬픔을 뉘와 함께 말하리오	心悲與誰語
묵묵히 혼자만 알고 있노라	默默空自知

경술년(1730, 영조6) 2월에 어디서 거문고 하나를 얻어 타려고 하다가 크게 탄식하고 줄을 풀어서 간직하는 꿈을 꾸었는데, 잠에서 깬 후에 왜 그런 꿈을 꾸었는지 그 까닭을 알 수 없었다. 그 후 9월에 이계(梨溪)에 있는 성노(成老)[197]의 집을 지나다 벽오동 나무 한 그루를 보고 한참 동안 어루만지다가 느끼는 바 있어 시를 지었다. 그날 밤 꿈에서 두 사람을 만나 거문고를 타며 각각 한 편(遍) 씩 연주하였는데, 내가 "온갖 새들 무리지어 짹짹거리는데 홀연 외로운 봉황새 한 마리 보이네.〔啾啾百鳥群, 忽見孤鳳凰.〕"라는 시구를 읊고 두 사람을 돌아보며 "퇴지(退之 한유(韓愈))의 〈영 선사의 거문고 연주를 듣고〔聽穎師彈琴〕〉[198]

196 차라리……생각하네 : 쓸모없는 나무는 아무도 돌아보지 않아 천수(天壽)를 누리게 되는 것을 말한다. 《장자(莊子)》 〈소요유(逍遙遊)〉에, "내게 큰 나무가 있는데, 사람들은 이것을 가죽나무라고 합니다. 줄기는 울퉁불퉁하여 먹줄을 칠 수가 없고, 가지는 비비 꼬여서 자를 댈 수가 없습니다. 길에 서 있지만 목수가 거들떠보지도 않습니다."라는 말이 나온다. 또 〈인간세(人間世)〉에, "목수 석이 제나라로 가다가 곡원에 이르러 신사(神社)에 심어진 상수리나무를 보고서, '이것은 재목이 되지 못하는 나무이다. 아무 쓸 데가 없기 때문에 이처럼 오래 살 수 있었던 것이다.'라고 하였다."라는 내용이 보인다.

197 성노(成老) : 성전(成錪, ?~?)을 가리키는 것으로, 이 책 권3에 〈이계에 사는 성자에게 주다.〔贈梨溪成子〕〉라는 시가 있다. 성전에 대한 자세한 사항은 알 수 없다.

라는 시를 두고 구공(歐公 구양수(歐陽脩))은 비파를 읊은 것이라 하였는데[199] 내가 일찍이 분별하지 못하였소. 이제 퇴지가 참으로 소리를 잘 아는 사람임을 알겠소."라 하고 서로 한바탕 웃고 꿈에서 깨어났다. 아! 내가 평생 음률을 알지 못하였는데 꿈속에서 거문고를 탈 줄 알았으니 기뻐할 만하였다. 다른 사람과 함께 이야기하고 싶었으나 처와 아이는 한창 자고 있었고, 설령 이야기한다 하더라도 부인네와 아이는 그 뜻을 반드시 알지는 못할 것이라 베갯머리에서 몇 줄 적어보았다.

198 〈영 선사의……듣고〉 : 원문과 내용은 다음과 같다. "친밀하기가 아녀자의 말소리 같아, 서로 너니 나니 하며 은혜와 원망을 토로하네. 갑자기 우렁차게 변하더니, 용감한 병사들이 적진으로 돌진하네. 뜬 구름이나 버들 솜처럼 뿌리가 없어, 아득한 천지를 날아다니네. 온갖 새들 한꺼번에 지저귀는데, 홀연히 한 마리 봉황이 나타나네. 오를 때엔 한 치 한 푼도 못 올라가다가도, 힘을 빼니 한꺼번에 천 길 넘게 떨어지네. 아! 나는 귀가 둘이지만, 좋은 소리를 제대로 알아듣지 못하는구나. 영 선사의 연주 듣는 동안, 일어섰다 앉았다 안절부절 못하네. 손가락으로 현을 밀어 갑자기 멈추니, 펑펑 흘린 눈물에 옷이 흠뻑 젖었네. 영사여 그대가 참으로 능히 할 수 있다면, 나의 창자 속에 빙탄을 넣지 말아주오.〔昵昵兒女語, 恩怨相爾汝. 劃然變軒昂, 勇士赴敵場. 浮雲柳絮無根蒂, 天地闊遠隨飛揚. 喧啾百鳥群, 忽見孤鳳凰. 躋攀分寸不可上, 失勢一落千丈强. 嗟余有兩耳, 未省聽絲篁. 自聞穎師彈, 起坐在一旁. 推手遽止之, 濕衣淚滂滂. 穎乎爾誠能, 無以冰炭置我腸.〕"

199 구공(歐公)은……하였는데 : 소식(蘇軾)의 《동파악부(東坡樂府)》 권 상(上) 〈수조가두(水調歌頭)〉에 다음과 같은 말이 나온다. "구양 문충공께서 일찍이 나에게 '거문고 시는 어떤 것이 가장 좋은가?'라고 물으셨다. 내가 한퇴지가 영 선사의 거문고 연주를 듣고 쓴 시가 가장 좋다고 대답하자 공께서 말씀하시기를, '〈영 선사의 거문고 연주를 듣고〉가 가장 아름답다. 그러나 그것은 거문고 연주를 듣고 쓴 것이 아니고 비파 연주를 듣고 쓴 것이다.'라고 하셨다. 나는 그 말을 듣고 매우 그럴 듯하다고 생각하였다." 이는 거문고의 소리는 화평(和平)함을 주로 삼고 비파는 오르내리고 꺾임을 자유자재로 하는데, 한유(韓愈)의 시에서 묘사한 소리는 거문고가 아닌 비파가 낼 수 있는 소리라고 본 것이다.

이계화 정섭 가 공필[200]이 관례를 올린 것을 축하한 시에 화답하였다

和李季和 廷燮 嘉公弼冠首

어여쁘던 아이가 갑자기 관을 쓰니[201] 婉孌突而弁
의젓한 모습 온후하고 선량하네 典刑溫且良
구포[202]는 원래 봉황의 깃털이요 九苞元鳳羽
일각[203] 또한 기린의 상서로움이라 一角亦麟祥
예절을 익혀 빈객의 잠언을 법으로 삼고[204] 嫺禮賓箴式

200 공필(公弼) : 남공필(南公弼, 1715~?)을 가리킨다. 남유용(南有容)의 형인 남유상(南有常)의 장남으로, 자는 원직(元直)이다. 오원(吳瑗)의 딸과 결혼하였으며, 그 외 자세한 사항은 알 수 없다.

201 어여쁘던……쓰니 : 《시경》 〈보전(甫田)〉에서 나온 말로, "어여쁘고 아름다운 총각이 쌍상투를 한 것을 얼마 있다가 만나보면 갑자기 관을 쓰고 있느니라.〔婉兮孌兮, 總角丱兮. 未幾見兮, 突而弁兮.〕"라고 한 데서 온 말이다. '변(弁)'은 관례(冠禮) 때에 쓰는 관(冠)으로, 관례를 치를 때에 세 번 관을 갈아 쓰는데 처음에는 치포관(緇布冠)을 쓰고 다음에는 피변(皮弁)을 쓰고 마지막에는 작변(爵弁)을 쓴다. 《儀禮 士冠禮》

202 구포(九苞) : 봉황의 깃털 혹은 봉황 자체를 가리키는 말로, 봉황의 깃털이 아홉 가지 빛깔이기 때문이라고도 하고 봉황의 특징이 아홉 가지이기 때문이라고도 한다. 여기서는 관례자가 머리에 쓰는 관(冠)을 가리키는 것으로 보인다.

203 일각(一角) : 기린을 가리키는 것으로, 기린은 머리에 뿔이 하나 달려있기 때문이다. 여기서는 관례자가 처음으로 머리에 상투를 튼 모습을 가리키는 것으로 보인다.

204 예절을……삼고 : 빈객(賓客)은 관례에서 의식을 주관하는 사람으로, 보통 종손의 친구 가운데 어질고 예법을 잘 아는 사람을 골라 빈객으로 삼는다. 관례에서 처음 행하는 예를 시가례(始加禮)라고 하는데, 이때 빈객이 관례자에게 읍을 하면서 시작된

시서를 숭상하여 조상의 가업 빛내기를	敦詩祖業光
재주가 많으면 경박하기 마련이니	才多類輕薄
글 솜씨 훌륭하기를 원하지 않네	不願茂詞章

다. 재가례(再加禮)에서 빈객이 관례자 앞에 나아가 축사(祝辭)를 하면 찬자(贊者)가 건을 벗기고 빈객이 초립을 씌운다. 삼가례(三加禮)에서 빈객이 관례자 앞에 나아가 축사를 하면 찬자가 초립을 벗기고 빈객이 복두(幞頭)를 씌운다. 초례(醮禮)에서 빈객이 관례자 앞에 나아가 축사를 하면 그 후 술잔을 주고받으며 마신다. 자관자례(字冠者禮)에서 빈객이 관례자에게 자(字)를 지어주고 축사를 하면서 의식을 마무리한다.

옥병[205]에 사는 이노[206] 필문 를 애도하며 신해년(1731, 영조7)
哭玉屛李老 必文○辛亥

옥병의 남쪽에서 함께 저녁 꾀꼬리 소리 듣던 것 생각나니 憶共屛南聽晚鸎
흰 머리에 발그레한 뺨으로 민첩하게 보내고 맞이하셨지 白鬚紅頰敏將迎
입에서 나오는 노래는 자못 세속을 놀래켰고 縈脣歌嘯頗驚俗
뱃속 가득한 시서[207]는 이름을 구하려는 것 아니었네 拄腹詩書非要名
바로 전세의 몸이 이 처사이고 直是前身李處士
듣자하니 외조가 박 선생이라네 仍聞外祖朴先生

이 처사는 동은(峒隱)[208]을 가리키고 박 선생은 사암(思菴)[209]을 이르는데,

205 옥병(玉屛) : 경기도 영평(永平), 즉 포천(抱川)에 있는 창옥병(蒼玉屛)을 가리키는 것으로, 백운산(白雲山)에서 나온 영평천의 물이 휘감아 도는 곳에 있는 절벽의 이름이다. 일찍이 박순(朴淳)이 명명한 영평팔경(永平八景) 중의 하나로, 그 중 제3경에 해당한다.

206 이노(李老) : 이필문(李必文, ?~?)을 가리키며, 자세한 사항은 알 수 없다.

207 뱃속 가득한 시서 : 중국 송나라의 문인 소식(蘇軾)의 〈시원에서 차를 끓이다〔試院煎茶〕〉에서 나온 말로, "뱃속 가득한 문자 오천 권은 필요 없고, 다만 해가 높이 뜰 때까지 충분히 자고 난 후에 마시는 차 한 잔만을 바라노라.〔不用撑腸拄腹文字五千卷, 但願一甌常及睡足日高時.〕"라고 하였다.

208 동은(峒隱) : 이의건(李義健, 1533~1621)의 호이다. 조선 중기의 문신으로, 본관은 전주이며 자는 의중(宜中)이다. 세종의 다섯째 아들인 광평대군(廣平大君) 이여(李璵)의 5대손이다. 1564년(명종19) 사마시에 합격하고, 후에 학행으로 돈녕부 직장

두 공의 서원(書院)이 옥병의 남쪽에 있으며 군은 사암에게 있어 실로 외손이 된다.

지역의 기구전[210]에 응당 함께 입전될 만하니　　襄陽耆舊應同傳

가문[211]에 내려오는 문유[212]의 명성 실추시키지 않으셨네

이 되었으나 사직하였으며, 1610년(광해군2) 이항복(李恒福)의 주청으로 공조 좌랑이 되고 이어 정랑에 올랐으나 사퇴하였다. 당시의 명유들과 교유하며 시와 글씨로 이름을 떨쳤고, 후학 양성에 전력하였다. 저서로 《동은유고》가 남아있다.

209 사암(思菴) : 박순(朴淳, 1523~1589)의 호이다. 조선 중기의 문신으로, 본관은 충주이며 자는 화숙(和叔)이다. 서경덕(徐敬德)의 문인으로, 1553년(명종8) 문과에 장원으로 급제한 후 대사간·대사헌·이조 판서·우의정·좌의정 등 요직을 두루 역임하고 영의정으로 약 15년간 재직하였다. 1585년 정여립(鄭汝立)의 논핵을 받아 사직한 후 영평(永平)에 암자를 짓고 은거하였다. 저서로 《사암집》이 있으며, 시호는 문충(文忠)이다.

210 지역의 기구전(耆舊傳) : 원문의 '襄陽耆舊'는 중국 동진(東晋)의 문인 습착치(習鑿齒)가 지은 《양양기구전(襄陽耆舊傳)》을 가리킨다. 《기구전》은 각 지역 원로(元老)들의 행적을 기록한 책으로, 《양양기구전》은 후한(後漢)의 방덕공(龐德公)을 위시하여 양양 지역에 살았던 덕망 높은 고사(高士)들의 전기를 모은 책이다. 방덕공은 일찍부터 세상에 나가기를 단념하여 당시 형주 자사(荊州刺史) 유표(劉表)가 수차례에 걸쳐 벼슬길에 나오도록 종용하였으나 거절하고서 처자(妻子)와 함께 농사를 짓고 살았다. 나중에는 녹문산(鹿門山)으로 처자와 함께 약을 캐러 들어가 다시 돌아오지 않았다고 한다. 《기구전》에는 《경구기구전(京口耆舊傳)》, 《금리기구전(錦里耆舊傳)》 등 많은 《기구전》이 전하는데, 이 시에서는 이필문의 행적을 방덕공에 비견하기 위하여 특히 이를 인용한 것이다.

211 가문(家門) : 원문의 '韋曲'은 '위씨(韋氏) 집안이 사는 마을'이라는 뜻이다. 중국 당나라 때 장안성 남쪽에 위곡(韋曲)과 두곡(杜曲)이 있었는데, 당시의 명문가였던 위씨(韋氏)와 두씨(杜氏)가 대대로 살았던 데서 붙은 이름이었다. 또한 이곳은 주변 경관이 아름다워서 당시에 유람하기 좋은 곳으로 알려지기도 하였다. 여기서는 이필문의 집안을 명문가인 위씨 집안에 비견하고, 또 영평(永平)의 경치가 아름다움을 말하기 위해서 이러한 표현을 쓴 것이다.

韋曲文儒不墜聲

단약 다린 솥은 개와 닭에게 주어 핥아먹게 하고[213] 丹鼎與沾雞犬食

차조 밭[214]은 자손들에게 나누어주고 갈아먹게 하셨네

秫田分敎子孫耕

와준[215]에 술을 두니 흐린 봄날이 길고 窪樽置酒春陰迥

212 문유(文儒) : 중국 후한의 사상가 왕충(王充)이 지은 《논형(論衡)》 〈서해(書解)〉에서 나온 말이다. 왕충은 "저작(著作)을 하는 사람은 문유이고, 경전을 해설하는 사람은 세유(世儒)이다."라고 하였다. 혹자가 문유와 세유 중에 누가 더 훌륭하냐고 묻자 왕충은 문유라고 대답하면서, "옛날의 뛰어난 사람들은 글을 저작하여 스스로 하는 일에 활용하고 자신의 뜻을 세상에 밝혔다. 세유는 그 당시에는 존중을 받더라도 문유의 글을 만나지 못하면 그의 행적이 전하여지지 않는다."라고 하였다.

213 단약(丹藥)……하고 : 중국 전한(前漢)의 회남왕(淮南王) 유안(劉安, 기원전 179~기원전 122)과 관련된 고사로, 이필문의 죽음을 신선이 되어 승천한 것으로 표현한 것이다. 회남왕은 신선술을 터득하여 온 가족을 이끌고 승천(昇天)하였는데, 그 집의 닭과 개도 그릇에 남아 있던 단약을 핥아 먹고 하늘로 올라가서 개는 천상에서 짖고 닭은 구름 속에서 울었다는 전설이 전한다. 《論衡 道虛》

214 차조 밭 : 중국 동진(東晋)의 시인 도잠(陶潛)과 관련된 고사에서 나온 말이다. 도잠이 일찍이 팽택(彭澤)의 수령이 되었을 때, 현(縣)의 공전(公田)에다 모두 차조만 심으라 하면서 말하기를, "내가 항상 차조 술에 취하기만 한다면 족하겠다."라고 하였는데, 처자(妻子)들이 메벼 심기를 굳이 청하자 이에 1경(頃) 50묘(畝)에는 차조를 심고, 50묘에는 메벼를 심도록 하였다고 한다. 《晉書 卷94》 여기서는 이필문 생전의 풍류를 도잠에 비견한 것으로 보인다.

215 와준(窪樽) : 가운데가 움푹 파여 마치 술통처럼 생긴 바위를 가리키는 말이다. 영평천(永平川) 가운데에 바위가 있는데 반달 모양으로 솟아있고 위쪽 가운데에 둥근 구멍이 뚫려있으며 옆면에 '窪樽'이라는 글씨가 새겨져 있다고 하니, 이를 지칭하는 것으로 보인다. 또한 중국 당나라 때 호주 별가(湖州別駕) 이적지(李適之)가 현산(峴山)에 올라가 한 말 술을 부어놓을 만한 바위 구덩이를 발견하고 그 자리에 와준정(窪罇亭)을 세우고 놀았다 하여, 산에서 호방한 술자리를 갖는 것을 의미하기도 한다.

구름 낀 벼랑에 배 지나니 들 물 밝게 빛났네 雲壁橫舲野水明
흥겨웠던 모임 마음에 남았으니 어찌 쉬이 잊으랴 勝事在心那易忘
옛날의 놀이 뒤돌아보니 그저 놀라울 뿐이네 舊遊回首秪堪驚
별의 정기 돌아가려 하자[216] 황루[217]가 부서지고 星精欲返黃樓碎
모악이 텅 비니 사슴만 울고 있네 茅嶽旋空白鹿鳴

군이 죽기 몇 달 전에 옥병의 남쪽에 있던 이양정(二養亭)[218]이 들불에 타서 없어졌다. 그러므로 황루(黃樓)의 일[219]을 쓰고 거듭 '모산 골짜기〔茅洞〕'[220]와 '사슴이 운다〔鹿鳴〕'는 말을 가져다 썼다.

216 별의……하자 : 이필문의 죽음을 가리킨다.

217 황루(黃樓) : 중국 호북성(湖北省)에 있는 황학루(黃鶴樓)를 가리키는 것으로 보인다. 황학루에는 신선과 관련된 많은 전설이 내려오고 있는데, 그 중 하나는 선인(仙人) 왕자안(王子安)이 황학을 타고 이곳을 지나 근처의 산으로 올라가 산 이름을 '황학'이라 부르게 되었으며 후대 사람들이 산정에 누각을 만들어 황학루라고 불렀다는 것이다. 또 하나는, 신씨(辛氏)가 개설한 주점(酒店)에 선인(仙人)이 지나가다가 벽에 한 마리 학(鶴)을 그렸는데 그 모양이 춤을 추듯 아름답다고 알려지면서 이곳의 장사도 날로 번창하였다고 한다. 그런데 10년 후 선인이 다시 와 학을 타고 구름 위로 날아가자 신씨가 그것을 보고 황학과 도사를 기념하기 위해 이곳에 누각을 짓고 이름을 황학루라고 불렀다고 한다. 여기서는 이필문을 신선에 비견하여 이양정(二養亭)을 황학루라고 부른 것으로 보인다.

218 이양정(二養亭) : 영평(永平)에 있는 정자의 이름으로, 박순(朴淳)이 이름을 붙였다고 한다.

219 황루(黃樓)의 일 : 황학루는 전쟁과 화재를 겪으면서 수차례에 걸쳐 훼손되고 파괴되었다고 하니, 이러한 사실을 가리키는 것으로 보인다.

220 모산 골짜기〔茅洞〕 : 모산(茅山)은 도가(道家)의 전설에 나오는 신선인 삼모(三茅)가 은거하였던 산이다. 삼모는 모영(茅盈)・모고(茅固)・모충(茅衷) 삼형제를 가리키는데, 한(漢)나라 경제(景帝) 때 함께 구곡산(句曲山)에 들어가 모두 득도(得道)하여 신선이 되었으므로 이후로 이곳을 모산이라고 부르게 되었다고 한다. 역시 이필문이 사는 영평을 모산에 비견한 것이다.

쓸쓸한 숲의 꽃만 고택에 남았으니 寂寂林花餘古宅

부슬부슬 밤비가 차가운 깃발[221]을 전송하네 濛濛夜雨送寒旗

멀리서도 알겠네 부로가 상여 잡고 가는 길에 遙知父老攀輀處

시냇물 울어 예고 구름이 시름겨운 것 모두 이별을 안타까워하는 마음인 것을 澗咽雲愁渾別情

221 깃발 : 상여에 다는 장식을 의미한다.

친책에 응대하고[222] 물러나와 감회를 서술하다

對親策 退而有述

시서와 예악은 그래도 말할 수 있지만 詩書禮樂猶能說
전곡[223]과 갑병[224]은 어찌 다시 알겠는가 錢穀甲兵那復知
억지로 경륜에 관한 대책 일만 자를 쓰고 强對經綸一萬字
문을 나서며 탄식하니 내가 누구를 속이겠는가 出門歎息吾誰欺

222 친책(親策)에 응대하고 : 대책(對策)을 썼다는 것이다. 친책은 임금이 친히 시험하는 책시(策試)를 이르는 것이며, 이에 대하여 응시자가 작성한 글을 대책(對策)이라고 한다. 책시에서는 보통 경의(經義)나 정사(政事)에 관한 의견을 묻는다.

223 전곡(錢穀) : 돈과 곡식, 곧 재정(財政)을 의미한다.

224 갑병(甲兵) : 갑옷과 병기, 곧 군사(軍事)를 의미한다.

이의숙[225] 천보 의 가릉 산거[226]에 편지삼아 보내다
簡李宜叔 天輔 嘉陵山居

지난날 가릉의 골짜기는	往者嘉陵峽
허둥지둥 전란을 피하였던 곳	蒼茫避甲兵
봄 산은 근심 너머에서 푸르고	春山愁外碧
꽃나무는 눈물 가에서 밝게 빛났지	花木淚邊明
지금도 여전히 소란스러우니	近日猶騷屑
언제야 태평세월을 보게 될까	何年看太平
비록 장저와 걸닉의 뜻[227]에는 부끄러우나	雖慚沮溺意

225 이의숙(李宜叔) : 이천보(李天輔, 1698~1761)를 가리킨다. 조선 후기의 문신으로, 본관은 연안(延安)이며 자는 의숙, 호는 진암(晉庵)이다. 1739년(영조15) 문과에 급제한 후 부제학·대사성·우의정·좌의정·영의정 등 요직을 두루 역임하였다. 이광좌(李光佐)를 탄핵하다 파직된 바 있으며, 천의리편감찬수청 도제조(闡義理編鑑纂修廳都提調)가 되어 신임사화를 둘러싼 노론·소론 간의 시비에서 노론과 영조가 승리하였음을 기록하는 역할을 맡았다. 저서로《진암집》이 남아있으며, 시호는 문간(文簡)이다.

226 가릉 산거(嘉陵山居) : 가릉은 지금의 경기도 가평(加平)의 옛 이름으로, 이천보의 생가와 집안의 선영이 있는 곳이기도 하다. 이천보가 벼슬하기 전에 식구들을 이끌고 가릉의 조종산(朝宗山) 아래에 들어가 살았었는데, 그곳을 말하는 것이다. 황경원(黃景源)의《강한집(江漢集)》권18 〈정경부인 송씨의 묘지명〔貞敬夫人宋氏墓誌銘〕〉에 그 내용이 보인다.

227 장저(長沮)와 걸닉(桀溺)의 뜻 : 초(楚)나라의 은자(隱者)인 장저(長沮)와 걸닉(桀溺)이 함께 밭을 갈고 있을 때 공자(孔子)가 그곳을 지나다가 자로(子路)를 시켜 그들에게 나루를 물어보게 하였다. 장저는 공자가 나루를 알고 있을 것이라 하며 가르쳐

열 이랑의 땅을 함께 갈고 싶네 十畝願同耕

주지 않았고, 걸닉은 천하가 무도한데 누구와 함께 세상을 바꿀 수 있겠냐며 대답하지 않았다. 《論語 微子》 이는 어지러운 세상에 은거하지 않고 도를 행하겠다며 천하를 주유하는 공자를 못마땅하게 여긴 것이다.

서종숙 한소 소숙[228]에게 주다

贈庶從叔漢昭昭叔

소숙(昭叔)이 장차 구성(駒城)[229]에서 며느리를 맞이하려고 하는데 두 집안의 가난이 참으로 진(秦)나라와 진(晉)나라[230]의 부(富)처럼 막상막하였다. 군(君)이 자못 훗날 생활이 가난할까 염려하여 뜻이 즐겁지 않은 것 같기에 내가 우연히 백향산(白香山)의 시어(詩語)[231]를 읊고

228 한소(漢昭) 소숙(昭叔) : 남유용(南有容)의 서종숙 남한소(南漢昭)로, 한소는 이름이고 소숙은 그의 자인 것으로 보인다. 자세한 사항은 알 수 없다.

229 구성(駒城) : 경기도 용인(龍仁)의 옛 이름이다.

230 진(秦)나라와 진(晉)나라 : 중국 춘추 시대에 두 나라가 대대로 혼인을 맺었으므로, 보통 혼인을 맺은 두 집 사이의 두터운 정의(情誼)를 일컫는 말이다. 여기서는 비슷한 처지라는 의미로 쓰인 것으로 보인다.

231 백향산(白香山)의 시어(詩語) : 중국 중당의 시인 백거이(白居易)가 지은 〈아내에게〔贈內〕〉라는 시를 가리킨다. 본 시의 내용과 밀접한 관련이 있으므로, 원문과 내용을 다음과 같이 인용한다. "살아서는 한 방에서 친히 지내고 죽어서는 한 무덤에 묻혀 티끌이 됩시다. 다른 사람들과도 서로 권면하는데 하물며 그대와 나이겠소. 검루는 본래 가난한 선비였으나 아내가 어질어 가난을 잊었고 기결은 한낱 농부였으나 아내는 그를 손님처럼 공경하였소. 도잠은 생계를 꾸리지 않았으나 적씨는 손수 나무 베어 불을 땠고 양홍은 벼슬하지 않았으나 맹광은 무명 치마를 달게 입었소. 그대 비록 글은 읽지 않았으나 이러한 일 들어 알고 있을 것이오. 천년이 지난 오늘날까지 전해지는 사람 누구랍니까. 사람으로 태어나 사는 동안에는 육신의 존재를 잊을 수 없어 입고 먹는 것이 필요하지만 배를 채우고 몸을 따뜻하게 하면 그뿐. 거친 음식으로 허기를 채우면 족하지 어찌 고량진미가 필요하며 무늬 없는 비단이나 솜옷으로 추위를 막으면 족하지 어찌 수놓은 비단이 필요하겠소. 그대 집안에 내려오는 가훈이 청렴결백을 자손에게 물려주는 것이며 우리 집안 또한 정결한 선비라 그대와 결혼하게 된 것이지요.

또 몇 마디 말을 덧붙여서 위로하였다.

검루는 본디 곤궁한 선비이나 黔婁固窮士
아내가 어질어 가난함을 잊었네[232] 妻賢忘其貧
기결은 일개 농사짓는 늙은이였으나 冀缺一田叟
아내가 공경하기를 손님처럼 하였네[233] 妻敬乃如賓

모쪼록 가난과 소박함을 지키어 해로하며 즐겁게 삽시다.〔生爲同室親, 死爲同穴塵. 他人尙想勉, 而況我與君. 黔婁固窮士, 妻賢忘其貧. 沂缺一農夫, 妻敬儼如賓. 陶潛不營生, 翟氏自爨薪. 梁鴻不肯仕, 孟光甘布裙. 君雖不讀書, 此事耳亦聞. 至此千載後, 傳是何如人. 人生未死間, 不能忘其身. 所須者衣食, 不過飽與溫. 蔬食足充饑, 何必膏粱珍. 繒絮足禦寒, 何必錦繡文. 君家有貽訓, 淸白遺子孫. 我亦貞苦士, 與君新結婚. 庶保貧與素, 偕老同欣欣.〕"

232 검루(黔婁)는……잊었네 : 검루는 춘추 시대 노(魯)나라의 고사(高士)이다. 노나라 양공(襄公)이 그의 어짊을 듣고 사신을 보내어 예를 갖추어 정승을 삼으려 하였으나 사양하였고, 제(齊)나라 위왕(威王)도 그를 예로 초빙하여 경(卿)을 삼으려 하였으나 청절(淸節)을 지키면서 벼슬하지 않았다. 평생 아내와 함께 안빈낙도(安貧樂道)하면서 깨끗한 절조를 지켰다. 검루의 아내는 본디 부귀한 집안의 딸이었으나 검루에게 시집간 후 가난을 탓하지 않고 현명하게 생활을 영위하였다고 한다. 중국 전한(前漢)의 학자 유향(劉向)이 지은《열녀전(列女傳)》〈노검루처(魯黔婁妻)〉에 자세한 이야기가 전한다.

233 기결(冀缺)은……하였네 : 기결은 중국 춘추시대 진(晉)나라의 신하 극결(郤缺)을 가리킨다.《춘추좌씨전(春秋左氏傳)》희공(僖公) 33년 조의 기사에, "당초에 구계(臼季)가 사신이 되어 기(冀) 땅을 지나다가 밭에서 김을 매는 기결(冀缺)에게 그 아내가 밥을 내어다가 먹이는데 공경하여 서로 손님 대하듯이 하는 것을 보았다. 그를 데리고 돌아와 문공(文公)에게 말하기를, '공경은 덕이 모여 겉으로 드러난 것이니, 능히 공경한다면 반드시 덕이 있을 것입니다. 덕으로 백성을 다스리는 것이니 군께서는 그를

어떻게 이런 부인을 둘 수 있었나 何能有此婦
덕이 그의 몸에 있어서라네 由德在其身
군이 비록 책은 읽지 않았어도 君雖不讀書
이 일을 귀로는 들었을 것이네 此事耳頗聞

위의 8구는 향산(香山)의 말이다.

폐백을 보낼 때에는 여피[234]면 좋을 것이니 齎幣儷皮好
어찌 반드시 수놓은 비단이어야 하겠는가 何必錦繡文
사위를 대접할 때에는 두어 가지 음식[235]이면 족할 것이니 饗壻二簋足
어찌 반드시 고량진미여야 하겠는가 何必膏粱珍
시속에 얽매이면 예가 도리어 경박해지고 拘俗禮還薄
분수를 따르면 정이 더욱 진실하다네 循分情彌眞
듣자하니 빈한한 집안의 딸이 있어 聞有寒家女
군과 혼인을 맺게 되었다 하네 與君當結姻

등용하소서.'라고 하였다"라는 말이 전한다.

234 여피(儷皮) : 자웅(雌雄) 한 쌍의 사슴 가죽으로, 고대에 혼례(婚禮)의 예물로 사용하였다. 중국 고대의 황제 복희씨(伏羲氏)가 처음으로 시집가고 장가드는 제도를 만들어 여피로 납폐(納幣)의 예를 삼았다고 하며, 《의례(儀禮)》 〈사혼례(士婚禮)〉에 "납징할 때에는 흑색과 홍색의 비단과 여피를 예물로 삼는다.〔納徵, 玄纁束帛、儷皮.〕"라고 하였는데 그 주에 여(儷)는 한 쌍을 의미하고 피(皮)는 사슴 가죽을 의미하므로 여피는 사슴 가죽 두 장을 뜻한다고 하였다.

235 두어 가지 음식 : 원문의 '이궤(二簋)'는 서(黍)와 직(稷)을 담는 두 개의 제기(祭器)를 의미하는데, 전하여 정성을 다하여 공경하는 마음이 극진하면 이궤의 박한 제수일지라도 신(神)에게 제사할 수 있음을 뜻한다. 《주역(周易)》 손괘(損卦)에 "이궤로도 신에게 제사드릴 수 있다."라고 하였다.

유순하고 아름다울 것임은 묻지 않아도 알겠으니　柔嘉不卜知
친척들이 함께 기뻐하는 바라　親戚共所欣
가업을 세우려 노력하며　努力樹家業
뽕을 따고 나뭇짐을 질 것이네[236]　采桑而負薪
군의 액각[237]이 좋은 것을 보니　看君好額角
어찌 고생이 오래 가겠는가　豈復長苦辛

236 뽕을……것이네 : 각각 여자와 남자가 먹고살기 위해 해야 하는 일을 가리킨다.

237 액각(額角) : 이마 양쪽에 머리털이 난 경계가 각을 이룬 부위를 가리키는 말이다.

가을날의 감회
秋懷

짧은 노래 짓기 전에 그득한 술잔 잡으려 하는데 欲把深杯先短歌
벌써 기쁨은 적고 슬픔은 많은 것 근심스럽네 已愁歡少更悲多
오래된 거울 가지고 와서 비추지 말라 莫將舊鏡來相照
양 귀밑머리 듬성듬성 반이나 세려 하네 雙鬢蕭蕭半欲華

두 번째 其二

기공의 상[238]에 슬픈 노래 계속 부른들 무슨 상관이랴
期功何害更悲歌
푸른 나무에 매미가 우니 가을 기운 완연하네 碧樹蟬啼秋氣多
우연히 안방을 지나노라니 사람은 보이지 않고 偶過中堂人不見
고운 먼지에 오래된 능화경[239]이 파묻혔네 軟塵埋沒舊菱華

238 기공(期功)의 상(喪) : 기공은 각각 기년복(期年復)과 대공복(大功服)·소공복(小功服)을 입는 가까운 친척의 상을 뜻한다. 이 시는 1731년(영조7)에 지어졌는데, 남유용(南有容)은 그해 6월에 부인 유씨(兪氏)의 상을 당하였다. 아내의 상에는 기년복을 입는다.

239 오래된 능화경(菱華鏡) : 아내가 생전에 쓰던 능화라는 뜻으로, 능화는 뒷면에 마름꽃〔菱花〕이 새겨져 있는 고대의 청동 거울을 이른다.

구일[240]에 감회를 쓰다

九日書感

오늘은 두 줄기 눈물이요	今辰兩行淚
예년에는 노란 국화주였네	伊昔黃花酒
아내에게 말하면 나오지 않음이 없었으니	謀婦無不應
한 말의 술은 가난해도 항상 있었다네[241]	一斗貧常有
외로운 베갯머리에 가을바람 불어오니	孤枕得秋風
청산에 사별한 지 오래되었네[242]	死別青山久
국화는 부질없이 예전 그대로인데	黃花空故色
쓸쓸하게 텅 빈 들창[243]만 마주하네	寂寂面虛牖

240 구일(九日) : 음력 9월 9일 중구절(重九節)을 가리키며, 중양절(重陽節)이라고도 한다. 중구절에는 국화를 감상하고 높은 곳에 오르며 시주(詩酒)를 즐기는 풍습이 있다.

241 아내에게……있었다네 : 중국 송나라의 문인 소식(蘇軾)의 〈후적벽부(後赤壁賦)〉에 나오는 표현이다. 소식이 "귀한 손이 오셨건만 마실 술이 없구나! 마실 술 있다 해도 안주거리가 없구나! 달은 밝고 바람은 맑은데 이리도 좋은 밤을 어찌할까나!"라고 탄식하자 한 객이 "오늘 어스름 저녁 무렵에 그물을 올려보니 물고기가 잡혔는데 주둥아리는 커다랗고 비늘은 자디잔 것이 그 모습이 송강(松江)의 농어와 꼭 닮았더이다. 그런데 술은 어디서 구한다지요?"라고 하였다. 이에 집으로 돌아와 아내에게 상의하니 아내가 "당신이 불시에 필요할 때를 대비하여 내가 오래 전부터 술 한 말을 숨겨두었지요."라고 하여 술과 물고기를 가지고 다시 적벽 아래로 유람을 나갔다는 말이 보인다.

242 청산(青山)에……오래되었네 : 청산은 무덤을 가리킨다. 이 시는 1731년(영조7) 9월에 지어졌는데, 남유용(南有容)은 그해 6월에 부인 유씨(兪氏)의 상을 당하였다.

243 텅 빈 들창 : 아내가 죽고 없다는 뜻이다.

꿈에 죽은 친구 수보[244]를 만나서 한두 가지 회포를 풀었는데 자못 서두르는 것이 마치 멀리 떠나려는 것 같았다. 잠에서 깬 후에 감회를 써서 유이[245] 원외 대재[246] 우기 에게 부쳤다

夢遇亡友守父 叙一二懷 而頗忽忽如有遠別也 覺而書感 寄兪二員外大哉 宇基

오랫동안 꿈에서 만나 가슴속 회포 풀고자 하였었는데
長期憑夢吐幽襟
만났을 때 깊은 이야기 나누지 못한 것이 괴이하여라
却怪逢時語不深
외기러기 따라온 가을바람 스산하고 來逐斷鴻秋淅淅
기우는 달 가다 멈춘 새벽녘 어둑하네 去留殘月曉沉沉
거문고를 탐에 높은 산 가리키는 것[247] 그만두려 하며

244 수보(守父) : 유수기(兪受基, ?~?)를 가리키며, 수보는 그의 자인 것으로 보인다. 유명홍(兪命弘)의 셋째아들이며, 남유용(南有容)의 처남이다. 자세한 사항은 미상이다.

245 유이(兪二) : '유씨네 둘째'라는 뜻이다.

246 대재(大哉) : 유우기(兪宇基, 1684~?)를 가리킨다. 조선 후기의 문신으로, 본관은 기계(杞溪)이며 자는 대재, 호는 경도암(景陶庵)이다. 유명홍(兪命弘)의 아들이자 유수기(兪受基)의 형이며, 남유용의 처남이다. 판관으로 1739년(영조15) 문과에 급제한 후 헌납·수찬·교리 등을 역임하다 임금에게 올바른 정치를 행하도록 상소를 올리고 사직하였다. 1743년에 영의정 김재로(金在魯)의 요청으로 사헌부 장령에 제수된 후 사간·필선·승지 등을 역임하였다.

247 거문고를……것 : 중국 춘추 시대에 백아(伯牙)가 거문고를 잘 탔는데, 그의 친

援琴欲廢高山指

검을 걸어놓음에[248] 낙일의 마음[249]만 부질없이 남았네

掛劍空餘落日心

호우 땅 유양[250]의 삼백 리 길을　湖右維楊三百里

구 종자기(鍾子期)가 이것을 잘 알아들었다. 백아가 높은 산에 뜻을 두고 거문고를 타면 종자기가 "아! 훌륭하다. 높고 높은 것이 마치 태산과 같구나"라고 하였고, 흐르는 강물에 뜻을 두고 거문고를 타면 종자기가 "아! 훌륭하다. 넘실대는 것이 마치 강하와 같구나."라고 하였다. 종자기가 죽자 백아는 거문고 줄을 끊어버리고 다시는 타지 않았다고 한다. 《列子 湯問》 여기서 말하지 않아도 마음이 통하는 벗을 가리키는 지음(知音)이라는 말이 나왔다.

248 검(劍)을 걸어놓음에 : 중국 춘추 시대 오(吳)나라의 계찰(季札)과 관련된 고사에서 나온 말이다. 계찰이 노(魯)나라에 사신으로 가면서 서(徐)나라에 들렀는데, 서군(徐君)이 계찰의 보검을 가지고 싶어하였으나 차마 입 밖으로 꺼내지 못하였다. 계찰은 이를 눈치챘지만 사신 가는 길이어서 주지 못하고 돌아오는 길에 주려고 하였다. 일을 마치고 돌아와 보니 서군이 초(楚)나라에 가서 죽었으므로 칼을 풀어서 그의 아들에게 주었다. 시종이 만류하며 "그 칼은 오나라의 보배입니다."라고 하니 계찰이 "그 사람이 죽었다고 하여 내가 먹은 마음을 바꾸면 자신을 속이는 것이고, 칼이 아까워서 허위의 마음을 가지는 짓은 청렴한 사람이 하지 않는다."라고 하였다. 그러나 서군의 아들이 "저의 선군(先君)께서 아무런 말씀이 없으셨으므로 감히 받을 수 없습니다."라고 하자, 계찰이 보검을 서군의 무덤에 있는 나무에 걸어 놓고 떠났다. 이에 서 땅의 사람들이 노래하기를 "연릉계자(延陵季子)여! 옛날을 잊지 않았으니, 천금의 칼을 풀어서 묘소에 걸어 놓았도다."라고 하였다. 《資治通鑑 卷7 外記》

249 낙일(落日)의 마음 : '낙일'은 '낙월(落月)'의 잘못인 것으로 보인다. 중국 당나라의 시인 두보(杜甫)가 지은 〈꿈에 이백을 보았다〔夢李白〕〉에, "친구가 나의 꿈속에 나타났으니 우리가 오래 그리워하였기 때문이리라.……지는 달이 들보에 가득하니, 그대 얼굴 비치는가 의심하였네.〔故人入我夢, 明我長相憶.……落月滿屋梁, 猶疑照顏色.〕"라는 구절이 나오는데, 꿈에 친구를 보고 절절하게 그리워하는 마음을 담은 구절로 유명하다.

알지 못하겠네 몇 번이나 찾아갈 수 있으려나　　不知能有幾回尋

250 유양(維楊) : 경기도 양주(楊州)를 지칭하는 것으로, 유수기의 무덤이 있는 곳인 듯하다.

이장[251] 화신 에 대한 만사

李丈 華臣 輓

오늘날 예스러운 풍모 공과 같은 이 드무니　今人古貌似公稀
육십삼 년간 한결같이 포의[252]였다네　六十三年一布衣
재주는 크나 세상에 그 크기[253]를 아는 이 없었으며　材大世無知瓠落
천성이 차가워 하늘이 향기를 허여하지 않았네　性寒天不與芳菲
시서의 맛 실컷 보았으니 가난이 어찌 병통이랴　詩書味足貧何病
조화를 깊이 꿰뚫었으니 죽음은 곧 돌아가는 것이라네　造化觀深死是歸
동쪽 골짝 옛집은 붉은 명정 너머로　東峽故居丹旐外
물소리와 산 빛깔 모두 예와 같구려　水聲山色共依依

251 이장(李丈) : 이화신(李華臣, ?~?)을 가리킨다. 이영보(李英輔, 1687~1747)·이문보(李文輔, 1698~1726) 형제의 아버지로, 자세한 사항은 알 수 없다.

252 포의(布衣) : 평생 벼슬을 하지 않고 지냈다는 말이다.

253 크기 : 원문의 '瓠落'은 크기는 하나 쓸모가 없음을 의미한다. 《장자(莊子)》 〈소요유(逍遙遊)〉에서 나온 말로, 장자의 친구 혜자(惠子)가 일찍이 장자에게, "위왕이 나에게 큰 박〔瓠〕의 씨 하나를 보내주어서 내가 이것을 심었더니 닷 섬들이 박이 열렸네. 그 속에다 마실 것을 채워 놓으니 무거워서 들 수가 없고, 두 쪽으로 쪼개어 바가지를 만들었으나 너무 커서〔瓠落〕 쓸 수가 없었네. 속이 텅 비고 크기는 하나 나는 아무 쓸데가 없어 부수어 버렸네."라고 하였다.

만추에 정원의 국화가 처음 피자 아버님께서 〈감회〉라는 시를 보여주셨는데 "작년 중구일엔 고향에 누워있었으니 어여쁜 며느리가 맞이하며 술을 내왔네 가을이 왔으나 금년엔 사람은 보이지 않고[254] 국화꽃만 부질없이 예전처럼 향기롭구나"라고 하시기에 받들어 화답하였다

晩秋庭菊始開 家大人有感懷詩下示曰 去年重九臥吾鄕 佳婦相迎進酒觴 秋到今年人不見 黃花空似舊時香 奉和

타향에서 너를 대하니 마치 고향과 같아	他鄕對汝似吾鄕
한 번 시름 쏟아내니 백 잔 술과 맞먹네	一瀉窮愁當百觴
평생에 가장 마음에 맞는 벗 있으니	生平最有心期好
구구하게 빛깔과 향기 때문은 아니라네[255]	不是區區爲色香

두 번째 其二

병든 가죽나무는 무하향에서 늙을 수 있으니[256]	病樗得老無何鄕

254 가을이……않고 : 이 시를 지은 1731년(영조7) 6월에 남한기(南漢紀)의 며느리이자 남유용(南有容)의 처인 유씨(兪氏)가 세상을 떠난 것을 말한다.

255 구구하게……아니라네 : 국화를 좋아하는 이유는 빛깔과 향기 같은 국화의 아름다움 때문이 아니라, 늦가을 서리 속에서도 의연히 피어있는 모습이 지사(志士)의 굳센 절개와 유사하기 때문임을 말한 것이다.

256 병든……있으니 : 《장자(莊子)》 〈소요유(逍遙遊)〉에서 나온 말이다. 혜자(惠子)가 장자에게 "내게 큰 나무가 있는데, 사람들은 이것을 가죽나무라고 합니다. 줄기는 울퉁불퉁하여 먹줄을 칠 수가 없고, 가지는 비비 꼬여서 자를 댈 수가 없습니다. 길에서 있지만 목수가 거들떠보지도 않습니다."라고 하였다. 그러자 장자가 "이제 그대에게

《남화경》[257]을 한 번 읽고 술 한 잔을 마시네　　一讀南華一進觴
연명이 꼭 도리에 통달한 것은 아니니[258]　　未必淵明能達道
노란 국화는 그저 늦가을에 향기롭다네　　黃花只是九秋香

큰 나무가 있는데 아무 쓸모가 없음이 걱정된다면, 어찌 그것을 무하유지향(無何有之鄕), 즉 아무것도 없는 마을이나 광막한 들판에 심어 놓고 그 옆에서 자유롭게 거닐면서 아무 일도 하지 않고 그 아래에서 유유자적하면서 낮잠이라도 자지 않습니까. 도끼에 찍혀 일찍 수명을 다할 염려도 없고 아무도 해칠 자가 없을 것이니, 세속적인 쓸모가 없긴 하지만 괴롭게 여길 것이 무엇이겠습니까."라고 대답하였다.

257 《남화경(南華經)》: 《장자(莊子)》의 다른 이름이다.

258 연명(淵明)이……아니니 : 중국 당나라의 시인 두보(杜甫)의 〈견흥(遣興)〉 제3수에서 나온 말이다. 시의 원문과 내용은 다음과 같다. "도잠은 그저 세속을 피한 늙은이일 뿐, 꼭 도리에 통달한 것은 아니라네. 그가 지은 시집을 보면, 또한 꽤나 곤궁함을 한탄했다네. 생사에 통달함이 어찌 족하였으랴, 묵묵히 도를 기억함도 이르지 않았으리. 자식이 어질든 어리석든, 어찌 그리 마음속에 두었단 말인가.〔陶潛避俗翁, 未必能達道. 觀其著詩集, 頗亦恨枯槁. 達生豈是足, 默識蓋不早. 有子賢與愚, 何其掛懷抱.〕"

김유문[259]의 시에 화답하며 도선생[260]의 시집을 읽을 것을 권하였다

和金孺文韻 勸讀陶先生詩集

선현에게 예스런 풍모 있으니	前脩有古風
도문이 오솔길로 통하였다네[261]	陶門洞磎逕
말을 따름은 평소의 심지에 보이고	循言見情素
도를 행함은 한가롭고 조용함[262]에 있었네	履道在閒靖
근심과 기쁨을 만나는 대로 그려내고	憂欣寫所遇
갖옷과 베옷을 날씨에 따라 입었네	裘絺逐溫冷
나는 파도를 건너고자 하여도	我願涉其波

259 김유문(金孺文) : 김순택(金純澤, 1714~?)을 가리킨다. 조선 후기의 문신으로, 본관은 광산(光山)이며 유문은 그의 자이다. 초명은 은택(殷澤)이며, 1744년(영조20) 식년시에서 진사에 1등 4위로 합격하였다. 그 외 자세한 사항은 알 수 없다.

260 도선생(陶先生) : 중국 동진(東晋)의 시인 도잠(陶潛)을 가리킨다.

261 도문(陶門)이 오솔길로 통하였다네 : 도잠이 팽택(彭澤) 수령의 자리를 버리고 고향으로 돌아가면서 지은 〈귀거래사(歸去來辭)〉에 나오는 표현으로, 해당 부분을 인용하면 다음과 같다. "저만치 내 집 지붕과 처마가 보이자 기쁜 마음에 뛰어가네. 어린 하인들 반가이 맞이하고 자식들은 문 앞에서 기다리고 있네. 뜰 안 세 갈래 오솔길엔 잡초가 무성하나 소나무와 국화는 아직도 남아있네.〔乃瞻衡宇, 載欣載奔. 僮僕歡迎, 稚子候門. 三徑就荒, 松菊猶存.〕 '도문'은 도선생의 학문, '오솔길'은 학문의 길이라는 의미로 쓰이기도 한다.

262 한가롭고 조용함 : 도잠이 스스로 '오류선생'이라 자호하고 자신의 이야기를 쓴 〈오류선생전(五柳先生傳)〉에서 나온 말로, "오류선생은 한가롭고 조용하여 말이 적었고, 영화와 이익을 좋아하지 않았다.〔閑靖少言, 不慕榮利.〕"라고 하였다.

물이 얕아 촉 땅의 거룻배도 들러붙네[263] 淺流膠蜀艇
바라건대 자네는 참맛을 음미하며 將子味其眞
노력하여 아침저녁으로 궁구하게나 努力窮晨瞑
나를 알아주는 이 드물다고 말하지 말고 知音莫言鮮
삼태기를 메고 새벽 경쇠 소리를 듣게나[264] 荷蕢曉聽磬
이것을 가지고 돌아가는 그대를 보내노니 持玆送子歸
어진 이는 증언한다는 말[265]에 참으로 부끄럽네 實慚仁者贈

263 물이……들러붙네 : 중국 전한(前漢)의 회남왕(淮南王) 유안(劉安) 등이 지은 《회남자(淮南子)》 〈숙진훈(俶眞訓)〉에서 나온 말로, "월(越)나라의 배나 촉(蜀) 땅의 거룻배도 물이 없으면 능히 띄우지 못한다."라고 하였다.

264 삼태기를……듣게나 : 《논어》 〈헌문(憲問)〉에 나오는 말이다. 공자가 위나라에서 경쇠를 두들기고 있었는데, 삼태기를 메고 문 앞을 지나가는 자가 듣고서, "마음이 천하에 있구나. 경쇠를 두들김이여!"라 하고 또 "비루하구나. 자신을 알아주지 못하면 그만두어야 할 것이니, 물이 깊으면 옷을 벗고 건너고 얕으면 옷을 걷고 건너야 하는 것이다."라고 하였다. 이에 공자가 "과감하구나! 어려울 것이 없겠구나!"라고 탄식하였다.

265 어진……말 : 노자(老子)가 하였다는 말이다. 《녹주초집(鹿洲初集)》 권17에 이르기를, 노자가 "어진 자는 사람에게 좋은 말을 해 준다.〔仁者贈人以言.〕"라는 말을 하였다고 한다. 또 《사기(史記)》 권47 〈공자세가(孔子世家)〉에, "노자가 전송하면서 말하기를, '부귀한 자는 사람을 보낼 때 재물을 주고, 어진 사람은 사람을 보낼 때 말을 해 준다고 들었네.〔吾聞富貴者送人以財, 仁人者送人以言.〕'라고 하였다."라는 말이 보인다.

오늘 새벽에 비가 조금 내리자 공필이 황학령과 백학령[266] 두 종류를 연초재[267]의 섬돌 앞에 옮겨놓았기에 기뻐서 시를 짓고 화답하게 하였다

今晨小雨 公弼移黃白二鶴翎于燕超堦前 喜賦令和

서리 앞에 금빛 꽃잎[268] 차갑고　　霜前金蕚冷
빗속에 백설 꽃봉오리[269] 고개 숙였네　　雨裏雪葩低
돌멩이를 쌓아 새로 섬돌 만들고　　疊石排新砌
원래 진흙 달린 채로 뿌리를 옮겼네　　移根帶故泥
혜초와 난초를 나란히 심기[270] 어렵고　　蕙蘭難並畒

266 황학령(黃鶴翎)과 백학령(白鶴翎) : 국화의 품종을 이르는 것으로 보인다. 조선 후기의 유학자인 기정진(奇正鎭)의 시 제목에, 〈근래에 서울에서 화분에다가 국화를 심는 일이 매우 성행하였다. 노란 것을 황학령이라 하고 하얀 것을 백학령이라 하였는데, 더욱 인기가 높았다. 작년 겨울에 당숙께서 남쪽으로 돌아오실 때 각각 두어 마디 정도 자란 뿌리를 가져오셨으므로 한 화분에 심어놓고 물을 주었더니 금년 가을에 꽃을 보게 되었다.〔近時洛中, 花盆種菊甚盛. 有黃者曰黃鶴翎, 白者曰白鶴翎, 尤擅名勝. 昨年冬, 堂叔南歸, 移根各數寸許, 同盆澆灌, 今秋見花.〕〉라는 것이 있다.

267 연초재(燕超齋) : 남유용 집안의 서재 이름인 것으로 보이니, 《뇌연집(雷淵集)》에 '연초재'·'연초헌(燕超軒)'이라는 표현이 몇 군데 보인다.

268 금빛 꽃잎 : 황학령, 즉 노란 국화의 꽃잎을 가리킨다.

269 백설 꽃봉오리 : 백학령, 즉 하얀 국화의 꽃봉오리를 가리킨다.

270 혜초와……심기 : 중국 초(楚)나라의 굴원(屈原)이 정적(政敵)의 모략으로 조정에서 축출된 후 《이소(離騷)》를 지어 자신의 심회를 읊은 데서 유래한 표현이다. "내가 이미 구완의 땅에 난초를 키우고, 다시 백 묘의 땅에 혜초를 심었노라.〔余旣滋蘭之九畹兮, 又樹蕙之百畝.〕"라고 하며, 자신의 고결한 절조를 고수할 것임을 표현하였다.

복숭아나무와 오얏나무 아래 저절로 길이 생김[271]에 부끄럽네 桃李耻成蹊

연명의 뜻[272]을 이해하고파 欲辨淵明意

나직이 읊조리며 해질 녘에 앉았네 幽吟坐日西

271 복숭아나무와……생김 : 옛말에 "복숭아나무와 오얏나무는 말이 없어도 그 아래에 저절로 길이 생긴다.〔桃李不言, 下自成蹊.〕"라고 하였는데, 이는 덕행이 있는 사람은 아무 말이 없어도 남들이 저절로 심복하여 따르는 것을 비유한다.《史記 卷109 李將軍列傳》

272 연명(淵明)의 뜻 : 도연명은 국화를 매우 사랑하기로 유명하였다.

한 위공[273]의 "莫羞老圃秋容淡 要看寒花晩節香〔오래된 밭 가을 모습 담담함을 부끄러워 말고 국화꽃 늦가을 향기를 보라〕"[274]을 운으로 삼아 국화를 읊었다

用韓魏公莫羞老圃秋容淡要看寒花晩節香爲韻 賦菊

봄 나무와 함께 무성하지 않고	不與春木榮
기꺼이 가을 잎을 따라 떨어지네	肯隨秋葉落
얽매임을 버리고 근심을 덜어내고서	去累復除憂
대막의 나라에서 노니는 것이 어떠한가	何如遊大莫

《장자(莊子)》에, "임금의 얽매임을 풀어버리고 임금의 근심을 제거하여 도(道)와 함께 대막(大莫)의 나라에서 노닌다."[275]라고 하였다.

273 한 위공(韓魏公) : 중국 북송의 명재상 한기(韓琦)를 가리킨다.

274 莫羞老圃秋容淡 要看寒花晩節香 : 한기가 북문(北門)에 있을 때 중양절에 요좌(僚佐)들을 모아놓고 술자리를 벌이다가 시 한 연(聯)을 읊었는데, 그 시가 바로 이것이다. 이 시를 듣고 식자(識者)들이 한기의 만년의 절개가 높을 것임을 알았다고 한다. 《古今事文類聚 續集 卷29 晩節自況》 '莫羞'가 어떤 곳에는 '不羞'로 되어 있고, '寒花'는 '黃花'로, '要看'은 '且看'으로 되어 있기도 하다. 한기가 지은 〈구일수각(九日水閣)〉에도 3·4구에 거의 같은 구절이 들어있는데, '莫羞'가 '雖慚'으로 되어있다. 시의 전문은 다음과 같다. "池館隳摧古榭荒, 此延嘉客會重陽. 雖慚老圃秋容淡, 且看黃花晩節香. 酒味已醇新過熟, 蟹螯先實不須霜. 年來飮興衰難强, 漫有高吟力尙狂."

275 임금의……노닌다 : 《장자(莊子)》〈산목(山木)〉 제2장에서 나온 말이다. 저잣거리 남쪽에 사는 의료(宜僚)라는 자가 노(魯)나라의 임금을 만났는데 노나라의 임금이 말하기를, "나는 잠시도 선왕의 도를 떠나서 안일하게 거처함이 없는데도 걱정에서 벗어나지 못하고 있으니, 이것이 근심이다."라고 하였다. 이에 의료가 말하기를, "임금께서 걱정을 없애는 방법이 천박합니다. 저는 임금께서 형태를 베어버리고 가죽을 제거

두 번째 其二

담박함으로 뭇 화려함 쓸어버리고 澹泊掃群艶
등주 국화 한 뿌리가 피었네 孤根發鄧州
원컨대 등주의 수령이 되어서 願作鄧州守
가장으로 부끄러움 입는 일 면하였으면[276] 免被阿郎羞

《국보(菊譜)》[277]에 '등주백(鄧州白)'[278]과 '등주황(鄧州黃)'[279]이란 것이 있는데, 대개 국화 중에 가장 귀한 것이다.

하며, 마음을 씻고 욕심을 버리고, 아무도 없는 들에서 자유롭게 노니시기를 바랍니다. 남월(南越)에 어떤 고을이 있는데 이름을 '건덕지국(建德之國)', 즉 '덕을 확립한 사람들의 나라'라고 합니다. 그 백성들은 우직하고 소박하여 사사로운 욕심을 적게 하고 욕심을 줄여서 묵묵히 일할 줄만 알고 저장할 줄 모르며, 남에게 주기만 하고 그 보답을 바라지 아니하며 도리에 꼭 맞출 줄 모르며 예(禮)를 받들 줄도 모르고 미친 듯 제멋대로 행동하는데도 대도(大道)를 벗어나지 아니하여 살아서는 즐길 만하고 죽어서는 장례 지낼 만하니 저는 임금께서 나라를 떠나 세속을 버리시고 도(道)와 더불어 서로 도우면서 사시기를 바랍니다. 저는 임금께서 얽매임을 풀어버리고 근심을 제거하여 홀로 도와 함께 아득한 대막의 나라[大莫之國]에서 노니시기를 바랍니다."라고 한 데서 나온 말이다.

276 원컨대……면하였으면 : 남유용(南有容)은 이 시를 짓기 전 해인 1729년(영조5)에 용인(龍仁) 금량촌(金梁村)으로 들어가 살았으며, 당시 벼슬을 하지 않고 있었다.

277 《국보(菊譜)》 : 중국 송나라 때의 양 양국대가(養菊大家)인 범성대(范成大)의 《범촌국보(范村菊譜)》와 유몽(劉蒙)의 《유씨국보(劉氏菊譜)》가 있는데, 여기서는 후자를 가리킨다.

278 등주백(鄧州白) : 국화의 품종인 것으로 보이며, 《유씨국보》 제23권에 자세한 설명이 보인다.

279 등주황(鄧州黃) : 국화의 품종인 것으로 보이며, 《유씨국보》 제17권에 자세한 설명이 보인다.

세 번째 其三

동쪽 울타리 따라가다 앉았다 하니 行坐遶東籬
물어보기를 무엇이 그리 좋냐고 하네 借問有何好
대답하고자 하나 나는 말을 잊었으니 欲答我忘言
장차 도씨 노인에게 가서 물어보게나[280] 且去問陶老

네 번째 其四

한 번 추워지자 비로소 한 송이 피니 一寒始一開
된서리가 바로 단비로구나 嚴霜以甘雨
동자가 비록 철석 간장이나 董子雖鐵腸
이것이 있었다면 정원을 돌아보았으리라[281] 有此則窺圃

280 동쪽……물어보게나 : 도잠(陶潛)이 지은 〈음주(飮酒)〉 가운데 제5수의 내용을 가지고 읊은 것이다. 시의 원문과 내용은 다음과 같다. "마을에 오두막을 짓고 살아도 거마의 시끄러운 소리 하나 없구나. 그대에게 묻노니 어찌하면 그럴 수 있는가. 마음이 멀어지니 사는 곳 절로 외지다오. 동쪽 울타리 아래서 국화를 따다 유연히 남산을 바라보네. 산의 모습은 석양 속에 아름답고 새들도 함께 둥지로 돌아가네. 이 속에 진정한 의미 담겨있으니 설명하려다 이미 말을 잊었네.〔結廬在人境, 而無車馬喧. 問君何能爾? 心遠地自偏. 採菊東籬下, 悠然見南山. 山氣日夕佳, 飛鳥相與還. 此中有眞意, 欲辨已忘言.〕"

281 동자(董子)가……돌아보았으리라 : 동자는 중국 전한(前漢)의 유학자 동중서(董仲舒, 기원전170?~기원전120?)를 가리킨다. 무제(武帝)에게 현량대책(賢良對策)을 올려 백가(百家)를 몰아내고 유술(儒術)을 존숭할 것을 주장하였는데, 이를 무제가 받아들여 이후 2천 년 동안 유학이 정통 학술로 자리 잡는 계기를 만들었다. 한때 강도상(江都相)·교서왕상(膠西王相) 등을 지냈으나 사직하고 연구와 저술에만 힘썼는데, 항상 장막을 치고 가르쳤기 때문에 그의 얼굴을 모르는 제자도 있었다고 한다. 《사기(史記)》 121권 〈유림열전(儒林列傳)〉에, "동중서는 3년 동안 자기 집의 정원을

다섯 번째 其五

두어 이랑 밭에서 나는 맑은 향기가 　清芬只數畝
벌써 깊숙한 정원을 가득 채웠네 　已占一園幽
푸른 단풍 갑자기 색이 변하더니 　青楓忽變色
당돌하게 가을을 다투려 하네 　唐突欲爭秋

여섯 번째 其六

참으로 고아한데 어찌 개결함에 가깝겠는가 　眞高寧近介
깨끗하기 그지없으니 농염할 필요 없다네 　儘皎不須濃
이미 송죽 같은 천성 지녔으니 　已有松筠性
도리화의 모습 짓기 어렵네 　難爲桃李容

일곱 번째 其七

평생토록 내 그와 함께 　百年吾與渠
사해 안에서 흉금을 함께 하리 　四海一肝膽
서로 주고받은 것 다만 두어 잔의 술이니 　相酬只數杯
우리 우정 이처럼 담박하구나 　交情如許淡

여덟 번째 其八

세상 사람들 맛을 구별하지 못하여 　世人不別味
많이들 함소 배를 쪄먹는다네 　大都蒸含消
누가 능히 무미를 음미할 수 있을까 　誰能味無味

돌보지 않았으니, 그가 학문에 정진한 것이 이와 같았다."라는 말이 전한다.

영균이 바로 오래된 친구라네[282] 靈均是舊要

환충(桓沖)[283]은 마음에 들지 않는 사람이 있으면 꾸짖어 말하기를, "애씨네 배〔哀家梨〕가 생기면 삶아먹을 놈"[284]이라고 하였다. '함소(含消)'[285]는 애

282 영균(靈均)이……친구라네 : 영균은 중국 초(楚)나라의 정치가이자 시인인 굴원(屈原)의 자로, 그의 자전적인 이야기를 쓴 장편시 〈이소(離騷)〉에 다음과 같은 말이 나온다. "선친께서 나의 초도를 헤아려보시고 비로소 내게 아름다운 이름을 주셨으니, 이름을 정칙이라 하고 자를 영균이라 하셨도다.……아침에는 목란에 구르는 이슬을 마시고 저녁에는 떨어지는 국화 꽃잎을 먹네. 진실로 내 마음 미쁘고 정결하다면 오래 굶주린들 또한 무엇이 나쁘겠는가.〔皇覽揆余初度兮, 肇錫余以嘉名. 名余曰正則兮, 字余曰靈均.……朝飮木蘭之墜露兮, 夕餐秋菊之落英. 苟余情其信姱以練要兮, 長顑頷亦何傷?〕

283 환충(桓沖) : 중국 동진(東晋)의 무장으로, 장수 환이(桓彜)의 다섯째 아들이며 환온(桓溫)의 동생이다. 그런데 남유용(南有容)은 환온을 환충으로 착각한 것으로 보이니, 자세한 내용은 아래의 주를 참조.

284 애씨네……놈 : '애씨네 배'는 '애씨(哀氏) 집안에 열리는 배'라는 말이다. 중국 한나라 때 말릉(秣陵)에 있던 애중(哀仲)의 집에 배나무가 있었는데, 그 열매가 크고 맛이 좋아서 당시 사람들이 '애가리(哀家梨)'라고 칭했다는 말이 《세설신어(世說新語)》〈경저(輕詆)〉의 주(註)에 나온다. 이 글에 따르면, 동진(東晋) 때 대사마(大司馬)를 지낸 환온(桓溫)은 사람들에게 화가 나면 "애씨네 배가 생기면 삶아 먹을 놈〔君得哀家梨, 當複不蒸食不.〕"이라고 욕을 퍼부었다고 한다. 당시 애중(哀仲)의 집에서 나는 배는 유난히 크고 맛이 좋기로 유명하였는데, 당시 돈 많은 사람들은 재력을 과시하여 귀한 배를 구해서는 맛있게 먹는 방법을 궁리한 끝에 삶아 먹기도 하였다고 한다. 여기서 맛을 알지 못하는 사람을 풍자하는 '애리증식(哀梨蒸食)'이라는 말이 나왔는데, 전하여 좋고 나쁨을 가리지 못하는 어리석은 사람이나 행태를 비유하게 되었다.

285 함소(含消) : 함소리(含消梨)를 말하는 것으로, 배의 일종이다. 중국 북위(北魏)의 신하 양현지(楊衒之)가 저술한 《낙양가람기(洛陽伽藍記)》에 의하면, 보덕사(報德寺) 주위에 과수원이 있어 진기한 과일이 많이 나오는데 그중 대곡(大谷)의 함소리는 무게가 10근이나 되고 땅에 떨어지기만 하면 전부 물이 되어 버린다고 하였다. 달고 물이 많은 배를 의미한다.

씨네 배의 이름이다.

아홉 번째 其九

이슬 맺히니 하얀 학창의[286] 무겁고　露裛雪氅重

바람 일렁이니 황금 엽전[287] 흩어지네　風簸金錢散

어찌 같겠는가 왕담이 《역》을　爭似王湛易

근심에 싸일 때마다 한 번씩 본 것과　牢騷時一看

왕담(王湛)[288]이 책상머리에 항상 《역(易)》 한 부(部)를 두고 말하기를, "근심에 심하게 싸일 때마다 다시 한 번씩 본다."라고 하였다.

열 번째 其十

군자가 몸에 지니기에 마땅하니　君子佩服宜

채초 난초[289]와 함께 엮어서 차네　紉之兼茝蘭

286 하얀 학창의(鶴氅衣) : 원문의 '설창의(雪氅衣)'는 신선이 입는다는 새하얀 학창의로, 여기서는 하얀 국화 꽃잎을 가리킨다.

287 황금 엽전 : 금전(金錢)처럼 생긴 노란 국화 꽃잎을 가리킨다.

288 왕담(王湛) : 249~295. 중국 서진(西晉) 사람으로, 자는 처충(處沖)이다. 서진의 장수이자 대신인 왕혼(王渾)의 동생으로, 일찍이 식견과 도량을 지녔으나 말수가 적어 사람들이 모자란 것으로 의심하였다. 그의 조카 왕제(王濟)가 그의 책상 위에 《주역(周易)》이 있는 것을 보고 그 내용에 대해 물으니, 오묘한 이치를 정밀하고 예리하게 분석하였다. 이에 왕제가 "집안에 명사가 계신데 30년 동안 알지 못하였구나."라고 탄복했다고 한다. 태자세마와 상서랑·여남내사(汝南內史) 등을 역임하고, 관내후(關內侯)에 봉해졌다.

289 채초(茝草) 난초(蘭草) : 모두 향기로운 풀의 이름으로, 군자의 충성스러운 절개와 고고한 의취를 상징한다.

어느 곳에선들 향기가 없으리오　何所無馨香

내 이것으로 세한의 절개[290]를 보전하리　吾以保歲寒

소영사(蕭穎士)[291]의 〈국영편(菊榮篇)〉에, "화락한 군자가 몸에 지니기에 마땅하도다.〔豈弟君子, 佩服攸宜.〕"[292]라고 하였다.

열한 번째 其十一

노란 치마 빛깔 이미 정색이며[293]　坤裳色已正

290 세한(歲寒)의 절개 : 《논어》 〈자한(子罕)〉에서, 공자(孔子)가 "날씨가 추워진 뒤에야 소나무 잣나무가 늦게 시드는 것을 알게 된다.〔歲寒然後, 知松柏之後凋也.〕"라고 한 데서 나온 말이다. '세한(歲寒)'은 어지러운 세상을 비유하고 '송백(松柏)'은 절개를 잃지 않은 군자를 비유한 것으로, 어지러운 세상에도 절개를 잃지 않겠다는 다짐을 말한 것이다.

291 소영사(蕭穎士) : 717~768. 중국 당나라의 문인·명사로, 자는 무정(茂挺)이다. 4살에 글을 짓고 10살에 태학생이 되었으며, 19살에 진사에 장원으로 합격하였다. 서예와 옛날 주문(籒文)에 조예가 깊고 시를 잘 지었으며, 비서정자(秘書正字)를 지냈다. 집안에 장서(藏書)가 많고 그 집안의 노비들도 모두 문자를 알고 시에 능하였다고 한다. 문인들이 문원 선생(文元先生)이라 불렀으며, 저서로 《소무정문집》등이 남아있다.

292 화락한……마땅하도다 : 소영사의 〈국영편(菊榮篇)〉 5수 가운데 제1수에 나오는 구절이다. 원문과 내용은 다음과 같다. "국화를 캐고 또 캐니 그 꽃이 향기롭구나. 붉고 노란 꽃잎이 대궐의 붉은 뜰에 밝게 빛나네. 화락한 군자여, 몸에 참이 마땅하도다. 왕국을 유지하고 대군을 도와 너의 자손들에게까지 온갖 복록이 모이리라.〔采采者菊, 芬其榮斯. 紫英黃萼, 照灼丹墀. 愷悌君子, 佩服攸宜. 王國是維, 大君是毗. 貽爾子孫, 百祿萃之.〕"

293 노란……정색이며 : 정색(正色)은 청(靑)·적(赤)·황(黃)·백(白)·흑(黑)의 오색(五色)을 가리킨다. 이는 각각 오행(五行)의 목(木)·화(火)·토(土)·금(金)·수(水)에 해당하며, 또 오방(五方)의 동(東)·남(南)·중앙(中央)·서(西)·북(北)에 해당한다. 황색은 중앙에 위치한 땅을 상징하는 것으로 가장 존귀하게 인식되었기 때문에 황제와 황비 등 궁중의 일용복식(日用服飾)에 사용하였으며, 이 시에서는

국의라는 이름 또한 아름답네 鞠衣名亦嘉
옛사람이 잘못 품평하여 古人枉題品
왕을 참칭한 요망한 황화라고 하였네 僭王妖黃花

소동파(蘇東坡)의 시에 "노란 치마는 본래 정색이며, 국의라는 이름 또한 아름답도다.〔坤裳本正色, 鞠衣亦令名.〕"[294]라고 하였는데, 국의는 《주관(周官)》에 후비(后妃)의 옷이라고 하였다.[295]

국화가 곤상(坤裳), 즉 땅의 색인 노란색 꽃잎을 띠고 있는 것을 이에 비유한 것이다.

294 노란……아름답도다 : 중국 북송의 문인 소식(蘇軾)의 시 가운데 〈주손지에게 주다 병인〔贈朱遜之 並引〕〉에서 나온 구절로, 원시에는 '坤裳本正色'이 아닌 '坤裳有正色'이라고 되어있다. 원문과 내용은 다음과 같다. "원우 6년 9월에 주손지와 영 땅에서 만나 모임을 가졌다. 혹자가 말하기를, '낙양 사람들은 꽃 접붙이기를 잘하여 해마다 새로운 가지가 나오는데 그 중에서도 국화의 종류가 가장 많다.'라고 하자 주손지가 말하기를, '국화는 마땅히 황국을 정통으로 삼아야하니, 나머지는 모두 비루한 것들이다.'라고 하였다. 옛날에 숙향이 종멸의 말 한 마디를 듣고 그 사람됨이 어진 것을 알아보았다고 하는데, 내가 손지에게 또한 다음과 같이 이른다.〔元祐六年九月, 與朱遜之會議於潁. 或言: 洛人善接花, 歲出新枝, 而菊品尤多. 遜之曰: 菊當以黃爲正, 餘可鄙也. 昔叔向聞鬷蔑一言, 知其爲人, 予於遜之亦云.〕 노란 국화가 가을을 기다려 핀 것은 그 옛날 《하소정》에서부터 보이네. 노란 치마는 정색이며 국의라는 이름 또한 아름답도다. 한번 인간을 따라 인위가 승하더니 마침내 하늘과 힘껏 다투네. 본성을 바꾸어 제 족속이 아닌 데 깃들며 안색을 바꾸고 명령한 바를 따르네. 새롭고 기이한 것 이미 팔기 쉬우니 순수하고 잡박한 것 서로 겨룸이 마땅하네. 악을 미워함은 백후에 필적하고 진면목 알아봄은 연명과 같네. 그대의 말은 내가 인정하는 바이니 세상에 누가 달리 논평하랴. 원컨대 그대 서릿바람이 되어 붉은 국화를 다 쓸어버렸으면.〔黃花候秋節, 遠自夏小正. 坤裳有正色, 鞠衣亦令名. 一從人僞勝, 遂與天力爭. 易性寓非族, 改顏隨所令. 新奇旣易售, 粹駁宜相傾. 疾惡逢伯厚, 識眞似淵明. 君言我所印, 世論誰改評. 願君爲霜風, 一掃紫與頳.〕"

295 국의(鞠衣)는……하였다 : 《주례(周禮)》 〈천관(天官) 내사복(內司服)〉에, "(내사복은) 왕후의 육복인 휘의(褘衣)·요적(揄狄)·궐적(闕狄)·국의(鞠衣)·전의(展衣)·단의(緣衣)를 관장한다.〔掌王后之六服褘衣、揄狄、闕狄、鞠衣、展衣、緣衣.〕"라

열두 번째 其十二

선생께서 문을 닫고 누우시니	先生臥閉門
마음에 맞는 것 멀리 있지 않다네	會心不在遠
한 번 웃고 문득 서로 따르니	一笑便相從
늦게야 사귀게 된 것 자못 한스럽구나	結交頗恨晩

열세 번째 其十三

잎이 크기로는 연꽃만 못하나	葉大不及蓮
연잎은 깨끗함을 좋아하지 않는다네	蓮葉不喜潔
가지가 높이 솟기로는 대나무만 못하나	枝秀不及竹
대나무 가지는 마디가 너무 많다네	竹枝太多節

열네 번째 其十四

쓸데없는 말 할 필요 없으니	不須閒言語
오리와 학이 다리 길이를 견주는 것과 같다네	鳧鶴較短長
차라리 땅을 쓸고 앉아서	莫如掃地坐
스스로 지견향[296]을 피움만 못하리라	自薰知見香

는 말이 나온다.

296 지견향(知見香) : 불교의 오분법신향(五分法身香) 중의 하나로, 오분법신향이란 부처와 아라한(阿羅漢)이 갖춘 오분법신(五分法身), 즉 계신(戒身)·정신(定身)·혜신(慧身)·해탈신(解脫身)·해탈지견신(解脫知見身)을 각각 향(香)에 비유하여 계향(戒香)·정향(定香)·혜향(慧香)·해탈향(解脫香)·해탈지견향(解脫知見香)이라 이른 것을 말한다. 그 중의 하나인 '지견(知見)'은 '지견(智見)'과 같은 말로, 제법실상(諸法實相)의 이치를 꿰뚫을 수 있는 슬기와 식견을 의미한다.

부사 윤공[297] 봉소 에 대한 만사
府使尹公 鳳韶 輓

한나라 조정에서는 추목[298]을 재신[299]에게 맡겼는데	漢庭芻牧屬材臣
누가 옹처럼 돌아간 후에 다시 글을 남겼던가[300]	誰似翁歸更有文
눈앞 가득 아름다운 문장[301] 보불[302]에는 더뎠으나	滿目繪章遲黼黻
몸을 따르는 붉고 검은 붓에 경륜을 담으셨네[303]	隨身朱墨寓經綸

297 부사(府使) 윤공(尹公) : 윤봉소(尹鳳韶, 1678~1731)를 가리킨다. 조선 후기의 문인으로, 본관은 파평(坡平)이며 자는 성보(成甫)이다. 1702년(숙종28) 진사에 합격하였고, 이후 호조 좌랑・안악 군수(安岳郡守)・선산 부사(善山府使)・배천 군수(白川郡守) 등을 역임하였다. 사후 이조 참판에 추증되었다.

298 추목(芻牧) : 꼴을 베어 가축을 기른다는 뜻으로, 여기서는 목민(牧民)을 의미하는 것으로 보인다.

299 재신(材臣) : 재주가 뛰어난 신하를 의미한다.

300 누가……남겼던가 : 윤봉소(尹鳳韶)는 1726년(영조2) 9월 선산 도호부사(善山都護府使)에 임명된 후 12월에 부임하였다. 다음해 8월에 사장(辭狀)을 올려 물러났는데, 이때 선산 부사로서 베푼 선정을 기려 백성들이 거사비(去思碑)를 세운 것이 남아있다. 1727년(영조3)에 세워졌으며, 현재 경상북도 구미시 선산읍 독동리에 남아있다.

301 아름다운 문장 : 원문의 '회장(繪章)'은 '치구회장(絺句繪章)'의 준말로, 시문의 자구를 다듬어 아름답게 만드는 것을 의미한다.

302 보불(黼黻) : 격조 있고 아름다운 문장으로 임금의 정사(政事)를 돕는 것을 말한다.

303 몸을……담으셨네 : 원문의 '주묵(朱墨)'은 주필(朱筆)과 묵필(墨筆)을 가지고 문서나 장부를 정리하는 것으로, 흔히 지방 관아에서 정무를 보는 것을 의미한다. 윤봉소가 안악(安岳)・선산(善山)・배천(白川) 등지에서 지방관을 역임하였음을 의미하는 것으로 보인다.

일찍이 베옷 입은 이에게서 화씨의 박옥을 보았으며[304] 曾從短褐看和璞
말 장식을 가지고 무리를 짓지 않으셨네[305] 莫以繁纓了輩群
청산[306]으로 상여 보냄 어찌 한량 있으랴마는 何限青山送旌翣
이 세상에서 이 사람 떠나보내는 것 가장 슬프네 最悲斯世哭斯人

두 번째 其二

온후한 군자에게 온갖 상서 마땅하니 溫溫君子百祥宜
시례의 가르침[307] 받은 두 아들[308] 있다네 詩禮趍庭有二兒

304 일찍이……보았으며 : 윤봉소가 외형이나 신분에 구애받지 않고 인재를 잘 알아보았다는 말이다. 화씨(和氏)의 박옥(璞玉)은 옥을 잘 알아보았던 중국 춘추 시대 초(楚)나라 사람 변화(卞和)와 관련된 이야기이다. 변화가 형산(荊山)에서 거대한 박옥을 얻어 여왕(厲王)에게 바쳤는데, 옥공(玉工)이 잘못 감정하여 평범한 돌이라고 하는 바람에 왕을 속인 죄로 한쪽 발이 잘렸다. 무왕(武王)이 즉위한 후 변화가 다시 바쳤다가 나머지 발마저 잘리고 말았다. 그 후 문왕(文王)이 즉위하자 화씨는 형산 아래서 박옥을 안고 사흘 밤낮을 울어 피눈물이 흘렀다. 문왕이 이 말을 듣고 사람을 보내어 "천하에 발 잘린 사람이 많은데 그대가 유독 이렇게 우는 것은 어째서인가?"라고 묻자 변화가 말하기를, "제가 발이 잘린 것을 슬퍼하는 것이 아니라, 보배로운 옥을 돌이라 하고 곧은 선비를 미치광이라 하니 이 때문에 슬피 우는 것입니다."라고 하였다. 이에 왕이 옥공을 시켜 박옥을 다듬게 하니, 지름이 한 자나 되고 티 한 점 없는 큰 옥이 나왔다고 한다. 《韓非子 和氏》

305 말……않으셨네 : 원문의 '반영(繁纓)'은 말의 몸에 매는 뱃대끈과 가슴걸이를 가리킨다. 역시 외형과 신분을 가지고 사람을 평가하거나 어울리지 않았다는 말이다.

306 청산(青山) : 무덤을 가리킨다.

307 시례(詩禮)의 가르침 : 가정에서 받는 가르침을 말한다. 공자(孔子)의 아들 백어(伯魚)가 뜰을 가로질러 빠른 걸음으로 지나가는데 공자가 그를 불러 세우고 시(詩)와 예(禮)를 공부하라고 가르침을 내렸던 고사에서 나온 말이다. 《論語 季氏》

308 두 아들 : 윤봉소의 아우 윤봉조(尹鳳朝)의 문집 《포암집(圃巖集)》 권18에 실린

일찍이 남전의 광채[309] 남다름을 알았고 早識藍田光氣異

다투어 단혈의 깃털[310] 빼어남을 칭찬하였네 爭稱丹穴羽毛奇

우공은 당대에 뜻하는 바 있어 대문 높이 세웠으며[311] 高門當日于公志

〈선부군 묘갈(先府君墓碣)〉에 의하면, 윤봉소는 2남 1녀를 두었으며 아들은 윤심형·윤심헌이라고 한다. 이중 차남인 윤심헌(尹心憲)에 대한 사항은 알려진 것이 없고, 장남인 윤심형(尹心衡, 1698~1754)은 자는 경평(景平), 호는 임재(臨齋)이며 1721년(경종1)에 문과에 장원으로 급제하였다. 정언으로 재직하면서 소론의 왕세제 살해 미수 사건을 밝힐 것을 상소하였다가 신임사화 때 삭직되었다. 영조 즉위 후 노론이 집권하자 다시 벼슬에 나아갔으나, 이광좌(李光佐) 등 소론 인사의 죄를 추궁하다 정미환국 때 파직되었다. 1729년에 영조가 노론사대신 중 조태채(趙泰采)·이건명(李健命)을 복관시키도록 조치하였는데 처분이 공평치 않다며 시골로 내려가 종신토록 벼슬하지 않았다. 이후 영조가 탕평을 실현하고자 여러 차례 벼슬을 내렸으나 응하지 않았고, 영조는 그가 당을 고수하는 마음이 굳세다 하여 파하였다. 말년에 지조 있는 일생을 기리며 동지중추부사를 제수하고 예조 참판에 봉하였으며, 사후 이조 판서에 추증하였다. 저서로 《임재집》이 있으며, 시호는 청헌(淸獻)이다.

309 남전(藍田)의 광채 : 남전에서 나오는 옥(玉)을 가리킨다. 남전은 중국의 지명으로, 좋은 옥(玉)이 나오기로 유명한 곳이다. 여기서 '남전생옥(藍田生玉)' 혹은 '남전출옥(藍田出玉)'이라는 표현이 나왔는데, 명문가에서 어진 자제가 나오는 것을 의미한다. 삼국 시대 오(吳)나라의 손권(孫權)이 제갈근(諸葛瑾)의 아들 제갈각(諸葛恪)을 보고서 "남전에서 옥이 나온다더니, 정말 빈말이 아니다."라고 탄식했다는 고사가 있다. 《三國志 卷64 吳書 諸葛恪傳》

310 단혈(丹穴)의 깃털 : 단혈산의 봉황을 가리킨다. 단혈은 봉황이 산다는 전설적인 산의 이름으로, 명문가에서 훌륭한 자제가 나오는 것을 의미한다. 《산해경(山海經)》〈남산경(南山經)〉에 "단혈산에 사는 이 새는 모양은 닭과 같고 오색의 무늬가 있는데 이름을 봉황이라고 한다. 머리의 무늬는 덕(德)이요, 날개의 무늬는 의(義)이며, 등의 무늬는 예(禮)요, 가슴의 무늬는 인(仁)이며, 배의 무늬는 신(信)이다. 이 새는 먹고 마시는 것이 자연의 절도에 맞고 스스로 노래하고 스스로 춤추는데, 이 새가 나타나면 천하가 태평해진다."라고 하였다.

311 우공(于公)은……세웠으며 : 중국 한나라 사람 우공(于公)은 현의 옥리(獄吏)

계로는 훗날 솥을 늘어놓고 슬퍼하였네[312] 列鼎他年季路悲
결단코 덕 있는 말씀 길이 민멸하지 않도록 端使德言長不泯
〈농강천표〉[313]의 말을 보고 취해야 하리 瀧岡看取表阡辭

로, 감옥에 갇힌 죄인들의 죄를 판결하는 일을 하였다. 이때 옥사(獄事)를 공정하게 처리하여 억울한 사람들을 많이 구제하였으므로 사람들에 의해 생사(生祠)가 세워지기까지 하였다. 후에 그 여문(閭門)이 무너져서 이를 수리하게 되자 우공이 인부들에게 말하기를, "문을 크고 높게 하여 사마고거(駟馬高車)가 출입할 수 있게 해주시오. 내가 평소에 옥사를 다스리면서 음덕(陰德)을 많이 베풀었으니, 내 자손 중에 반드시 현달한 자가 나올 것이오."라고 하였다. 훗날 과연 그의 아들 우정국(于定國) 역시 공평한 법관(法官)으로 명성을 떨치고 벼슬이 승상에 이르러 서평후(西平侯)에 봉해졌으며, 손자 영(永)은 어사대부가 되고 역시 제후에 봉하여졌다. 《漢書 卷71 于定國傳》

312 계로(季路)는……슬퍼하였네 : 계로는 공자(孔子)의 제자인 자로(子路)를 가리킨다. 솥을 늘어놓는다는 것은 벼슬에 올라 진수성찬으로 부모님을 봉양한다는 말로, 자로가 한 말에서 유래하였다. 자로가 일찍이 공자를 뵙고 말하기를, "예전에 제가 어버이를 섬길 때에는 항상 명아주와 콩잎만 먹는 형편이었으므로 어버이를 위하여 백 리 밖에서 쌀을 져다가 봉양하곤 하였습니다. 그런데 어버이가 돌아가신 후로 남쪽으로 초나라에 노닐 적에, 백 대의 수레가 따르고 만 종의 곡식을 쌓아놓고 자리를 여러 겹으로 깔고 앉아서 음식이 담긴 솥을 늘어놓고 먹으면서는 다시 명아주 콩잎을 먹으면서 어버이를 위해 쌀을 져오고 싶어도 할 수가 없었습니다."라고 하며 슬퍼하였다고 한다. 《孔子家語 致思》

313 〈농강천표(瀧岡阡表)〉 : 중국 송나라의 정치가이자 문인인 구양수(歐陽脩)가 쓴 묘표로, 농강(瀧岡)에 있는 부모 무덤의 비석에 새긴 글이다. 농강은 중국 강서성(江西省) 봉황산(鳳凰山)에 있는 언덕의 이름으로, 구양수는 4살 때 아버지를 여의고 이곳에 장사지냈다. 그로부터 60년이 지난 후에 구양수가 직접 묘표를 지으면서, "아, 나의 황고이신 숭공(崇公)을 농강에 장사 지낸 지 60년 만에 아들인 내가 비로소 묘표를 세울 수 있게 되었으니, 이것은 감히 늦추려고 해서가 아니요, 대개 오늘날이 있기까지 기다린 것이다."라고 하였다. 이에서 전하여 훌륭한 아들이 돌아가신 아버지의 행적을 기록한 글을 의미하게 되었다.

꿈을 기록한 시를 이의숙과 오백옥[314] 원 에게 편지 삼아 부치다

錄夢詩 簡李宜叔吳伯玉 瑗

꿈에서 시구(詩句)를 얻는 것은 또한 여유 있고 즐거운 사람의 일입니다. 제가 근래에 매우 슬프고 괴로워 깨어있을 때에도 생각이 시에 이르지 않았는데, 하물며 꿈에서였겠습니까. 그러므로 근자에 꿈에 시가 나오지 않은 지 오래되었습니다. 갑자기 지난밤에 4구를 얻었는데, 말뜻을 비록 이해할 수는 없었으나 '돌〔石〕'·'국화〔菊〕'·'소나무〔松〕'·'절〔拜〕'·'읍(揖)'·'재배(再拜)'라는 시어가 지극히 잘 안배가 되어있어 자못 괴이하였습니다. 종이 끄트머리에 대충 기록하고, 또 편지지 2장에 베껴서 삼가 의숙과 백옥 족하께 편지삼아 보냅니다.

원장은 괴석에 절을 하였으니[315] 元章拜怪石

314 오백옥(吳伯玉) : 오원(吳瑗, 1700~1740)을 가리키는 것으로, 백옥은 그의 자이다. 조선 후기의 문신으로, 본관은 해주이며 호는 월곡(月谷)이다. 김창협(金昌協)의 외손자이며, 이재(李縡)의 처조카로 그의 문하에서 수학하였다. 1728년(영조4) 정시문과에서 장원으로 급제한 후 정언으로 있으면서 탕평책을 적극 반대하다 한때 삭직되었다. 1732년에 동지사 서장관으로 청나라에 다녀왔고, 이후 부제학·승지·공조참판 등을 역임하였다. 사후 좌찬성에 추증되었다. 저서로 《월곡집》이 남아있으며, 시호는 문목(文穆)이다.

315 원장(元章)은……하였으니 : 원장은 중국 북송의 화가이자 서예가인 미불(米芾, 1051~1107)의 자이다. 미불은 기이한 돌을 좋아하여 이를 수집하는 성벽이 있었는데, 이에서 더 나아가 돌에 절을 하기까지 하였다. 《송사(宋史)》 권444 〈미불전〉에 다음과

이러한 예는 지나치지 않은가　　此禮無乃過
노란 국화엔 내 길게 읍만 하고[316]　　黃菊我長揖
푸른 소나무엔 두 번 절해도 괜찮겠네　　靑松再拜可

같은 이야기가 실려 있다. "무위주(無爲州)의 치소에 커다란 돌이 있었는데 모습이 기괴하였다. 미불이 그것을 보고 매우 기뻐하면서 '이 돌은 충분히 나의 절을 받을 만하다.'라 하고 의관을 갖추어 입고 그 돌에 절을 하고 형이라고 불렀다." 이 일로 미불은 탄핵을 받아 파직을 당하였다고 한다. 《양계만지(梁溪漫志)》 〈미원장이 돌에 절을 하다〔米元章拜石〕〉에도 비슷한 이야기가 실려 있다. "미원장이 유수(濡須)를 다스릴 때 괴석이 강둑에 있다는 말을 들었다. 공이 치소로 옮겨다 놓으라고 하였는데 연회를 즐기고 있을 때 돌이 이르자 깜짝 놀라 자리를 펴게 하고 마당 아래에서 절을 하며, '제가 석형(石兄)을 보고자 한 것이 20년입니다.'라고 하였다."

316 길게 읍만 하고 : 원문의 '장읍(長揖)'은 '장읍불배(長揖不拜)'의 준말로, 읍만 할 뿐 절은 하지 않는다는 의미이다.

위 소주[317]의 〈떠나간 이를 슬퍼하다〉[318]에 화답하였다[319]

和韋蘇州傷逝

원시에 나오는 말을 많이 사용하였으니 정감이 같기 때문이었다.

난초가 꺾여 먼지가 되고　　　　摧蘭當成塵

317 위 소주(韋蘇州) : 중국 당나라의 시인 위응물(韋應物)을 가리킨다.

318 〈떠나간 이를 슬퍼하다〉 : 위응물의 문집 《위소주집》 권6에 이 시를 비롯하여 〈왕부평상회(往富平傷懷)〉·〈출환(出還)〉·〈동야(冬夜)〉 등 19수의 연작시가 수록되어 있는데, 이 시들은 모두 16살에 시집와서 36살에 죽은 그의 부인 하남 원씨(河南元氏)를 추억하면서 슬퍼하는 마음을 적은 것이다. 본 시의 내용과 밀접한 관련을 가지므로 원문과 내용을 인용하면 다음과 같다. "흰 것이 물들어 다 검어지고 나무가 타서 다 재가 되었네. 우리 집사람을 그리워하나 한 번 가더니 돌아오지 않네. 혼인하여 함께 산 20년 동안 손님처럼 공경한 것이 처음 시집올 때와 같았네. 험난한 시절엔 손을 잡고 헤쳐 나갔으며 재앙과 우환 만났을 땐 함께 고생하였네. 온유한 바탕은 참으로 의표가 되었으며 예절과 문장을 일찍이 겸하였네. 공을 따르고 사사로움에 미치지 않았으니 온갖 일을 영재에게 맡기었네. 어느 날 아침 규문을 들어가 보니 사방이 먼지와 티끌로 가득하네. 이 사람 이미 떠나갔으니 보이는 것마다 마음이 찢어지네. 홀몸으로 세월을 보내면서 눈물 흘리며 어린 아이를 어루만지네. 망령된 줄 아니 떨쳐버려야 할 것이나 감정이 이니 추스르기가 어렵네. 꿈속에서 갑자기 본 것 같아 놀라 일어나 다시 서성거리네. 이러한 마음 참으로 그지없는데 집 주위엔 쑥대만 무성하구나.〔染白一爲黑, 焚木盡成灰. 念我室中人, 逝去亦不廻. 結髮二十載, 賓敬如始來. 提攜屬時屯, 契闊憂患災. 柔素亮爲表, 禮章夙所該. 仕公不及私, 百事委令才. 一旦入閨門, 四屋滿塵埃. 斯人旣已矣, 觸物但傷摧. 單居移時節, 泣涕撫嬰孩. 知妄謂當遣, 臨感要難裁. 夢想忽如睹, 驚起復徘徊. 此心良無已, 遶屋生蒿萊.〕"

319 위 소주의……화답하였다 : 남유용(南有容)은 이 시를 지은 1731년(영조7) 6월에 부인 유씨(兪氏)의 상을 당하였다.

옥이 불타 마침내 재가 되었네[320]　焚玉終爲灰
슬프고 슬프도다 나의 그리운 이여　哀哀我所懷
한 번 가신 몸 어찌 돌아올까　逝去何當迴
옛 당[321] 텅 비고 휘장 닫혔는데　舊堂閉虛帷
남은 자취 어루만지며 처음 시집 왔을 때를 생각하네　撫跡念初來
손을 잡고 험난한 시절을 헤쳐 나갔으며　提挈屬時屯
애면글면 근심과 재앙을 함께 하였네　黽勉同患災
부인의 의범을 스스로 견지하였고　婦儀亮自持
여공 또한 본래 겸하였네　女工亦素該
게으르고 졸렬한 이 몸 집안을 돌보지 않고　懶拙不省家
온갖 일을 영재[322]에게 의지하였네　百務恃令才
빈천함에도 뜻은 더욱 넉넉하여　貧賤意彌足
부귀를 티끌 먼지처럼 여겼네　富貴如塵埃
와중에 육남매를 잃으면서[323]　中失六男女
여린 간장 남몰래 끊어졌다네　柔腸實暗摧

320 난초가……되었네 : 난초는 꽃이 아름답고 향기로우므로, 흔히 부인의 아름다운 자질을 비유한다. 난초가 꺾였다는 것은 어질고 재주 있는 여인이 요절한 것을 의미하며, 옥이 불탄 것 역시 마찬가지이다.

321 옛 당(堂) : 아내가 거처하던 곳을 가리킨다.

322 영재(令才) : 부인을 지칭하는 말인 것으로 보인다.

323 와중에 육남매를 잃으면서 : 《뇌연집(雷淵集)》 부록에 실린 남유용의 〈연보(年譜)〉에 의하면, 16살이던 1713년(숙종39) 9월에 유씨(兪氏)와 결혼하였다고 한다. 이어 1716년에 아들 영록(寧祿)이 태어났다가 9년 만에 요절하였으며, 1721년(경종1)에 아들 공보(公輔)가 태어났고, 1730년(영조6)에 아들 공빈(孔賓)이 태어났다가 바로 요절하였다고 한다. 나머지 3명은 딸이어서 기록이 없는 것으로 보인다.

돌아보건대 임종할 때에	顧其臨逝時
옆에는 오직 아이 하나가 있었네[324]	在傍惟一孩
품은 한을 말로 펴지 못하고	啣恨口未宣
마침내 죽었으니 누굴 향해 추스리리오	竟死向誰裁
이때를 생각하면 창자가 맺히고 꼬여	懷玆腸鬱結
하룻밤에도 아홉 번을 일어나 서성거리네	一夜九徘徊
원컨대 날개가 돋아나	願言生羽翰
한 번 솟구쳐 봉래[325]에 가 닿았으면	一擧際蓬萊

324 옆에는……있었네 : 당시 아들인 남공보만 남아있었던 것으로 보인다.

325 봉래(蓬萊) : 중국 동쪽 바다에 있는 봉래산을 가리키며, 신선이 사는 불로불사(不老不死)의 땅이라고 전해진다.

또 위 소주의 〈겨울밤〉[326]에 화운하였다

又和韋蘇州冬夜

어둑어둑 날 이미 저물었는데	曖曖日已夕
마음속 회한을 풀지 못하네	幽懷悄未開
옷이며 이불에 절로 한기 감돌고	衣衾自生寒
서리며 눈 내려 다시 새하얘졌네	霜霰復皚皚
낙엽 진 나무는 조금씩 바스락거리고	落木稍有聲
날아가는 기러기는 남은 슬픔 보내오네	鴻鴈送餘哀
꽃다운 시절 멈추지 않고 흘러가더니	芳華逝莫留
난초와 혜초 꺾어짐을 보게 되었네	行見蘭蕙摧
헛된 생각 떨쳐버려야 마땅하겠으나	曠念謂當遣

326 〈겨울밤〉:《위소주집(韋蘇州集)》 권6에 실려 있는 시이다. 바로 앞의 시가 화답한 〈떠나간 이를 슬퍼하다〔傷逝〕〉와 마찬가지로 16살에 시집와서 36살에 죽은 부인 하남 원씨(河南元氏)를 추모하면서 지은 19수의 연작시 가운데 하나이다. 원문과 내용은 다음과 같다. "어둑어둑 해는 저무는데 울적한 이 마음 누가 풀어주리오. 한 채의 이불 썰렁하고 서리와 싸락눈 새하얗게 쌓였네. 나이 들자 일찍 품었던 뜻 사라지고 놀라 날아오르는 기러기에 깊은 슬픔을 느끼네. 깊은 슬픔을 어찌하여야 하나. 복숭아꽃 오얏꽃 홀연 꺾이고 시들었네. 휘장이 부질없이 쳐져 있으니 저승에서 어찌 다시 오겠는가. 평생의 은혜 비록 중하였으나 떠나가서 한 줌 먼지가 되었네. 이렇게 여인네와 같은 한을 품다니 세상에 뛰어난 재주는 아닌가보오. 옷을 떨쳐입고 한밤중에 일어나니 은하수가 여전히 서성거리네.〔杳杳日雲夕, 鬱結誰爲開. 單衾自不暖, 霜霰已皚皚. 晩歲淪夙志, 驚鴻感深哀. 深哀當何爲, 桃李忽凋摧. 幃帳徒自設, 冥寞豈復來. 平生雖恩重, 遷去託窮埃. 抱此女曹恨, 顧非高世才. 振衣中夜起, 河漢尙裴回.〕"

이 지경이 되니 슬픔이 다시 이네　臨境哀復來
슬퍼한들 다시 무슨 소용 있으리오　哀亦復何益
만고에 떠다니는 하나의 먼지인 것을　萬古一浮埃
이렇게 아녀자와 같은 생각을 하다니　抱玆兒女懷
세상의 뛰어난 재주는 아닌가보오　恐非高世才
소매 걷고 일어나 외로이 읊노라니　斂袂起孤詠
별과 달도 나와 함께 서성거리네　星月與徘徊

새로 판각한 《삼운통고》[327]의 책머리에 쓰다
書新刻三韻通考卷首

삼운의 만여 글자는	三韻萬餘字
모름지기 훈의의 상세함을 따라야 할 것이라	須從訓義詳
고문은 전서의 주문을 추구하고	古文推篆籀
신체시는 궁상의 조화를 맞추네	新律協宮商
재주가 크면 어찌 산운을 꺼릴 것이며	材大何嫌散
언의가 높으면 강운을 다투지 않네	言高不鬪强
글자를 씀에 능히 직분을 안다면[328]	用之能職職
순식간에 저절로 문장을 이루리	造次自成章

327 《삼운통고(三韻通考)》 : 조선시대에 편찬된 운서(韻書)로, 중국의 《예부운략(禮部韻略)》을 우리나라 사람들이 이용하기 편하게 개편한 것이다. 약 1만 자의 한자를 평(平)·상(上)·거(去) 3성(聲)으로 분류하여 나열하고 입성(入聲)의 한자만 책 끝에 따로 모아 수록하였으며, 자해(字解)는 아주 간단하게 2, 3자 정도로 설명하였다. 이후 1702년(숙종28)에 박두세(朴斗世)가 《삼운보유(三韻補遺)》를 간행하여 자수(字數)를 증보하고 자해를 상세하게 하였으며, 김제겸(金濟謙)·성효기(成孝基)가 다시 《증보삼운통고》를 간행하여 자수는 증보하고 자해는 다시 간략하게 만들었다. 여기서는 어떤 책을 가리키는지 정확히 알 수 없으나, 시기상 1702년~1722년 사이에 간행한 《증보삼운통고》가 가장 가깝다.

328 직분을 안다면 : 원문의 '職職'은 '識職'과 같다. 중국 당나라의 문인 한유(韓愈)가 쓴 〈남양 번소술의 묘지명〔南陽樊紹述墓誌銘〕〉에서, "문자가 종순하여 각자 그 직분을 알았다.〔文從字順, 各識職.〕"라고 한 데서 나온 표현이다. 즉 글자가 마땅히 있어야 할 위치를 안다는 뜻이다.

예로부터 명가(名家)들은 산운(散韻)은 많이 사용하나 강운(强韻)[329]은 사용하지 않았으니, 글자가 그 뜻을 따르는 것을 귀하게 여길 따름이었다.

329 강운(强韻) : 시를 짓기 어려운 운자(韻字)를 말한다. 험운(險韻)이라고도 한다.

문원[330]의 잠곡 산거가 그리워[331] 유생 유성기로 하여금 '옥' 자 21운을 베껴오게 하였다. 그 운에 따라 차운하여 입으로 시를 불렀다가[332] 심부름꾼을 만나서 부쳐 보냈다

有懷文遠潛谷山居 令兪生盛基寫屋字二十一韻來 依次口號 遇使寄往

세월은 나날이 흘러가　　天時日已邁
서리 이슬이 담장 지붕에 맑게 맺혔는데　　霜露淸垣屋
홀로 앉아 어울릴 이 없으니　　端居寡儔侶
어떻게 고독을 위로할까　　何以慰幽獨
옆에 시서를 두고 기거하며　　起居傍詩書
전에 읽었던 것을 점검하고　　點檢前時讀
감회가 일면 문득 시로 나타내니　　有懷輒形詩
시편이 상자에 넘쳐나네　　篇什溢箱簏
이 시를 누구에게 보내려 하나　　持此欲遺誰

330 문원(文遠) : 이덕홍(李德弘, 1697~1768)의 자로, 남유용(南有容)의 친구이자 매부이다.

331 잠곡(潛谷) 산거가 그리워 : 남유용은 32세인 1729년에 가솔을 이끌고 용인(龍仁) 금량촌(金梁村)으로 나가서 살다가 다음해에 서울에 있는 집으로 다시 돌아왔다. 앞에 실린 〈잠곡의 농가에서 심사를 적다〔潛谷田家書事〕〉는 남유용이 용인 잠곡에 있을 때 지은 시이고, 이 시는 서울로 돌아와 아직 잠곡에서 사는 이덕홍을 그리워하며 지은 시인 것으로 보인다.

332 입으로 시를 불렀다가 : 원문의 '구호(口號)'는 초고 없이 입에서 나오는 대로 읊조리며 시를 짓는 것을 의미한다.

외진 골짝에 사는 그대이니	之子在窮谷
학문에 힘쓰는 것으로 농사를 대신하면서	力學代耕稼
십 년 동안 먹고사는 일에 뜻을 두지 않네	十年不志穀
덕을 온전히 갖춤은 흡사 나무 닭 같고[333]	全德似木鷄
세상을 버림은 사슴 꿈을 꾼 듯하였네[334]	遺世夢蕉鹿
어느 날 문득 처자식을 이끌고 가서	薄言挈婦子
띠풀을 베고 산기슭에 부쳐 사네	誅茅寄山麓
오두막은 구름과 안개 속에 고요하고	蓬蓽靜雲烟
사방 이웃은 오직 바위와 나무뿐인데	四隣惟石木
때로 마을 노인들 사이를 따르니	時從里老間
선학이 들오리와 섞인 것 같네	仙鶴渾野鶩
사부 또한 초나라 소리[335]로	辭賦亦楚聲

333 덕을……같고 : 《장자(莊子)》 〈달생(達生)〉에서 나온 말이다. 기성자(紀渻子)라는 사람이 왕을 위하여 싸움닭을 기르고 있었는데 닭을 키운 지 열흘 만에 왕이 "싸울 만한 닭이 되었는가?"라고 묻자, "아직 안 되었습니다. 공연히 허세를 부리며 제 기운만 믿고 있습니다."라고 하였다. 열흘 뒤에 또 묻자, "아직 안 되었습니다. 소리만 듣고 그림자만 보아도 덤비려고 합니다."라고 하였다. 열흘 뒤에 또 묻자, "아직 안 되었습니다. 아직도 다른 닭을 노려보며 혈기를 드러내고 있습니다."라고 하였다. 열흘 뒤에 또 묻자 그제야 "이제는 거의 되었습니다. 다른 닭이 울어대도 반응이 전혀 없고, 바라보면 마치 나무로 깎아 만든 닭 같으니 그 덕이 온전히 갖추어졌습니다. 다른 닭들이 감히 덤비지 못하고 도리어 달아납니다."라고 하였다.

334 사슴……듯하였네 : 《열자(列子)》 〈주목왕(周穆王)〉에서 나온 말이다. 정(鄭)나라 사람이 들에서 나무를 하다가 우연히 사슴을 때려잡았다. 이에 아무도 보지 못하게 구덩이 속에 숨기고 파초 잎으로 살짝 덮어 놓고서 혼자 기뻐하였는데, 나중에 갈무리해 둔 장소를 찾지 못하자 꿈을 꾼 것이라 생각하고 더 이상 찾지 않았다고 한다.

335 초나라 소리 : 원문의 '초성(楚聲)'은 초사(楚辭)와 같은 말이다. 우국충정(憂國

왕왕 반악과 육기[336]를 능가하였으니	往往淩潘陸
성명한 조정에선 어진 인재 시급하여	聖朝急賢才
조서를 내려 재야에서 기용하였네	詔書起耕築
변변찮은 인물들이 모두 수용되면서	謏子俱見收
곤궁과 영달이 뒤집어졌으나	窮達在飜覆
양진[337]의 뜻을 더욱 견고히 하고	彌堅楊震志
계주에게 나아가 점치지 않았네[338]	不就季主卜

衷情)의 비애를 읊은 작품이 많으며, 초나라의 신하 굴원(屈原)의 작품이 대표적이다.

336 반악(潘岳)과 육기(陸機) : 중국 서진(西晉) 문학의 대표적 작가로, 종종 병칭되었다.

337 양진(楊震) : 50?~124. 중국 후한의 학자이자 명신으로, 자는 백기(伯起)이다. 경전에 밝고 해박하여 '관서(關西)의 공자(孔子)'라 불렸으며, 쉰 살에 무재(茂才)로 천거되어 형주 자사(荊州刺史)·동래 태수(東萊太守)를 지내고 이후 태부(太仆)·태상(太常)·사도(司徒)·태위(太尉) 등을 역임하였다. 왕밀(王密)이 그의 천거를 받아 형주 무재(荊州茂才)가 되고 창읍령(昌邑令)이 되었는데, 후에 왕밀이 몰래 찾아와 금 10근을 주면서 늦은 밤이라 아무도 모른다고 하였다. 그러자 양진이 "하늘이 알고 귀신이 알며, 내가 알고 그대가 안다."라고 대답하며 거절하였다. 재임 중에 여러 차례 상소를 올려 정치의 폐단을 바로잡고자 노력하였고, 당시 황제의 유모 왕성(王聖)이 환관 번풍(樊豊) 등과 손을 잡고 권세를 휘두르자 그를 내쫓을 것을 간언하였다. 이에 번풍의 모함을 받아 파직되었고, 고향으로 돌아가던 중 사약을 받아 세상을 떠났다.

338 계주(季主)에게……않았네 : 계주는 중국 전한의 복술가(卜術家)인 사마계주(司馬季主, ?~?)를 가리킨다. 《역(易)》과 황로지술(黃老之術)에 통달하였으며, 장안(長安)의 동시(東市)에서 점을 치며 살았다. 당시의 중대부(中大夫) 송충(宋忠)과 박사(博士) 가의(賈誼)가 "옛날의 성인(聖人)은 조정에 있지 않고 점쟁이나 의원(醫員) 중에 있다고 하였다."라고 하면서 장안 거리를 다니다가 그를 만났다. 그와 토론을 하고 해박함에 감탄해 마지않으면서, "도가 높을수록 몸은 더욱 편안해지고, 권세가 높을수록 몸은 더욱 위태로워지는구나."라고 탄식하였다. 후에 송충은 흉노에 사신으로

뜻도 있고 마침내 명예도 있으니 有志終有名
양 귀밑머리 벗겨진 것 헛되지 않아 雙鬢不虛禿
그대를 생각하며 밤새도록 앉았으니 懷君坐長夜
한겨울의 날씨 싸늘하네 仲冬天氣肅
말 먹이고 그대를 찾아가 어울리고 싶으나 秣馬願從遊
산천이 하루 거리만큼 떨어져 있는데 山川隔一宿
지난번에 먼 데서 찾아주어서 向者辱遠訪
나란히 누워 흉금을 털어놓았었지 連床披腎腹
한 번 이별한 후 소식 뜸하나 一別音書濶
얼굴과 모습은 항상 눈에 아른거리네 容儀常在目
오생이 벗을 사귐에 吳生交友際
사목이 아님이 스스로 부끄러워라[339] 自愧非沙穆
조만간 내 지팡이를 챙겨 早晩理吾策
남녘 교외에서 그대를 따르리라 從子于南牧

가다가 되돌아온 일 때문에 죄를 지었고, 가의는 양 회왕(梁懷王)의 사부가 되었으나 왕이 말에서 떨어져 죽자 이를 한스러워하다가 죽었다고 한다.

339 오생이……부끄러워라 : 오생(吳生)은 중국 후한의 문신으로 제상(齊相)에 오른 오우(吳祐, ?~?)를 가리키며, 사목(沙穆)은 역시 후한의 문신으로 천상(天象)과 역법(曆法)에 통달한 공사목(公沙穆, ?~?)을 가리킨다. 공사목이 태학(太學)에서 유학할 때 먹을 것이 없어 변복을 하고 오우의 집에서 방아 찧는 품팔이를 하였는데, 오우가 그와 말을 나누어보고는 크게 놀라 방앗간에서 사귀었다는 이야기가 《후한서》 〈오우전〉에 전한다. 여기서 귀천을 가리지 않는 사귐이라는 뜻의 '저구지교(杵臼之交)'라는 말이 나오게 되었다.

동쪽 마을의 옛집을 팔면서 나의 심정을 적었는데, 위소주의 〈소국리 옛집을 지나며〉에 화답하여 지었다

賣東閭舊止 書情 和韋蘇州過昭國里故第作

망자와 함께했던 옛 생각이 나니　逝者昔念生

작은 집 한 채 경영하여　經營數畝宅

그 곳에 살면서 기쁨을 함께 하고　居處共怡悅

분수를 따르며 곤궁과 적막을 견뎠지　循分耐窮寂

횃대에 걸린 옷은 온전한 것이 없고　桁衣無完鮮

곳간의 곡식은 쌓인 것이 없어서　囷粟無餘積

슬프도다 부인의 생각은　哀哉婦人計

애면글면 아침저녁 걱정뿐이었지　黽勉慮朝夕

항상 눈썹을 활짝 펴고　常期一舒眉

어른 아이 함께 앉아 옛날이야기 하길 바랐는데　老稚共談昔

고생만 참으로 두루두루 겪고　艱難實備嘗

기쁜 일은 한 번도 보지 못하였네　喜事一無覿

사람은 죽고 빈 집만 남았으니　人亡室空在

휘장과 수건에 꽃다운 자취 남고　帷帨餘芳澤

하다만 길쌈 아직 베틀에 걸렸는데　殘工尚留機

하얀 명주 채 한 자가 못 되어라　匹素未經尺

여종이 울먹이며 점검하는데　㜎婢泣點檢

슬피 우는 귀신의 소리 들리는 듯　如聞神怵惕

누군들 자비로운 마음 품을 수 있을까　誰能抱慈悲

눈에 띄는 것마다 남은 자취 마주치거늘	滿目對遺跡
집안 살림일랑 이웃에게 다 주고	將家與隣人
몸을 가벼이 하여 길을 떠나니	輕身從所適
살아있다면 어찌 의탁할 곳 없으리오	生存豈無托
죽은 사람만 참으로 혼자 서글프구나	死去良獨戚

능주[340]에 사는 유생 이민수에게 주다

贈綾州李生民秀

성명을 말하지 않으면 누군들 알리오　不道姓名誰則知
어제 왔을 때 한 번 보고 괜히 서로 의심하였네　昨來一面枉相疑
귀밑머리까지 자세히 보아도 온통 처음 보는 모습인데　細看鬢髮渾新態
목소리는 옛날과 같음을 점차 깨달았네　漸覺聲音是昔時
이십칠 년간 이별의 뜻을　二十七年離別意
사경하고도 삼점[341]까지 술잔에 부치네　四更三點淺深巵
그간의 생사에 대한 소식에 감회에 젖었다가　中間存沒翻成感
함께 놀던 이야기 나오자 눈물이 턱까지 흐르네　話到曾遊淚滿頤

340 능주(綾州) : 전라남도 화순(和順) 지역의 옛 이름이다.

341 사경하고도 삼점 : 사경(四更)은 하룻밤을 다섯으로 나눈 넷째 부분으로, 새벽 1시~3시를 이른다. 삼점(三點)은 경(更)을 다시 다섯으로 나눈 셋째 부분을 이르는 것이니, 대략 새벽 2시 전후를 의미한다.

삼전도[342]를 지나며 지었다

過三田渡有作

돌로 생겨나 단단하고 크기를 원치 않으니　石生不願堅以穹
삼전도 어귀의 비석[343]을 한번 보라　試看三田渡口碑
사람으로 태어나 재주 있어 글 잘 짓기를 원치 않으니[344]　人生不願才且文
삼전도 비석에 쓰인 말[345]을 한번 읽어보라　試讀三田碑上辭
삼전은 밤낮으로 넘실넘실 흘러서　三田日夜流沄沄
하류가 곧바로 동강[346] 물가에 닿네　下流直接東江涘
훗날 만약에 동강을 지나게 되면　他年若過東江去
내 소에게 강물을 마시게 하지 말지어다　莫以吾牛飮江水

342 삼전도(三田渡) : 서울 송파구 삼전동에 있던 한강 나루의 이름이다.

343 삼전도 어귀의 비석 : 삼전도비(三田渡碑)를 가리키는 것으로, 병자호란 때 청나라 태종이 조선 인조의 항복을 받고 자신의 공덕을 자랑하기 위해 세운 전승비(戰勝碑)이다.

344 사람으로……않으니 : 중국 북송의 철학자 정이(程頤)가 한 말을 인용한 것이니, "사람에게는 세 가지 불행이 있다. 소년 시절에 과거에 오르는 것이 첫 번째 불행이요, 부형의 세력에 힘입어 좋은 벼슬을 하는 것이 두 번째 불행이요, 뛰어난 재능으로 문장에 능한 것이 세 번째 불행이다."라고 하였다. 《小學 嘉言》

345 삼전도(三田渡)……말 : 삼전도비의 비문은 당시 이조 판서였던 이경석(李景奭)이 지었다. 그 내용은, 조선에서 먼저 화의를 깨뜨려 청나라 황제가 군사를 이끌고 출병하게 되었는데 죄인을 도륙하지 않고 은혜로써 타이르고 물품을 하사하기까지 하여 조선의 수 천리 산하가 이전과 같이 되었으므로 이를 기념하여 비를 세우게 되었다는 굴욕적인 것이었다.

346 동강(東江) : 한강의 동쪽 부분을 가리키는 것으로 보인다.

춘첩[347] 임자년(1732, 영조8)

春帖 壬子

고요할 때에는 꽃이 스스로 노란 꾀꼬리에게 말을 걸고 靜時花自語黃鳥
맑은 곳에선 물이 능히 푸른 물고기를 뛰게 하네 淡處水能跳碧魚
청명한 가랑비에 한 동이 술 있으니 淸明細雨一樽酒
나도 모르겠네 무엇이 나를 즐겁게 하는지 余亦不知誰樂余

두 번째 其二

찌는 듯한 붉은 햇살 새벽 놀을 헤치고 日色蒸紅撥曉霞
엷은 녹색 하늘 모습 얇은 깁을 쓸어낸 듯 天容澹綠掃輕羅
우연히 남쪽 언덕 아래 지팡이를 멈춰 서니 偶然植杖南皐下
방초 아직 자라지 않고 꽃도 아직 많지 않네 芳草未長花未多

세 번째 其三

부슬부슬 따뜻한 비는 꽃의 넋을 깨우고 濛濛暖雨生花魄
산들산들 가벼운 바람은 버들가지를 자라게 하네 剪剪輕風長柳絲
만물을 화육[348]하는 것은 무슨 기운인가 萬物陶甄是何氣

347 춘첩(春帖) : 입춘(立春) 날 대궐 안 전각의 기둥에 써 붙이는 주련(柱聯)을 가리킨다. 제술관에게 명하여 하례하는 시를 지어 올리게 하고, 연꽃과 연잎의 무늬를 그린 종이에 써서 붙였다.

봄놀이하는 공자들은 응당 알지 못하리 遊春公子未應知

348 화육(化育) : 원문의 '도견(陶甄)'은 도공(陶工)이 흙을 빚어 질그릇을 만들어내듯이 만물이 생겨나고 길러진다는 말이다.

공인[349]의 빈실[350]에 쓰다

書恭人殯室

죽은 풀 마른 꽃에 부질없이 봄이 돌아오니	死草枯花空復春
따뜻한 화기는 구천의 객에게 아무 소용없다네	陽和無賴九原人
들보 사이 제비는 요란하게 떠드는데	樑間燕子多言語
저승의 이 원통함 도무지 펼 길 없네	此箇幽寃都不伸

349 공인(恭人) : 이 시를 짓기 전 해인 1731년(영조7) 6월에 죽은 첫 번째 부인 기계 유씨(杞溪兪氏)를 가리킨다.

350 빈실(殯室) : 보통 '빈소(殯所)'와 같은 뜻으로 쓰이는데, 빈소는 탈상(脫喪) 후에 철거한다. 아내가 작고한 지 6개월이 지났는데, 아직 아내를 추모하는 어떤 공간이 있었던 듯하다.

혼자 옥류동[351]에 놀러 갔다가 금류[352]에서 오는 원 상인을 만나 반가운 마음에 써서 주었다

獨遊玉流洞 遇圓上人自金流來 欣然有贈

객은 향로[353]와 함께 날아가려 하는데	客與香爐欲飛去
승려는 폭포를 데리고 함께 내려오네	僧將瀑布都下來
나귀 멈추고 한 번 웃자 지팡이 안고 절하는데	停驢一笑抱筇拜
나무마다 목련꽃이 절로 피었네	樹樹木蓮花自開

351 옥류동(玉流洞) : 수락산(水落山)에 있는 골짜기의 이름이다.

352 금류(金流) : 수락산에 있는 골짜기의 이름이자 폭포의 이름이다. 수락산 동쪽에 금류 계곡이라고 하는 골짜기가 있는데, 이 골짜기에 금류(金流) 폭포・은류(銀流) 폭포・옥류(玉流) 폭포 3개의 폭포가 있다고 한다.

353 향로(香爐) : 향로봉(香爐峰)을 가리키는 것으로, 수락산에 있는 봉우리의 이름이다.

오백옥의 종암동 정자[354]에 모였는데 이의숙·홍양지[355]자·황대경[356] 경원 이 함께하였다

集吳伯玉巖亭 李宜叔洪養之 梓 黃大卿 景源 俱

봄 그늘에 가던 말 멈추고 쉬니	春陰歇遊騎
온 대지에 버들가지가 푸르네	滿地柳條青
산 빛은 옮겨가는 지팡이를 따르고	山色隨移杖
연못 속에는 기대앉은 정자가 비치네	池心照倚亭
맑은 구름에 뜻도 함께 멀리 가고	淸雲意俱遠
산새 소리에 술이 막 깨네	幽鳥酒初醒
멀리 저물녘의 마을을 바라보노라니	曠眺村墟晩
인가의 연기 어둠 속에 피어나네	人烟生窈冥

354 종암동 정자 : 원문의 '암정(巖亭)'은 '종암동(鐘巖洞) 동정(東亭)'을 줄여서 말한 것으로, 이는 오원(吳瑗)의 종암동 별업(別業)에 있던 정자를 가리킨다.

355 홍양지(洪養之) : 홍자(洪梓, 1707~1781)를 가리킨다. 조선 후기의 문신으로, 본관은 남양이며, 양지는 그의 자(字)이다. 1753년(영조29) 문과에 급제하고 1757년 문과 중시에 급제하였으며, 정언·헌납·대사간·승지·한성부 좌윤·대사헌 등을 역임하였다. 문필에 능하였다 하며, 북청의 〈이지란신도비(李之蘭神道碑)〉와 경주의 〈삼강묘비(三綱廟碑)〉가 남아 있다.

356 황대경(黃大卿) : 황경원(黃景源, 1709~1787)을 가리킨다. 조선 후기의 문신이자 예학자(禮學者)로, 본관은 장수(長水)이며 자는 대경, 호는 강한(江漢)이다. 이재(李縡)의 문인으로, 1740년(영조16) 문과에 급제한 후 대사성·대사간·대사헌·대제학과 형조·예조·공조의 판서 등 요직을 두루 역임하였다. 오원(吳瑗)·이천보(李天輔)·남유용(南有容)과 함께 영조조 사가로 불리며, 예학에 정통하고 고문(古文)에 밝았으며 춘추대의(春秋大義)를 자임하였다. 저서로 《강한집》이 남아있으며, 시호는 문경(文景)이다.

정릉 골짝 어귀에서 함께 놀다가 다시 종암으로 돌아오는 도중에 지었다

同遊貞陵谷口 復歸鍾巖道中作

풀 짧게 자란 개울 길 가느다란데	草淺川路細
푸른 나귀는 날 저무는 줄 아네	青驢知日暝
고개 돌려 술잔 띄우던 곳 바라보니	回首流觴處
유유자적 백로가 서있네	悠然立白鷺

종암동 정자로 돌아와 모여서 지었다

還集巖亭作

청계로 말을 달려 돌아가는 객 전송하고	騎馬靑溪送歸客
술동이 들고 작은 정자 서쪽에 돌아와 모였네	壺樽還集小亭西
마을 연기 쉴 새 없고 버들은 땅에 드리웠는데	村烟不歇柳垂地
산비 오려하자 구름이 시냇가에 피어오르네	山雨欲來雲出溪
술기운은 날아가서 외로운 새를 멀리 따르고	酒氣行隨孤鳥逈
시정은 가만히 앉아 푸른 봉우리를 낮게 만드네	詩情坐使碧峯低
도봉의 꽃나무와 청담의 바위에	道峯花木淸潭石
꾀꼬리 울면 내 지팡이 짚고 가야 하리	須及黃鸝吾杖藜

헤어질 때 '회' 자를 얻어서 다 같이 읊었다

臨散得會字 均賦

전원 살이엔 한가롭고 즐거운 일 많아	園居豐暇豫
갑작스레 아름다운 모임 이루어졌네	率爾成佳會
시서를 논하니 우리의 도 참으로 조화롭고	詩書道實諧
술잔을 기울이다 보니 정이 더욱 커졌네	樽酌情彌泰
한가한 서재에 맑은 햇살 흩어지고	閒齋散澄景
그윽한 골짜기는 차가운 바람 머금었네	幽洞含泠籟
부는 바람은 부드러운 기운 넉넉히 보내오고[357]	遊風送餘善
꽃기운은 맑은 여울에 모였네	花氣集清瀨
못가의 구름은 뭉게뭉게 깔리고	潭雲臥靃霩
바윗가 나무는 어둑하게 서려있네	巖樹坐晻靄
흥겹게 즐길 때 너무 편안한 것을 경계하나니	歡娛戒太康
자주 일어나 옷매무새를 정돈하네	屢起整襟帶
어찌 같겠는가 유령 완적의 무리가	豈如劉阮徒
명교[358] 밖으로 자취를 감추었던 것과[359]	淪跡名教外

357 부는……보내오고 : 중국 동진(東晋)의 시인 도잠(陶潛)이 지은 〈계묘년 초봄에 시골집에서 옛일을 생각하다〔癸卯歲始春懷古田舍〕〉 제1수에서 나온 표현으로, 해당 부분을 인용하면 다음과 같다. "새들은 지저귀며 새 계절을 기뻐하고, 산들바람은 부드러운 기운 넉넉히 보내오네. 차가운 대나무는 황폐한 산길 뒤덮었고, 땅은 인가와 떨어져 한적하구나.〔鳥哢歡新節, 泠風送餘善. 寒竹被荒蹊, 地爲罕人遠.〕"

358 명교(名教) : '인륜의 명분(名分)을 밝히는 가르침'이라는 뜻으로, 유교(儒教)를

가리킨다.

359 유령……것과 : 중국 위(魏)・진(晉)의 정권 교체기에 지식인들이 정치를 외면하고 죽림에 모여 거문고와 술을 즐기며 청담(淸談)으로 세월을 보냈던 것을 가리킨다. 그 중 가장 유명한 인사가 죽림칠현(竹林七賢)으로, 완적(阮籍)・혜강(嵇康)・산도(山濤)・향수(向秀)・유령(劉伶)・완함(阮咸)・왕융(王戎)이다. 이들은 위나라 말기에 사마씨(司馬氏) 일족이 국정을 장악하고 전횡을 일삼자 현실을 외면하고 개인주의적이고 무정부주의적인 노장(老莊)의 무위자연(無爲自然) 사상에 빠져들었다. 그리하여 당시 사회에 방관자적인 입장을 취하는 것은 물론, 더 나아가 지배 권력이 강요하는 유가적 질서나 형식적 예교(禮教)를 조롱하고 그 위선을 폭로하기 위하여 상식에서 벗어난 언동을 일삼기도 하였다.

옛 아전 탁규한에게 주었다

贈故吏卓奎漢

흰 옷 됐다 푸른 개 되는[360] 세상인심 담 쌓으니　白衣蒼狗世情闌

객 흩어진 사립문이 낮에도 닫혀있네　客散柴門晝自關

까마귀 떼 오리 떼 모두 느릅나무 버드나무로 돌아간 저녁에　鴉䳄盡歸楡柳夕

한 점 등불 마주한 구임의 마음 편안하리　一燈相對舊任安

세상 돌아가는 형세가 마치 까마귀가 울창한 곳에만 모여드는 것과 같은데, 군만은 홀로 그렇지 않은 것이 기뻤다.

360 흰……되는 : 세상인심의 변화가 무상(無常)함을 표현한 것이다. 중국 당나라 시인 두보(杜甫)의 〈가탄(可歎)〉에서 나온 말로, "하늘 위 뜬구름 흰 옷 같더니, 순식간에 변하여 푸른 개가 되었네.〔天上浮雲如白衣, 斯須改變如蒼狗.〕"라고 하였다. 《杜少陵詩集 卷21》

〈도서〉[361] 두루마리에 제하여 공필에게 주었다

題圖書卷 與公弼

풀과 나무 새와 물고기 모두 문채가 있으며　草木禽魚摠有文
날고 헤엄치고 움직이고 가만있으면서 각각 즐거워하네　飛潛動息各欣欣
항상 세상에 말 많은 것을 미워하니　常嫌世俗多言語
하도 낙서 형성되었을 때 도가 이미 나뉘었다네　河洛形時道已分

361 〈도서(圖書)〉 : 〈하도낙서(河圖洛書)〉를 가리킨다. 〈하도〉는 복희씨(伏羲氏) 때 황하에서 용마(龍馬)가 등에 지고 나왔다는 그림으로 《주역(周易)》 팔괘(八卦)의 근원이 되었고, 〈낙서〉는 하우씨(夏禹氏) 때 낙수(洛水)에서 나온 신귀(神龜)의 등에 있었다는 글로 《서경》 〈홍범구주(洪範九疇)〉의 근원이 되었다.

유문[362]과 함께 강릉 재거[363]에서 글을 읽다가 한가한 날 순지[364]에 놀러나갔다

同孺文讀書康陵齋居 暇日遊蓴池

초로가 아직 신발 적시지 않았는데	初露未霑屨
시원한 바람이 조금씩 옷자락을 펄럭이네	泠風稍動衣
솔숲 어둑한데 아직 가랑비 내리고	松昏猶小雨
연못 고요한데 홀연 햇살이 빗기네	池靜忽斜暉
백로는 그림으로 그리기 어려우나	白鷺畫難得
황조는 시로 읊음 드물지 않네	黃鸝吟不稀
오릉 밖 인가의 연기	人烟五陵外
흐르는 모습 보다 돌아가길 잊었네	流眺獨忘歸

362 유문(孺文) : 김순택(金純澤, 1714～?)의 자이다.

363 강릉 재거 : 강릉(康陵)은 조선의 제13대 왕 명종(明宗)과 왕비 인순왕후(仁順王后) 심씨(沈氏)의 능으로, 지금의 서울시 노원구 화랑로에 자리하고 있다. 남유용(南有容)은 이 시를 지은 1732년(영조8)에 강릉 참봉이 되었는데, 참봉이 묵고 집무를 보는 공간을 재거(齋居)라고 한다.

364 순지(蓴池) : '순채(蓴菜)가 자라는 못'이라는 뜻으로, 순채는 수련과에 속하는 여러해살이 식물이다.

호중[365]으로 유람 가는 유생 김윤겸[366]에게 주었다

贈金生允謙遊湖中

너른 강 푸른 바위의 호중 땅에　　滄江碧石湖中道
검은 두건 하얀 나귀의 김윤겸이라　　烏幘白驢金允謙
두메산골 인가의 연기는 마을로 통하고　　絶峽人烟通井落
상유[367]를 떠가는 배는 어촌을 따라 가네　　上游舟楫傍魚塩
노을 속 따오기[368] 나직이 읊조리니 고아한 뜻 핍진하고　　微吟霞鶩高情逼
구름 속 갈매기 세세히 그리니 생동감이 더하네　　細畫雲鴻活格添

365 호중(湖中) : 여기서는 충청도 지역을 가리킨다.

366 김윤겸(金允謙) : 1711~1775. 조선 후기에 활동한 도화서의 화원(畫員)으로, 본관은 안동이며 자는 극양(克讓), 호는 진재(眞宰)·산초(山樵)·묵초(默樵) 등이다. 김수항(金壽恒)의 넷째 아들 김창업(金昌業)의 서자로, 명사들과 유람과 시회(詩會)를 함께하며 교유하였다. 정선(鄭敾)의 진경산수화풍을 계승하였으며, 중국 북방 및 금강산·한양 근교·단양·영남 지방 등을 여행하면서 진경산수화 제작에 몰두하였다. 〈금강산화첩〉·〈진경산수화첩〉·〈영남명승기행사경첩(嶺南名勝紀行寫景帖)〉 등이 남아있다.

367 상유(上游) : '상류(上流)'와 같은 말로, 우리나라에서는 보통 한강(漢江) 상류를 가리키는 말로 쓰였다.

368 노을 속 따오기 : 원문의 '목(鶩)'은 '목(鶩)'과 통용되어 쓰인 것으로 보인다. 중국 당나라의 문장가 왕발(王勃)이 〈등왕각서(滕王閣序)〉에서 "지는 놀은 외로운 따오기와 나란히 날고, 가을 강물은 먼 하늘과 함께 한 빛일세.〔落霞與孤鶩齊飛, 秋水共長天一色.〕"라고 하였는데, 이 구는 강가의 저녁 경치를 가장 절묘하게 묘사한 표현으로 일컬어졌다.

어떡하면 군과 함께 소매를 드리우고 가서	安得共君垂袖去
도담[369]의 가을비 속 주막에서 취해볼까	島潭秋雨醉青帘

369 도담(島潭) : 충청북도 단양(丹陽)에 있는 못의 이름으로, 이 가운데 섬처럼 솟아있는 세 개의 바위가 도담삼봉(島潭三峰)이다.

숲속을 잠깐 걸었는데 아름드리 교목이 누차 보였다 봄에서 여름으로 바뀔 때쯤에는 그늘이 무성하여 앉을 만할 것이라 예상하니 기분이 좋아져서 당인의 시운을 따라 지었다

乍步林中 屢見喬木成圍 豫想春夏之交繁陰可坐 爲之欣然 次唐人詩

산길은 끊어졌다 이어졌다 인적 드문데	山蹊斷續見人稀
교목은 하늘을 찌르고 서산의 해 희미하네	喬樹參天西日微
눈 쌓인 가지에 겨울 참새 지저귀는 걸 보고	正看雪梢寒雀噪
봄날 새벽 어지러이 나는 꾀꼬리를 생각하네	已思春曉亂鶯飛
낙엽을 밟으며 걸으니 자꾸 신발 속으로 들어와	踏來敗葉頻侵屨
짙은 그늘 아래 땀 식힐 만하겠다 요량하네	料得濃陰可解衣
늙은이의 한가로운 삶도 그런대로 괜찮으니	老子婆娑亦聊爾
칠원의 오연한 관리[370]마냥 돌아가리 맹세하네	漆園傲吏矢同歸

370 칠원의 오연한 관리 : 자질구레한 예법에 구애받지 않으면서, 고위 관리 앞에서도 기가 꺾이지 않는 말단 관리를 말한다. 일찍이 장주(莊周)가 몽(蒙)이란 곳에서 칠원(漆園)의 벼슬아치로 있었는데, 초(楚)나라 위왕(威王)이 그가 어질다는 말을 듣고 사자(使者)를 보내 후한 폐백을 주고 재상으로 맞이하려 하였다. 이에 장주가 웃으면서 그 사자에게 "나를 더럽히지 말고 빨리 가라."라고 하며 물리쳤는데, 이를 두고 진(晉)나라 곽박(郭璞)이 '오연한 관리'라고 일컬었다고 한다. 《莊子 秋水》

문원이 초사[371]를 읊고 나에게 화답하기를 청하기에 내가 주송[372]을 노래하여 답하였다

文遠詠楚辭 請余和之 余歌周頌以答之

화락한 가빈 모인	豈弟嘉賓集
높다란 재사의 고요한 밤 깊어가네	高齋靜夜分
눈 쌓인 숲은 어지러이 빛을 띠고	雪林紛有色
꽁꽁 언 시내엔 아무 소리도 들리지 않네	氷磵稍無聞
갈옷 걸친 가난한 문거[373]요	披褐貧文擧

371 초사(楚辭) : 중국 초(楚) 땅을 중심으로 한 남방에서 지어진 시가로, 《시경(詩經)》과 함께 중국 운문 문학의 양대 산맥으로 평가된다. 초나라의 신하 굴원(屈原)의 작품이 대표적인데, 나라를 걱정하는 뜨거운 충정과 조정에서 쫓겨난 울분을 낭만적이고 신비스러운 시구를 통해서 화려하게 구현하였다. 그러나 후대로 갈수록 굴원의 시에 나타난 풍유(諷諭)의 정신은 사라지고 화려한 표현과 무병신음(無病呻吟)의 정서만이 남아 결국 쇠퇴하게 되었다.

372 주송(周頌) : 《시경(詩經)》 중 주(周)나라의 종묘 제악(祭樂)을 모아놓은 것으로, 주로 건국과 태평성대를 찬미하는 내용으로 이루어져 있다. 《시경》은 중국 황하(黃河)를 중심으로 한 북방의 시가를 모아놓은 것으로, 초사(楚辭)와 함께 중국 운문 문학의 양대 산맥으로 평가된다. 공자(孔子)는 자식과 제자를 가르치는 데 있어 육경(六經) 중에서도 시를 첫머리로 삼으면서, 시 300편을 한 마디로 말하면 "생각에 사특(邪慝)함이 없다."라고 하였다.

373 문거(文擧) : 중국 후한의 학자 공융(孔融, 153~208)의 자이다. 공자(孔子)의 20대손으로, 어려서부터 재능이 뛰어나고 문필에도 능하여 건안칠자(建安七子)의 한 사람으로 불렸다. 시어사(侍御史)·소부(少府)·태중대부(太中大夫) 등을 역임하였으며, 헌제(獻帝) 때 북해상(北海相)이 되어 학교를 세우고 유술(儒術)을 표방하면서

경서를 궁구하는 늙은 자운[374]이라	窮經老子雲
구슬픈 노래는 달사의 것 아니니	商謳非達士
주송을 가지고 그대에게 주노라	周頌以貽君

인재를 천거하였다. 당시 세력을 확장하고 있던 조조(曹操)를 비판하다가 일족과 함께 처형되었다. 저서로 《공북해집(孔北海集)》이 있다.

374 자운(子雲) : 중국 전한(前漢)의 학자 양웅(揚雄, 기원전53~18)의 자이다. 어려서부터 문장이 뛰어나 성제(成帝) 때 궁정문인의 한 사람이 되었고, 이후 급사황문시랑(給事黃門侍郎)에 올랐다. 왕망(王莽)이 신(新)나라를 세웠을 때 그의 밑에서 벼슬하여 대부(大夫)가 되었기 때문에 지조가 없는 사람이라는 비난을 듣기도 하였다. 만년에는 사부(辭賦) 대신 경학에 뜻을 두어 《역경(易經)》에 근거한 철학서인 《태현경(太玄經)》과 《논어》의 문체를 모방한 《법언(法言)》, 《훈찬편(訓纂篇)》 등을 저술하였다.

공필이 매화전[375]을 가지고 시를 청하였는데 그로 인해 감회가 일어 학사 오백옥의 사헌에 부쳤다[376]

公弼持梅花牋請詩 因以有懷 寄吳學士伯玉使軒

빗긴 가지 성근 꽃잎으로 엷은 추위와 싸우는 것이 橫枝踈蘂鬪輕寒
어쩌면 그리도 종암[377]에서 촛불 들고 보던 것과 똑같은지 郤似鍾巖秉燭看
보고 있자니 이별의 정 주체 할 수 없는데 看去不禁離別意
벗님은 어느 날에야 용만[378]을 지나려나 故人何日過龍灣

375 매화전(梅花牋) : 매화를 그려 인쇄한 종이로, 편지나 시를 쓰는 데 쓰였다.

376 학사……부쳤다 : 이 글의 내용상 '사헌(使軒)'은 사신이 머무는 숙소를 가리키는 것으로 보인다. 이 시는 1731년(영조7)에 지어진 것으로 되어있는데, 오원(吳瑗)은 1731년 3월에 홍문록(弘文錄)에 들고 4월에 장릉 천릉도감(長陵遷陵都監)의 낭청이 되었으며 다음해인 1732년 10월에 동지 서장관이 되어 연경(燕京)에 가게 되었다. 따라서 이 시는 1732년에 지어진 것인데, 책을 간행하면서 순서가 뒤바뀐 것이 아닐까 추측된다.

377 종암(鍾巖) : 지금의 서울 성북구 종암동으로, 오원의 별업(別業)이 있던 곳이다.

378 용만(龍灣) : 평안북도 의주(義州)의 옛 이름으로, 중국으로 사신 갈 때 지나다니던 곳이다.

재거에서 심사를 써서 부치다
齋居書事 有寄

임천에 살리란 뜻 저버리지 않았나니	不負林泉意
재거하며 고라니 사슴과 이웃하네	齋居麇鹿隣
양 능의 양석은 오래되었고[379]	二陵羊石古
교목엔 학 둥지 새로 틀었네	喬木鶴巢新
의관을 정제한 관장은 없고	束帶無官長
서책을 휴대한 친구는 있네	携書有故人
소유가 어찌 나만 하겠는가[380]	少游何似我
자주 왕래하는 걸 사양치 마오	還往莫辭頻

379 양……오래되었고 : 양 능은 제13대 왕 명종(明宗)과 왕비 인순왕후(仁順王后) 심씨(沈氏)의 능을 가리키며, 양석(羊石)은 옛날 귀인의 묘(墓) 앞에 세우는 돌로 깎아 만든 양을 가리킨다. 강릉의 무덤 앞에는 다른 석상과 함께 양석 2쌍이 자리잡고 있다.

380 소유가……하겠는가 : 소유는 중국 후한의 장수 마원(馬援)의 사촌동생 마소유(馬少游)를 가리킨다. 마원이 교지(交趾)를 정벌한 공으로 신식후(新息侯)에 봉해졌는데, 이때 군사들을 호궤(犒饋)하면서 부하들에게 말하기를 "나의 종제 소유가 일찍이 말하기를 '선비가 세상에 나서 의식이 족하면 그만이고, 또 하택거(下澤車)나 관단마(款段馬)를 타고서 군 서리로 선영을 지키며 선인(善人)이라는 말만 들으면 될 것이니, 분에 넘치는 것을 구하려면 괴로울 뿐이다.'라고 하더라."라고 하였다. 후에 마원이 군중(軍中)에서 병에 걸리자, "관단마나 몰면서 고을 아전이 되어 무덤이나 지키며 살았으면 좋았을 것을."이라고 하며 탄식했다고 한다.《後漢書 卷24 馬援列傳》남유용이 당시에 강릉 참봉이 되어 왕릉을 관리하고 있었기 때문에 특히 마소유의 고사를 인용한 것으로 보인다.

남녘 둑에서 놀면서 이장오[381] 명덕 에게 화답하였다

계축년(1733, 영조9)

遊南陂 和李章五 命德○癸丑

우연히 온 것이 마치 좋은 데 골라 온 듯	偶來猶選地
그윽한 골짝에 맑은 햇살이 비치네	幽洞有淸暉
바람 살랑거려 막 두건 젖혀지고	風細初欹幘
이끼가 말라 옷이 물들지 않네	苔乾不染衣
새로 솟은 샘은 흘러가려 하고	新泉欲流去
고운 새들은 절로 날아다니네	好鳥自相飛
무슨 일인들 무사한 것보다 낫겠는가	何事勝無事
평평한 모래밭을 달빛을 밟으며 돌아오네	平沙踏月歸

"무슨 일인들 무사한 것보다 낫겠는가.〔何事勝無事〕"[382]는 옛날 사람의 시령(詩令)에 나오는 말이다.

381 이장오(李章五) : 이명덕(李命德, 1698~?)을 가리키는 것으로, 장오는 그의 자이다. 본관은 연안(延安)이며 자세한 사항은 미상이다.

382 무슨……낫겠는가 : 중국 당나라의 시인 두공(竇鞏)이 지은 〈이른 봄 송강에서 들판을 바라보다〔早春松江野望〕〉에 나오는 구절이다. 전체 원문은 다음과 같다. "江村風雪霽, 曉望忽驚春. 耕地人來早, 營巢鵲語頻. 帶花移樹小, 揷槿作籬新. 何事勝無事? 窮通任此身."

연초헌[383]에 든 도둑에게 경계한다 서책은 다행히 움직인 것이 없어 다행이라고 여겼으나 계속해서 또 두려운 마음이 들어 삼가 가대인[384]께서 내려주신 시의 운을 따라지었다

燕超軒戒盜 書冊幸無動 旣以自幸 繼又有惕于中 敬次家大人賜韻

방 안에 무엇이 있는지 맞히지 못하였으니[385]	妄意室藏更不中
가난한 나에게 상아 책갈피 뿐 무엇이 있겠는가	貧吾何有只牙籤
잘 알겠네 굶어죽는 것은 작은 일[386]이 아님을	劇知餓死事非小
네가 어찌 오릉중자[387]라고 청렴을 요구할까	爾豈於陵而責廉

383 연초헌(燕超軒) : 남유용(南有容) 집안의 서재 이름인 것으로 보인다.

384 가대인(家大人) : 남유용의 아버지 남한기(南漢紀)를 가리킨다.

385 방……못하였으니 : 《장자(莊子)》 〈거협(胠篋)〉에서 나온 말이다. 도척(盜跖)은 중국 춘추 시대 노(魯)나라의 큰 도적으로, 도적질에도 도(道)가 있느냐는 부하의 물음에 어디엔들 도가 없겠냐며 다음과 같이 대답하였다. "방 안에 무엇이 있는지 멀리서 보기만 하고도 맞히는 것이 성(聖)이고, 들어갈 때 선두에 서는 것이 용(勇)이고, 맨 뒤에 나오는 것이 의(義)이고, 도둑질이 가능할지 여부를 미리 아는 것이 지(知)이고, 도둑질한 물건을 고르게 분배하는 것이 인(仁)이다.〔夫妄意室中之藏, 聖也; 入先, 勇也; 出後, 義也; 知可否, 智也; 分均, 仁也.〕" 원문의 '망의(妄意)'는 멀리서 바라보기만 하고도 안에 무엇이 있는지 알아맞힌다는 뜻으로, '妄'이 '望'의 뜻으로 쓰였다.

386 굶어죽는……일 : 중국 북송의 성리학자인 정이(程頤)가 한 말로, 《이정전서(二程全書)》 〈유서(遺書) 22〉에 다음과 같은 말이 나온다. "어떤 사람이 물었다. '혹 가난하고 의탁할 곳이 없는 외로운 과부는 재혼해도 됩니까?' 이천 선생이 말하였다. '이것은 다만 후세 사람들이 추위와 굶주림 때문에 죽는 것을 두려워하기 때문에 이런 말을 하는 것이다. 그러나 굶어죽는 것은 지극히 작은 일이고, 절개를 잃는 것은 지극히 큰일이다.'"

387 오릉중자(於陵仲子) : 중국 제(齊)나라의 진중자(陳仲子)를 가리키는 것으로, 지나치게 청렴하기로 이름난 사람이다. 《맹자》〈등문공 하(滕文公下)〉에 다음과 같은 이야기가 실려 있다. 진중자는 제나라의 세가(世家)로 그 형인 대(戴)가 합(蓋) 땅에서 만종(萬鍾)의 녹을 받고 있었다. 그러나 그는 형의 녹과 집이 의롭지 않다며 집을 떠나 오릉(於陵)에 가서 살면서, 자신은 신을 짜고 아내는 길쌈하고 삼을 마전하여 곡식을 바꾸어 먹으며 살았다. 어느 날 본가에 갔는데 누가 형에게 거위를 선물하자, "꽥꽥 우는 것을 어디에다 쓰려고 하는가?"라고 하였다. 그 뒤에 어머니가 그 거위를 잡아주어 먹고 있었는데, 형이 그 모습을 보고 "그것이 바로 꽥꽥 울던 고기이다."라고 하자 밖으로 나가 토하였다. 심지어는 3일 동안 굶어 눈과 귀가 멀게 되자, 우물가에 벌레가 반이 넘게 파먹은 오얏을 보고 기어가서 세 번 삼킨 후에야 귀가 들리고 눈이 보이게 되었다고 한다. 맹자는 이런 지조는 사람이 아닌 지렁이가 된 뒤에야 채울 수 있을 것이라고 하였다.

사책을 포쇄하러[388] 태백산에 가는 내한[389] 김사적[390] 한철 을 전송하다[391]

送金內翰士迪 漢喆 曬史太白山

고금의 치란은	今古難平事
음양이 번갈아가며 움츠러들고 펴진 것이라네[392]	陰陽代慘舒

388 사책(史冊)을 포쇄(曝曬)하러 : 사고(史庫)의 사책을 꺼내어 햇볕에 말리는 것을 말한다. 조선 시대에는 실록(實錄)을 편찬할 때 여러 벌을 만들어서 서울 외에 태백산(太白山)·묘향산(妙香山) 등 깊은 산중의 사고에 수장(收藏)하게 하고 3년에 한 번씩 관원을 보내어 사책을 꺼내서 햇볕을 쪼이고 바람을 쏘여서 좀이 먹는 것을 방지하게 하였는데, 이 과정을 말하는 것이다.

389 내한(內翰) : 조선 시대 '한림(翰林)'의 다른 이름이다. 예문관의 정7품 벼슬인 봉교(奉教) 2인·정8품 벼슬인 대교(待教) 2인·정9품 벼슬인 검열(檢閱) 4인을 통틀어 '팔한림(八翰林)'이라 하고 사관(史官)을 겸하게 하였는데, 당시 김한철(金漢喆)은 봉교의 직임을 맡고 있었다.

390 김사적(金士廸) : 김한철(金漢喆, 1701~1759)을 가리키는 것으로, 사적은 그의 자이다. 조선 후기의 문신으로, 본관은 경주(慶州)이다. 1731년(영조7) 문과에 급제한 후 사간원·홍문관의 청요직을 두루 거쳤으나, 1741년에 원경하(元景夏)가 새로운 당을 만든다고 탄핵하다가 삭직당하였다. 후에 다시 서용되어 대사간·도승지·경기 관찰사·대사헌·우참찬 등 내외 요직을 두루 역임하였다. 시호는 효간(孝簡)이다.

391 사책(史冊)을……전송하다 : 《영조실록》 9년(1733) 10월 5일의 기사에, "지춘추(知春秋) 김동필(金東弼)·봉교(奉教) 김한철(金漢喆)이 《경종실록(景宗實錄)》과 《선조보감(宣祖寶鑑)》·《숙종보감(肅宗寶鑑)》을 봉화(奉化)의 태백산(太白山)에 봉안하였다."라는 말이 보인다.

392 음양이……것이라네 : 음양(陰陽)의 변화에 따라 성쇠(盛衰)를 거듭하는 것이 사물의 이치라는 말이다. 중국 후한의 학자 장형(張衡)이 〈서경부(西京賦)〉에서, "무

백대의 일을 상량한 뜻이요	商量百世意
한 왕조의 기강이 되는 책이라	綱紀一王書
아스라이 금궤[393]를 엿보더니	縹紗窺金匱
화락하게 석거[394]를 걸어가네	雍容步石渠
그대의 커다란 포부를 들었나니	聞君大抱負
부디 처음 먹은 마음을 삼가도록 하시오	努力愼權輿

릇 사람은 양의 기운에 있을 때에는 활짝 펴지고, 음의 기운에 있을 때에는 움츠러든다.〔夫人在陽時則舒, 在陰時則慘.〕"라고 한 데서 나온 말이다.

393 금궤 : '금궤석실(金匱石室)'의 준말로, 금으로 만든 궤와 돌로 지은 집이라는 뜻이다. 국가에서 중요한 문서나 물건, 특히 역사서를 보관하던 곳을 가리킨다. 중국 한나라의 고조(高祖)가 공신들의 공훈을 적은 단서철권(丹書鐵卷)을 금궤에 담아 석실에 넣어 종묘에 보관하였다고 하며, 후에 사마천(司馬遷)이 이 금궤석실의 서적들을 참고하여 《사기(史記)》를 편찬하였다고 한다.

394 석거(石渠) : 석거각(石渠閣)을 가리키는 것으로, 중국 한나라 천자의 서고(書庫) 이름이다. 소하(蕭何)가 만들었으며, 건물 아래에 돌〔石〕을 쌓아 수로〔渠〕를 만들어 물을 흐르게 하였으므로 이러한 이름이 붙었다. 황실의 비서(秘書)를 비롯한 각종 도서를 보관하였으며, 유생(儒生)들을 모아 경서(經書)와 시사(時事)를 토론하기도 하였다.

제군과 함께 동림의 물가에서 술을 마셨는데 대개 계축년 상사일[395]에 있었던 왕일소의 난정의 고사[396]를 차용한 것이다[397]

同諸子飮東林泉石中 盖用癸丑上巳王逸少蘭亭故事

재실 살이 뚝 떨어져 도성과 머니	齋居牢落遠城闉
흰 바위 맑은 샘에 먼지 한 톨 없네	白石淸泉無一塵
동자는 이제 막 기수에서 입을 옷 완성하였고[398]	童子初成沂水服

395 상사일(上巳日) : 음력 3월의 첫째 사일(巳日)로, 3월 3일 즉 삼짇날을 가리킨다. 《후한서(後漢書)》 〈예의지(禮儀志)〉에 "3월 상사일에는 관민(官民)이 다 동쪽으로 흘러가는 물에 몸을 깨끗이 씻어 상서롭지 못함을 쫓았다."라고 하였다.

396 계축년……고사 : 중국 동진(東晋) 영화(永和) 9년(353)인 계축년 3월 3일에, 당시 회계 내사(會稽內史)였던 왕희지(王羲之)가 손작(孫綽)·사안(謝安) 등 동진의 명사들을 회계군 산음현의 난정(蘭亭)에 초청해 연회를 베풀었다. 이는 삼월 삼진날 행하는 계사(禊事)를 닦기 위함이었는데, 젊은 사람 나이든 사람들이 모두 모여 강가에서 몸을 씻으며 부정(不淨)을 쫓았다. 그리고 물길을 끌어다 술잔을 띄울 굽은 물줄기를 만들고, 각자의 위치에 앉아 술을 마시며 흥에 겨워 시를 지었다. 이날 지은 41명의 시를 모은 것이 《난정집(蘭亭集)》으로, 왕희지가 서문을 쓰고 손작이 후서(後序)를 써서 이날의 즐거운 감회를 기록하였다.

397 대개……것이다 : 왕희지가 난정에서 모임을 가진 것도, 이날 모임을 가진 것도 모두 계축년 상사일(上巳日)이었다.

398 동자(童子)는……완성하였고 : 《논어》 〈선진(先進)〉에서 나온 말로, 자세한 내용은 다음과 같다. 공자(孔子)가 제자들에게 "너희들이 평소에 '사람들이 나를 알아주지 못한다.'라고 하는데, 만일 혹시라도 너희들을 알아준다면 어찌 하겠느냐?"라고 묻자 다른 사람들은 정사(政事)를 논하는데 증점(曾點)만은 "늦은 봄에 봄옷이 만들어지면 관을 쓴 어른 5~6명과 아이 6~7명과 함께 기수에서 목욕하고 무에서 바람 쐬고 노래하

우리들은 영화 연간 사람들[399]에게 손색이 없네　　吾曺不愧永和人
봄 그늘 우중충하고 비 자주 내리더니　　春陰漠漠雨頻落
냇가 나무 말쑥하고 꽃은 더욱 싱그럽네　　澗樹泠泠花更新
해마다 상사일 청명절이면　　年年上巳淸明節
이 물가에서 즐거웠던 일 잊기 어려우리　　樂事難忘此水濱

면서 돌아오겠습니다."라고 하였다. 이에 공자가 "나는 점을 허여한다."라고 말하며 칭찬하였다. 주자(朱子)가 이에 주를 달아 "증점의 학문은 인욕(人慾)이 다한 곳에 천리(天理)가 유행하여 곳곳마다 충만하여 조금도 결함이 없음을 봄이 있었다."라고 설명하였다.

399 영화 연간 사람들 : 왕희지(王羲之)의 난정(蘭亭)의 모임에 참석하였던 사람들을 가리킨다.

아이가 산에 들어가 앵두를 먹는 것을 보고 서글픈 감회가 일었다

見兒子入山食櫻桼 悄然有懷

가만히 앉아 양주[400] 산속 농막을 생각하노니	坐憶楊山墅
앵두가 문호를 덮고 늘어졌었지	櫻桃壓戶低
두 해째 외로운 나그네의 뜻인 양	二年孤客意
온종일 자규가 울어대네[401]	長日子規啼
신발 끌며 부르던 상가[402]를 거두고	曳屨商歌撤
주머니를 풀어 노주[403]를 진창 마셨네	披囊魯酒泥
애달프게 바라던 아름다운 약속 이루어졌나니	佳期成悵望

400 양주 : 경기도 양주(楊州)로, 남유용(南有容) 집안의 선영이 있는 고향이다.

401 온종일 자규(子規)가 울어대네 : 자규는 두견새의 별칭으로, 고향을 그리워한다는 의미이다. 중국 촉(蜀)나라의 망제(望帝) 두우(杜宇)가 재상 별령(鱉令)에게 대규모 운하 공사를 맡기고 그의 아내와 간음하였다가 왕위를 빼앗기고 달아났다. 이후 망제는 죽어서 두견새가 되어 고향을 그리워하며 밤낮으로 슬피 울었다고 한다.

402 신발……상가(商歌) : 빈한한 은자(隱者)의 노래를 말한다. 증자(曾子)가 위(衛)나라에 있을 때 사흘이나 불을 때지 못하고 십 년 동안 옷을 해 입지 못하였으나 그러한 생활 속에서도 "신발을 끌고 상송(商頌)을 노래하니 그 소리가 천지간에 가득 찼는데, 마치 금석(金石)에서 나오는 것과 같았다."라고 하였다. 《莊子 讓王》 이는 빈한한 가운데에도 맑은 절조를 고수하는 삶을 의미한다.

403 노주(魯酒) : 박주(薄酒), 즉 맛없는 술을 가리킨다. 《천중기(天中記)》 권44 〈주(酒)〉에 의하면, 초나라 선왕(宣王)이 제후들을 조회할 때 노(魯)나라 공왕(恭王)이 늦게 도착하였는데 가지고 온 술도 맛이 없었다. 이에 선왕이 꾸중을 하자 공왕이 노나라로 돌아가 버렸다는 데서 나온 말이다.

늙은 소나무 서쪽으로 옮겨 앉았네　改席古松西

이 날 대경(大卿)과 유문(孺文)이 약속을 하고 와서 만났다.

강릉을 배알하다. 두보의 〈다시 소릉을 지나며〉의 여섯 운을 써서 지었다

謁康陵 用杜甫重經昭陵六韻

형제간의 우애[404]를 신명이 알아보고	友弟神明識
온화하고 공손함에 억조창생이 귀의하였네	溫恭億兆歸
겸양으로 모후를 받드시고[405]	冲謙承母翟
긍휼한 마음으로 유자들을 이끄셨네	惻怛引儒衣
나라는 낳고 길러주시는[406] 덕에 힘입었고	國賴生成德
백성들은 베고 죽이는 위세를 잊게 되었네	人忘斬伐威
생사의 갈림길에서 오래 동안 헤아리셨으니	死生長計慮
왕위를 주고받음에 찬란한 빛 있었네[407]	授受有光輝

404 형제간의 우애 : 인종(仁宗)과 이복동생인 경원대군(慶源大君), 즉 명종(明宗)은 형제간의 우애가 돈독하였다고 한다.

405 겸양으로 모후(母后)를 받드시고 : 명종이 12살의 어린 나이에 왕위에 오르게 되면서 명종의 모후인 문정 왕후(文定王后)가 수렴청정(垂簾聽政)을 했던 사실을 가리킨다.

406 낳고 길러주시는 : 원래는 '하늘은 만물을 낳고 땅은 만물을 길러주는' 은혜를 의미하는데, 여기서는 임금의 은혜를 하늘과 땅에 비유한 것이다.

407 생사의……있었네 : 명종(明宗)의 아들 순회 세자(順懷世子)가 13살의 어린 나이에 요절하자, 명종은 이복형인 덕흥군(德興君)의 아들들에게 정을 주었고 그 중에서도 셋째 아들인 하성군(河城君) 이균(李鈞)을 특별히 총애하였다. 1565년(명종20) 을축년에 명종이 병을 앓게 되자 대신들이 후계자를 정할 것을 청하였다. 이에 명종은 하성군을 궁궐로 들여와 병간호를 하게하고 사부를 붙여 교육을 받게 하였다. 2년 뒤인

향사 올린 세월 오래되고 香火春秋遠
원릉의 일월은 희미하네 園陵日月微
양석과 마석[408] 늘어선 길로 몸을 기울이니 側身羊馬路
마치 펄럭이는 어가의 깃털 보이는 듯하네 如見翠華飛

1567년에 다시 명종이 위독해지자 밤중에 대신들을 불러들였는데, 이때 이미 명종은 말을 하지 못하는 상태였다. 이에 영의정 이준경(李浚慶)이 울면서 중전인 인순 왕후(仁順王后)에게 후계자를 정할 것을 청하니, 인순 왕후가 "을축년에 결정한 대로 하려 한다."라고 하였다. 이에 하성군이 왕위에 오르게 되었으니, 이가 바로 훗날의 선조(宣祖)이다.

408 양석(羊石)과 마석(馬石) : 강릉(康陵)에 있는 석상들을 가리킨다. 강릉은 왕릉과 왕비릉 모두 구름무늬와 십이지신상이 새겨진 12면의 병풍석(屛風石)이 둘러있다. 또한 12칸의 난간석과 상석(床石) 1쌍・망주석(望柱石) 1쌍・양석(羊石) 2쌍・호석(虎石) 2쌍・3면의 곡장(曲墻)이 있으며, 한 단 아래에는 문인석(文人石) 1쌍・마석(馬石) 1쌍・명등석(明燈石)이 있고, 그 아래에는 무인석(武人石) 1쌍・마석 1쌍이 있다.

남녘 둑에서 혼자 놀다가 운자를 얻어서 대경에게 주었다
南陂獨遊 得韻屬大卿

오월의 남풍이 얼굴을 스치며 솔솔 부는데	五月南風拂面薰
홑적삼에 느릿느릿 걸음으로 돌길을 건노라	便衫緩步石蹊分
못물 맑으니 구름은 천변만화의 모습을 보내고	池淸雲送千般變
골짝 깊으니 꾀꼬리는 외마디 울음소리를 흘리네	谷轉鸎流一箇聞
산 능금 열매 이제 막 맺혀 자잘하고	山柰子成初細瑣
야당화 다 졌으나 아직 향기 물씬하네	野棠花盡尙氤氳
언덕 너머 재실 풍경 참으로 그림 같은데	齋居隔陌眞堪畫
하물며 발 아래 그대의 글 읽는 소리 있음에랴	簾下書聲況有君

원화백[409] 경하 이 찾아왔기에 대경과 함께 산재에 묵으면서 지었다

元華伯 景夏 見過 同大卿宿山齋有作

맑게 갠 골짝엔 산새의 울음소리	谷晴幽鳥音
텅 빈 시내엔 교목의 그림자	川空喬木影
쉬는 동안 제현을 추모하고	憩來追諸賢
담소하며 참된 경지 터득하였네	談笑得眞境
은미한 말[410]로 명리를 분석하고	微言析名理
고아한 회포로 유정한 경치를 완상하네	雅抱賞幽靜
밤 깊어 다시 옷을 풀어헤치니	夜闌更披衣
외로운 달이 서쪽 고개에 걸렸네	孤月在西嶺

409 원화백(元華伯) : 원경하(元景夏, 1698~1761)를 가리킨다. 조선 후기의 문신으로, 본관은 원주(原州)이며 자는 화백, 호는 창하(蒼霞)·비와(肥窩)이다. 1736년(영조12) 문과에 장원급제하였으며, 관직에 나아간 후 영조의 뜻을 받들어 붕당이 나라를 그르치는 화근임과 탕평책을 진언하였다. 이후 예문관 제학·이조 참판·청풍 부사·부제학 등을 역임하였으며 판돈녕부사로 치사하여 봉조하가 되었다. 사후 영의정에 추증되었다. 저서로 《창하집》이 남아있으며, 시호는 충문(忠文)이다.

410 은미한 말 : 원문의 '미언(微言)'은 '정심미묘(精深微妙)한 뜻이 담긴 말'이란 의미로, 곧 성현(聖賢)의 말씀을 가리킨다.

비온 후 서암에서 폭포[411]를 구경하였다

雨後 西巖觀瀑布

게으르고 졸렬한 것[412]이 낮은 벼슬에 얽매여	懶拙嬰薄宦
글을 읽으며 동쪽 봉우리에 머무네	讀書住東峯
단정한 생활 늘 맑고 한가하니	端居恒淸暇
긴긴 날 푸른 소나무를 보네	永日看靑松
시냇물 따라 걷다 때로 쉬기도 하고	循澗時復憩
심심찮게 어부며 나무꾼을 만나네	屢與漁樵逢
보악[413]의 서쪽과 북쪽 사이에서	寶嶽西北間
아스라이 절간[414]의 종소리 내려오네	迢遞下僧鐘
밤비가 푸른 벼랑 씻어내더니	夜雨洗蒼壁
수풀 끝에 날리는 폭포 보이네	林杪見飛淙
여산 시[415]의 경관을 맞이하노니	言迎廬山詩
서늘한 바람이 짧은 지팡이를 따르네	涼風隨短筇

411 폭포 : 불암산(佛巖山) 남쪽에 있는 폭포를 가리킨다.

412 게으르고 졸렬한 것 : 원문의 '나졸(懶拙)'은 게으르고 졸렬하여 세상의 공명(功名)에 뜻이 없는 것을 의미한다.

413 보악(寶嶽) : 불암산의 다른 이름으로 '천보산(天寶山)'이라고도 한다.

414 절간 : 불암산 주봉과 제2봉 사이에 있는 불암사(佛巖寺)를 가리킨다.

415 여산(廬山) 시 : 중국 성당(盛唐)의 시인 이백(李白)이 지은 〈여산의 폭포를 바라보면서〔望廬山瀑布〕〉를 가리킨다. 원문과 내용은 다음과 같다. "해가 향로봉을 비추니 자색 안개 일어나고, 멀리 폭포를 바라보니 긴 개울이 걸려있네. 나는 물줄기 곧바로 삼천 자를 떨어지니, 은하수가 하늘에서 떨어지는 듯하여라.〔日照香爐生紫煙, 遙看瀑布掛長川. 飛流直下三千尺, 疑是銀河落九天.〕"

서곡에서 견여를 타고 장차 불암으로 들어가려고 하다가 길옆에서 기이한 바위 하나를 만나 저녁까지 앉아서 쉬었다
肩輿西谷 將入佛巖 路側獲一奇石 坐憩至夕

미피[416] 북쪽은 기운이 창창한데　渼陂以北氣蒼蒼
불암 서쪽은 외려 석양이네　佛巖之西猶夕陽
오래된 바위는 사람을 향해 예스러운 풍모 풍기고　老石向人多古貌
맑은 구름은 나를 멈춰 세우고 그윽한 문채 뿜어내네　淸雲遲我發幽章
삼협의 소나무 삼나무는 일월을 깊숙이 품고　三峽松杉深日月
오릉[417]의 기린과 말[418]은 군왕을 모시고 있네　五陵麟馬侍君王

416 미피(渼陂) : 미호(渼湖)를 가리킨다. 지금의 경기도 남양주시 수석동(水石洞) 일대 앞을 흐르는 한강을 이른다.

417 오릉(五陵) : 영조 당시의 행정구역상으로 양주(楊州)에 속해있던 태조(太祖)의 능인 건원릉(健元陵)·문종(文宗)과 그의 비 현덕왕후(顯德王后)의 능인 현릉(顯陵)·선조(宣祖)와 그의 비 의인왕후(懿仁王后) 및 계비 인목왕후(仁穆王后)의 능인 목릉(穆陵)·인조(仁祖)의 계비 장렬왕후(莊烈王后)의 능인 휘릉(徽陵)·현종(顯宗)과 그의 비 명성왕후(明聖王后)의 능인 숭릉(崇陵)을 가리킨다. 이후에 경종(景宗)의 원비(元妃) 단의왕후(端懿王后)의 능인 혜릉(惠陵)·영조(英祖)와 계비 정순왕후(貞純王后)의 능인 원릉(元陵)·추존왕(追尊王)인 익종(翼宗)과 그의 비 신정왕후(神貞王后)의 능인 유릉(綏陵)·헌종(憲宗)과 그의 비 효현왕후(孝顯王后) 및 계비 효정왕후(孝定王后)의 능인 경릉(景陵)이 추가되어 동구릉(東九陵)이 되었다. 《영조실록》이 기록될 때까지는 '오릉'이라고 되어있으며, 현재는 경기도 구리시(九里市)에 속해있다.

418 기린과 말 : 오릉에 설치되어 있는 석물(石物)들을 가리킨다.

덧없는 인생 마음에 맞는 건 오직 실컷 마시는 것이라 浮生快意惟酣飲

또 앞 시냇가에서 술잔을 흘려보내네[419] 且傍前溪流一觴

419 또……흘려보내네 : 굽이진 물줄기에 술잔을 띄우고 술을 마시는 유상곡수(流觴曲水)를 의미한다.

배를 타고 청협[420]을 거슬러 올라가 북진[421]에 이르렀다. 가대인께서 배 안에서 주신 시에 갱화[422]하여 지었다[423]

舟上淸峽至北津 賡家大人投寄舟中作

서쪽 해와 동쪽 강물이 서로 밝은데	西日東流相與明
물가 앞 시든 버들에 매미가 우네	洲前枯柳一蟬鳴
금병산[424]은 제 스스로 정이 많아	屛山自是多情思
벌써 외로운 배 옆을 따라오며 나를 맞이하네	已傍孤舟迎我行

420 청협(淸峽) : 충청북도 청풍(淸風) 그 자체를 이르기도 하고, 청풍의 골짜기를 이르기도 한다.

421 북진(北津) : 청풍을 가로질러 흐르는 남한강을 일컫던 이름이자 나루의 이름이기도 하다. 이곳에 있던 나루를 북진·북강진·북진나루 혹은 북진나드리라고 불렀다. 1985년에 충주댐이 건설되면서 수몰되어 지금은 그 자취를 찾을 수 없게 되었다.

422 갱화(賡和) : 이어서 화답한다는 의미이다.

423 배를……지었다 : 이때 남유용(南有容)의 부친인 남한기(南漢紀)가 청풍 부사(淸風府使)로 있었다.

424 금병산(錦屛山) : 청풍 북쪽에 있는 산의 이름으로, 한벽루(寒碧樓) 북쪽으로 강을 사이에 두고 떨어져 있는데 그 모습이 마치 비단 병풍을 친 것 같은 형상을 하고 있어서 이러한 이름이 붙게 되었다.

자장[425]과 함께 밤에 파강[426]에 배를 띄우고 가는데 피리 부는 사람 하나가 따라왔다. 가대인께서 《농암집》에 실려 있는 〈한밤중에 배 안에서 피리 소리를 들으며〉[427]의 운을 써서 중류에서 주시기에 마침내 이어서 화답하였다

同子章宵泛巴江 一笛從焉 家大人用農巖集中夜聞笛聲在船韻 投寄中流 遂賡和

젓대 불며 파수 어귀로 내려가니	橫笛下巴口
싸늘한 것이 양 골짜기 차가워라	泠泠雙峽寒
궁성[428]은 가라앉아 물 밑에 이르고	宮沉到水底
우성[429]은 높이 날아 바람결에 실리네	羽厲托風端
저 멀리 구름은 산봉우리를 의지하고	縹緲雲依巘
배회하는 달은 여울에 떠있네	徘徊月在灘
거문고 타는 여인의 얼굴 서글프더니	琴姬色悄悵
곡조를 고르고도 타지 못하네	按曲不能彈

425 자장(子章) : 유욱기(兪郁基, 1701~?)의 자이다.

426 파강(巴江) : 지금의 청풍호(靑風湖)가 자리한 곳에 흐르던 남한강의 옛 이름으로, '파수(巴水)'라고도 하고 '청풍강'이라고도 하였다.

427 〈한밤중에……들으며〉 : 《농암집(農巖集)》 3권에 실려 있는 〈달밤에 배 안에서 한벽루에서 들려오는 피리소리를 감상하며 율시 한 수를 짓다〔寒碧樓月夜聞笛聲在船賦得一律〕〉를 가리킨다. 《농암집》은 조선 후기의 문신・학자인 김창협(金昌協)의 문집이다.

428 궁성(宮聲) : 오성(五聲) 가운데 하나로, 나머지 사성(四聲)의 벼리가 되는 소리이다. 낮고 무거우며 화합을 위주로 하는 소리를 낸다.

429 우성(羽聲) : 오성(五聲) 가운데 하나로, 웅장하고 장쾌한 소리를 낸다.

유생 신사보가 보내준 시에 답하다

答申生思輔見寄

그대는 무슨 즐거움이 있기에 之子有何樂

오랜 가난에도 오히려 얼굴이 좋은가 長貧猶好顏

방공은 성시에 들어간 적이 없고[430] 龐公不入府

사자는 산수를 유람하기 좋아하였네[431] 謝子喜遊山

430 방공(龐公)은……없고 : 방공은 후한(後漢) 말기 양양(襄陽)의 은사(隱士)인 방덕(龐德, ?~?)을 가리키는 것으로, 자는 자어(子魚)·상장(尙長)이다. 제갈량(諸葛亮)의 스승이자 방통(龐統)의 삼촌이며, 사마휘(司馬徽)·서서(徐庶) 등과 교유하며 세상사를 논하였다. 일찍이 현산(峴山)의 남쪽으로 들어가 성시(城市)에는 들어가지 않고 부부가 서로 손님처럼 공경하며 살았다. 당시 형주 자사(荊州刺史)로 있던 유표((劉表)가 여러 차례 초빙하였으나 응하지 않자 직접 찾아가, "당신은 자기 몸 하나는 보전하면서 어째서 천하는 보전하지 않는 것이오?"라고 물었다. 이에 방덕이 미소 지으며, "큰 기러기는 높은 나무 위에 둥지를 짓고 살면서 저녁이면 그곳에 깃들고, 큰 거북은 깊은 못 아래에 굴을 파고 저녁이면 그곳에서 쉽니다. 대저 취사선택과 행동거지 또한 사람의 둥지이자 굴입니다. 장차 각자 깃들고 쉴 따름이지 천하는 보전할 바가 아닙니다."라고 하였다. 유표가 다시 "자손에게 무엇을 물려주려 하오?"라고 묻자 방덕은 "남들은 위태로운 부귀를 물려주지만 나는 편안한 농사짓기를 물려주려 하오."라고 하였다. 이후 벼슬하기를 여러 번 청하였으나 거절하고, 마침내 녹문산(鹿門山)에 들어가 약초를 캐면서 생을 마감하였다. 《後漢書 卷83 逸民列傳 龐公》

431 사자(謝子)는……좋아하였네 : 사자는 중국 남북조시대의 산수시인 사령운(謝靈運, 385~433)을 가리킨다. 사령운은 동진(東晉)의 명문가 출신으로, 강락공(康樂公)의 봉작을 계승하고 관직이 상국종사중랑(相國從事中郎)까지 올랐다. 그러나 동진이 망하고 유송(劉宋)이 들어서면서 후작(侯爵)으로 강등되고 태자좌위솔(太子左衛率)·영가 태수(永嘉太守) 등에 임명되었다. 이에 불만을 품고 고향으로 돌아가 원림을

돌덩이 떨어지니 강물 소리 날카롭고	石落江聲厲
연기 피어오르니 골짝의 숲 둥그렇네	烟生峽樹團
조각배에 방달한 뜻 담아서	扁舟容放達
신선의 골짝에 함께 오르네	仙洞共躋攀

가꾸거나 기묘한 경치를 찾아 산수를 유람하러 다니는 데 힘썼다. 문제(文帝) 때 비서감(秘書監)을 거쳐 시중(侍中)・임천내사(臨川內史)에 올랐으나 역시 정무를 돌보지 않고 산수를 유람하거나 밤낮없이 연회를 즐기다가 면직되었다.

배안에서 비를 만나 바위와 나무 사이로 자리를 옮겨 쉬었다. 먼저 두 명의 어동이 강가에 그물을 펼쳐놓은 것이 있어서 이에 물고기를 사고 술을 데워서 즐겼다
舟中遇雨 移憩巖樹間 先有二漁童發宿罟江澨 仍市魚烹酒爲樂

골짝 터져 강물 내달리고 하늘 가득 비 내리는데 峽坼江奔雨滿天
가벼운 배 유유하게 운무 속으로 들어가네 輕舟容與入雲烟
유인은 취하고자 술잔 어지러이 돌고 遊人欲醉杯樽亂
고기잡이를 만나니 대삿갓 원을 그리며 모이네 漁子相逢篛笠圓
오래된 나무는 재목이 아니라 이렇게 늙었는데 古木不材如許老
아슬아슬 바위는 무슨 재주로 오래 매달려있나 危巖何術得長懸
신선은 돌아가고 학도 날아간 것 천 년 전 일인데 仙歸鶴去千年事
또 절벽 앞서 외로운 지팡이에 기대어 서네 且倚孤笻絶壁前

어떤 바위 하나가 허공에 매달려 떨어질 것 같았는데, 예로부터 '우화석(羽化石)'이라고 전해 내려왔으니 곧 우륵(于勒)[432]이 학을 길들이던 곳이었다고 한다.

432 우륵(于勒) : ?~? 가야국(伽倻國)의 악성(樂聖)으로, 가실왕(嘉實王)의 뜻을 받들어 십이현금(十二絃琴), 즉 가야금을 만들고 12곡을 지었다. 나라가 어지러워지자 551년(진흥왕12)에 신라에 투항하였는데, 그의 연주를 듣고 감동한 진흥왕이 충주(忠州)에서 살게 하였다. 이후 제자들에게 각각 가야금・노래・춤을 가르쳤으며, 이후 가야금곡이 궁중 음악이 되었다. 금휴포(琴休浦)와 탄금대(彈琴臺) 등 충주에는 그의 일화에서 비롯한 지명이 많다.

신생[433]이 단구[434]로 들어간다기에 그의 부채에 써서 이별하였다

申生入丹丘 書其扇爲別

날 때부터 소탈한 성품이라	自是踈寒性
애당초 초췌한 낯빛 아니었네	初非憔悴顔
띠풀 베어 맑은 물 위에 집을 짓고	誅茅臨白水
약초 캐러 푸른 산으로 들어가네	采藥入靑山
골짝 바위는 외로운 뿌리가 멀리 뻗어 있고	峽石孤根逈
황폐한 마을은 아련한 빛이 뭉쳐있네	村蕪遠色團
가벼운 배를 나 또한 가지고 있으니	輕舟吾亦有
신선의 자취를 다시 더듬어보려 하네	仙躅擬重攀

433 신생(申生) : 앞의 시에 나온 신사보(申思輔)를 가리키는 것으로 보인다. 신사보에 대한 자세한 사항은 알 수 없다.

434 단구(丹丘) : 충청북도 단양(丹陽)의 별칭이다. 원래 신선들이 산다는 전설적인 땅의 이름으로, 단양을 선계(仙界)에 비유한 것이다.

가대인의 〈옥순봉[435] 아래에 이르러 배를 매고 조망하다〉에 갱화하여 지었다

賡和家大人至玉笋峯底維舟眺望作

창주[436]에 비 지나니 푸르름 가이 없고 滄洲過雨碧無津
고운 날 산들바람 부니 사람을 취하게 하네 麗日輕風醉殺人
모래 따스하니 오리와 갈매기가 배를 영송하고 沙暖鳧鷖迎去棹
산 깊으니 고라니와 사슴이 사람들과 섞여 사네 山深麋鹿混居民
아스라한 건곤엔 원기가 떠있고 乾坤莽蕩浮元氣
빽빽한 풀숲엔 귀신이 있네 草木森沉有鬼神
옥순봉이 이리 좋을 줄 생각지도 못했으니 玉笋不圖如許好
강을 굽어 한 번 웃다가 두건을 떨어뜨렸네 臨江一笑落吾巾

435 옥순봉(玉笋峯) : 충청북도 단양(丹陽) 근처를 흐르는 남한강의 남쪽 강변에 솟아있는 바위산의 이름이다. 네댓 개의 석봉(石峯)이 마치 죽순처럼 솟아있다 해서 생긴 이름이며, 퇴계(退溪) 이황(李滉)이 단양 군수로 재직할 때 지었다고 한다. 단양팔경(丹陽八景)의 하나이다.

436 창주(滄洲) : 물가라는 뜻으로, 물가의 수려한 경치나 은자(隱者)의 거처 등을 지칭하기도 한다.

옥순봉에서 《농암집》[437]에 실린 시의 운을 사용하였다
玉笋峯 用農巖集韻

옥소라는 이름 괜히 얻은 것 아니니 王所得名故不虛
옥소산(玉所山)은 곧 옥순봉(玉笋峯)의 뿌리이다.
예로부터 산중의 옥이 캘 만하다 들었네 舊聞山中玉可采
캐지 않은 옥이 있어 종자가 남아 있다가 有玉不采玉有種
천둥 치고 바람 불던 저녁에 창랑의 모습 변하였네 雷風一夕滄浪改
튀어나온 죽순처럼 강 속에서 솟아오르니 江間湧出如迸笋
밝은 해 붉은 노을 아래 문채가 찬란하네 白日丹霞爛文彩
내 와서 절벽 아래에서 피리를 부는데 我來吹笛絶壁下
선인은 보이지 않고 푸른 솔만 남았네 仙人不見青松在
멀리서 한 잔 술을 날려 선인에게 권하노니 遙飛一酌勸仙人
오늘밤 깃털수레[438] 타고 오기를 게을리 말지어다 今宵羽盖來勿怠
그대 따라 단약을 만들어보고자 하나니 從君欲試鍊玉法
안개 낀 포구에 배를 매고 내 장차 기다리리 維舟烟浦吾將待

437 《농암집(農巖集)》 : 조선 후기의 문신・학자인 김창협(金昌協)의 문집이다.
438 깃털수레 : 깃털로 장식한 수레 덮개로, 여기서는 신선이 타는 수레를 가리킨다.

구담의 벼랑[439]을 처음 보고 지었다

初見龜潭壁有述

붉은 언덕 푸른 벼랑이 영롱함을 머금었으니	丹崖翠壁鎖玲瓏
여악[440] 화봉[441]과 견주어 어느 것이 웅장한가	廬嶽華峯較孰雄
영험한 기운 하늘에 가득해 자주 비 내리고	靈氣一天頻落雨
그윽한 소리 골짝에 있어 절로 바람 일으키네	幽音萬壑自生風
마음이 몽매해져 홍몽[442]의 경계를 분별하지 못하고	冥心未判鴻濛界
이리저리 둘러보며 쪼개고 깎은 솜씨에 놀라네	騁目方驚劈削功
어찌하면 신묘하고 빼어난 골격을 도융하여	安得陶融神秀骨
그와 같은 인걸을 빚어낼 수 있을까	鑄來人傑與渠同

439 구담(龜潭)의 벼랑 : 구담봉(龜潭峰)을 가리키는 것으로, 충청북도 단양에서 제천에 걸쳐있는 산의 이름이다. 물속에 비친 봉우리의 모습이 마치 거북이와 같은 데서 붙여진 이름이며, 단양팔경(丹陽八景)의 하나이다.

440 여악(廬嶽) : 중국 강서성(江西省)에 위치한 여산(廬山)을 가리킨다. 웅장하고 기이한 경관으로 유명하며, 수많은 고승·학자·문인·묵객들이 찾아들어 그와 관련된 유적과 시화(詩畵)가 많이 남아 있다. 성당(盛唐)의 시인 이백(李白)이 읊은 〈여산의 폭포를 바라보면서〔望廬山瀑布〕〉 역시 이곳에서 지어진 것이다.

441 화봉(華峯) : 중국 섬서성(陝西省)에 위치한 화산(華山)을 가리킨다. 중국의 오악(五岳) 중 하나인 서악(西岳)에 해당하며, 오악 중 가장 험준한 산으로 알려져 있다. 경관이 걸출하고, 도교의 성지(聖地)를 비롯한 명소가 많이 남아있다.

442 홍몽(鴻濛) : 천지(天地)가 갈라지기 이전부터 있어 온 우주의 원기(元氣), 혹은 그와 같은 혼돈 상태를 가리키는 말이다.

'고목창등일월혼'[443]으로 운을 나누어 '등' 자를 얻었다
以古木蒼藤日月昏分韻 得藤字

배를 매고 고찰을 오르노라니　　維舟上古寺
걸음걸음 푸른 등 넝쿨을 따라가네　　步步綠青藤
숲속에 경쇠소리 그치니　　中林磬子歇
옥천[444]의 승려가 점심을 먹는 모양　　已飯玉泉僧

443 고목창등일월혼(古木蒼藤日月昏) : 중국 성당(盛唐)의 시인 두보(杜甫)가 지은 〈백제성(白帝城)〉 중 제4구이다.

444 옥천(玉泉) : 옥천암(玉泉庵)을 가리키는 것으로, 단양 구담(龜潭) 근처에 있는 암자의 이름이다.

유생[445]의 '고' 자를 차운하여 구병[446]을 읊었다
次兪生高字 賦龜屛

천 개의 봉우리 만났다 멀어졌다 거룻배를 이끄는데 千峯離合引輕舠
가파른 절벽 우뚝 솟아 뭇 언덕을 압도하네 峭壁崢嶸壓衆臯
모래밭에서 옆으로 보았을 땐 까마득하더니 沙際側看方縹緲
배 안에서 높이 올려다보니 홀로 웅장하구나 舟中高眺獨雄豪
밝고 밝은 제좌[447]엔 북두성이 반짝이고 明明帝座黐星斗
깊고 깊은 신선의 거처엔 깃발이 흩어져있네 穆穆仙居散節旄
칠월의 강가엔 가을 기운 닥쳐왔는데 七月江干秋氣薄
다만 높이를 다툴 힘 없을까 걱정이네 直愁無力可爭高

445 유생(兪生) : 유성기(兪盛基)를 가리키는 것으로, 자세한 사항은 알 수 없다.

446 구병(龜屛) : 단양팔경의 하나인 구담봉(龜潭峰)의 이칭이다.

447 제좌(帝座) : 자미성(紫微星)을 가리키는 것으로, 북두성(北斗星)의 동북쪽에 벌여있는 15개의 별 가운데 하나이다. 별들의 제왕으로 모든 별을 다스리는 별이라고 알려져 있으며, 따라서 천자(天子)를 상징하는 별이기도 하다. '제좌'라는 이름은 이에서 비롯하였다.

자유[448]의 '급' 자를 차운하였다
次子游急字韻

구담을 나가 옥순으로 들어가려 하니 龜潭欲出玉笋入
동남쪽 골짝 어귀에 봉우리가 모여있네 東南峽口峯巒集
백로 날아오르는 절벽의 나무 푸르고 鴛鷺翻飛崖木淸
어룡 잠긴 드넓은 강엔 파도가 이네 魚龍浩蕩江濤立
물가에 내린 음산한 구름 돛처럼 크더니 雲陰落渚大如帆
몰아치는 소낙비 빠르게 산을 에워싸네 飛來白雨圍山急
산천의 모습 변하는 것 순식간인데 烟霞變態須臾間
안타까워라 부지런히 주워 담을 웅건한 필력 없음이 惜無健筆勤收拾

448 자유(子游) : 남유용(南有容)의 서종숙(庶從叔)인 남한륜(南漢綸)의 자이다. 남한륜에 대한 자세한 사항은 알 수 없다.

유생의 〈추사〉를 차운하였다
次兪生秋思

고요한 물가에 가을 구름 아득하고 渚靜秋雲杳
깊숙한 정자에 이슬 기운 싸늘하네 亭深露氣凄
배 안에는 물새가 서있고 舟中江鳥立
평상 아래에선 풀벌레가 우네 牀下草虫啼
술 마시는 실력은 내가 아직 한창인데 酒力吾猶健
시 읊는 소리는 자네가 더 높구려 詩聲爾不低
평생 유유자적하려는 뜻으로 優游百年意
그윽한 은거지 찾으려 노력하세나 努力問幽棲

거문고를 타는 소후유[449]에게 주다

贈彈琴蘇后由

〈보허사〉[450] 한 곡조로 신선을 불러 내리고	步虛一曲下神仙
현포[451]의 창창함을 오현금[452]에 실어내네	玄圃蒼蒼寫五絃
골짝을 오르는 한 척의 배로 구월의 가을날	上峽孤舟秋九月
군과 함께 구담 도담을 훨훨 날리라 기약하네	期君龜島與翩翩

449 소후유(蘇后由) : 1695~? 본관은 진주(晉州)이며, 자는 영숙(穎叔)이다. 1721년(경종1) 생원에 합격하였으며, 그 외 자세한 사항은 알 수 없다. 《辛丑聖上卽位增廣別試司馬榜目》

450 〈보허사(步虛詞)〉 : 악곡(樂曲)의 이름이다. 원래의 이름은 〈보허자(步虛子)〉인데, 관악기 중심의 〈보허자〉와 구분하여 거문고나 가야금 같은 현악기로만 연주하는 것은 〈보허사〉라고 부르게 되었다. '보허(步虛)'는 '허공을 밟는다.'는 뜻으로, 신선을 의미한다.

451 현포(玄圃) : 곤륜산(崑崙山)의 정상에 있다는 신선(神仙)의 거처로, 온갖 기이한 꽃들과 바위들로 가득 차 있으며 금대(金臺)와 옥루(玉樓)가 있다고 한다.

452 오현금(五絃琴) : 줄이 5개인 거문고로, 중국 고대의 순(舜) 임금이 처음으로 만들어서 탔다고 한다.

첨사 곽서적[453]의 강정에 제하였다

題郭僉使庶績江亭

누각의 거처는 이리도 잘 경영하면서	樓居有此經營好
벼슬은 웅번[454]을 절제하는 자리도 가벼이 여기네	仕宦輕他節制雄
뜰은 물가와 뭍을 반씩 가르고	庭割汀洲一分半
창은 바람과 물 사이로 나있네	牕臨風水二之中
글 짓는 것은 비록 산양자[455]만 못하나	著書縱未山陽子
밭에 물주는 것은 외려 한북옹[456]만 하다네	灌圃猶應漢北翁

453 첨사(僉使) 곽서적(郭庶績) : ?~? 조선 후기의 무신이다. 《영조실록》 즉위년(1724) 9월 23일의 기사에, "곽서적(郭庶績)을 부호군(副護軍)에 부직(付職)하였다."라는 기록이 있으며, 2년 9월 17일의 기사에 '전 첨사(僉使) 곽서적'이라는 기록이 있다. 그 외 자세한 사항은 알 수 없다. 첨사는 '첨절제사(僉節制使)'의 약어로 종3품(從三品)의 무관직이다.

454 웅번(雄藩) : 나라를 지키는 데 중요한 커다란 번진(藩鎭)이라는 뜻으로, '웅진(雄鎭)'이라고도 한다.

455 산양자(山陽子) : 중국 당나라의 문장가이자 사상가인 한유(韓愈, 768~824)를 가리킨다. 한유는 36세인 803년에 감찰어사(監察御使)가 되었는데, 이때 경조윤(京兆尹) 이실(李實)의 폭정을 탄핵하였다가 도리어 덕종(德宗)의 노여움을 사서 산양 현령(山陽縣令)으로 좌천된 바 있다.

456 한북옹(漢北翁) : 《장자(莊子)》 〈천지(天地)〉에 나오는 노인을 가리키는 것으로, 다음과 같은 이야기가 실려 있다. 공자(孔子)의 제자 자공(子貢)이 초(楚)나라를 여행하고 진(晉)나라로 돌아오는 길에 한음(漢陰)이란 곳을 지나게 되었다. 한 노인이 땅을 파서 길을 뚫고 우물에 들어가 물을 항아리에 길어서는 안고 나와 밭에 물을 댔는데, 끙끙대면서 힘은 많이 쓰지만 효과는 적었다. 이에 자공이 "두레박이라는 기계(機

하루 종일 술동이 열어 손 붙잡고 마시며　　長日開樽留客飮
소년 시절 관동에서 즐거이 놀았던 이야기 하네　　少年行樂說關東

械)를 사용하면 하루에 백 이랑의 밭에 물을 댈 수 있는데, 어른께서는 써보고 싶지 않습니까?"라고 하였다. 그러자 노인이 화를 내고 비웃으며 말하기를, "내가 스승에게서 들으니, '기계가 있는 자는 반드시 기사(機事)가 있게 되고, 기사가 있으면 반드시 기심(機心)이 있게 되고, 기심이 가슴 속에 있으면 순백(純白)이 갖추어지지 않고, 순백이 갖추어지지 않으면 신생(神生)이 안정되지 않고, 신생이 안정되지 않으면 도(道)가 깃들지 않는다.'라고 하셨다. 내가 편리함을 모르는 것이 아니라 부끄러워서 사용하지 않을 뿐이다."라고 하였다. 이에 자공이 부끄러워 아무 말도 하지 못하였다고 한다.

상사 이중량[457] 명채 을 곡하다

哭李上舍仲亮 命采

그만이로다 성경[458]이 죽고	已矣成卿死
애달파라 중량도 떠나버렸네	哀哉仲亮亡
외로운 배 위 파수[459] 어귀의 나그네가	孤舟巴口客
저 멀리 흰 구름 향해 통곡하누나	慟哭白雲長

457 이중량(李仲亮) : 이명채(李命采, 1703~1733)를 가리키는 것으로, 중량은 그의 자이다. 본관은 연안(延安)이며, 1721년(경종1)에 생원에 합격하였다. 그 외 자세한 사항은 알 수 없다.

458 성경(成卿) : 이명채의 형 이명집(李命集, 1698~1724)의 자이다. 1723년(경종 3) 진사에 합격하였다. 그 외 자세한 사항은 알 수 없다.

459 파수(巴水) : 지금의 청풍호(青風湖)가 자리한 곳에 흐르던 남한강의 옛 이름이다.

유문[460]을 그리워하며

有懷孺文

지난날 친구와 헤어질 때	故人他日別
시든 국화 마당 절반에 황량했었지	老菊半庭荒
나뭇잎 다 지니 산에 달빛 가득하고	木落山多月
시냇물 마르니 바위에 서리 내렸네	川虛石有霜
제비와 기러기 같은 신세[461] 수심 이미 지극한데	燕鴻愁已極
귀뚜라미 우는 밤은 어쩌면 그리도 긴지	蟋蟀夜何長
진중하게 시를 쓰고 가며	珍重題詩去
그윽한 기약 근교[462]로 정해두었네	幽期在莽蒼

460 유문(孺文) : 김순택(金純澤, 1714～?)의 자이다.

461 제비와……신세 : 멀리 떨어져서 만나지 못하는 아쉬움을 말한다. 제비는 여름 철새이고 기러기는 겨울 철새이기 때문에 서로 만나지 못하는 슬픔을 비유하는 말로 자주 쓰인다.

462 근교(近郊) : 원문의 '망창(莽蒼)'은 푸릇푸릇한 근교의 경치라는 뜻으로, 아스라이 바라보이는 그리 멀지 않은 거리를 말한다. 《장자(莊子)》 〈소요유(逍遙遊)〉에 "망창을 가는 자는 세 끼 먹을 양식만 가지고 갔다 와도 배가 여전히 부르다."라고 한 데서 나온 말이다.

《속수집》[463]의 운을 써서 지은 시 2수를 김유문과 이광문 연 에게 주었다

用涑水集中韻二首 與金孺文李廣文 演

일찍이 어르신 모시고 응청각[464]에서 잔치하였으니 曾陪杖屨燕凝淸
누각에서 하룻밤 묵었던 정 아직도 기억나네 尙記樓中一宿情
열 길 오동나무에 밤비가 우는데 十丈梧桐鳴夜雨
두건을 젖혀 쓰고 물가에서 가을이 드는 것을 보네 岸巾洲渚看秋生

두 번째 其二

옥순봉 동남쪽 물과 바위 맑은 곳 玉笋東南水石淸
외로운 배 한 척에 백 년 우정 매여 있네 孤舟一繫百年情
봄이 오면 샘의 근원 찾아갈 터이니 春來準擬尋源去
벌써 은근한 기약[465]을 두 벗에게 부치네 已把幽期托二生

463 《속수집(涑水集)》: 중국 북송의 문신이자 역사학자인 사마광(司馬光, 1019~1086)의 문집 이름이다.

464 응청각(凝淸閣): 충청북도 청풍(淸風)에 있는 누각의 이름이다.

465 은근한 기약: 함께 유람가자는 기약을 의미한다.

지산옹[466]에 대한 만사

芝山翁輓

파수는 아스라이 흐르고 객은 누대에 기댔는데	巴水迢迢客倚樓
오경의 별과 달이 창주에 일렁이네	五更星月動滄洲
가을밤에 사람을 그리워하는 나의 말을 외우고	誦吾秋夜懷人語
봄바람에 골짝을 오르는 그대의 배를 맞이했었지	邀子春風上峽舟
차마 아름다운 약속을 없었던 일로 만들랴	忍使佳期作烏有
참으로 하얗게 센 머리로 부구공[467]을 만나서	眞將白髮接浮丘
선삼[468]에 우개[469] 타고 훌쩍 올라가	蟬衫羽盖翛然擧
진세를 굽어보며 웃음을 그치지 않으시리	俯視塵間笑不休

466 지산옹(芝山翁) : 남유용(南有容)의 서종조(庶從祖)인 남성중(南聖重, 1666~?)을 가리킨다. 남용익(南龍翼)의 서자로, 자는 중용(仲容)이며 호는 범수(泛叟)이다. 1711년 정사 조태억(趙泰億)·부사 임수간(任守幹)·종사관 이방언(李邦彦) 등 통신사 일행이 덕천가선(德川家宣)의 습직(襲職)을 축하하기 위해 일본을 방문하였을 때, 종사관 서기(從事官書記)로 사행에 참여하였다. 사행 당시에는 부사과(副司果)였으며, 이후 서관 첨사(西關僉使)를 지냈다.

467 부구공(浮丘公) : 전설 속 선인(仙人)의 이름으로, 부구자(浮丘子) 또는 호구자(壺丘子)라고도 한다. 황제(黃帝) 때 사람이라고도 하고 주(周)나라 영왕(靈王) 때 사람이라고도 하는데, 영왕의 아들 태자 진(晉)과 함께 학을 타고 생황을 불며 숭산(嵩山)에서 노닐었다고 한다. 《太平府志》

468 선삼(蟬衫) : 매미 날개처럼 얇고 아름다운 옷으로, 여기서는 신선의 옷을 의미한다.

469 우개(羽盖) : 새의 깃털로 장식한 수레 덮개로, 전하여 신선의 수레를 의미한다.

군자 1수 갑인년(1734, 영조10)

君子一首 甲寅

군자는 신독[470]을 귀히 여기며	君子貴愼獨
명과 성[471]은 이에 도의 근원이라	明誠乃道根
혼자 섰을 때에는 그림자에 부끄럽지 않게 하고	獨立不慚影
혼자 잘 때에는 나의 넋에 부끄럽지 않게 하네[472]	獨寢不慚魂
내가 이 가르침을 좋아하여	而我樂斯訓
행동할 때 항상 돈독히 힘썼기에	周旋恒所敦
비록 날로 새로워지는[473] 공은 없으나	雖無日新功

470 신독(愼獨) : 혼자 있을 때에도 도리에 어긋나지 않게 행실을 삼간다는 말로, 《중용장구(中庸章句)》 제1장에서 나온 말이다. "도라는 것은 잠시도 떠날 수 없는 것이니, 떠날 수 있으면 도가 아니다. 그러므로 군자는 남이 보지 않는 곳에서도 경계하고 삼가며, 남이 듣지 않는 곳에서도 걱정하고 두려워한다. 숨기는 것보다 더 드러나는 것이 없으며 미세한 것보다 더 나타나는 것이 없으니, 이런 까닭에 군자는 자기 혼자 있을 때를 삼가는 것이다."라고 하였다.

471 명(明)과 성(誠) : 《중용장구》 제21장에 "성(誠)으로 말미암아 밝아짐을 '성(性)'이라 이르고 명(明)으로 말미암아 성실해짐을 '교(敎)'라 이르니, 성실하면 밝아지고 밝아지면 성실해진다."라고 하였다. 성(誠)은 성실히 하는 것으로 행(行)에 해당하고, 명(明)은 이치를 밝히는 것으로 지(知)에 해당한다.

472 혼자 섰을……하네 : 중국 북제(北齊)의 학자 유주(劉晝, 514~565)가 저술한 《유자신론(劉子新論)》 〈신독(愼獨)〉에서 나온 말로, "혼자 섰을 때에는 그림자에 부끄럽지 않게 하고, 혼자 잘 때에는 이불에 부끄럽지 않게 해야 한다.〔獨立不慚影, 獨寢不慚衾.〕"라고 하였다. 시의 운(韻) 때문에 마지막 글자인 '금(衾)'을 '혼(魂)'으로 바꾼 것으로 보인다.

외물의 유혹을 따라 치달림은 거의 끊었네	庶絶外誘奔
오늘밤에 홀연 꿈을 꾸었는데	今宵忽有夢
꿈꾼 것이 내가 생각하던 바 아니라	所夢匪思存
옷을 걸치고 한밤중에 일어나	披衣中夜起
가만히 꿈의 근원을 살펴보았네	嘿省夢所原
도심이 은미하여[474]	毋乃道心微
사이사이 사악한 기미[475]의 교란을 당하고	間被惡幾棼
살필 수 있는 힘이 없어	由無克察力
적시고 태우듯 틈을 타서 일어난 것 아니겠는가	闖發如浸焚
원컨대 사악함을 베어내는 검을 얻어서	願得斬邪劒
그것으로 천군[476]을 받들었으면	持以奉天君

473 날로 새로워지는 : 원문의 '일신(日新)'은 중국 은(殷)나라 탕(湯) 임금의 목욕 그릇에 새겨져 있던 말로, "진실로 어느 날 새로워졌거든 나날이 새로워지고 또 나날이 새로워져야 한다.〔苟日新, 日日新, 又日新.〕"라고 하였다. 이는 몸을 씻어서 때를 없애듯 마음을 씻어서 악(惡)을 제거하여, 날로 새로워지기를 간단(間斷) 없이 해야 한다고 경계한 것이다. 《大學章句 傳2章》

474 도심이 은미하여 : 《서경》〈우서(虞書) 대우모(大禹謨)〉에서 나온 말로, "인심은 위태롭고 도심은 은미하니, 오직 정밀하고 일관되게 하여야 진실로 그 중도(中道)를 잡을 것이다.〔人心惟危, 道心惟微, 惟精惟一, 允執厥中.〕"라고 하였다.

475 사악한 기미 : 중국 북송의 철학자인 주돈이(周敦頤, 1017~1073)는 《통서(通書)》〈성기덕(誠幾德) 3〉에서 "성은 아무 것도 함이 없으나 기미에는 선과 악이 있다.〔誠無爲, 幾善惡.〕"라고 하였다. 주자(朱子)는 이에 주를 달아 "기라는 것은 처음 발동할 때의 미세한 움직임이니, 선과 악이 이때부터 나누어지게 된다.〔幾者, 動之微, 善惡之所由分也.〕"라고 하였다.

476 천군(天君) : 마음을 가리키는 것으로, 마음이 사람의 육신을 다스리는 임금이라는 데서 나온 말이다.

양지 · 대경 · 유문과 함께 밤에 연초헌에 모여서 지었다

同養之大卿孺文宵集燕超軒有作

사흘은 화창하고 하루는 흐리더니 三日淸和一日陰
점점 봄기운이 앙상한 숲에 붙는 것 보이네 漸看春氣着踈林
동산의 싹 조금씩 꿈틀대는데 진흙 아직 미끄럽고 園芽稍動泥猶滑
칩거하다 막 놀랐는데 따뜻함이 깊어지려 하네 戶蟄初驚暖欲深
게으르고 졸렬하니 어찌 당대의 계책을 알겠는가 懶拙豈知當世策
유유자적하며 그저 벗의 마음을 얻을 따름이라 優游聊得故人心
파수 골짜기에 배 띄우자는 아름다운 약속 있으니 孤舟巴峽佳期在
사랑하고 좋아하는 이와 손잡고 가자는[477] 말 잊지 말기를 携手無忘惠好音

477 사랑하고……가자는 : 《시경》 〈북풍(北風)〉에서 나온 말로, 제1장을 인용하면 다음과 같다. "북풍이 차갑게 불어오며 함박눈이 펑펑 내리도다. 사랑하여 나를 좋아하는 이와 손잡고 함께 길을 가리라. 여유 있으며 느리게 할 수 있으랴. 이미 급박하게 되었도다.〔北風其涼, 雨雪其雱. 惠而好我, 攜手同行. 其虛其邪, 旣亟只且.〕" 이 시는 원래 나라가 어지러울 때 서로 좋아하는 사람과 함께 난리를 피해 은거하고자 하는 마음을 표현한 것이나, 여기서는 좋은 벗과 함께 자연을 찾아 유람하고픈 마음을 표현하였다.

구담·도담에 가자는 약속을 한지 오래되었으나 비에 막혀 출발하지 못하였는데 오늘밤에 비로소 날씨가 쾌청해지니 기쁜 마음이 들어 지었다

久寘龜島之期 阻雨未發 今宵始得快晴 喜而有述

내일 구담에 가기로 했는데	明日龜潭事
오늘밤에 오랜 비가 걷혔네	今宵積雨開
화탄[478]에는 커다란 바위 엎드려 있고	花灘危石伏
괴항[479]에는 매여 있던 배 돌아오네	槐港滯舟迴
누대가 머니 비로소 피리 소리 빗겨오고	樓逈初橫笛
산이 추우니 자주 술잔을 드네	山寒數擧杯
물가에 달 뜨는 것 보려고	爲看汀月出
내키는 대로 푸른 이끼를 밟고 가네	隨意步靑苔

478 화탄(花灘) : 구담봉(龜潭峯) 아래에 있는 여울의 이름이다.

479 괴항(槐港) : 오원(吳瑗)의 《월곡집(月谷集)》 제9권 〈청협일기(淸峽日記)〉에 "괴곡촌의 가장 깊은 곳을 찾아 투숙하였으니, 청풍 땅이었다.〔尋槐谷村最深處, 投宿, 淸風地也.〕"라는 말이 나온다. 괴곡촌 근처에 있는 항구가 아닐까 짐작된다.

배를 타고 단구[480]로 들어가 우 좨주의 사당[481]에 이르렀다
舟入丹丘 至禹祭酒廟

뱃사공도 좨주를 알고 있는데	舟人知祭酒
오래된 사당이 봄 그늘 속에 들었네	古廟入春陰
깎아지른 절벽은 풍상을 겪은 모습이요	絶壁風霜色
외로운 소나무는 날아오르는 신선의 마음이라	孤松羽化心
지경이 텅 비어 천뢰[482]와 합하고	境虛天籟合
마을이 멀어 저녁연기 속에 깊숙하네	村遠夕烟深
지팡이에 기대 전현을 그리워하니	倚杖懷前哲
남은 건 오직 산수의 소리뿐이라네	惟餘山水音

480 단구(丹丘) : 충청북도 단양(丹陽)의 별칭이다.

481 우 좨주의 사당 : 우 좨주(禹祭酒)는 고려 후기의 문신 우탁(禹倬, 1262~1342)을 가리키는 것으로, 성균관 좨주를 지냈기 때문에 우 좨주라고 부른다. 우 좨주의 사당은 충청북도 단양군 적성면 현곡리에 있는 단암서원(丹巖書院)을 가리키는 것으로, 우탁과 이황(李滉)을 배향하였다.

482 천뢰(天籟) : 대자연의 소리를 의미한다.

삼산[483] 아래에 배를 매어놓고 이 우사[484]가 구담에서 지은 시에 거듭 화운하였다

繫舟三山下 重和李羽士龜潭作

서불의 누선이 날듯이 빨리 달려	徐市樓船疾若飛
삼산에 약초 캐러 갔다 돌아오지 않았네[485]	三山采藥去無歸
신선은 다만 기심을 잊은 곳에 있는 법	神仙秪在忘機處
술 취해 배에 누우니 모두가 신선이로다	醉臥舟中盡羽衣

두 번째 其二

세상사 모두 구름 따라 북쪽으로 날아가는데	世事摠隨雲北飛
달빛은 물과 함께 동쪽으로 돌아가지 않네	月光不與水東歸
두어 가락 피리 소리 들리는 강마을 작은데	數聲長笛江村小
밤중에 배를 대니 이슬이 옷을 적시네	夜泊孤舟露濕衣

483 삼산(三山) : 삼산은 원래 바다 속에 있으며 신선이 산다는 삼신산(三神山)을 가리킨다. 여기서는 단양의 도담삼봉(島潭三峰)을 가리키는 것으로 보인다.

484 이 우사(李羽士) : 우사는 원래 도교 수행자를 일컫는 말로, 선인(仙人)은 날개가 있다는 데서 유래하였다. 여기서는 누구를 가리키는지 알 수 없다.

485 서불(徐市)의……않았네 : 중국 진(秦)나라의 시황(始皇)이 불로초(不老草)를 구하기 위해 사방으로 신하들을 보냈으나 목적을 이루지 못하였다. 이에 방사(方士) 서불이 상소를 올려, "저 멀리 바다 건너 봉래(蓬萊)·방장(方丈)·영주(瀛洲)의 삼신산(三神山)에 신선이 사는데, 동남동녀(童男童女)를 데리고 가서 신선을 찾고 불로초를 구해오고자 합니다."라고 하였다. 진시황이 크게 기뻐하며 동남동녀 3천명과 오곡(五穀)의 종자 및 각종 장인(匠人)들의 제품을 주어 구해오게 하였으나 다시는 돌아오지 않았다고 한다.

은주암[486]에 쓰다

書隱舟巖

삼산에 신선이 보이지 않아	三山仙不見
다시 이곳에서 찾아보네	更向此中求
선학[487]이 멀리 떠난 줄 알지 못하고	不知笙鶴遠
종일토록 편주를 매어놓았네	終日繫扁舟

486 은주암(隱舟巖) : 단양(丹陽)의 도담봉(島潭峰) 근처에 있는 바위의 이름이다.

487 선학(仙鶴) : 원문의 '생학(笙鶴)'은 신선이 학을 타고 생황(笙簧)을 연주하는 것으로, 일반적으로 학을 탄 신선을 뜻한다.

저녁에 상선암[488]에 투숙하여서 천식 상인[489]의 두루마리에 제하였다

夕投上仙巖宿 題天湜上人卷子

오래된 골짝에 처음 석장을 날려[490]	古峽初飛錫
어린 나이에 이미 출가하였네	童年已出家
사슴 같은 마음[491]으로 수초를 편안히 여기며	麋心安水草
학과 같은 골격으로 연하에 늙어가네	鶴骨老烟霞
골짝의 나무엔 봄기운 떠있고	谷樹浮春氣
바위 이끼엔 햇볕이 고요하네	巖苔靜日華
선방에서 하룻밤 묵기로 하고	禪房期一宿
그대가 《연화경》 강론하길 기다리네	遲子講蓮花

488 상선암(上仙巖) : 충청북도 단양(丹陽)에 있는 바위의 이름으로, 삼선구곡(三仙九曲)의 상류에 위치하고 있다. 단양팔경 중의 하나이다.

489 천식 상인(天湜上人) : 승려의 이름인 것으로 보이며, 누구인지는 알 수 없다.

490 석장(錫杖)을 날려 : 승려가 자신의 지팡이인 석장을 타고 날아다닌다는 뜻으로, 승려가 사방으로 떠돌아다니며 수행하는 것을 이른다.

491 사슴 같은 마음 : 사슴과 같이 산림에서 한적하게 살고 싶어 하는 마음을 이른다.

수렴동[492] 벽에 쓰다

書水簾洞壁

오래 앉았다 보니 폭포가 있었는지 잊어버리고	坐久已忘瀑
돌아갈 때가 되자 비 오는 줄 걱정하네	欲歸但愁雨
자못 괴이하여라 숲속의 승려는	頗怪林中僧
옷이 젖었는데도 일어나 가지 않네	衣濕不起去

자주(自註). 석실(石室)에 들어가 잠깐이라도 앉아보지 않았다면 이 시를 읽어도 무슨 말인지 이해하지 못할 것이다.

492 수렴동(水簾洞) : 충청북도 단양(丹陽)에 있는 골짝의 이름이다.

응청각[493]에서 묵었다

宿凝淸閣

파수의 물 겹겹이 쌓여 넘실대는데	巴水積相蕩
병산[494]은 가벼워 뜨려고 하네	屛山輕欲浮
아무쪼록 한밤중에 일어나	直須中夜起
달빛 따라 맑은 물결 굽어봐야지	隨月俯淸流

493 응청각(凝淸閣) : 충청북도 청풍(淸風)에 있는 누각의 이름이다.

494 병산(屛山) : 청풍에 있는 금병산(錦屛山)을 가리킨다.

백옥과 대경이 배를 타고 이르렀기에 북진[495]에서 함께 배를 띄워 수혈[496]을 찾아갔다

伯玉大卿浮舟而至 共泛北津探水穴

협곡을 따라 오르니 파강이 멀어지고	上峽巴江逈
모래톱 가까워지니 금악[497]이 활짝 열리네	前洲錦嶽開
마을엔 연기 피어오르고 꽃과 버들 고요한데	村烟花柳靜
이 좋은 봄날에 벗이 찾아왔다네	春日友朋來
지팡이 짚고 바위틈 샘 엿보다가	倚杖窺巖溜
옷을 풀어헤치고 바위 이끼에 앉았네	披衣坐石苔
해질 무렵 작은 배로 돌아와	暝歸還小艇
넘치는 술잔 들어 서로 권하네	相屬有深杯

495 북진(北津) : 충청북도 청풍(淸風)을 가로질러 흐르는 남한강을 일컫던 이름이자 나루의 이름이기도 하다.

496 수혈(水穴) : 금병산(錦屛山)에 있는 동굴 중의 하나를 가리키는 것으로, 《뇌연집(雷淵集)》 제14권 〈동유소기(東遊小記) 병산(屛山)〉에 "봄물이 이르면 작은 배를 타고 풍암(風巖) 수혈(水穴)을 찾아간다."라는 말이 보인다.

497 금악(錦嶽) : 금병산(錦屛山)을 가리킨다.

옥순봉에서 '고' 자를 얻었다
玉笋峯得古字

깎은 듯한 돌은 누가 도끼질하였으며　石之劖誰爲斧
네모난 돌은 누가 짧게 잘랐나　石之楞誰爲短
짙푸른 것이 처음엔 높은 산과 뒤섞였더니　蒼蒼始混群巒秀
웅장한 모습 차츰 고색창연한 세 봉우리 보이네　落落漸得三峯古
떨어졌다가 합하였다가 정해진 모양 없고　一離一合無定態
배를 따라 오르락내리락 보이는 모습 다르네　隨舟上下異所覩
두 번째 봉우리 특히 기이하고 빼어나니　第二之峯特奇秀
꼿꼿하기가 의관을 정제하고[498] 선부[499]에 조회하는 듯하네　矯如冠珮朝仙府
높고 험해 파도의 침식 입지 않고　崟岈不受濤波嚙
깊고 어두워 마치 신령이 모여 있는 듯하네　窈冥若有神靈聚
내 탁영[500]을 비웃으니 다만 기이한 것을 좋아할 뿐　我笑濯纓徒好奇
눈앞의 여의주를 주워 담지 않았네　眼中驪珠不拾取
은성과 골암에 문장을 낭비하였으니[501]　隱城鶻巖費文章

498 의관(衣冠)을 정제하고 : 원문의 '관패(冠佩)'는 벼슬아치들이 착용하는 의관(衣冠)과 패옥(佩玉)으로, 전하여 벼슬아치를 비유하기도 한다.

499 선부(仙府) : 옥황상제가 다스린다는 천상의 신선 세계를 이른다.

500 탁영(濯纓) : 조선 전기의 학자이자 문신인 김일손(金馹孫, 1464~1498)의 호이다.

501 은성과……낭비하였으니 : 김일손이 〈이요루기(二樂樓記)〉를 지어 단양의 아름

구구한 소인이 부질없이 자꾸 따지네　　區區小兒空復數
일찍이 알았네 풍류를 즐기는 맹 참군[502]은　　早識風流孟參軍
선학이라 닭이나 오리와 같은 무리 아니라는 걸　　仙鶴故非鷄鶩伍
강을 굽어 공읍[503]하는 것이 마치 객에게 숙배하는 듯하니[504]
臨江拱揖如肅客
장차 배를 매고 안개 낀 포구에 묵을 만하겠네　　且可維舟宿烟浦

다운 경치를 칭송하면서, 특히 은성(隱城)과 골암(鶻巖)의 경치를 극찬한 것을 가리킨다. 은성은 단양에 있는 가은암산(可隱巖山)의 암릉(巖陵)에 석축한 석토성(石吐城)인 가은암 산성(山城)을 가리키며, 골암은 역시 단양에 있는 바위인 서골암(棲鶻巖)을 가리킨다.

502 풍류를……맹 참군(孟參軍) : 맹 참군은 중국 동진(東晉) 때 환온(桓溫)의 참모였던 맹가(孟嘉, ?~?)를 가리킨다. 정서장군(征西將軍) 환온이 중구절(重九節)에 용산(龍山)에서 주연을 베풀었는데, 참군의 신분으로 참석한 맹가가 국화주에 취한 나머지 바람에 모자가 날아가는 것도 알아채지 못하고 몇 가닥 안 되는 머리칼을 넘기며 주연을 즐겼다. 환온이 그의 행동을 보고자 주위 사람들에게 말하지 말게 하고, 한참 후 맹가가 화장실에 가자 손성(孫盛)에게 맹가를 조롱하는 글을 짓게 하여 모자와 함께 자리에 붙여 두었다. 맹가가 돌아와서 보고는 즉석에서 답하는 글을 지었는데, 그 글이 매우 아름다워 모두 맹가의 문장과 풍류에 감탄하였다고 한다. 《晉書 卷98 桓溫列傳 孟嘉》

503 공읍(拱揖) : 두 손을 모아 눈썹 가까이 올린 후 허리를 공손하게 굽혔다 펴는 인사법이다.

504 객에게 숙배(肅拜)하는 듯하니 : 《예기(禮記)》 〈곡례 상(曲禮上)〉에 "주인이 들어가서 자리를 정돈하겠다고 청한 뒤에 방에서 나와 객을 맞이하는데, 이때 객이 고사하면 주인이 숙객(肅客)하고 들어간다.〔主人請入爲席, 然後出迎客, 客固辭, 主人肅客而入.〕"라는 구절이 나온다. '숙객'의 '숙'을 '진(進)'의 뜻으로 보아 손님을 인도한다고 해석하기도 하고 손을 낮추어 읍(揖)을 한다는 뜻으로 보아 손님에게 숙배한다고 해석하기도 하는데, 여기서는 후자의 뜻으로 쓰인 것으로 보인다.

탁영(濯纓)에 관한 일은 본집(本集)[505]의 〈이요루기(二樂樓記)〉에 자세하게 나와 있다.

505 본집(本集) : 김일손(金馹孫)의 《탁영집(濯纓集)》을 가리킨다.

강선대[506]에서 '청' 자를 얻었다

降仙臺得青字

무엇이 괴이하랴 단구 골짜기의	不怪丹丘峽
뭇 봉우리가 한결같이 푸른빛인 것이	群峯一色青
향기로운 풀로 뒤덮인 낭자의 무덤이요[507]	女娘芳草墓
하얀 띠풀로 엮은 거사의 정자라	居士白茅亭
봄이 저무니 새들이 지저귀고	春晚鳥相語
강이 텅 비니 구름이 머물지 않네	江虛雲不停
신선을 앉아서 기다릴 만한데	神仙可坐俟
대 아래에 또 배가 비끼어있네	臺下且橫舲

506 강선대(降仙臺) : 충청북도 단양에 있는 기암절벽의 이름으로, 가은암산(可隱岩山)의 아래에 자리하고 있다. 경치가 아름다워 선녀들이 내려와서 목욕하고 놀다가 승천하곤 하였다는 데서 생긴 이름이다.

507 향기로운……무덤이요 : 퇴계(退溪) 이황(李滉)이 단양 군수(丹陽郡守)로 있을 때 그곳의 관기(官妓) 두향(杜香)과 정을 나누었는데, 두향은 거문고를 잘 타고 난초를 잘 그려 퇴계가 그를 묵객(墨客)으로 대하였다고 한다. 퇴계가 단양을 떠나게 되자 두향은 기적(妓籍)에서 빠져서 퇴계와 함께 노닐던 강선대 아래 초막을 짓고 혼자 살았으며, 젊은 나이에 죽으면서 강선대 아래 묻어달라고 유언하여 그곳에 묻혔다고 한다.

도담에 들어가서 '산하고연원촌'[508]으로 운을 나누어 '하' 자를 얻었다

入島潭 以山下孤烟遠村分韻 得下字

온갖 물줄기 파수 어귀에서 만나니	衆流會巴口
봄물이 들판보다 많고	春水多於野
베개에 기대 청산을 바라보노라니	欹枕看靑山
작은 배가 말보다 편하구나	小艇穩於馬
절벽의 나무 크게 자라 부여잡을 만하고	崖木秀可攀
물가의 풀 푸른 것이 움켜잡을 만하며	汀草綠堪把
사일 뒤라 술이 익었고[509]	酒熟社日後
곡우 밑이라 고기가 살졌네	魚肥穀雨下
벗들과의 놀이 평소 바라던 대로라	朋游愜素期
가슴에 품은 생각 자못 맑고 고아하니	襟抱頗淸雅
다만 〈양춘〉 가락을 연주할 뿐	但奏陽春調
곡조를 이해하는 이 적음을 탄식치 말라[510]	莫歎知音寡

508 산하고연원촌(山下孤烟遠村) : 중국 당나라의 시인 왕유(王維)가 지은 〈전원의 즐거움〔田園樂〕〉 7수 가운데 제5수에 나오는 구절이다.

509 사일(社日)……익었고 : 춘분과 추분을 전후하여 가장 가까운 무일(戊日)을 각각 춘사(春社)·추사(秋社)라 하고, 이 날을 통틀어 사일(社日)이라고 한다. 옛날 민속에 사일이 되면 토지 신에게 제사를 지내고 풍년을 기원하였는데, 이때 제사에서 쓰고 남은 술을 사주(社酒)라고 하였다.

510 다만……말라 : 〈양춘(陽春)〉은 〈양춘곡(陽春曲)〉을 가리키는 것으로, 아주 뛰

언덕 너머에서 닭 우는 소리 들리고 隔岸聞鷄鳴
인가의 연기 물가 집에 피어오르는데 人烟杳水舍
삼도[511]는 어디쯤 있는가 三島在何許
강물 빛 점점 맑게 쏟아지네 江色漸清瀉
은사를 부르는 노래[512] 길게 부르니 長歌招隱士
누가 연잎 옷[513]을 입은 이인가 誰是荷衣者

어난 시가(詩歌)를 뜻한다. 중국 초(楚)나라의 시인 송옥(宋玉)이 〈대초왕문(對楚王問)〉에서, "영 땅에서 노래하는 나그네가 있어 처음에 〈하리곡(下里曲)〉·〈파인곡(巴人曲)〉을 노래하자 나라 안에 그것을 이어 창화하는 자가 수천 명이었고, 〈양아곡(陽阿曲)〉·〈해로곡(薤露曲)〉을 노래하자 나라 안에 그것을 이어 창화하는 자가 수백 명이었고, 〈양춘곡〉·〈백설곡(白雪曲)〉을 노래하자 나라 안에 그것을 이어 노래하는 자가 수십 인에 불과하였으니, 곡조가 고상할수록 창화하는 자가 더욱 적었다."라고 하였다.

511 삼도(三島) : 도담의 가운데 섬처럼 솟아있는 세 개의 바위, 즉 도담삼봉(島潭三峰)을 가리킨다.

512 은사(隱士)를 부르는 노래 : 《초사(楚辭)》 가운데 전한(前漢)의 회남 소산왕(淮南小山王) 유안(劉安)이 지은 〈초은사(招隱士)〉가 대표적이다. "계수나무가 무더기로 자람이여, 산의 깊은 곳이로다.〔桂樹叢生兮山之幽.〕"라고 시작하는데, 조정에서 멀리 떨어져 은거하는 은사의 삶을 묘사하면서 은사를 불러들이는 내용을 담고 있다. 후에 진(晉)나라의 육기(陸機)와 좌사(左思)가 산중 생활의 한적한 흥취를 읊으며 은거를 지향하는 내용의 〈초은사〉를 지었다.

513 연잎 옷 : 연잎같이 깨끗하고 향기로운 풀로 만든 은사(隱士)의 복장을 이른다. 《초사(楚辭)》 〈이소(離騷)〉에 "연꽃 잎사귀로 웃옷을 해 입고, 부용을 모아 치마를 만들어 입네.〔製芰荷以爲衣兮, 集芙蓉以爲裳.〕"라고 하였다.

응청각[514]에서 자장을 맞이하여 백옥·대경과 함께 술을 마시며 《농암집》에 실린 시[515]의 운을 뽑았다

凝淸閣邀子章 同伯玉大卿飮酒 拈農巖集韻

나에게 거문고 줄 하나와 옥병 두 개가 있으니[516]	我有絲繩雙玉壺
그대들과 함께 봄날의 잔잔한 호수를 바라보네	與君春日睇平湖
방초 따뜻한 물가에 누런 송아지 돌아가고	芳洲草暖歸黃犢
산들바람 부는 먼 섬에 하얀 오리 춤추네	遙嶼風輕舞白鳧
솔과 계수 울창한 산중에 은사를 부르고	松桂山中招隱士
관복 입은 자리에 보배로운 유자를 모으네	簪裾席上會珍儒
구연[517] 아래서 만나자던 약속 아직도 그리워	幽期尙戀龜淵下
지난밤 조각배 타고 외로이 달빛을 거슬러 올랐네	前夜扁舟泝月孤

514 응청각(凝淸閣) : 충청북도 청풍(淸風)에 있는 누각의 이름이다.

515 《농암집》에 실린 시 : 김창협(金昌協)의 《농압집(農巖集)》 3권에 실린 〈응청각에서 또 '호' 자 운을 얻어 짓다.〔凝淸閣又得壺字〕〉를 가리킨다.

516 나에게……있으니 : '거문고 줄'과 '옥병'은 각각 곧은 절개와 청정한 성품을 비유한 것으로, 중국 남조(南朝) 송나라의 시인 포조(鮑照)가 〈백두음(白頭吟)〉에서 "곧기는 붉은 거문고 줄과 같고, 맑기는 옥병 속의 얼음과 같네.〔直如朱絲繩, 淸如玉壺冰.〕"라고 한 데서 나온 말이다. 여기서 '거문고 줄 하나와 옥병 두 개'는 유욱기(兪郁基)·오원(吳瑗)·황경원(黃景源) 세 사람을 가리킨다.

517 구연(龜淵) : 구담(龜潭)을 가리킨다.

어떤 사람이 금강 외산과 구연[518]의 깊고 높은 모습을 그린 것을 보고 흥이 일어나 읊었다

見人畫金剛外山兼九淵幽峭 起興有吟

일만 골짝에 가을이 이니 지팡이 짚고 다닐 만하고	萬壑生秋合倚筇
일천 봉우리에 동이 트니 종소리 들리는 듯하네	千峯拂曙欲聞鐘
장차 하늘 높이 솟구치는 학의 몸이 되어서	將身願化冲霄鶴
맑은 울음 한 소리가 구룡[519]을 깨웠으면	淸唳一聲興九龍

518 구연(九淵) : 강원도 금강산(金剛山) 외금강에 있는 구룡연(九龍淵)을 가리킨다. 금강산에서 가장 큰 폭포인 구룡폭포가 떨어지는 곳에 돌절구 모양으로 깊이 패인 곳이 있어 이곳으로 폭포수가 들어갔다가 다시 솟구쳐 흐르는데, 이곳이 바로 구룡연이다.

519 구룡(九龍) : '구룡연' 이라는 이름은 본래 유점사(榆岾寺) 자리에서 살던 아홉 마리의 용이 53불에게 쫓겨 이곳에 와서 살았다는 전설에서 유래하였다. 불교가 전래되기 전인 신라 남해왕 4년(서기 4년)에 인도에서 온 53개의 작은 부처가 금강산 동쪽 바닷가에 당도하였는데, 갑자기 종소리가 들려서 그 자리를 찾아가 지은 절이 유점사이다. 원래 유점사 자리에는 아홉 마리의 용이 살고 있었는데 용이 자리를 내주지 않자 내기를 해서 용이 쫓겨났다고도 하고, 용이 이겼지만 아량을 베풀어 양보하고 더 좋은 구룡연으로 왔다고도 한다.

옥류동[520]에서 '지' 자를 얻어 지었다
王流洞得支字

쓰러진 단풍나무와 우뚝 선 바위 흩어져있는데	顚楓立石此離披
얼음구멍 속 봄 샘이 갑자기 잔물결 이루네	氷竇春泉乍結漪
대낮에도 옷소매 썰렁해짐 금할 수 없으니	白日不禁衣袖冷
이 몸이 수운[521] 가에 있나 혼자 놀라네	自驚身在水雲涯

위는 샘의 근원〔泉源〕을 읊은 것이다.

두 번째 其二

산중에 비 지난 것 언제였던가	過雨山中也幾時
바위 위를 나는 샘은 갈래가 무수하네	飛泉石上太多支
격렬한 우레 세찬 우박은 평범한 표현이라	驚雷急雹尋常語
기이한 모습 읊는 것이 어찌 그리는 것만 하겠나	賦得爭如畫得奇

위는 폭포를 읊은 것이다.

세 번째 其三

맑은 구름 게으른 새는 그윽한 모습 어여쁘고	晴雲懶鳥媚幽姿

520 옥류동(玉流洞) : 강원도 금강산 외금강에 있는 골짜기의 이름이다. 옥류폭포가 있고, 그 물이 흘러내린 곳에 옥류담(玉流潭)이 있다.

521 수운(水雲) : 수운향(水雲鄕)의 준말로, 물과 구름의 고향이라는 뜻이다. 은자(隱者)가 사는 청유(淸幽)한 고장을 가리킨다.

물 위에 새로 핀 부평초는 온풍에 휩쓸리네　水面新萍靡暖吹
하필 갓끈을 씻어 고요한 의경 어지럽히랴　何必濯纓撓靜意
비추어보며 마음속 맑히면 그만인 것을　只須相照澈肝脾

위는 고여 있는 물〔止水〕을 읊은 것이다.

한벽루[522]에서 유생 이군첨 원태 이 거문고 타는 것을 듣다
寒碧樓聽李生君瞻 元泰 彈琴

우뚝한 누대에서 봄물 가득한 모습을 바라보며　高樓春望水盈鍾
열두 굽이 붉은 난간에 두루 기대어 보네　倚遍朱欄十二重
천 그루 나무에 부는 온풍은 나비를 띄우고　千樹暖風浮蛺蝶
온 강에 비치는 밝은 해는 교룡을 춤추게 하네　一江晴日舞蛟龍
거문고는 신선 찾는 곡조에 귀 기울일 만하고　琴當側耳求仙曲
시는 낙안봉에서 머리 긁적이며 사색하려 하네[523]　詩欲搔頭落鴈峯
다시 배를 저어 난야[524]에 오르려는데　更擬撐舟上蘭若
산에는 구름 끼고 수풀 무성하니 홍취가 먼저 무르익네　峀雲林藹意先濃

522 한벽루(寒碧樓) : 충청북도 청풍(淸風)의 관아에 딸린 누각의 이름이다.

523 시는……하네 : 낙안봉(落鴈峰)은 중국 화산(華山) 남쪽 봉우리의 이름이다. 중국 성당의 시인 이백(李白)이 〈화산 낙안봉에 오르다〔登華山落雁峰〕〉에서, “안타깝게도 사람을 놀라게 하는 사조의 시를 가져오지 않아서, 머리를 긁적이며 푸른 하늘에 물어본다.〔恨不携謝眺驚人詩, 搔首問靑天.〕”라고 한 바 있다.

524 난야(蘭若) : 절의 이칭이다.

정방[525]의 서쪽 바위에서 왕임천[526]의 시에 화운하였다
淨方西臺和王臨川

사월의 숲과 들에는 녹음이 깔려가고　四月林坰綠向平
절에서 동쪽을 바라보니 먼 데 강이 밝네　招提東眺遠江明
산새가 내려앉지 않으니 봄 그늘 고요하고　山禽不下春陰靜
아지랑이[527] 막 걷히니 저녁노을 맑아라　野馬初收夕照淸
가로누운 바위는 술 깨려는 뜻 편히 받아주고　臥石穩承醒酒意
흐르는 구름은 〈보허사〉 읊는 소리를 높이 당기네[528]　行雲高引步虛聲
키 큰 소나무가 어찌 시를 읊겠는가마는　長松詎是吟詩者
깊은 골짝서 서로 보며 함께 야위어가네[529]　絶壑相看共瘦生

525 정방(淨方) : 정방사(淨方寺)를 가리키는 것으로, 충청북도 제천(堤川) 금수산(錦繡山)에 있는 절의 이름이다. '정방사(淨芳寺)'라고도 한다.

526 왕임천(王臨川) : 중국 북송의 문필가이자 정치가인 왕안석(王安石, 1021~1086)을 가리킨다. 임천은 그의 고향의 이름이다.

527 아지랑이 : 원문의 '야마(野馬)'는 공기 중에 야생마처럼 떠도는 기운이라는 뜻으로, 아지랑이를 가리킨다. 《장자(莊子)》 〈소요유(逍遙遊)〉에서 "야마와 먼지 같은 것은 생물들이 숨을 쉬면서 서로 내뿜는 데서 생겨나는 것이다."라고 한 데서 나온 표현이다.

528 흐르는……당기네 : 이때의 상황이 《뇌연집(雷淵集)》 권14에 실린 〈정백기(淨白記)〉에 나와 있다. 남유용(南有容)은 정방사 부근에서 노닐면서, "군첨을 불러다 그 위에서 거문고를 타며 〈보허사〉를 짓게 하고 나는 화답하여 노래 불렀다.〔呼君瞻, 彈琴其上, 作步虛辭, 余和之歌.〕"라고 하였다.

529 키……야위어가네 : 소나무는 시를 읊지도 않으면서 야위어간다는 뜻이다. 시를 짓느라 야위어간다는 것은 중국 성당(盛唐)의 시인 이백(李白)의 〈장난삼아 지어 두보에게 주었다〔戲贈杜甫〕〉에서 유래한 표현으로, "반과산 꼭대기에서 두보를 만났는데, 머리엔 대삿갓 쓰고 해는 한낮이로다. 묻노니 헤어진 뒤로 어찌 그리 수척해졌나. 모두가 전부터 시 짓기 괴로운 탓인 게지.〔飯顆山頭逢杜甫, 頭戴笠子日卓午. 借問別來太瘦生, 總爲從前作詩苦.〕"라고 한 데서 나온 말이다. 《李太白集 卷25》

삼연[530]이 정방을 읊은 시[531]의 7운을 뽑아서 같이 놀던 7명이 나누어 읊었다

拈三淵淨方七韻 同遊七人分賦

붙잡고 기어오른 고달픔 단번에 풀리니	頓釋躋攀苦
누대에 기대자 새로이 흥취 일어나네	凭樓發興新
바위 높아 구름 자욱하니 저녁인 듯하고	巖高雲應夕
샘물 방울 떨어지니 새벽 경쇠 소리 같네	泉滴磬同晨
전대 왕조의 잣나무[532]에 술을 따르고	酒酹前朝柏
지난날 묵었던 객[533]의 시에 창화하네	詩賡昨宿賓
참으로 뽕나무 아래의 모임[534]을 이루었으니	眞成桑下會

530 삼연(三淵) : 김창흡(金昌翕, 1653~1722)의 호이다. 조선 후기의 학자로, 본관은 안동이며 자는 자익(子益)이다. 기사환국 때 영의정이었던 아버지 김수항(金壽恒)이 진도(珍島)의 배소에서 사사되자 형 김창집(金昌集)·김창협(金昌協)과 함께 영평(永平)에 은거하였다. 이후 일체 관직에 나아가지 않고 학문과 시도(詩道)에 힘쓰다가 신임사화로 유배된 김창집이 사사되자 지병이 악화되어 죽었다. 성리학과 문장으로 널리 이름을 떨쳤으며, 사후 이조 판서에 추증되고 숙종의 묘정에 배향되었다. 저서에 《삼연집》 등이 있으며, 시호는 문강(文康)이다.

531 정방(淨方)을 읊은 시 : 김창흡의 《삼연집》 권4에 실린 〈초4일 새벽에 일어나서〔初四日晨起〕〉를 가리킨다. 《삼연집》에는 모두 3수가 실려 있는데, 이 시는 그 중 제2수에 차운한 것이다.

532 전대 왕조의 잣나무 : 정방사(淨方寺)는 신라 문무왕 2년인 662년에 의상대사(義湘大師)가 창건한 절이다. 의상이 도를 얻은 후 절을 짓기 위하여 지팡이를 던지자 이곳에 날아가 꽂혀서 절을 세웠다는 전설이 있다.

533 지난날 묵었던 객 : 김창흡을 가리킨다.

이 일이 어찌 인연이 없는 것이겠나　　　　　茲事豈無因

534　뽕나무 아래의 모임 : 《후한서(後漢書)》 권30 〈양해열전(襄楷列傳)〉에서 나온 말로, "불법을 닦는 승려가 뽕나무 아래에서 사흘 밤을 계속 머물지 않는 것은, 시간이 흐르면서 은애하는 마음이 생기는 것을 원하지 않기 때문이다.〔浮屠不三宿桑下, 不欲久生恩愛.〕"라고 하였다. 여기서는 '절에서 가진 모임' 정도의 의미인 것으로 보인다.

새벽안개

曉霧

높고 깊은 산 흔적 없고 평평한 못처럼 보이며　　嶔岈無跡許平淵
삼봉[535]은 사라지고 푸른 연기만 찍혀있네　　殘却三峯點翠烟
밤새 상전벽해의 환술 일어난 것 틀림없으니　　可信夜來桑海幻
이 몸이 섬 안 배에 있는 건가 혼자 의심하네　　自疑身在島潭船

535 삼봉(三峯) : 도담삼봉(島潭三峯)을 가리킨다.

정방에서 백운동[536]으로 들어갔다

自淨方入白雲洞

출렁이는 물에 한 줄기 빛 일렁이고	亂水孤暉動
텅 빈 산에는 비 올 기미가 짙네	空山雨色深
바위에는 신마의 발자취 둥글고[537]	石團神馬跡
구름은 와룡의 마음을 피워내네[538]	雲發臥龍心
오래된 절엔 아직 경쇠 소리 남아있고	古寺猶殘磬
먼 마을엔 벌써 엷은 그늘 드리웠네	遙村已薄陰
묘한 시구를 찾으려 할 필요 없다네	不須尋玅句
그윽한 골짝 그 자체가 맑은 시이니	幽谷自淸音

536 백운동(白雲洞) : 충청북도 제천에 있는 골짜기의 이름이다.

537 바위에는……둥글고 : 남유용(南有容)은 《뇌연집(雷淵集)》 권14 〈정백기(淨白記)〉에서 정방사(淨方寺) 부근의 경치를 서술하면서, "용추에 올라 신마의 발자취를 보았다.〔登龍湫, 觀神馬跡.〕"라고 하였다.

538 구름은……피워내네 : 원문의 '와룡(臥龍)'은 누운 용이란 뜻으로, 구름의 모습을 형용한 것이다. 또한 뛰어난 재주를 품고도 아직 초야에 묻혀 뜻을 펼치지 못하는 사람을 비유하기도 한다.

풍암[539]에서 고기잡이를 구경하는데 유생[540]이 고풍시 한 수를 바치기에 화운하였다 을묘년(1735, 영조11)

風巖觀漁 兪生獻古風一首有和 乙卯

휩쓸려 다니는 수초 푸르고	靡靡菱荇綠
저 멀리 아득한 물가 새하얗네	渺渺洲渚白
노를 멈추고 풍암에 오르니	停棹上風巖
밀림으로 가는 길 막힘이 없네	密林路不隔
향기로운 풀밭에 자리 벌이고	列席依芳草
오래된 돌로 술통을 괴어놓았네	支樽用古石
그물을 펼쳐 얕게 흐르는 물 끊으니	張罟截淺流
포구에 잔잔한 물결이 밀려드네	浦口微波入
물가를 따라 사람 그림자 어지럽고	循渚人影亂
마름 모인 곳에 물고기 움직임 재빠르네	攢藻魚行速
작은 고기는 본디 셀 수 없고	細鱗固難數
커다란 쏘가리는 심심찮게 다시 잡히네	巨鱖時復得
버들 뿌리는 작은 부엌에서 장만하여	柳根辦小廚
파릇한 봄 파와 함께 삶네	烹共春葱碧

539 풍암(風巖) : 청풍(淸風), 즉 충청북도 제천의 금병산(錦屛山)에 있는 바위의 이름이다. 남유용(南有容)은 《뇌연집(雷淵集)》 권14에 실린 〈동유소기(東遊小記)〉 중 '병산(屛山)' 조에서, "봄물이 이르자 작은 배를 타고 풍암과 수혈을 찾아갔다.〔春水至, 乘小艇, 訪風巖、水穴.〕"라고 하였다.

540 유생(兪生) : 유성기(兪盛基)를 가리키는 것으로, 자세한 사항은 알 수 없다.

맑고 신선한 풍미가 빼어나니	淸新風味殊
관가의 음식보다 훨씬 낫네	頓勝官盤食
흔연히 누워서 배를 두드리며	欣然臥鼓腹
노래를 마치니 꾀꼬리가 뒤를 잇네	歌闋黃鸝續
어부 또한 객과 친숙한 사이라	漁子也慣客
웃고 장난치며 자리를 다투려 하네[541]	嬉笑欲爭席
흰밥을 이미 배불리 먹고	白飯旣一飽
맑은 술을 다시 함께 마시네	淸酟更共酌
이번 놀이 참으로 기뻐할 만한데	玆遊亮可悅
하물며 다시 친구들을 따랐음에랴	況復追諸盍
삼가 술을 경계하라는 말씀을 들었으니	恭聞酒箴言
그대 아름다운 덕에 힘씀이 훌륭하구려	嘉子勖令德

541 자리를 다투려 하네 : 예절에 구애받지 않고 서로 허물없이 어울린다는 뜻으로, 《장자(莊子)》 〈우언(寓言)〉에서 나온 말이다. 양자거(陽子居)란 사람이 노자(老子)의 가르침을 들으러 갔다가 여관에 묵게 되었는데, 같이 묵던 숙박객들이 모두 나와서 맞이하였으며, 여관 주인은 자리를 들고 오고 주인의 아내는 수건과 빗을 가지고 왔으며, 숙박객들은 자리를 피하고 난롯가에서 불 쬐던 자들은 자리를 양보하여 피하였다. 그 모습을 본 노자가 양자거에게 가르침을 줄 수 없노라고 말하자 양자거가 무릎을 꿇고 가르침을 청하였다. 이에 노자가 "눈을 부릅뜨고 있는데 누가 그대와 함께 하겠는가? 큰 결백함은 굴욕과 같고, 성대한 덕은 부족한 것과 같은 법이다."라고 하였다. 이 말을 들은 양자거가 태도를 바꾸자 여관에 든 사람들이 자리를 비켜주기는커녕 그와 자리를 다투기까지 하였다고 한다.

소연재[542]에서 아침에 일어나다

翛然齋朝起

이불이 벗겨져 봄잠을 설치고　撥衾春睡淺
창문을 올리니 새벽빛이 들어오네　褰牕曙色入
금병산의 구름 아직 걷히지 않고　未歇屛山雲
강가의 물새는 하나같이 다 젖었네　江禽箇箇濕

542 소연재(翛然齋) : 청풍부(淸風府) 관아의 경내에 있던 재각으로, 김수증(金壽增)이 청풍 부사로 재직하던 1683년(숙종10) 가을에 건립한 것이다.

윗마을에 우거하고 있는 원외 유대재를 방문하여 그의 초당에 제하였는데 《양명집》[543]에 실린 시의 운을 사용하였다

過兪員外大哉上里僑居 爲題其茅堂 用陽明集韻

초가지붕은 떡갈나무 숲 부는 바람에 반쯤 걷혔는데 茅茨半卷槲林風
밥 짓는 연기는 닭 울고 개 짖는 속에 아직 푸르네 烟翠猶然雞犬中
누운 버들은 가지를 떨쳐 얕은 들창 단장하고 臥柳拂梢粧牖淺
벋은 등 넝쿨 얽히고설켜 빈 울타리를 감싸네 走藤縈蔓護籬空
불탄 자리는 습기를 피해 구불구불 나있고 燒痕避濕逶迤過
물 긷는 길은 깊숙이 뚫려 굽이돌아 통하네 汲徑穿深曲折通
다만 단사표음의 참된 즐거움[544] 있다면 但使簞瓢眞樂在
남은 인생 오두막에서 늙어도 무방하리 不妨餘歲老編蓬

543 《양명집(陽明集)》 : 중국 명나라의 유학자이자 양명학(陽明學)의 창시자인 왕수인(王守仁)의 문집을 가리키는 것으로, 문집의 정확한 이름은 《왕문성공전서(王文成公全書)》이다.

544 단사표음의 참된 즐거움 : 중국 춘추시대 노(魯)나라의 현인 안자(顔子)의 고사에서 나온 말이다. 공자(孔子)가 그의 제자 안회(顔回)를 칭찬하면서, "어질도다, 안회여! 한 그릇의 밥과 한 표주박의 물〔一簞食一瓢飮〕로 누추한 시골에 사는 것을 다른 사람들은 그 근심을 견디지 못하는데, 안회는 도를 즐기는 마음 변치 않는구나. 어질도다, 안회여!"라고 한 데서 나온 말이다. 《論語 雍也》

유생 변숙건이 과거에 낙방하여 중원[545]에 있는 고향으로 돌아간다기에 그의 시에 화운하여 주었다
邊生叔建下第歸中原故林 和其詩爲贈

서울에서 좌절하고 상유[546]로 돌아가니　長安落魄上游歸
예와 같은 강가 하늘에 소미[547]가 숨어드네　依舊江天隱少微
늙은 잣나무는 바람도 없는데 소리 내어 울고　老柏無風猶作響
습한 구름은 비를 머금어 날지를 못하네　濕雲含雨不成飛
한 마디 말로 그대를 이해시키니 내가 망령된 것 아니요　一言了子吾非妄
두 눈으로 사람들을 보니 세상이 모두 어그러졌구나　雙眼看人世共違
마침내 맑고 여윈 모습으로 속기를 벗어나　終是淸癯離俗韻
지초 혜초로 산인의 옷 지어 입기 바라네　願將芝蕙製山衣

545 중원(中原) : 충청북도 충주목(忠州牧)에 있던 중원군(中原郡)을 가리키는 것으로 보인다.

546 상유(上游) : '상류(上流)'와 같은 뜻으로, 우리나라에서는 보통 남한강 상류를 가리킨다.

547 소미(少微) : 별자리의 이름으로, 일명 처사성(處士星)이라고 한다. 《진서(晉書)》 〈은일열전(隱逸列傳) 사부(謝敷)〉에, "소미성은 일명 처사성이라고도 하며, 점치는 사람들이 은사를 거기에 해당시킨다.〔少微一名處士星, 佔者以隱士當之.〕"라고 하였다.

감흥
感興

들판의 사슴이 사냥꾼의 그물에 걸렸기에	野鹿觸虞羅
채찍으로 몰아다가 양의 우리로 들여보냈더니	鞭絡入羊欄
슬피 울며 고향 숲을 그리워함에	悲鳴戀故林
한 걸음 한 걸음 간장이 꺾어지네	一步一摧肝
못난 선비가 만년에 도를 듣고	下士晩聞道
세상에 나아가 그저 어정대다가	出世聊盤桓
백관의 말석에서 웅얼거리며	沉吟百僚底
삐걱삐걱 불화로 옆에서 보는 이들을 놀래키네	齟齬駭傍觀
흐르는 물은 큰 골짝으로 내달리고	流水走大壑
외로운 구름은 먼 산봉우리에 멈추니	孤雲停遠巒
출세와 은둔이 비록 성질을 달리하나	出處雖異性
또한 각각 편안한 바에 나아가는 것이라네	亦各就所安
이에 알겠네 완세불공[548]의 선비가	乃知簡兮士

548 완세불공 : 원문의 '간혜(簡兮)'는 《시경》 〈간혜〉에서 나온 말이다. "거만하고 거만하게 바야흐로 만으로 춤을 추노라. 해가 바야흐로 중천에 떠 있거늘, 앞의 상처에 있노라.〔簡兮簡兮, 方將萬舞. 日之方中, 在前上處.〕"라고 하였는데, 주자(朱子)는 이에 주를 달아 "간은 간이하여 공손하지 않다는 뜻이다.〔簡, 簡易不恭之意.〕라고 하였다. 〈간혜〉의 내용은 위(衛)나라의 현자(賢者)가 뜻을 얻지 못하여 악관(樂官)으로 벼슬하면서 임금 앞에 나아가서 춤을 추고 칭찬을 받는다는 것으로, 스스로 칭찬하는 듯하나 사실은 자조(自嘲)하는 내용이며 시인의 뜻이 세상을 우습게 여겨 공손하지 않다고〔翫

석인의 넉넉함[549]에 미치지 못함을　　不及碩人寬

世不恭〕 하였다.

549 석인(碩人)의 넉넉함 : 《시경》 〈고반(考槃)〉에서 나온 말로, "은사의 집이 시냇가에 있으니, 석인의 마음이 넉넉하도다. 홀로 자고 깨고 말을 하지만, 영원히 이 낙을 잊지 않기로 맹세하도다.〔考槃在澗, 碩人之寬. 獨寐寤言, 永矢不諼.〕"라고 하였다. 석인(碩人)은 어진 은사(隱士)를 지칭하고, 넉넉하다는 것은 마음이 너그럽고 편안함을 의미한다.

진공에 대해 읊어서 법탄 상인에게 주었다
咏振公 贈法坦上人

산인(山人) 진공(振公)은 맑고 고결한 성품으로 속세를 벗어나 태백산(太白山) 속에 집을 짓고 살았다. 관동 관찰사(關東觀察使)가 명성을 듣고 그를 불렀는데, 진공은 무릎이 오그라들었다고 거짓 핑계를 대어 심부름꾼을 사절하였고 심부름꾼이 물러나자 곧바로 도망가 해중(海中)으로 들어가서 마침내 어디에 있는지 모르게 되었다. 내가 동암(東菴)에 있을 때 비구(比丘) 법탄(法坦)이 그 일을 말해주었는데, 그의 어짊이 슬프고 그 일이 전해지지 않을까 두려워 이에 그런대로 시 한 편을 읊어서 주었다.

진공은 불자가 아니나	振公非佛者
세상에 분개하고 불문의 현도를 그리워하여	憤世懷空玄
집을 떠나 동해로 달려가서	辭家走東溟
태백산 꼭대기에 집을 짓고[550] 살았네	樹屋太白巓
맑은 물을 마시며 정신을 단련하고	鍊魄飮淸水
가을 매미처럼 바짝 붙어 면벽하더니	着壁如秋蟬
노래를 읊음에 금석에서 나온 듯하고[551]	歌吟出金石

550 집을 짓고 : 원문의 '수옥(樹屋)'은 나무를 의지해서 이를 마룻대 삼아 지은 소박한 초막집을 이른다.

551 노래를……듯하고 : 빈한한 가운데에도 맑은 절조를 고수하는 삶을 의미한다.

유경에 의탁하여 그윽한 회포 쏟아냈네	託境寫幽悁
번후[552]가 불렀으나 가지 않고	藩侯呼不至
발이 오그라든 척하며 사절하더니	謝疾佯足攣
곧바로 일어나 긴 소매를 펄럭이며	倏起掉長袖
천 리 길을 잠시도 쉬지 않고 달아났네	千里不息肩
동남쪽 산은 울창하고 험준해	東南山鬱崔
맑고 깨끗하며 바람과 안개 짙은데	瀟灑饒風烟
진흙으로 만든 소가 한 번 바다로 들어간 후[553]	泥牛一入海
소식이 마침내 전하여지지 않았네	消息邃無傳
온 세상이 그가 미쳤다 비웃으나	擧世笑其狂
나는 홀로 그의 어짊을 슬퍼하여	余獨悲其賢
감회를 시에 담아	感懷灑篇翰
이를 용담의 선사에게 부치노라	持寄龍潭禪

552 번후(藩侯) : 여기서는 지방의 관찰사를 가리킨다.

553 진흙으로……후 : 한번 간 후 다시는 돌아오지 않음을 비유하는 말이다.

옥류동[554]에서 놀았는데 일곱 명의 승려와 함께 어울렸다
遊玉流洞 七衲子俱

임하에 살다보니 늘 한가롭고 편안해	林居恒暇豫
지팡이를 짚고 그윽한 골짜기로 들어가네	杖策入幽洞
초대한 것이 대부분 도반[555]이라	邀呼多道侶
산사에는 청중[556]이 텅 비었네	巖寺空淸衆
길 끊긴 곳에 붉은 등 넝쿨 이어지고	徑虧紫藤接
구름은 외로워 푸른 산봉우리를 잡아당기네	雲孤翠巘控
맑은 햇빛이 묵은 안개를 흩트리니	晴暉散宿霏
꾀꼬리가 날개를 펴고 지저귀네	黃鳥翼以哢
나는 샘이 골짝에서 빛이 나더니	飛泉炯中谷
물줄기가 양 언덕에서 솟구치네	潨射雙崖聳
상류에선 맑고 잔잔하더니	上流瀏以漪
하류에선 종횡으로 흐르네	下流橫復縱
비를 만나면 기세 더욱 사나워지고	遘雨勢愈厲
바람을 타면 소리 더욱 우렁차네	憑風響仍重
졸졸졸 뒤에서 바짝 쫓아오니	衮衮後來蹙

554 옥류동(玉流洞) : 수락산(水落山)에 있는 골짜기의 이름이다.

555 도반(道伴) : 함께 불도(佛道)를 닦는 벗이라는 뜻으로, 여기서는 승려를 의미한다.

556 청중(淸衆) : 청정(淸淨)한 대중(大衆)이라는 뜻으로, 역시 승려를 가리킨다.

콸콸콸 앞으로 달려감 용감하네　　瀧瀧前趍勇
연이은 국사봉[557]이 맞이하고　　邐迤國師迓
저 멀리서 향로봉[558]이 전송하네　　迢遞香爐送
청정으로 돌아간 일만 골짜기 엄숙하고　　淸歸萬壑肅
추위 닥친 일천 숲은 쭈뼛 섰네　　寒逼千林竦
텅 빈 밝음은 도기[559]를 투영하고　　空明透道機
멀리서 불어온 바람은 선송을 휘감네　　遠颸繚禪誦
남쪽 못에는 쏟아지는 물줄기 담겨있으니　　南淵畜衆瀉
지극한 고요는 본디 움직임을 머금는다네　　至靜元含動
휩쓸리던 부평초와 마름 합쳐지고　　靡靡萍藻合
어둑어둑 구름과 안개 짙게 끼었네　　曖曖雲烟蓊
처음 만나선 기뻐하며 먼지를 씻고　　初逢欣一濯
떠나려 함에 자꾸 장난을 치네　　欲去屢成弄
깊숙한 옛 정자의 터엔　　幽哉古亭墟
소나무 잣나무의 씨가 남아있네[560]　　松柏有遺種
나무그늘에 임시 주방을 마련하고　　依樾辦行廚
먹고 마시니 산 다람쥐가 함께 하네　　飮食山鼯共

557 국사봉(國師峰) : 수락산에 있는 봉우리의 이름이다.

558 향로봉(香爐峰) : 수락산에 있는 봉우리의 이름이다.

559 도기(道機) : 도(道), 혹은 도를 수양하는 신령한 기틀을 이른다.

560 깊숙한……남아있네 : 수락산 옥류동에 남유용(南有容)의 증조할아버지인 남용익(南龍翼)이 간폭정(看瀑亭)을 지었는데, 간폭정 위에 옛날에 김시습(金時習)이 살던 집의 터가 있다고 하였다. 《壺谷集 卷15 看瀑亭記》 여기서 '소나무 잣나무'는 김시습의 절개를 비유하는 것이다.

시장을 몰아치듯 주고받으며	詩章驟獻酬
삼라만상을 탐구하고 노래하네	衆象來探諷
서성거리다 석양에 앉았는데	夷猶坐西日
소며 양은 다 언덕을 내려갔네	牛羊畢下隴
비록 새와 물고기를 보는 즐거움을 동경하나	雖懷鳥魚樂
또한 호랑이와 표범에 대한 두려움을 근심하네	亦虞虎豹恐
서로 돌아보며 다시 옷을 떨치니	相顧更振衣
마을은 멀고 안개 아직 둘러있네	村遠烟猶擁

고풍

古風

옛날 무회씨[561]의 세상에는 昔者無懷世
혼돈[562] 속에 지극한 이치가 깃들어 있었네 洪荒寄至理
움직이고 멈춤에 천지의 조화를 따르니 動息隨元化
유유자적한 가운데 크고 작은 사슴들이 보였네[563] 于于麋鹿視
염제가 쇠약해지기 시작하자 一自炎帝衰
창을 휘두르며 하늘의 기강을 어지럽혔네[564] 揮戈亂天紀

561 무회씨(無懷氏) : 중국 상고 시대 제왕의 이름이다. 이상적으로 세상을 잘 다스려 천하가 태평하였으며, 풍속이 순박하여 백성들이 아무런 근심 걱정이 없었다 한다. 중국 동진(東晋)의 시인 도잠(陶潛)의 〈오류선생전(五柳先生傳)〉에, "술을 실컷 마시고 시를 지어서 자신의 뜻을 즐기니, 무회씨의 백성인가? 갈천씨(葛天氏)의 백성인가?"라는 말이 보인다.

562 혼돈 : 개벽 초에 천지(天地)가 아직 나누어지지 않았던 때, 혹은 그러한 상태를 가리킨다.

563 유유자적한……보였네 : 상고 시대의 백성들이 아무런 거리낌 없이 자득하였던 모습을 형용하는 말이다. 《장자(莊子)》 〈도척(盜跖)〉에 다음과 같은 말이 나온다. "신농씨의 시대에는 편안하게 누워 자고 일어나서는 유유자적하였으며, 백성들은 자신의 어머니는 알아도 아버지는 알지 못하였다. 크고 작은 사슴 무리들과 함께 살면서 농사를 지어 먹고 길쌈을 해 입었으며 서로를 해치려는 마음 따위는 지니지 않고 있었으니, 이때가 바로 지극한 덕이 가장 성했던 시기였다."

564 염제(炎帝)가……어지럽혔네 : 염제는 중국 고대 전설상의 제왕인 신농씨(神農氏)를 가리키는 것으로, 이에 대한 내용을 사마천(司馬遷)의 《사기(史記)》 〈오제본기(五帝本紀) 황제(黃帝)〉에서 인용하면 다음과 같다. "염제(炎帝) 신농씨(神農氏)가

기문이 간언을 하다 죽었으니[565]	箕文諫而死
살육이 이로부터 시작되었네	殺戮玆爲始
모두가 이에 서로 해치게 되니	一體乃相賊
백성들이 참으로 끓는 물 속에 있었네	斯民實鼎沸
그리하여 광성자가	所以廣成子
일찍이 기미를 보고 수레를 몰고 떠났네[566]	攬車早見幾

쇠약해지자 제후들이 서로 침략하고 백성들에게 포악하게 굴었으나 신농씨가 정벌하지 못하였다. 이에 황제(黃帝) 헌원(軒轅)이 창과 방패의 사용법을 익혀서 조공하지 않는 제후들을 정벌하니 제후들이 모두 와서 신하로 복종하였으나, 포악한 치우(蚩尤)는 토벌하지 못하였다. 염제가 제후들을 치려고 하자 제후들이 모두 헌원에게 귀의하였다. 헌원이 이에 덕을 닦고 군대를 정비하였으며, 오행(五行)의 기운을 다스리고 다섯 가지 곡식을 심었으며, 만민을 어루만지고 사방의 경계를 측량하였으며, 곰·호랑이·이리 등 맹수들을 훈련시켜 판천(阪泉) 들에서 염제와 세 번 싸운 끝에 뜻을 이루었다. 치우가 난을 일으켜 황제의 명을 따르지 않자 이에 황제가 제후들의 군사를 징발하여 탁록(涿鹿)의 들에서 치우와 싸워 마침내 치우를 잡아 죽였다. 제후들이 모두 헌원을 천자로 받들어 신농씨를 대신하게 하니, 이가 황제이다." 《장자(莊子)》 〈도척(盜跖)〉에서는 이에 대해 "그런데 황제의 세상이 되어서는 덕을 온전히 실행하지 못하여, 탁록의 들판에서 치우와 전투를 벌여 사람들이 흘린 피가 사방 백 리에 흘렀다."라고 하였다.

565 기문이……죽었으니 : 염제의 제후인 숙사씨(夙沙氏)가 반란을 일으켜, 바닷물을 끓여 소금을 만들고 염제의 명령을 듣지 않았다. 이에 숙사씨의 신하인 기문(箕文)이 간언하였으나 도리어 죽임을 당하였다.

566 그리하여……떠났네 : 광성자(廣成子)는 전설에 나오는 선인(仙人)으로, 공동산(崆峒山)의 석실에 들어가 도를 닦으며 살았다. 나이가 1200살이 되었는데도 늙지 않았으며, 황제(黃帝)가 그의 소문을 듣고 두 번이나 찾아가 지도(至道)와 치신(治身)의 요점을 물었다고 한다.

두 번째 其二

성인에게는 커다란 임무가 있으니	聖者有大任
천지를 미륜하기를[567] 기대하였네	天地待彌綸
천하를 주유하였으나 도가 행해지지 않았으니[568]	周流道不行
후대의 사람들을 슬퍼하고 걱정하였네	哀悶在後人
돌아온 후 지극한 이치를 글로 엮어	歸來綴至理
만고토록 몽매한 이들을 깨우쳤네[569]	萬古啓蒙昏
푸른 하늘에 밝은 해가 걸린 듯	靑天懸白日
사람은 없어져도 도는 남아있네	人亡道則存
장주[570]는 방달한 선비인데	莊周放達士
어찌하여 또한 글을 지었나	胡爲亦著文
손가락 아닌 것 또한 하나의 손가락이라 하니[571]	非指亦一指

567 천지를 미륜하기를 : 《주역》 계사전 상(繫辭傳上)에서 나온 말로, "역은 천지와 똑같다. 그러므로 천지의 도를 미륜할 수 있다.〔易與天地準. 故能彌綸天地之道.〕"라고 하였다. 주희(朱熹)는 이에 본의(本義)에서, "'미'는 '미봉'의 '미'와 같으니 끝내고 연합한다는 뜻이고, '륜'은 선택하고 조리한다는 뜻이다.〔彌, 如彌縫之彌, 有終竟聯合之意, 綸, 有選擇條理之意.〕"라고 설명하였다.

568 천하를……않았으니 : 공자(孔子)를 가리키는 것으로, 공자는 천하를 주유하다가 만년에 이르러 끝내 도(道)를 행할 수 없음을 알고 고국인 노(魯)나라로 돌아갔다. 《論語 子罕》

569 돌아온……깨우쳤네 : 공자는 《시(詩)》·《서(書)》·《예(禮)》·《악(樂)》 등 고대의 문헌을 정리하고, 노(魯)나라의 역사인 《춘추(春秋)》를 저술하였다. 또 만년에는 《역(易)》을 좋아하여 문장을 보태기도 하였다.

570 장주(莊周) : 장자(莊子)의 이름이다.

571 손가락……하니 : 《장자》 〈제물론(齊物論)〉에서 나온 말로, "손가락을 가지고 손가락이 손가락 아님을 밝히는 것은 손가락 아닌 것을 가지고 손가락이 손가락 아님을

말이 많은 것으로는 얽힌 문제 풀기 어려워라　多言難解紛
작은 비둘기가 이에 커다란 붕새를 비웃으나[572]　鷽斯笑大鵬
붕새는 끝내 말이 없네　鵬鳥竟無言
내 보건대 방외의 무리에게　吾觀方外徒
어울리는 것은 그저 새집과 우리뿐이라네[573]　可也惟巢樊

세 번째 其三

남방에 건길이라는 새가 있는데　南方有吉乾
새끼를 먹일 때 고기를 가리지 않았네　哺子不擇肉
새끼들은 모질고 사나워　衆雛鷙以悍

밝히는 것만 못하고, 말〔馬〕을 가지고 말이 말 아님을 밝히는 것은 말이 아닌 것을 가지고 말이 말 아님을 밝히는 것만 못하다. 천지(天地)는 한 개의 손가락이고, 만물은 한 마리의 말이다."라고 하였다. 천지만물을 분별하려 하지 말고 절대적인 도의 관점에서 인식하여야 한다는 말을 이렇게 표현한 것이다.

572 작은……비웃으나 : 《장자》〈소요유(逍遙遊)〉에서 나온 말이다. 매미와 비둘기가 대붕(大鵬)이 날아가는 것을 보고서, "우리는 있는 힘을 다해 날아올라 느릅나무나 박달나무에 오르려 해도 때로는 이르지 못하고 땅바닥에 떨어지고 마는데, 무엇 하러 구만리나 날아올라 남쪽으로 가려 하는가."라며 비웃는 이야기가 나온다.

573 방외의……우리뿐이라네 : 사람들이 사는 세상을 떠나 새나 짐승〔鳥獸〕과 무리 지어 사는 은사(隱士)들을 비판하는 말이다. 중국 초(楚)나라의 은사(隱士) 장저(長沮)와 걸닉(桀溺)은 세상을 피해 농사를 지으며 살고 있었다. 공자가 길을 가다 이들이 짝을 지어 밭갈이하는 것을 보고, 자로(子路)를 시켜 나루를 묻게 하였다. 걸닉이 말하기를, "천하가 모두 무도한데 누구와 함께 바꾼단 말인가."라 하고 대답해주지 않자 공자가 탄식하며 말하기를, "새나 짐승과 더불어 무리지어 살 수는 없으니 내가 사람의 무리와 더불지 않고 누구와 더불겠는가. 천하에 도가 있으면, 내가 더불어 변역시키려 하지 않을 것이다."라고 하였다. 《論語 微子》

무리가 죽으면 그 배를 쪼아댔네　友死啄其腹
그리하여 옛날의 열부는　所以古烈婦
훔친 양의 고기를 먹지 않았네　不食攘羊舌
양설이 비록 먹고자 하였으나　羊舌雖我欲
훔친 것이라 미워하였네[574]　所憎由盜竊
요즘 사람들은 옛사람들을 비웃으면서　今人笑古人
거리낌 없이 작은 절개는 내던져 버린다네　曠蕩棄小節
얼굴에 때가 끼면 씻기를 잊지 않으면서　面垢不忘洗
오장에 때가 끼면 깨끗하게 하려 하지 않네　臟垢不求潔

574 남방에……미워하였네 : 원문의 '길건(吉乾)'은 '건길(乾吉)'의 오기이며, '양설(羊舌)'은 '양육(羊肉)'의 오기이다. 이는 중국 전한의 학자 유향(劉向)이 지은《열녀전(列女傳)》 제3권 〈진나라 양설자의 아내 숙희〔晉羊叔姬〕〉에 나오는 이야기로, 그 내용은 다음과 같다. 숙희는 진(晉)나라의 공족(公族)인 양설자(羊舌子)의 아내이다. 행실이 바른 양설자(羊舌子)가 진나라 조정에서 용납되지 않아 벼슬에서 물러나 삼실(三室)이라는 작은 마을로 이사를 하였다. 어느 날 양(羊)의 무리에서 낙오되어 삼실 마을로 잘못 들어온 양 한 마리를 삼실 사람들이 잡아서 그 고기를 보내왔다. 양설자는 그것이 남의 양을 훔친 것이므로 받지 않으려 하였으나, 숙희가 "당신이 이 고기를 부정한 것이라고 하여 받지 않으면 여기서도 용납이 되지 못할 것이니, 이 고기를 받는 것이 좋겠습니다."라고 하였다. 양설자가 옳다고 여겨 고기를 받고 삶아서 아들들에게 먹이려고 하였다. 그러자 숙희가 "안 됩니다. 저 남쪽 나라에 건길(乾吉)이라는 새가 있다고 합니다. 그 새가 새끼들에게 아무 고기나 가리지 않고 먹였는데 그 새끼들이 이내 자라지 않더라는 것입니다. 어린 아이들은 어른들이 하는 대로 자라는 법인데, 어린아이들에게 의롭지 않은 고기를 먹일 수 없습니다. 이 고기를 묻어두어서 먹지 않았다는 것을 밝히는 것이 좋겠습니다."라고 하였다. 그리고는 그 고기를 독 속에 담아서 아궁이 가장자리에 묻어두었다. 2년 후 남의 양을 잡아먹은 사실이 발각되어 도성의 관리가 범인을 잡으러 마을에 왔는데, 양설자의 집에서 독에 든 양의 뼈를 보고 양을 훔친 일에 관여하지 않았음을 알고 과연 군자라고 찬탄하였다 한다.

슬프도다 무엇이 중한지 알지 못하여[575] 哀哉不知類
마침내 인의를 끊어지게 하였구나 竟使仁義絶

네 번째 其四

옛날에 말을 신중하게 한 사람이 古之愼言人
내 듣기를 남용자라 하였네[576] 吾聞南容子
부귀를 헌신짝 보듯 하고 弊屣視富貴
발을 들 때마다 밟을 곳을 가렸네 擧足擇所履
안회[577]와 자로[578]의 사이쯤에서 노닐더니 翶翔回路間

575 무엇이……못하여 : 《맹자》 〈고자 상(告子上)〉에서 나온 말로, "지금 무명지가 굽어 펴지지 않는 것이 아프거나 일에 해가 되지 않건마는, 만약 이것을 펴주는 사람이 있으면 진나라 초나라의 길도 멀다 여기지 않고 찾아가리니, 이는 손가락이 남들과 같지 않기 때문이다. 손가락이 남들과 같지 않으면 그것을 싫어할 줄 알되 마음이 남들과 같지 않으면 싫어할 줄 모르니, 이것을 일러 '유를 알지 못한다.〔不知類.〕'라고 하는 것이다."라고 하였다. 주자(朱子)는 이에 주를 달아, "유를 알지 못한다는 것은 그 경중(輕重)의 등급을 알지 못한다는 말이다."라고 하였다.

576 옛날에……하였네 : 남용자(南容子)는 공자(孔子)의 제자로, 공문 칠십이현(賢) 중의 한 사람이다. 《시경》 〈억(抑)〉에 "하얀 옥돌의 흠은 오히려 갈아 없앨 수 있거니와, 말의 결함은 다스릴 수가 없다.〔白圭之玷, 尙可磨也. 斯言之玷, 不可爲也.〕"라는 말이 나오는데, 남용자가 매일 이 구절을 세 번씩 반복해서 외우자 공자가 이를 훌륭하게 여겨 자신의 조카딸을 아내로 삼게 하였다고 한다. 《論語 先進》

577 안회(顔回) : 기원전521~기원전490? 공자(孔子)가 가장 신임한 제자로, 학문과 덕행이 뛰어나 아성(亞聖) 혹은 복성(複聖)으로 불린다. 29살에 머리카락이 다 쇠고, 32살에 단명하였다. 공자는 일찍이 안회에 대해 평가하면서, "어질도다. 회여! 한 도시락의 밥과 한 바가지의 물로 누추한 골목에 산다면, 사람들은 걱정을 견디지 못하거늘 안회는 그 즐거움을 바꾸려하지 않는구나."라 하고, "배우길 좋아하고 노여움을 남에게 옮기지 않고 잘못을 되풀이하지 않았는데, 불행하게도 명이 짧아 일찍 죽었다. 지금

은연중 인의의 뜻에 들어맞았네 默契仁義旨
다스려진 나라에서는 도가 있어 버려지지 않고 治邦道不廢
어지러울 때에는 몸을 훼손하지 않았네[579] 在亂身不毁
문장은 비록 드러나지 않았으나 文章雖未著
덕을 이룸은 자질의 아름다움에서 말미암았네 成德繇質美
이 사람을 만약에 살릴 수 있다면 斯人如可作
말채찍 잡기를 내 부끄러워하지 않으리[580] 執鞭吾不耻

다섯 번째 其五

선왕은 원로를 중히 여겨 先王重耆老
안석과 지팡이를 주어 의견을 구하였네[581] 授几以乞言

은 그와 같은 제자가 없다."라고 하였다.

578 자로(子路) : 중유(仲由, 기원전543~기원전480)의 자이다. 공자(孔子)의 제자로, '공문십철(孔門十哲)' 가운데 하나이다. 노(魯)나라 계씨(系氏)의 읍재(邑宰)를 지냈으며, 《사기(史記)》에는 자로에 대해 "성격이 거칠고, 용맹스러운 일과 힘쓰는 일을 좋아하고, 의지가 강하고 정직하였다."라고 기록하였다. 공자는 자로를 "닳아빠진 솜옷을 걸치고 가죽옷을 입은 사람과 함께 서 있어도 부끄럽게 여기지 않을 자"라고 높이 평가하면서도 "일을 잘 헤아려 사리에 맞게 하는 것이 없다."라고 지적하였다. 위(衛)나라의 읍재로 있을 때 변란이 일어나자 뜻을 굽히지 않다가 죽었다.

579 다스려진……않았네 : 《논어》 〈공야장(公冶長)〉에서 나온 말로, 공자가 남용을 평하면서 "나라에 도가 있을 때에는 버려지지 않을 것이요, 나라에 도가 없을 때에는 형벌을 면할 것이다."라고 하고는 형의 딸을 그에게 시집보냈다고 한다.

580 이 사람을……않으리 : 무덤 속의 남용자가 다시 살아 나온다면 기꺼이 그의 마부(馬夫)가 되어 수레를 끌 정도로 그지없이 흠모한다는 말이다. 《사기(史記)》 권62 〈관안열전(管晏列傳)〉에, "가령 안자(晏子)가 지금 이 세상에 살아 있다면, 내 비록 그를 위해 말채찍을 잡는다 하더라도 흔쾌히 할 것이다."라고 한 데서 나온 표현이다.

한나라 고조는 어진 인재 구하기에 급급하면서	漢祖方急賢
어찌하여 노성한 사람[582]을 막았는가	何拒老成人
조참은 개공을 등용한 후	曹參擧蓋公
제 집에 누워 제나라의 백성을 다스렸으며[583]	臥閤治齊民
초왕이 목생을 얻으니[584]	楚王得穆生
제후들이 그의 어짊에 귀의하였네	諸侯歸其仁
청묘에서 쓰는 그릇[585]를 버려	舍此淸廟器

581 선왕은……구하였네 : 《예기》 〈곡례 상(曲禮上)〉에, "대부는 나이가 칠십이 되면 벼슬을 그만두되, 만약에 사직할 수 없으면 임금은 반드시 안석과 지팡이를 하사한다.〔大夫七十而致事, 若不得謝, 則必賜之几杖.〕"라고 하였다.

582 노성(老成)한 사람 : 연륜과 인덕(仁德)을 갖춘 원로(元老) 혹은 구신(舊臣)을 가리킨다.

583 조참은……다스렸으며 : 중국 전한의 개국공신 조참(曹參)이 제(齊)나라 승상에 봉하여졌는데, 당시 왕의 나이가 어렸으므로 조참은 장로(長老)와 유생들을 불러서 백성들을 안정시키고 모으는 방법을 물었다. 그러나 사람마다 말이 달라서 결정을 내리지 못하고 있었는데, 교서(膠西)에 개공(蓋公)이란 사람이 황로설(黃老說)에 정통하다는 말을 듣고 후한 예물을 보내 그를 청하였다. 개공은 청정무위(淸淨無爲)의 정사를 펴면 백성은 절로 안정된다고 하였고, 이에 조참은 개공에게 정당(正堂)을 양보하고 머물게 하였다. 이렇게 9년이 지나자 제나라가 안정되었고, 모두들 조참을 현명한 승상이라고 칭찬하였다. 《史記 卷54 曹相國世家》

584 초왕이 목생을 얻으니 : 전한 고조(高祖)의 이복아우인 유교(劉交)가 글을 좋아하여, 일찍이 노(魯)나라의 신공(申公)·목생(穆生)·백생(白生) 세 선비와 더불어 부구백(浮丘伯)에게서 시를 배웠다. 고조가 즉위한 후 초(楚)나라의 원왕(元王)에 봉해지자 이 세 사람을 중대부(中大夫)로 삼아 사부(師傅)로 모셨으며, 술자리를 열 때마다 술을 못 마시는 목생을 특별히 배려하여 따로 단술〔醴〕을 차려 놓았다. 후에 원왕의 아들 왕무(王戊)가 즉위해서는 처음에는 차려 놓다가 뒤에는 잊고 차려 놓지 않으니, 목생이 드디어 떠났다는 이야기가 전한다. 《漢書 卷36 楚元王傳》

울타리 아래 던져놓았으니 棄擲在籬藩
당시에 나라의 권형을 잡은 이는 當時秉國成
참으로 진평[586]과 주발[587]의 무리였네 實維平勃倫
이들은 참으로 지모와 용력이 있는 사람들이었으나 玆實智力人
어찌 사직을 높일 수 있었던가 曷令社稷尊
그대는 보았나 주나라가 이루어지던 초기에 君看周成初
의지한 것이 오직 노신이었음을[588] 所賴惟老臣

585 청묘(淸廟)에서 쓰는 그릇 : 조정의 사당에서 제사를 지낼 때 쓰는 그릇으로, 훌륭한 인재를 비유하는 말로 쓰이기도 한다.

586 진평(陳平) : ?~기원전178. 중국 전한의 정치가이다. 처음에는 항우(項羽)를 섬겼으나 유방(劉邦)의 진영으로 옮겨가 한나라가 천하를 통일하는 데 공을 세웠다. 계략에 뛰어나, 항우의 책사였던 범증(范增)이 쫓겨나도록 모략을 꾸몄고 항우 휘하의 대장군 종리매(鐘離昧)가 신임을 잃도록 하였다. 이러한 공으로 유방의 신임을 얻고 호유후(戶牖侯)·곡역후(曲逆侯)·좌승상 등을 역임하였으며, 여씨의 난이 일어났을 때에는 주발(周勃)과 함께 이를 평정한 후 유방의 아들 문제(文帝)를 옹립하였다.

587 주발(周勃) : ?~기원전169. 중국 전한의 장수이다. 옷감을 짜서 팔거나 남의 장례에서 통소를 불어 생계를 꾸리다가 유방(劉邦)을 좇아 한나라가 천하를 통일하는 데 공을 세웠다. 위인이 용맹하여 그가 이끄는 군대가 늘 앞장서서 길을 개척하였으며, 소박하고 강직한 성격으로 유방의 신임을 얻었다. 그러나 문학(文學)을 좋아하지 않아 학자나 유세객들을 불러놓고는 항상 동쪽을 향해 앉아서, "내게 할 말이 있으면 얼른얼른 하시오!"라며 재촉하였다고 한다. 여씨의 난이 일어났을 때 주발(周勃)과 함께 이를 평정한 후 유방의 아들 문제(文帝)를 옹립하고 우승상에 올랐으나 반역을 꾀한다는 모함을 받고 사직하였다. 시호는 무후(武侯)이다.

588 주나라가……노신이었음을 : 주(周)나라를 건국할 때 무왕(武王)이 의지한 난신(亂臣) 10인 가운데 문모(文母)를 제외한 9인이 모두 노신(老臣)이었다는 말이다.

여섯 번째 其六

선왕은 학교를 중히 여겨	先王重學校
선비 양성하기를 마치 기갈이 든 듯 하였으니	造士猶飢渴
인재 추천하기를 덕과 재주로써 하고	賓興用德藝
기르기를 청렴과 굳은 절개로 하였네	養以廉固節
제나라 환공은 패자 중의 으뜸인데도	齊桓霸者雄
외려 다시 이러한 방법으로 말미암았으니	猶復由此術
비록 교화가 성하다 하기엔 부끄러우나	雖慚教化盛
또한 가려서 등용한 사실이 있었네	亦有選擧實
후대에 이르자 문장을 중히 여겨	後世重詞華
근본을 버리고 다투어 말단을 좇으니	棄本競趍末
염치가 한꺼번에 무너져버려	廉耻一以壞
얻은 것보다 잃어버린 것이 많았네	所獲不償失
그대는 보았는가 몸 파는 여인이	君看倚市女
어찌 다시 곧고 매운 지조가 있겠나	寧復有貞烈
그리하여 뜻있는 선비는	所以有志士
평생토록 암혈을 지킨다네	窮年守巖穴

일곱 번째 其七

수탉이 울려고 할 때에는	雄鷄欲鳴時
꼿꼿하게 선 것이 마치 깨달은 바 있는 듯	竦立如有覺
기장과 벼가 비록 부리 앞에 있어도	粱稻雖在口
울기 전에는 쫄 겨를이 없다네	不鳴不遑啄
암탉이 알을 품고 있을 때에는	雌鷄伏卵時

깊숙이 거처하며 마치 목욕재계하듯 하니 深居若齋沐
천진은 거짓으로 꾸미지 않으며 天眞不假僞
양지[589]는 배움에서 나오는 것 아니라네 良知不由學
때를 알고 또 기미를 아는 것은 識時兼識微
성인의 지혜도 이만 못함이 있네 聖智有不若
어찌하여 썩은 흙더미 속에서 如何糞壤中
무리를 모아 먹이를 다투는가 聚衆以爭食
생각건대 그 옛날 혼돈 시대의 백성들이 憶昔混沌民
우르르 처음 허물을 벗고 나왔을 때에는 于于初脫殼
보고 듣는 것이 자연에 부합하고 視聽合自然
사사로운 지혜로 천착하지 않았다네 不以私智鑿
하늘이 부여한 호덕[590]이 없지 않으나 匪無天與好
또한 태어나면서부터 욕망이 있으니 亦乃生有欲
성인이 그러함을 가엽게 여겨 聖者閔其然
예와 악으로 조화를 이루었네 節和以禮樂
나는 삼대[591]의 뒤에 태어나 余生三代後
이러한 백성이 일어났던 때를 보지 못하였네 未見斯民作
원컨대 장생의 기술을 배워서 願學長生術

589 양지(良知) : 《맹자》 〈진심 상(盡心上)〉에서 나온 말로, "사람이 배우지 않고도 능한 것은 양능(良能)이요, 생각하지 않고도 아는 것은 양지이다."라고 하였다.

590 하늘이 부여한 호덕 : '병이호덕(秉彝好德)', 즉 덕을 좋아하는 마음을 타고났다는 뜻이다. 《시경》 〈증민(烝民)〉에 "백성들은 모두 하늘이 내려 준 본성을 지니고 있는지라, 이 아름다운 덕을 좋아하게 되었도다.〔民之秉彝, 好是懿德.〕"라고 하였다.

591 삼대(三代) : 중국 고대의 하(夏)·은(殷)·주(周) 삼대의 태평성대를 가리킨다.

다시 혼돈하던 세상[592]의 풍속을 보았으면　復見洪荒俗

여덟 번째 其八

아침에 노씨의 글[593]을 읽으면　朝讀老氏書
문득 뱃속에 솜이 꽉 찬 듯하고　忽若腹有縕
저녁에 장생의 책[594]을 외면　暮誦莊生編
문득 화난 기색이 이는 듯하였네　忽若色發慍
마음은 넓고 호탕하지 않은 듯하고　心若不廣蕩
몸은 부드럽고 공손하지 않은 듯하였네　體若不柔謹
내가 듣건대 군자의 도는　吾聞君子道
음식이 입안에 있는 것과 같아　如食在口吻
비록 고기와 같은 맛은 없으나　雖無芻豢味
오장의 기운이 재빨리 끌어당긴다 하네　臟氣捷相引
기운이 같은 것은 반드시 감통하나니　氣類必感通
감통하는 것이 이에 도의 근본이라네　感通乃道本
어찌하여 두 사람의 말은　如何二子言
나의 근심을 더 깊어지게 하는가　使我憂思縝

아홉 번째 其九

세상의 온갖 묘리 나의 마음에 있으니　萬玅在吾心

592 혼돈하던 세상 : 천지가 아직 나누어지지 않았던 상고(上古) 시대를 가리킨다.

593 노씨의 글 : 노자(老子)의 《도덕경(道德經)》을 가리킨다.

594 장생의 책 : 장자(莊子)의 《장자(莊子)》를 가리킨다.

적지도 않고 또한 많지도 않다네 不少亦不多
그리하여 도를 아는 자는 所以知道者
마음을 말하지 다른 것을 말하지 않네 語心不語他
심법[595]이 이미 전하지 않으니 心法旣不傳
빈틈을 타고 귀신과 마귀 설쳐대며 乘虛紛鬼魔
몸 밖의 일을 들추고 주워 모아 抉拾身外事
눈을 부릅뜨고 입을 놀리네 恣睢弄頰牙
인의를 해쳐 형명을 가혹히 하고[596] 殘賊劇刑名
교활하게 말을 꾸며 췌마술을 내었으니[597] 狙詐出揣摩

595 심법(心法) : 순(舜) 임금이 우(禹) 임금에게 황제의 자리를 넘겨줄 때 경계한 말로, 도통(道統)을 전수하는 요결(要訣)로 일컫는 가르침이다. "인심은 위태롭고 도심은 은미하니, 정밀하게 하고 한결같이 해야 진실로 그 중도를 잡을 것이다.〔人心惟危, 道心惟微, 惟精惟一, 允執厥中.〕"라고 한 말이 《서경》 〈우서(虞書) 대우모(大禹謨)〉에 보인다.

596 인의를……하고 : 중국 전국시대의 형명가(刑名家)를 가리키는 것으로, 형명가는 이름과 실재의 합일을 주장하는 명실론(名實論)을 법에 적용하려는 일종의 법률학이다. 인의(仁義)와 예악(禮樂)을 중심으로 한 덕치주의(德治主義)를 표방하는 유교와 달리, 법을 도덕보다 중요하게 여겨 신상필벌을 철저하게 집행하는 것이 나라를 지배하는 근본이라고 보았다. 상앙(商鞅)·신불해(申不害)·한비자(韓非子)·이사(李斯) 등이 대표적인 인물로, 부국강병을 이룩하고 국가의 질서를 수립하는 데 효과가 있었으나 정사를 오로지 형법(刑法)에 의거하면서 가혹한 정치를 펼쳐 많은 사람들의 원한을 사기도 하였다.

597 교활하게……내었으니 : 췌마술(揣摩術)은 상대방의 마음을 헤아려가면서 이에 맞게 설득하여 자신의 의견을 관철시키는 변론술(辯論術)로서, 중국 전국시대의 종횡가(縱橫家)를 가리키는 것이다. 종횡가란 여러 나라를 돌아다니며 독특한 변설로 책략을 도모하던 사람들로, 열국의 힘의 균형을 이용하여 권력을 쟁취하는 것이 목적이었다. 종횡가의 시조는 귀곡자(鬼谷子)이며, 소진(蘇秦)·장의(張儀)가 가장 유명하다. 소

천하의 백성들을 씹어 삼킨 것이	呑噛天下民
한 번은 호랑이었다가 한 번은 뱀이었다네	一虎而一蛇
구하는 바 한바탕 웃음거리도 안 되면서	所求不盈笑
한 자의 인끈을 서로 뽐내네	尺綬相詡誇
하늘이 노하셨으니 어찌 너를 용서하랴	天怒豈汝貸
허리와 머리가 솥과 냄비에 담겼네[598]	腰首實鼎鍋
그 사람은 비록 이미 죽었으나	其人雖已滅
그의 책은 아직 수레에 가득하니	其書尙滿車
애석하다 중국의 사람들이	嗟哉中國人
일개 달마[599]에 미치지 못하는구나	不及一達磨

진은 강국인 진(秦)나라에 대적하기 위해 나머지 육국(六國)이 연합하는 합종설(合縱說)을 주장하였으며, 장의는 진(秦)나라를 중심으로 육국이 동맹관계를 맺는 연횡책(連衡策)을 주장하였다.

598 허리와……담겼네 : 처형을 당해 죽었다는 말이다. 상앙(商鞅)은 효혜왕(孝惠王)이 태자였을 때 법을 어겼다는 이유로 처벌하였다. 효혜왕은 왕위에 오르자 상앙을 붙잡아 죽였는데, 그래도 분이 풀리지 않아 상앙의 시체를 수레에 매달아 사지를 찢어 죽이는 거열형(車裂刑)에 처하고 상앙의 가족 친지들도 모조리 죽였다. 한비자(韓非子)는 이사(李斯)의 참소를 받고 옥에 갇힌 후 사약(死藥)을 받고 명에 따라 자살하였다. 이사(李斯)는 조고(趙高)의 시기로 함양(鹹陽) 저자거리에서 허리가 잘리고 삼족(三族)이 멸문 당하였다. 소진(蘇秦)은 제(齊)나라에서 대부들과 권력 다툼을 벌이다 거열형을 당하고 저자거리에서 조리돌림을 당하였다.

599 달마(達磨) : ?~528? 중국 선종(禪宗)의 창시자이다. 향지국(香至國)의 셋째 왕자로 대승불교의 승려가 되어 선(禪)에 통달하였다. 520년경 중국에 들어와 숭산(嵩山) 소림사(少林寺)에서 9년간 면벽좌선(面壁坐禪)을 한 후 사람의 마음은 본래 청정하다는 이치를 깨달아야 한다고 주장하였다. 당시의 강설불교(講說佛敎)와는 정반대인 좌선(坐禪)을 통하여 사상을 실천하는 새로운 불교를 창시하였다.

누가 능히 이 책을 가져다 誰能取此書
자르고 찢어서 강하에 던질 수 있을까 斬裂投江河

오래된 구리 경쇠

古銅磬

구리 경쇠는 돌 경쇠에 비해	銅磬比石磬
더욱 더 물질의 정수이니	重是物之精
마르거나 젖어도 지절이 변하지 않으며	燥濕不變節
바람 불거나 서리 내려도 모양이 바뀌지 않네	風霜不改形
강직하게 한결같은 지조 있음이	介然有常操
군자의 곧음과 비슷하니	有似君子貞
묻노니 어느 시대에 만들어졌는가	問是何代制
시대의 유행과 나란히 하지 않네	不與時俗幷
깨끗이 씻어서 한 번 시험해보니	洗滌試一考
소리가 맑고 높은 것이 희성[600]이 있는데	淸越有希聲
산승은 기이한 줄 모르고	山僧不解奇
깨진 항아리 보듯 하네	視之同破甖
부처의 감실[601] 곁에 버려두니	棄擲佛龕側
바람이 불 때마다 저절로 울리네	遇風時自鳴
누가 장차 청묘[602]에 바쳐	誰將貢淸廟

600 희성(希聲) : 우주가 운행하는 소리처럼 너무 커서 오히려 들리지 않는다는 데서 나온 말이다. 《노자(老子)》 41장에 "큰 소리는 들리지 않고, 큰 모양은 형체가 없다.〔大音希聲, 大象無形.〕"라고 하였다.

601 감실(龕室) : 불상(佛像)을 안치한 조그마한 집을 말한다.

쟁그랑 쟁그랑 맑은 소리 내게 하려나　　發響助鏗鎗
사물의 이치가 본디 이와 같으니　　物理固如此
느꺼워 탄식함에 눈물 절로 차오르네　　感歎涕自盈

602 청묘(淸廟) : 종묘(宗廟)를 가리킨다.

배를 타고 청풍[603]으로 올라가면서 '강류숙무중'[604]으로 운을 삼아 제군과 함께 읊었는데 나는 '류' 자를 얻었다

舟上淸風 用江流宿霧中爲韻 與諸子賦 余得流字

외로운 배는 물이 서쪽으로 흐르는 걸 따르지 않고	孤舟不學水西流
아침 햇살 넉넉히 빌리니 나그네 유람 따뜻하네	剩借朝曦暖客遊
언덕의 갈대꽃 피지 않으니 가을 기운 아직 엷고	岸葦未花秋尙淺
산 위 구름에 잎이 나더니[605] 비가 막 걷혔네	峀雲生葉雨初收
바람 먼지 곤곤하게 사람과 함께 멀어져가고	風埃袞袞人俱遠
한강 물 도도한데 나 홀로 떠있구나	江漢滔滔我獨浮
한 묶음의 시서에 이 내 몸 의지하여	一束詩書相藉在
흐르는 세월 걱정 않고 충주를 지나가네	不愁淹日過忠州

603 청풍(淸風) : 충청북도 제천의 옛 이름이다.

604 강류숙무중(江流宿霧中) : 중국 성당(盛唐)의 시인 두보(杜甫)의 〈객정(客亭)〉 중 제4구이다.

605 산……나더니 : 구름에 잎이 났다는 것〔雲葉〕은 구름 조각을 말하는 것으로, 구름이 끼었다는 말이다.

다시 '일출한산외'[606]로 운을 삼아 '출' 자를 얻었다

復用日出寒山外爲韻 得出字

서풍 불어 돌아가는 배에 이로우니	西風利歸楫
장사꾼들 맑은 새벽에 길을 나서네	商旅淸曉出
나의 배가 강가에 있는데	我舟在江干
낡삭은 것이 오두막집 비슷하네	蒼然似圭蓽
뜸[607]을 걷고 멀리 눈길 돌리니	褰蓬騁遠目
섬 위로 구름 낀 햇빛 자욱하네	洲嶼漲雲日
여수[608]는 어쩌면 그리도 맑고 잔잔하며	驪水何淸漪
용문[609]은 어쩌면 그리도 높고 울창한가	龍門何鬱律
비록 세속의 먼지에 찌든 얼굴 부끄러우나	雖慚塵俗顔
스스로 물고기며 새와 가까이 지내네	自與禽魚密
술 마시고 시 읊기를 나의 벗과 함께 하며	飮詠我友同
술동이 사이에서 끼워놓은 찌[610]를 잃어버렸네	壺樽間籤失
가을 백사장에 석양이 고운데	秋沙媚夕景

606 일출한산외(日出寒山外) : 중국 성당의 시인 두보(杜甫)의 〈객정(客亭)〉 중 제3구이다.

607 뜸〔篷〕: 대로 엮어서 배〔舟〕의 윗부분을 덮는 기구를 말한다.

608 여수(驪水) : 여강(驪江), 즉 경기도 여주를 관통하는 남한강을 일컫는다.

609 용문(龍門) : 경기도 양평에 있는 용문산(龍門山)을 가리킨다.

610 찌 : 책 사이에 끼워서 책을 찾거나 열람하기에 편하게 만든 책갈피, 혹은 시문(詩文)의 고칠 점이나 부정확한 점을 적어서 붙여놓은 종이쪽지를 가리킨다.

물가에 귀뚜라미 소리 들리네　　水岸聞蟋蟀
이불 들고 동쪽 산으로 내려가　　携衾下東崦
어부의 방을 얻어서 묵네　　寄宿漁人室

달 밝은 저녁에 파강[611]에서 작은 배를 타고 오르락내리락하다가 유운의 시[612]에 차운하였다

月夕巴江中 乘小舟沿洄 次柳雲韻

생가 소리 청아하여 강의 영령 춤추게 하는데 笙歌寥亮舞江靈
포구에 미풍이 불어 취한 얼굴이 깨네 浦口微風酒面醒
가벼운 배를 띄워 먼 데 강을 가로지르려는데 欲放輕舟橫遠渚
어느새 외로운 달이 푸른 병풍[613] 위로 뜨고 말았네 不禁孤月聳蒼屛
바위 숲에 안개 가라앉으니 새가 막 돌아오고 巖林煙靜初歸鳥
물가 누각 제법 서늘하니 벌써 반딧불이가 있네 水閣涼多已有螢
누각 위 여아는 그림 같다고 하며 樓上女兒看作畫
맑은 달빛 오동나무 뜰에서 더 좋은 줄 알지 못하네 不知淸景更梧庭

한벽루(寒碧樓) 앞에 있는 오동나무 아래에서 달빛을 받는 것이 강에서 받는 것보다 많았는데 아이들은 그것이 기이한 줄 알지 못하였다. 이 또한 계○(鷄○)의 빼어난 구경거리일 것이다.

611 파강(巴江) : 지금의 청풍호(靑風湖)가 자리한 곳에 흐르던 남한강의 옛 이름이다.

612 유운의 시 : 조선 중기의 문신으로 충청도 관찰사를 역임한 유운(柳雲, 1485~1528) 의 〈한벽루(寒碧樓)〉를 가리킨다. 원문은 다음과 같다. "擘峽奔江賴巨靈, 困來徙倚客魂醒. 灘聲撼耳寒生枕, 山氣籠窓翠作屛. 雨洗鷗沙明似雪, 月沉漁火亂如螢. 無端萬里孤舟笛, 一片歸心杳洞庭."

613 푸른 병풍 : 금병산(錦屛山)을 가리킨다.

삼가 가대인께서 관직을 그만두고 흥이 나서 지으신 시[614]에 차운하였다

敬次家大人罷官遣興作

가을이라 8월에 돌아온 사람	歸人秋八月
강가 고을에서 객지 생활 하셨네	旅食接江濆
가랑비는 지는 해를 가리고	小雨欺斜日
높은 산엔 엷은 구름이 머무네	高山駐薄雲
맑은 하늘에 백사장의 기러기 날아가고	天淸沙鴈矯
축축한 밤에 물벌레 소리 들리네	夜濕水虫聞
분수에 따라 나아가고 물러나는 것이니	隨分行藏事
나무꾼 어부와도 무리지어 살 수 있다네	樵漁可作群

614 가대인께서……시 : 남한기(南漢紀)는 1735년 8월에 청풍 부사(淸風府使)를 그만두었는데, 이때 지은 시인 것으로 보인다. 어떤 시인지, 문집에 실리지 않은 것으로 보인다.

배를 타고 고산[615]에 있는 이 장사[616]의 옛터를 지나갔다
舟過高山李長沙故墟

고려의 명운이 저물어가려 할 때에	麗運欲昏夜
신돈이 참으로 귀신 휘파람 불듯 하였는데	盹也實鬼嘯
공이 그때 간관의 자리에 있으면서	公時諫爲官
홀을 바로잡으니 기운이 맑고 준엄하였네[617]	正笏氣淸峭
글을 올려 충심에서 우러난 분노를 피력하니	上書瀝忠憤
말하는 바가 헐뜯고 비방함 아니었네	所言非訕誚
"신하와 군주 사이에는 본디 예가 있으니	臣主固有禮

615 고산(高山) : 전라북도 장사(長沙)에 있는 산의 이름으로, 장사는 이존오(李存吾)가 감무(監務)로 있던 곳이다.

616 이 장사(李長沙) : 이존오(李存吾, 1341~1371)를 가리킨다. 고려 후기의 문신으로, 자는 순경(順卿)이며 호는 석탄(石灘)·고산(孤山)이다. 1360년(공민왕9) 문과에 급제한 후 수원서기(水原書記)를 거쳐 사관(史官)에 발탁되었다. 1366년 정언이 되어 신돈(辛旽)을 탄핵하다가 공민왕의 노여움을 사서 장사 감무(長沙監務)로 좌천되었고, 그 후 공주로 내려가 석탄(石灘)에서 은둔생활을 하다 죽었다. 성균관 대사성에 추증되었으며, 저서로 《석탄집》이 남아있다.

617 공이……준엄하였네 : 당시 신돈의 권세가 하늘을 찔러 사람들을 능욕하며 온갖 불법을 자행하였으나 감히 비판하는 자가 없었다. 이존오는 1366년(공민왕15)에 정언(正言)이 되자 신돈의 잘못을 논한 상소를 소매에 넣고 성(省)으로 들어가 동료에게 보이면서, "요물이 나라를 오도하고 있으니 제거하지 않으면 안 된다."라고 하였다. 그러나 낭관(郎官)들이 모두 겁을 집어먹고 호응하지 않자, 당시 좌사의대부(左司議大夫)였던 친척 정추(鄭樞)를 찾아가 "형님께서 이렇게 행동하셔서는 안 됩니다."라고 꾸짖었다. 결국 정추와 함께 상소를 올려 신돈을 논박하였다. 《高麗史 李存吾列傳》

일찍이 군자의 가르침을 들었습니다[618]　嘗聞君子教

요망한 승려가 나라의 기강을 어지럽히니　妖僧亂國紀

재앙과 이변이 그냥 불러들여진 것이 아닙니다"[619]　災異不虛召

공민왕이 재촉하여 불러들이더니　愍王促召入

성난 기색으로 바로 원고를 불태웠네[620]　怒色俄原燎

618 신하와……들었습니다 : 이존오가 공민왕에게 올린 상소의 내용 중 일부로, 신돈이 군신(君臣)의 예를 지키지 않았음을 논척한 것이다. 이 부분을 《국역 고려사》 〈이존오 열전〉에서 인용하면 다음과 같다. "3월 18일 궁궐 안에서 문수회(文殊會)가 열렸을 때 저희들이 목격한 바로는, 영도첨의(領都僉議) 신돈이 재상의 반열에 앉지 않고 감히 전하와 아주 가까이서 나란히 앉아 있었으니 이를 안 나라 사람들은 모두 놀라고 해괴히 여긴 나머지 인심이 흉흉해졌습니다. 무릇 예법이란 위아래를 구분함으로써 백성의 뜻을 안정시키는 것이니 만약 예법이 존재하지 않는다면 무엇으로 군신관계와 부자관계와 나라와 집의 관계를 만들 수 있겠습니까?……당초 영도첨의(領都僉議)·판감찰(判監察)로 임명되던 날에는 국법대로 조복(朝服)차림으로 대궐에 와 감사를 올려야 함에도 불구하고 반달이 되도록 나오지 않았습니다. 대궐 뜰에 와서는 무릎을 아예 굽히지도 않고 늘 말을 탄 채 홍문(紅門)을 출입하며 전하와 함께 의자에 기대어 앉곤 합니다. 자기 집에 있을 때에는 재상이 뜰아래에서 절을 해도 모두 앉은 채로 대하니, 과거 최항(崔沆)·김인준(金仁俊)·임연(林衍)도 감히 이런 행동을 하지는 못했습니다."

619 요망한……아닙니다 : 이존오가 공민왕에게 올린 상소의 내용 중 일부이다. 이 부분을 《국역 고려사》 〈이존오 열전〉에서 인용하면 다음과 같다. "전하께서는 신돈을 어질다고 하시나, 신돈이 권세를 휘두른 이래로 음양(陰陽)이 제 때를 잃어서 겨울에 열흘 동안이나 우레가 치고 누런 안개가 사방에 가득했습니다. 태양에 흑점이 생기고 밤에 붉은 해무리가 졌으며 천구(天狗)가 땅에 떨어지고 나무에 얼음이 심하게 얼어붙었습니다. 청명(淸明)이 지나서도 우박이 떨어지고 찬바람이 불며 기상이 자주 바뀌었습니다. 또한 산새와 들짐승들이 대낮에 성으로 날아들고 뛰어 들어왔습니다. 과연 신돈이 받았던 논도섭리공신(論道燮理功臣)이라는 칭호는 전혀 천지와 조종(祖宗)의 뜻에 부합되는 것이 아닙니다."

620 공민왕이……불태웠네 : 상소가 올라가자 공민왕이 대언(代言) 권중화(權仲和)

꼿꼿이 서서 충언으로 맞서니 植立抗忠言
메마른 숲에서 서리 맞은 매가 나온 듯하였고 枯林出霜鶻
요망한 여우가 걸상에서 내려와 우니[621] 妖狐下牀啼
밝은 해가 숲속의 굴을 비추는 듯하였네 白日燭林竅
공의 나이 스물다섯이었는데 公年二十五
의기가 어쩌면 그리도 빼어났는가 意氣何英玅
멀리 장사로 유배되어 나갔으니 遠謫出長沙
차꼬를 찼을지언정 다행히 죽지 않았네[622] 幸不死何校
등용하고 내침이 이와 같으니 用舍乃如此
젖먹이 아이도 비웃을 만하였네 足令乳臭笑
임금에게 어찌 기대가 있었겠나 宣室豈有期

를 시켜 낭독하도록 하였는데, 반도 채 읽기 전에 대로하여 상소문을 불태우게 한 후 정추와 이존오를 불러 면전에서 꾸짖었다고 한다.《高麗史 李存吾列傳》

621 요망한……우니 : 공민왕이 정추와 이존오를 불렀을 때 신돈이 왕과 마주 앉아 있었다. 이존오가 신돈을 노려보며, "늙은 중이 어찌 이처럼 무례할 수 있는가?"라고 꾸짖으니 신돈이 놀라고 당황한 나머지 저도 모르게 걸상에서 내려왔다고 한다.《高麗史 李存吾列傳》

622 멀리……않았네 : 공민왕이 이존오를 만나보고 더욱 화가 나서 순군옥(巡軍獄)에 하옥하고 국문하게 하였다. 신돈의 일당들이 모두 이존오를 죽이려고 하였는데, 이색(李穡)이 신돈의 심복인 이춘부(李春富)에게 "두 사람이 망령된 소리를 했으니 벌을 받아야 마땅합니다. 그러나 우리 태조 이래 500년이 되도록 아직까지 한 명의 간관(諫官)도 죽인 적이 없었는데, 지금 영공(令公)의 일로 간관을 죽인다면 나쁜 소문이 퍼져나갈까 걱정됩니다. 게다가 하찮은 유생의 말이 대인에게 무슨 손해를 끼치겠습니까? 영공께 아뢰어 죽이지 않게 하는 것이 나을 것입니다."라고 극구 말렸다. 이에 이춘부 등도 옳은 말이라 여기고 극형을 면하게 해준 다음 장사 감무(長沙監務)로 좌천시켰다.《高麗史 李存吾列傳》

다만 굴원을 애도할 뿐이었네[623] 但有屈原吊
평생토록 악인을 미워하며 平生嫉惡膓
죽음에 이르러서도 한결같이 부르짖었네[624] 至死猶一叫
내가 고산을 지나가며 我行過高山
배를 타고 강가의 산을 넘어가는데 浮舟越江嶠
옛터가 있는 마을에는 사는 사람 드물고 墟里少人居
물과 나무는 맑은 빛을 머금었네 水木含清照
길이길이 흠모할 곧은 선비의 풍모이니 永欽貞士風
그 이름 들은 것이 참으로 어렸을 때부터라 聞名諒自少
슬피 바라보며 떠나지 못하고 悵望不能去
길게 읊으며 멀리 눈길 돌리네 長嘯騁遠眺
강산이 툭 트이고 맑으며 江山曠以淸
드넓은 것이 낚시하기에 족하나 浩蕩足漁釣
높은 소리로 석탄[625]의 시를 읊다가 高詠石灘詩
날 저물자 그저 배를 돌려 돌아오네 日暮聊回棹

623 임금에게……뿐이었네 : 굴원(屈原)은 중국 초(楚)나라의 충신으로, 충언(忠言)을 하다 참소를 받고 쫓겨난 사람이다. 자신의 처지를 굴원에 빗대어 애도하였다는 의미이다.

624 평생토록……부르짖었네 : 이존오는 장사 감무에서 물러난 후 공주(公州)로 내려가 석탄(石灘)에서 은둔하였는데, 신돈의 세력이 더욱 강성해지자 울분을 이기지 못하고 병이 들었다. 1371년(공민왕20)에 병이 심해지자 옆에 있는 사람에게 부축해 일으키게 하고, "신돈이 아직도 세력을 떨치고 있는가?"라고 물었다. 사람들이 그렇다고 대답하자 다시 누우면서 "신돈이 죽고 나서야 내가 죽을 것이다."라고 하였는데, 결국 안정을 되찾지 못하고 죽었으니 그때 나이 31살이었다. 《高麗史 李存吾列傳》

625 석탄(石灘) : 이존오가 만년에 은거하였던 곳의 지명이자 그의 호이다.

월계[626]에서 새벽에 출발하였다

月溪曉發

하얀 이슬이 긴 풀숲에 내렸는데 白露下長莽
배 띄우자 기러기 막 날아오르네 浮舟鴻鴈初
벌레는 강가 풀 속에서 울고 虫鳴江上草
사람은 성곽 남쪽 빈 터를 달리네 人走郭南墟
적막한 이웃 배에선 잠이 들었고 寂寂隣船宿
창창한 먼 물가에선 고기를 잡네 蒼蒼遠渚漁
두미[627] 너머 푸른 하늘에는 青天斗尾外
새벽빛에 별 몇 개만 남아있네 曙色數星餘

626 월계(月溪) : 한강 상류 중에서, 지금의 양수리 부근의 이름이다.

627 두미(斗尾) : 경기도 양주(楊州)와 광주(廣州) 사이로 흐르는 한강 상류 부근의 이름이다.

동호[628]에서 밤에 바라보았는데 오경보[629] 찬 와 이광문이 함께 하였다

東湖夜望 吳敬父 瓚 李廣文俱

기러기는 서리를 무릅쓰고 멀리 날아가고　鴻鴈衝霜遠
황량한 사립[630]엔 눈이 쌓여 언덕이 되었네　荒扉雪一皐
산이 외로우니 구름이 떠나가지 않고　山孤雲不去
강이 기니 달이 높기 어렵네　江永月難高
나를 따라 임고의 손님 되었고[631]　從我臨皐客
그대 그리워 섬수로 배를 띄웠네[632]　懷君剡水舠

628 동호(東湖) : 서울 지역 한강의 동쪽을 이르는 것으로, 지금의 뚝섬에서 옥수동에 이르는 곳이다. '두뭇개'라고도 하였다.

629 오경보(吳敬父) : 오찬(吳瓚, 1717~1751)을 가리킨다. 조선 후기의 문신으로, 본관은 해주(海州)이며 자는 경보, 호는 청수재(淸修齋)이다. 1751년(영조27) 춘당대시에 장원으로 급제한 후 정언이 되어 노론·소론간의 시비를 분명히 할 것을 상서하고 내수사를 파할 것을 청하였다가 영조의 진노를 사서 사판(仕版)에서 삭제되고 성문 밖으로 쫓겨났다. 후에 삼수(三水)로 귀양 가 그곳에서 죽었는데 관직에 오른 지 1년 만이었다.

630 황량한 사립 : 자신의 집을 낮추어 표현한 것이다.

631 나를……되었고 : 임고(臨皐)는 중국 호북성(湖北省) 황주(黃州)에 있는 땅의 이름으로, 양자강(揚子江) 근처에 있다. 중국 북송의 문인 소식(蘇軾)이 황주로 유배되었을 때 양자강이 내려다보이는 임고정(臨皐亭)에서 머물렀는데, 이때 두 명의 손님이 찾아와 함께 어울린 내용을 읊은 것이 〈후적벽부(後赤壁賦)〉이다. 남유용(南有容)은 이 시에서 자신을 소식에, 오찬과 이연을 소식을 찾아온 2명의 손님에 비유하고, 자신이 사는 동호의 경치를 적벽강(赤壁江)의 경치에 빗대어 표현한 것이다.

매화가 한창 흐드러지게 웃고 있으니　梅花正饒笑
흡사 우리 무리에 섞이고 싶은 듯하네　似欲混吾曹

632 그대……띄웠네 : 친구를 그리워하는 마음을 이른다. 섬수(剡水)는 중국 절강성(浙江省)에 있는 조아강(曹娥江)의 상류인 섬계(剡溪)를 이른다. 진(晉)나라 때 왕휘지(王徽之)가 산음(山陰)에 살고 있었는데, 밤에 큰 눈이 내리자 섬계에 있는 대규(戴逵)가 생각나 배를 타고 찾아갔다가 그의 문 앞에 이르러 뱃머리를 돌려 돌아왔다. 어떤 사람이 그 이유를 물으니 왕휘지가 말하기를, "내가 본래 흥이 나서 갔다가 흥이 다하여 돌아오는 것이니, 굳이 대규를 볼 것이 있겠는가."라고 하였다. 《世說新語 任誕》

이 순암공[633] 병성 에 대한 만사

順菴李公 秉成 輓

머리에 오사모[634] 쓰고 곤궁에도 뜻을 굳게 지키며 一頂烏紗得固窮

용을 새기던 부자께선 벌레를 새기지[635] 않으셨네 雕龍夫子不雕虫

기운[636]과 같은 시어는 풍화설월[637] 너머에서 오묘하고 機雲語竗風花外

준급[638]과 같은 재주는 인재 조감 중에 고평을 받았네

633 이 순암공(李順菴公) : 이병성(李秉成, 1675~1735)을 가리킨다. 조선후기의 문신으로, 본관은 한산(韓山)이며 자는 자평(子平), 호는 순암이다. 이산보(李山甫)의 5대손이자 이병연(李秉淵)의 동생이며, 김창흡(金昌翕)의 문인이다. 1702년(숙종28) 진사에 합격하고, 종부시 주부·진산 군수(珍山郡守)·공조 정랑·고산 현감(高山縣監)·간성 군수(杆城郡守) 등에 제수되었으나 바로 사직하고 거의 벼슬을 하지 않았다. 시문에 능하고 글씨를 잘 썼다고 하며, 저서로 《순암집》이 남아있다.

634 오사모(烏紗帽) : 은사(隱士)가 머리에 쓰는 두건이다.

635 벌레를 새기지 : 원문의 '조충(雕虫)'은 '조충전각(雕蟲篆刻)'의 준말로, 벌레 모양이나 전서(篆書)를 조각하듯이 문장의 자구(字句)를 애써 수식하는 것을 비유하는 말이다.

636 기운(機雲) : 중국 서진(西晉)의 저명한 문인 육기(陸機, 260~303)와 육운(陸雲, 262~303) 형제를 합쳐서 부르는 말로, 이병연(李秉淵)·이병성 형제를 이들에 빗대어 표현한 것이다.

637 풍화설월 : 원문의 '바람과 꽃〔風花〕'은 음풍농월(吟風弄月)의 소재로 흔히 쓰인 '바람과 꽃과 눈과 달〔風花雪月〕'을 줄여서 말한 것이다.

638 준급(俊及) : 팔준팔급(八俊八及)의 줄임말로, 뛰어난 인재를 뜻한다. 중국 후한(後漢) 말기에 명사(名士)를 분류하던 명칭 중에 '팔준(八俊)'·'팔고(八顧)'·'팔급(八及)'·'팔주(八廚)'라는 명칭이 있는데, '준'은 사람 중에 빼어난 자를 가리키고, '고'는

俊及人高月藻中

만사에 생로병사의 인연을 끊고	萬事息緣生老病
단번에 풍우와 우레의 조화를 보았네	一番觀化雨雷風
겨울 매화가 말없이 사옹[639]의 눈물을 마주하니	寒梅默對槎翁泣
어찌 저만 홀로 기사회생의 솜씨를 부렸나	渠獨陽和起死功

사옹의 매화가 이미 시들었다가 다시 살아났는데, 이제 막 그의 편지를 받아 보았기 때문에 이렇게 말한 것이다.

덕행으로 사람을 이끌만한 자를 가리키며, '급'은 추종자를 이끌 능력이 있는 자를 가리키고, '주'는 재물로써 사람을 구제할 수 있는 자를 가리킨다.

639 사옹(槎翁) : 이병성의 형인 이병연(李秉淵, 1671~1751)을 가리킨다. 조선 후기의 시인으로, 자는 일원(一源), 호는 사천(槎川)·백악하(白嶽下)이다. 김창흡의 문인이며, 벼슬은 음보로 부사(府使)에 이르렀다. 영조조 최고의 시인으로 일컬어졌으며, 김익겸(金益謙)이 그의 시초(詩抄)를 가지고 중국에 갔을 때 강남(江南)의 문사들이 극찬하였다 한다. 저서로 《사천시초(槎川詩抄)》 2책이 전한다.

유문·공필과 함께 밤에 연초재에 모여서 《도덕경》과 〈호사부〉를 꺼내어 읽고 지었다

與孺文公弼燕超齋夜集 出道德經豪士賦讀之有述

글을 지어 도를 말한 백양자요[640] 著書言道伯陽子

부를 지어 속됨을 꾸짖은 육 평원이라[641] 作賦非俗陸平原

청우 타고 세상을 멀리할 수 있음[642]을 믿지 않고 未信青牛能遠世

백학 타고 마을로 돌아가지 않았음을 부질없이 슬퍼하네[643] 空悲白鶴不歸村

가슴속에 저절로 검고 누름 분별하는 마음[644] 있으니

640 글을……백양자요 : 백양자(伯陽子)는 노자(老子)를 가리키니, 그의 자가 백양(伯陽)이다. 노자가 글을 지어 도를 말한 것은 곧 《도덕경(道德經)》을 가리킨다.

641 부(賦)를……평원이라 : 중국 서진(西晉)의 문인 육기(陸機)가 지은 〈호사부(豪士賦)〉를 가리킨다.

642 청우……있음 : 노자가 주(周)나라의 주하사(柱下史)로 있다가 세상이 어지러운 것을 꺼려 벼슬을 내놓고 청우거(青牛車)를 타고 함곡관(函谷關)을 지나 대진(大秦)으로 들어갔다는 전설이 있다.

643 백학……슬퍼하네 : 육기가 벼슬에 나갔다가 팔왕(八王)의 난에 휘말려 죽음을 당한 것을 한탄하는 것으로 보인다. 육기는 삼국 시대 오(吳)나라의 명문가 출신으로, 20살 때 오나라가 멸망하자 고향으로 돌아가 10년간 학문에만 전념했다. 서진(西晉)이 들어선 후 무제(武帝) 때 다시 나가 문재(文才)로 명성을 얻었고, 이후 평원내사(平原內史)·후장군(後將軍)·하북대도독(河北大都督) 등을 역임하였다. 그러나 혜제(惠帝) 때 정국이 혼란해지고 팔왕(八王)의 난이 일어나자 이에 휘말려 동생 육운(陸雲)과 함께 죽임을 당하였다.

644 검고……마음 : 본질은 도외시하고 겉모습만 보고 판단한다는 뜻이다. 춘추시대

胸中自有驪黃別

문 밖에 어찌 웃고 꾸짖는 소란스러움 없겠나　戶外寧無笑罵喧

문득 강가의 집에 핀 매화가 생각나니　却憶梅花江上宅

뉘와 함께 꼿꼿하게 아침저녁을 맞을까　與誰耿介作朝昏

진(秦)나라의 목공(穆公)이 말〔馬〕을 잘 보았던 구방고(九方皐)에게 천리마를 구해 오게 하였다. 3개월이 지난 후에 구방고가 와서 천리마를 얻었다고 하니, 목공이 어떤 말이냐고 물었다. 이에 구방고가 누런 암말이라고 대답하였는데, 다른 사람이 가서 보니 검은 숫말이었다. 목공이 구방고를 천거하였던 백락(伯樂)을 불러 책망하면서, "그대가 천거한 사람은 말의 색깔과 암수도 알지 못하는데, 어떻게 말을 알 수 있단 말인가?"라고 하였다. 이에 백락이 "구방고가 본 것은 곧 천기(天機)이므로, 그 정(精)한 것만 얻고 추(麤)한 것은 잊어버리며 내면을 중시하고 외면은 잊어버린 것입니다."라고 하였는데, 말을 데려와서 보니 과연 천하의 양마(良馬)였다고 한다. 《列子 說符》

지은이 **남유용(南有容)**

1698(숙종 24)~1773(영조 49). 조선 후기의 문신. 본관은 의령(宜寧). 자는 덕재(德哉), 호는 뇌연(雷淵)·소화(小華), 시호는 문청(文淸)이다. 서울 출신으로, 증조부는 대제학 남용익(南龍翼), 조부는 대사헌 남정중(南正重), 아버지는 동지돈녕부사 남한기(南漢紀), 어머니는 청송심씨(靑松沈氏)이다. 이재(李縡)의 문인이다. 1721년(경종 1) 진사가 되고, 강릉 참봉·영춘 현감 등을 지냈으며, 1740년(영조 16) 알성문과에 급제했다. 정언으로 있을 때 간관은 의리와 시비를 명확히 밝혀야 한다는 상소를 올렸는데, 이것이 탕평책을 펴는 영조의 뜻을 거슬려 해남으로 유배당했다. 1742년 풀려나 홍문관에 등용된 뒤 오랫동안 세자시강원에 있었다. 1747년 응교로 있을 때에는 군덕10조(君德十條)를 진언하여 군주의 성실을 특히 강조했고, 1754년에는 원손보양관이 되어 뒤에 정조가 된 세손을 세살 때 무릎에 앉혀놓고 글을 가르쳤다. 양관대제학·원손사부를 거쳐 예조참판·우빈객이 되었고, 1767년 벼슬에서 물러난 뒤 봉조하가 되었다. 문장과 시에 뛰어났고 글씨에도 일가를 이루었다. 저서로는《뇌연집》외에도《명사정강(明史正綱)》·《천의리편(闡義理編)》 등이 있다.

옮긴이

이은영(李恩英)

1965년 충북 음성에서 태어났다. 이화여대 국어국문학과를 졸업하고 동대학원에서 〈조선 초기 제문 연구〉로 박사학위를 받았다. 민족문화추진회 국역연수원 연수부와 일반연구부 과정을 졸업하였다. 현재 이화여대 한국문화연구원 연구교수로 있다. 저서에《제문, 양식적 슬픔의 미학》·《예와 정의 조화와 변주》, 공역서에 홍길주 문집《현수갑고》·《표롱을첨》·《항해병함》과《역주 점필재집》,《강한집》,《월곡집》,《진암집》 등이 있다.

이주해(李珠海)

연세대학교 중어중문학과를 졸업하고 타이완국립대학에서 석사 및 박사학위를 받았다. 현재 이화여자대학교 한국문화원 연구교수로 재직 중이다. 저서로 〈펑쯔카이 만화고시사(豊子凱漫畵古詩詞)〉(공저), 〈집단감성의 계보〉(공저)가 있고, 역서로 〈육구연집〉, 〈파사집〉, 〈한유문집〉, 〈우초신지〉 등이 있다.

홍학희(洪學姬)

1965년 서울에서 태어났다. 이화여대 국어국문학과를 졸업하고 동대학원에서 〈율곡 이이의 시문학 연구〉로 박사학위를 받았다. 현재 이화여대 한국문화연구원 연구교수로 재직하고 있다. 〈한국 도학시 연구의 몇 가지 문제〉, 〈18～19세기 성해응 집안 여성들의 삶〉 등을 저술하였으며 《부사산 비파호를 날듯이 건너(成大中의 日本錄)》, 《19세기·20세기 초 여성생활사 자료집 1》, 《강한집》, 《월곡집》, 《진암집》 등을 번역하였다.

권역별거점연구소협동번역사업 연구진

연구책임자 **김동준**(이화여자대학교 국어국문학과 교수)
공동연구원 **조혜란**(이화여자대학교 국어국문학과 교수)
교열 **김동주**(전통문화연구회 국역위원)
책임연구원 **이은영**(이화여자대학교 한국문화연구원 연구교수)
이주해(이화여자대학교 한국문화연구원 연구교수)
홍학희(이화여자대학교 한국문화연구원 연구교수)

뇌연집 1

남유용 지음 | 이은영 · 이주해 · 홍학희 옮김
2021년 12월 31일 초판 1쇄 발행
편집 · 발행 학자원
등록 2011.4.6 제2011-14호
주소 (134-814) 서울시 강동구 천호대로 1121
전화 02-6403-1000 | 팩스 02-6338-1001 | 이메일 hakjaone@daum.net

값 40,000원
ISBN 979-11-6247-255-2 94810
979-11-6247-254-5 (세트)